Ernst Dürr

Erkenntnistheorie

Verlag
der
Wissenschaften

Ernst Dürr

Erkenntnistheorie

ISBN/EAN: 9783957006943

Auflage: 1

Erscheinungsjahr: 2016

Erscheinungsort: Norderstedt, Deutschland

Hergestellt in Europa, USA, Kanada, Australien, Japan
Verlag der Wissenschaften in Hansebooks GmbH, Norderstedt

ERKENNTNIS-THEORIE

Von

DR. E. DÜRR
Professor an der Universität Bern

1910

Verlag von Quelle & Meyer in Leipzig

Vorwort.

Nicht die Bedingungen der Möglichkeit irgendwelcher Erkenntnisse, nicht die Voraussetzungen des Erkennens, weder die formalen noch die materialen, sondern das Erkennen selbst zu untersuchen ist die Aufgabe dieser Erkenntnistheorie. Daß etwas erkannt wird, d. h. daß in Wahrnehmungen, Erinne-. rungen, Gedanken, im Zweifeln, Glauben und Wissen Gegenstände erfaßt werden, diese Tatsache bildet den Ausgangspunkt der folgenden Betrachtungen. Wie die verschiedenen Arten des Erkennens sich voneinander unterscheiden, aus welchen Elementarprozessen sie sich zusammensetzen und welche Gesetze ihre Entwickelung beherrschen, das sind die Fragen, die von der Psychologie des Erkennens zu beantworten sind.

Da das Erkennen gleich jeder. anderen menschlichen Tätigkeit der Wertbeurteilung unterzogen wird, so ergeben sich als weitere erkenntnistheoretische Probleme diejenigen einer Wertlehre des Erkennens. Aus dem Wert der Widerspruchslosigkeit und dem Wert der Gewißheit wird der Wert der Wahrheit abgeleitet in einer Betrachtungsweise, die sich in Gegensatz stellt erstens zu all jenen Auffassungen, die nur in der Widerspruchslosigkeit oder nur in der Gewißheit (bzw. Evidenz) das Wesen der Wahrheit suchen, zweitens zu all jenen Theorien, die absichtlich oder unabsichtlich den Unterschied zwischen dem in logischen Gefühlen sich manifestierenden Wert der Wahrheit und praktischen Werten verwischen, drittens zu all jenen Ansichten, wonach Wahrheit etwas Unanalysierbares, einer bestimmten Gruppe von Erkenntnissen allein Zukommendes, intuitiv (an der Hand eines Kriteriums) Festzustellendes ist.

Da endlich im Erkennen nicht nur Gegenstände erfaßt werden, die in ihrem Gegebensein von dem erfassenden Akt abhängig sind (und die zur Unterscheidung von anderen ideale Momentangegenstände heißen sollen), da vielmehr mit allem

Erkennen sich die Auffassung verbindet, es werde etwas von dem jeweiligen Erkenntnisakt Unabhängiges erfaßt, so hat die Gegenstandslehre des Erkennens die Frage zu beantworten, mit welchem Recht andere als ideale Momentangegenstände unter die Erkenntnisobjekte gerechnet werden dürfen. Warum wir nicht nur Bewußtseinsinhalte, sondern Beziehungen zwischen ihnen, darunter die der Identität und der Kausalität, und warum nicht nur Beziehungen, sondern in Beziehung Stehendes, Beziehungsglieder, Identisches, Bewirkendes, Bewirktes usw., erfassen, das ist eine Frage von der Art jener Scheinprobleme, die besser nicht aufgeworfen werden. Berechtigteren Ansprüchen genügt es, einzusehen, wie unter Voraussetzung des Bewußtseins von Kausal- oder Funktionszusammenhängen zwischen identisch bleibenden unveränderlichen oder kontinuierlich sich verändernden Objekten und unter Voraussetzung der Tatsache, daß Gleiches als gleich und Verschiedenes als verschieden erfaßt wird, kurz, wie unter Voraussetzung des Tatbestandes, den die Erkenntnispsychologie fixiert hat, die Behauptung unmöglich wird, wonach als einzige Objekte der Wissenschaft die unmittelbar gegebenen (d. h. die idealen Momentan-)Gegenstände oder die Erkenntnisprozesse und das von ihnen Abhängige zu betrachten sind. So vollendet sich in der Ablehnung der verschiedenen Arten des Idealismus und in der Begründung eines Realismus, der nicht als Spiritualismus und nicht als Materialismus, nicht als Agnostizismus und nicht als Substanzendualismus, sondern als phänomenalistischer Substanzenmonismus und Dualismus der Funktionen (im Sinne des partiellen psychophysischen Parallelismus) formuliert wird, der Gedankengang dieser Schrift, deren Problemkreis ein Jahrzehnt hindurch unter allen philosophischen Fragen am meisten mich beschäftigt hat.

Bern, den 27. Juli 1910.

E. Dürr.

Inhaltsverzeichnis.

	Seite
Einleitung	1
1. Kapitel: Die Psychologie des Erkennens	2—95
a) Die äußere Wahrnehmung	2—20
Definition der äußeren Wahrnehmung	2
Materialistische Theorie der äußeren Wahrnehmung	3—4
Rationalistische Theorie der äußeren Wahrnehmung	4—5
Sensualistische Theorie der äußeren Wahrnehmung	6
Empiristische Theorie der äußeren Wahrnehmung	7—9
Positivistische Theorie der äußeren Wahrnehmung	9—10
Hypersensualistische Theorie der äußeren Wahrnehmung	11—13
Kritizistische Theorie der äußeren Wahrnehmung	13—15
Funktionspsychologische Theorie der äußeren Wahrnehmung	15—20
b) Die innere Wahrnehmung	20—37
Definition der inneren Wahrnehmung	20—21
Identitätstheorie der inneren Wahrnehmung	22—27
Gleichzeitigkeitstheorie der inneren Wahrnehmung	27—32
Auffassung der inneren Wahrnehmung als Retrospektion	32—37
c) Die Erinnerung	37—48
Definition der Erinnerung	37—41
Reproduktionstheorie des Wiedererkennens und der Erinnerung	41—42
Theorie der Bekanntheitsqualität	42—43
Das Selbstbewußtsein als Bestandteil der Erinnerung	44—48
d) Das Denken	48—74
Arten des Denkens	48
Bedeutung der Wörter „konkret" und „abstrakt"	48—49
Verschiedenheit von Abstraktion und Abstraktum	49
Definition des Begriffs	49
Konkrete und abstrakte Gegenstände von Begriffen	50—52
Assoziationstheorie der Abstraktion	52—55
Unterscheidungstheorie der Abstraktion	55—56
Aufmerksamkeitstheorie der Abstraktion	56—58
Definition des Urteils	58—59
Die in Urteilen erfaßten Beziehungen	59—62
Verschiedenheiten des Zustandekommens von Urteilen	62—65
Definition des Schließens	65
Verhältnis des abgeleiteten Urteils zu seinem Grund	66
Psychologie des Induktionsschlusses	66—68
Schlüsse, die sich scheinbar nicht der allgemeinen psychologischen Bestimmung des Schließens (als der Substitution eines Weniger für ein Mehr) fügen	69—73
Vorläufige Bestimmung des analytischen und synthetischen Schließens	69—71
Endgültige Bestimmung des synthetischen Schließens	71—73
Die eigentlichen Schwierigkeiten des Schließens	74

Seite

c) **Erfahrungserkenntnis und Vernunfter-
   kenntnis (aposteriorische und aprio-
   rische Erkenntnis)** . . . . 74—84
   Herkömmliche Bestimmung des a priori . . . . 75—76
   Kritik dieser Bestimmung. . . . . 76—83
   Die Urteilsgültigkeit und die Existenz der Gegenstände . . 76—77
   Die Urteilsnotwendigkeit . . . . 77—80
   Analytische und synthetische Urteile 81
   Die Urteilsevidenz . . . . 81—82
   Die in der Natur ihrer Gegenstände begründeten und die
     (abweichend von Kants Sprachgebrauch so genannten)
     analytischen Urteile. . . . . 82—83
   Allgemeingültige Urteile und „relative Wahrheiten" 83
   Zusammenhang der apriorischen und der aposteriorischen
     Erkenntnis mit Produktion und Reproduktion . . . . . 83—84
   Apriorische und aposteriorische Urteile als analytische und
     synthetische (in von Kant abweichendem Sprachgebrauch) 83—84
 f) **Wissen und Glauben (Verstandesmäßiges
    und gefühlsmäßiges Erfassen)** . . . . 85—95
   Gefühle im eigentlichen Sinn des Wortes sind keine Er-
     kenntnisse . . . . 85—86
   Der Glaube als Gegensatz des Zweifels und des Wissens . 86—87
   Wesen und Bedingungen der gewissen und der ungewissen
     Erkenntnis . . . . 87—93
   Gewißheit und Richtigkeit. 93
   Die Gewißheit der apriorischen Erkenntnis und der Selbst-
     wahrnehmung . . . . 93—94
   Hauptarten ungewisser Erkenntnisse . . . . 94—95
2. Kapitel: Die Wertlehre des Erkennens . . . . 95—206
   Wahrheit als Eigenwert und Wirkungswert . . . . 95— 96
   Die logischen Gefühle (gedanklichen Verlaufsgefühle) bestimmen
     den Wahrheitswert . . . . 96— 97
   Sinn der Frage nach dem Kriterium der Wahrheit 97
 a) **Wahrheitslehre des naiven Realismus** . . 98—104
   Formulierung des Standpunkts des naiven Realismus . . . 98
   Vertreter des naiven Realismus . . . . 99—100
   Kritik des naiven Realismus. . . . . 100—104
 b) **Wahrheitslehre des naiven Logismus** . . . 104—110
   Formulierung des naivlogistischen Standpunkts . . . . . . 104—105
   Historische Erscheinungsformen des naiven Logismus . . . 105—109
   Kritik des naiven Logismus . . . . 109—110
 c) **Der Skeptizismus und die Wahrheitslehre** 110—114
   Formulierung des Standpunktes der Skeptiker 110
   Skeptische Gedankengänge bei Sextus Empirikus . . . . 111—112
   Kritik des Skeptizismus . . . . 112—114
 d) **Der Begriffsrealismus** . . . . 115—119
   Motive der Begründung des Begriffsrealismus 115
   Die Entwicklung des Begriffsrealismus bei Sokrates, Platon
     und Aristoteles. . . . . 115—117
   Verbindung des Begriffsrealismus mit anderen Standpunkten
     bei Aristoteles . . . . 118—119
 e) **Der Streit zwischen Nominalismus und
    (Begriffs-)Realismus** . . . . 120—127
   Der Nominalismus bei Wilhelm von Occam . . . . 120—121
   Terminismus, Konzeptualismus und Nominalismus 121
   Berechtigung des (konzeptualistischen) Nominalismus . . . 122—124
   Kritik des Begriffsrealismus . . . . 125—127

Seite

f) **Der Rationalismus** . . . . 127—140
Abgrenzung des Rationalismus 127
Wahrheitskriterien des Rationalismus 127
Begründung des Rationalismus bei Descartes . . . . 128—134
Weitere Ausprägungen des Rationalismus 134
Kritik der kartesianischen Begründung . . . . 134—138
Kritik des Rationalismus überhaupt . . . . 138—140

g) **Der Empirismus** . . . . 140—149
Begründung des Empirismus bei J. Locke . . . . 141—143
Entwicklung des Empirismus . . . . 143—144
Empirie und Empirismus 145
Verbindung des Empirismus der Gegenwart mit Positivismus
und Pragmatismus . . . . 146—147
Kritik des Empirismus . . . . 147—149

h) **Der Kritizismus** . . . . 149—158
Verhältnis des Kritizismus zu Rationalismus und Empirismus 149
Kants Stellung zur Frage eines Wahrheitskriteriums . . . 150—152
Interpretation und Kritik der kritizistischen Wahrheitslehre 152—158

i) **Der Positivismus** . . . . 158—166
Abgrenzung des Positivismus gegenüber dem Empirismus . 158—159
Das Prinzip der Denkökonomie . . . . 159—162
Das Prinzip der Gehirnstabilität . . . . 162—166

k) **Der Pragmatismus.** . . . . 167—177
Der Pragmatismus als Methodenlehre und als Wahrheitstheorie 167
Allgemeine Formulierung des pragmatistischen Standpunkts 167—168
Der extreme Pragmatismus . . . . 168—171
Der gemäßigte Pragmatismus . . . . 171—177
Logische, theoretische und praktische Werte . . . . 176—177

l) **Der Imperativismus** . . . . 177—200
Formulierung des imperativistischen Standpunkts . . . . . 177—178
Die idealistischen Voraussetzungen des Imperativismus bei
Rickert . . . . 178—186
Darstellung und Kritik des Rickertschen Imperativismus . 186—198
Die Normen des Imperativismus und die Naturgesetze . . 198—200
Abschluß der Wertlehre des Erkennens . 200—206
Zusammenfassung der kritischen Resultate . . . . 200—201
Unbestimmte Umgrenzung des Gebiets der Wahrheitserkenntnis 201—202
Realdefinition der Wahrheitserkenntnis . . . . 202—204
Zusammenhang des Wahrheitswertes mit dem Wert der
Gewißheit und der Widerspruchslosigkeit . . . . 204—206

3. Kapitel: Die Gegenstandslehre des Erkennens. . . . . 206—306
Der Rangstreit der Wissenschaften und die Gegenstände des
Erkennens . . . . 206—208
Das Grundproblem der Gegenstandslehre des Erkennens . . 208—211
Die wichtigsten Richtungen innerhalb der Gegenstandslehre des
Erkennens 211

1. **Der psychologische Idealismus** . . . . 211—232
Der subjektive psychologische Idealismus (Solipsismus) . . 212—221
Formulierung des subjektividealistischen Standpunkts . . . 212
Irrige Voraussetzungen des subjektiven Idealismus . . . . 212—216
Kritik des subjektiven Idealismus . . . . 216—221
Der objektive psychologische Idealismus . . . . 221—232
Formulierung des objektividealistischen Standpunkts . . . 221—223
Voluntaristische und intellektualistische Formen des objek-
tiven Idealismus . . . . 223—224
Schwierigkeiten des objektiven Idealismus. . . . . 224—230

Seite

Unhaltbarkeit des objektiven Idealismus, sofern er diesen
Schwierigkeiten Rechnung trägt . . . . 230—232
2. Der Spiritualismus . . . . 233—236
Verhältnis des Spiritualismus zum Idealismus (Substantiali-
tätstheorie und Aktualitätstheorie) . . . . 233—234
Würdigung des Spiritualismus . . . . 234—236
3. Der naive Realismus . . . . 236—239
Motive des naiven Realismus . . . . 236—237
Kritik des naiven Realismus . . . . 237—239
4. Der Materialismus . . . . 239—258
Unhaltbarkeit des mechanischen Materialismus . . . . . . 239—240
Der psychophysische Materialismus durch Kants Kritik nicht
unmöglich gemacht . . . . 240—246
Berechtigung des psychophysischen, energetischen (dyna-
mischen) Materialismus . . . . 247—249
Unterschied der dynamischen Theorie der Materie, der Atom-
theorie und der Kontinuitätslehre . . . . 249—250
Der Phänomenalismus als Gegensatz und als Ergänzung des
Materialismus . . . . 250—251
Rechtfertigung des eigentlichen Phänomenalismus (im Gegen-
satz zum Agnostizismus) . . . . 251—257
Verhältnis des Materialismus zum Dualismus u. Spiritualismus 257—258
5. Der Dualismus der Substanzen . . . . 258—274
Verschiedenheit des Dualismus der Substanzen, der Attribute
und der Funktionen . . . . 258—259
Rechtfertigung des Substanzendualismus gegenüber der her-
kömmlichen Polemik durch Külpe . . . . 259—261
Kritik des Substanzendualismus . . . . 261—274
6. Der Idealismus der Beziehungen (Idealrealis-
mus, Idealismus abstrakter Gegenstände) . . . . 274—288
Mathematische Beziehungen der idealen Gegenstände als
etwas vom Erkennen Unabhängiges 274
Scheinbare Auflösung der Substanzen und Geschehnisse in
Beziehungen 275
Die Welt der Werte hinter dem Reich des Seins . . . . . 275—276
Die phänomenologischen Gesetzeswissenschaften und Meinongs
„Gegenstandstheorie" 277
Die Denkbarkeit der Beziehungen und des in Beziehungen
Stehenden . . . . 278—279
Verhältnis der zwischen absoluten Gegenständen bestehenden
Beziehungen zur Wirklichkeit . . . . 279—285
Kritik des Idealrealismus und verwandter Arten des nicht-
psychologischen Idealismus . . . . 285—288
7. Der Monismus (Dualismus der Funktionen) 288—300
Zusammenhang des Monismus und des psychophysischen
Parallelismus 289
Der universale und der partielle Parallelismus . . . . . . 289—296
Die Automatentheorie . . . . 296—300
8. Die Klassifikation und der Rangstreit der
Wissenschaften . . . . 300—306
Versuche, die Wissenschaften nach den Erkenntnismitteln
einzuteilen . . . . 300—304
Versuch, die Wissenschaften nach d. Erkenntniszielen einzuteilen 304—305
Einteilung der Wissenschaften nach den Gegenständen . . 305
Tendenz aller Wissenschaften, sich zur Philosophie zu erheben 306
Anmerkungen 307
Namen- und Sachregister 340

Einleitung.

Die Grundfrage der Erkenntnistheorie lautet: Was ist Wahrheit? Darauf antworten die einen in ziemlich unbestimmter Weise: Wahrheit ist das wertvolle Erkennen. Die andern definieren die Wahrheit als das Ideal der Wissenschaft. Beide Begriffsbestimmungen veranlassen sofort neue Problemstellungen. Ist die Wahrheit das wertvolle Erkennen, so muß man, um ihr Wesen wirklich zu erfassen, sich darüber klar werden, was man unter dem Erkennen zu verstehen hat, und welches Erkennen als wertvoll betrachtet werden darf. Charakterisiert man die Wahrheit als das Ideal der Wissenschaft, so ergibt sich alsbald die Notwendigkeit, verschiedene Arten von Wissenschaft zu unterscheiden und anzugeben, welche von ihnen dem Ideal am nächsten kommt oder in welcher Hinsicht sich alle dem Ideal nähern.

Das Erkennen ist ein Prozeß im menschlichen Geistesleben. Diejenige Disziplin, die das Wesen und die Gesetze des Erkennens zu erforschen hat, ist also die Psychologie. Die Untersuchung dessen, was wertvoll und wertlos ist, fällt in das Arbeitsgebiet derjenigen Disziplin, die wir als Wertlehre bezeichnen. Die Einteilung der Wissenschaften kann von verschiedenen Gesichtspunkten aus versucht werden. Wir werden jedoch sehen, daß als wirklich durchführbar sich nur eine Einteilung nach den Gegenständen erweist. Infolgedessen gestaltet sich die „Wissenschaftslehre", der wir die dritte oben angedeutete Problemgruppe zunächst zuzuweisen haben, zu einer „Gegenstandslehre" des Erkennens. Damit haben wir die Einteilung gewonnen, die wir den folgenden erkenntnistheoretischen Ausführungen zugrunde legen wollen. Wir werden in drei Abschnitten behandeln:

1) Die Psychologie des Erkennens.
2) Die Wertlehre des Erkennens.
3) Die Gegenstandslehre des Erkennens.

1. Kapitel.

Die Psychologie des Erkennens.

Unter dem Begriff des Erkennens werden eine Anzahl geistiger Funktionen zusammengefaßt, die wir der Reihe nach gesondert betrachten wollen. Gemeinsam ist allen diesen Funktionen dies, daß es sich dabei um ein Erfassen von Gegenständen handelt. Wenn man die Erkenntnis definiert als Gegenstandsbewußtsein, so darf man jedoch den Begriff des Gegenstandes nicht verwechseln mit dem des Dinges. Nicht nur Dinge sind Gegenstände, sondern auch Eigenschaften, Zustände, Beziehungen, kurz jedes „Etwas", das ein erkennendes Bewußtsein sich gegenüberzustellen imstande ist. Übrigens ist die Definition der Erkenntnis als des Gegenstandsbewußtseins etwas zu weit; denn zu den Funktionen des Gegenstandsbewußtseins gehören auch Prozesse wie das Spiel der Phantasie, das Träumen und Ähnliches, denen wir eine Erkenntnisbedeutung im allgemeinen nicht zuerkennen. Wir wollen daher das Erkennen genauer charakterisieren als dasjenige Gegenstandsbewußtsein, das auf etwas von unserm geistigen Erfassen (wenigstens vermeintlich) unabhängig Bestehendes gerichtet ist. Ein solches Gegenstandsbewußtsein liegt vor im Wahrnehmen und zwar in der äußeren ebenso wie in der inneren Wahrnehmung, im Erinnern und im Denken. Als besondere Modifikation des Erkennens betrachtet man vielfach auch die Gegensätze der Erfahrungs- und der Vernunfterkenntnis, der sogenannten apriorischen und aposteriorischen Erkenntnis, des gefühlsmäßigen und verstandesmäßigen Erfassens, des Wissens und Glaubens.

a) Die äußere Wahrnehmung.

Unter der äußeren Wahrnehmung verstehen wir das Erfassen von Gegenständen der Außenwelt auf Grund peripherer Sinneserregung. Das erkenntnistheoretische Wahrnehmungsproblem läßt sich folgendermaßen formulieren: Wie kann durch periphere Sinneserregung etwas anderes als eine Zu-standsänderung des Subjekts, wie kann dadurch das Erfassen nichtpsychischer Gegenstände herbeigeführt werden?

Zu einem vollkommenen Verständnis dieses Problems gelangt man am besten, wenn man die verschiedenartigen Versuche betrachtet, die zu seiner Lösung unternommen worden sind. Am einfachsten gestalten sich diese Lösungsversuche auf denjenigen Entwicklungsstufen philosophischer Spekulation, wo der Gegensatz des Objektiven und des Subjektiven, der Gegensatz von Natur und Geist noch nicht mit voller Schärfe erfaßt wird. Der naive Materialismus, dem beispielsweise die griechischen Philosophen bis auf Platon und Aristoteles fast sämtlich gehuldigt haben, unterscheidet nur sehr unvollkommen zwischen der objektiven Übertragung von Naturvorgängen und dem Bewußtsein derselben. Dabei ergeben sich die Antworten auf die Fragen, wie die verschiedenen wahrzunehmenden Gegenstände in den wahrnehmenden Menschen hineinkommen, begreiflicherweise sehr einfach: Hohle Körper antworten auf einen Schall mit einem Widerhall. Deshalb eignet sich unser Ohr zum Hören[1]). Das Auge sendet Blitze aus, welche die Gegen-stände beleuchten[2]), oder das von außen kommende Licht er-leuchtet das Auge[3]). Deshalb sehen wir. Man erkennt leicht, daß solche Auffassungen sich da ergeben müssen, wo zwischen Schallübertragung und Schallperzeption, zwischen Lichtüber-tragung und Lichtwahrnehmung nicht richtig unterschieden wird. Selbst die Wahrnehmungstheorie des Aristoteles und die Anschauungen, die sich unter dem Einfluß dieses Philo-sophen festgesetzt haben und heutigentages noch zum eisernen Bestand der Popularphilosophie gehören, sind über jenen Stand-punkt nicht allzuweit hinausgekommen. Wem das Bildchen, das sich im Auge wie in einer photographischen Kammer ent-wickelt, die Gesichtswahrnehmung erklärt, wer den Sinnes-eindruck vergleicht mit dem Abdruck, den ein Siegel im Wachs erzeugt, der ist im Grunde noch naiver Materialist.

Im übrigen finden sich bei Aristoteles freilich schon eine Reihe von Ansätzen zu einer schärferen Herausarbeitung des Bewußtseinsbegriffes. Insbesondere die Tatsache, daß wir imstande sind, verschiedene Sinneseindrücke miteinander zu vergleichen, bedingt eine Erweiterung der Theorie, wonach das Wahrnehmen darin besteht, daß der Wahrnehmende in gewissem Sinn zu dem wird, was zu erfassen ist.

Aber die Entwicklung des Bewußtseinsproblems bei Aristoteles und seinen Nachfolgern, von denen sich namentlich die Neuplatoniker eingehend mit dieser Frage beschäftigt haben, führt charakteristischerweise nicht zu Diskussionen darüber, wie es möglich sei, daß der Bewußtseinsvorgang der Wahrnehmung etwas, was nicht Bewußtseinsgeschehen ist, nämlich physische Dinge und Vorgänge, bewußt werden lasse. Das Bewußtsein das am Ausgang der griechischen Spekulation noch etwas deutlicher erfaßt wird, ist das Selbstbewußtsein. Nicht das Bewußtsein, das wir in unserm Hören oder Sehen von hörbaren oder sichtbaren Gegenständen haben, sondern das Bewußtsein von unserm Hören, von unserm Sehen, kurz von unsern Bewußtseinsvorgängen, wie es diese Vorgänge begleitet oder, richtiger gesagt, begleiten kann, stellt den Gegensatz des ohne Bewußtsein verlaufenden physischen Geschehens für diejenigen dar, die zuerst auf diesen Gegensatz aufmerksam werden.

Ein weiterer Fortschritt in der Erkenntnis vom Wesen des Bewußtseins oder des Psychischen läßt lange Zeit auf sich warten. Selbst ein der modernen Wissenschaft so nahestehender Denker wie Descartes verrät durch die Behauptung, daß die Tiere bewußtlose Automaten seien[4]), ein Befangensein in Anschauungen, wonach das auszeichnende Merkmal des Psychischen nicht in dem, was wir unter Bewußtsein verstehen, sondern im Selbstbewußtsein gefunden wird.

Das Wahrnehmungsproblem kommt erst in dem Augenblick richtig zur Geltung, wo der psychische Charakter der Wahrnehmung vollkommen erfaßt wird. Wie das Denken von allen · möglichen Gegenständen, von seelischen und körperlichen Substanzen, von Ich und Außenwelt uns Kunde geben könne, darin sehen die meisten Philosophen merkwürdigerweise überhaupt kein Problem. Infolgedessen besteht die primitivste Lösung des Wahrnehmungsproblems, sobald dasselbe erst einmal die Aufmerksamkeit auf sich zieht, darin, daß man als Leistung des Denkens erklärt, was als Leistung der Wahrnehmung erklärungsbedürftig erscheint.

Als rationalistisch bezeichnen wir die Lehre, wonach in allem Wahrnehmen ein Denken steckt. Die Modifikationen dieser Auffassung sind zahlreich. Der eine nimmt an, daß die Sinnesempfindungen, die das scheinbar irrationale Element der Wahrnehmung darstellen, nichts anderes sind als zusammengedrängte Erkenntnisse dessen, was die Naturwissenschaft als das Wesen des Naturgeschehens betrachtet, z. B. der Atome und ihrer Bewegungen, Erkenntnisse, die sich wegen ihrer Häufung dunkel und verworren darstellen und deshalb ihren eigentlichen Charakter als Denkakte nicht recht hervortreten lassen[5]). Der andere ist der Meinung, daß die Empfindungen, die bei der Wahrnehmung von den Dingen der Außenwelt hervorgerufen werden, nur die Veranlassung sind zu einer Schlußfolgerung, durch die zu der gegebenen Wirkung (zu den Empfindungen) die transszendente Ursache (der Gegenstand) hinzugedacht wird. Da im Bewußtsein von einer solchen Schlußfolgerung nichts zu entdecken ist, nimmt man seine Zuflucht zu der Annahme unbewußten Schließens, um die unhaltbare Theorie aufrecht zu erhalten[6]).

Moderne Rationalisten vermeiden es, die Erfahrung mit derartigen Hypothesen zu überschreiten. Sie begnügen sich damit, den in der Wahrnehmung vorliegenden Tatbestand in die Sprache der Logik zu übersetzen. So sprechen sie von einem evidenten Existentialurteil, das in jeder Wahrnehmung enthalten sein soll[7]). In allen Wendungen der rationalistischen Theorie aber tritt, wie man sieht, das Bestreben zutage, die auf einen äußeren Gegenstand übergreifende Erkenntnis der Wahrnehmung als Leistung des Denkens zu interpretieren.

Dieser Versuch erscheint in einem ganz merkwürdigen Licht, sobald man zu der Überzeugung gelangt, daß im Denken keine Fundamentalfähigkeit unseres Geistes vorliegt, die dem Vorstellungsvermögen zur Seite tritt, daß vielmehr das Denken aus dem Vorstellen sich entwickelt. Die Lehre von der Erkenntnis der äußeren Dinge durch Schlußfolgerung von der Wirkung auf die Ursache oder durch ein Existentialurteil wird besonders dadurch in ihrer ganzen Unzulänglichkeit erkannt, daß man einsieht, wie wenig jede Schlußfolgerung und dieses Urteil imstande sind, uns den Begriff der äußeren Ursache oder den Begriff der Existenz zu verschaffen, wie sie denselben vielmehr voraussetzen. Die Frage ist: Wie entstehen derartige Begriffe, wenn sie uns die Wahrnehmung nicht liefert?

Diese Frage wird zunächst aufgeworfen in der englischen psychologisch orientierten Erfahrungsphilosophie. Die Wahrnehmung wird hier identifiziert mit den Sinnesempfindungen, den „impressions of sensation", wie sie bei Hume genannt werden. Das Problem gewinnt also die Fassung: Wie entstehen die Begriffe der Substanz, der Kausalität usw., die doch nicht ohne weiteres in irgendwelchen „Impressionen“ gegeben sind?[8]) Die Antwort, die sich immer deutlicher herausarbeitet, lautet: Durch Assoziation.

Wir wollen die in dieser Richtung liegenden Lösungen des Wahrnehmungsproblems als sensualistische Theorien bezeichnen. In der Entwicklung derselben tritt immer deutlicher die Tendenz hervor, das Objektive der Erkenntnis als Resultat der Assoziation ursprünglich subjektiver Empfindungen zu erklären. Bei Hume sind die Keime dieser Auffassung gegeben in seiner Lehre von Substanz und Kausalität. Aber wenn er das Dingbewußtsein durch Assoziation entstehen läßt, so kann man doch nicht sagen, daß er auch schon das Objektivitätsbewußtsein überhaupt als etwas erst durch Assoziation zustande Kommendes betrachte. Dingliches und Objektives fallen ja keineswegs zusammen. Die Impressionen können als Akte des Erfassens objektiver Qualitäten gedacht werden, auch wenn man annimmt, daß die Dingauffassung erst durch Assoziation der Impressionen entsteht.

Ausdrücklich beiseite geschoben wird diese Möglichkeit bei Condillac. Dieser typische Sensualist unternimmt in seiner Abhandlung über die Empfindungen den Versuch, das Objektivitätsbewußtsein überhaupt genetisch aus den Empfindungen zu erklären. Er legt seinen Ausführungen die Fiktion einer Marmorstatue zugrunde, die sukzessiv zu geistigem Leben erweckt wird, indem sie einen Sinn nach dem andern erhält und von einem ersten Sinneseindruck an alle Funktionen des Hinzugewinnens neuer Empfindungen, des Reproduzierens und des Assoziierens vor den Augen eines idealen Beobachters entfaltet. Als erstes Erlebnis wird dabei ein Eindruck des Geruchssinnes angenommen, und von dem mit dieser isolierten Geruchsempfindung zu leben beginnenden Geschöpf seiner Phantasie sagt Condillac ausdrücklich, es nehme nicht den Geruch wahr, sondern es sei der Geruch[9]). Damit soll offenbar nicht die Wahrnehmung mit dem Gegenstand der Wahrnehmung verwechselt, sondern die Gegenstandslosigkeit, die reine Subjektivität der ersten Empfindung betont werden. Das zeigt sich deutlich im weiteren Fortgang der Betrachtungen, wo die Unterscheidung mit dem Zusammentreten verschiedener Empfindungen identifiziert wird. Da das Objektivitätsbewußtsein die Unterscheidung von Subjekt und Objekt voraussetzt, so ergibt sich ohne weiteres, wie nach der sensualistischen Theorie erst durch die Verbindung der Empfindungen, durch das Hinzukommen be-

sonders auch der reproduzierten zu den direkt eregten Empfindungen eine objektive Erkenntnis zustandekommen kann.

Solange übrigens der Sensualismus wie bei Condillac noch
mit gewissen Empfindungen die Funktion der Raumauffassung
oder gar die Ausdehnung selbst ursprünglich verbunden sein
läßt, solange ist er immer noch extremerer Gestaltung fähig.
Die sogenannten empiristischen Theorien der Raum- und Zeit-
wahrnehmung, die noch jetzt von einzelnen Psychologen vertreten und den „nativistischen" Lehren gegenübergestellt werden, stellen daher in gewisser Hinsicht den Abschluß des
sensualistischen Gedankenganges dar.

Die Entwicklung dieser „empiristischen" Theorien des
Raum- und Zeitbewußtseins läßt sich leicht bis auf Herbart
zurückverfolgen, ja Ansätze dazu finden sich wohl schon in der
„neuen Theorie des Sehens" von Berkeley[10]). Herbart macht
jedenfalls bereits vollkommen Ernst mit der Ableitung des
Raumbewußtseins aus der Zusammenreihung von Empfindungen, die als Reaktionen des einfachen Seelenwesens
an sich weder räumliche Eigenschaften noch die Funktion des Raumvorstellens besitzen[11]). Von modernen
Psychologen bemüht sich besonders W. Wundt, das Raumbewußtsein durch Assoziation (von Lichtempfindungen mit
Augenbewegungsempfindungen und von Tastempfindungen mit
Bewegungsempfindungen der verschiedenen Körperteile) zu erklären. Er nimmt qualitative Verschiedenheiten der von den
verschiedenen Stellen des Sinnesorgans gelieferten Gesichts-
und Tastempfindungen an. Aber diese qualitativen Färbungen
(Lokalzeichen) der Empfindungen haben an sich mit dem
Raumerfassen ebensowenig etwas zu tun wie die (direkt erregten
oder reproduzierten) Bewegungsempfindungen für sich. Aus
der Assoziation oder, wie Wundt sagt, aus der Verschmelzung
beider Momente erst geht als eine von beiden Komponenten
verschiedene Resultante, als psychische Neuschöpfung, das
Raumbewußtsein hervor[12]). Wundt will seine „Verschmelzungstheorie" nicht unter die empiristischen Auffassungen einreihen.
Aber man sieht leicht den Zusammenhang seiner Lehre mit
dem, was wir als sensualistische Lösungen des Wahrnehmungsproblems bezeichnet haben. Eine besonders charakteristische
„assoziative" Erklärung des Zeitbewußtseins findet man bei
Th. Lipps[13]).

Trotz des Scharfsinns, der in der Durchführung der
sensualistischen Auffassung bei all ihren Vertretern zutage

tritt, behält dieselbe etwas Unbefriedigendes. Man fragt sich
vergeblich, mit welchem Recht die Behauptung aufgestellt
werde, daß Bewußtseinsvorgänge (wie Raumbewußtsein, Zeitbewußtsein usw.), an denen beim besten Willen keine Zu-
sammengesetztheit zu konstatieren ist, aus Komponenten entstanden seien, die ihre eigene Beschaffenheit dabei vollständig
verloren haben sollen. Die Schlagwörter von schöpferischer
Synthese oder von psychischer Chemie können nur denjenigen
befriedigen, der nicht daran denkt, daß die bei diesen ge-
heimnisvollen Erzeugungen zusammentretenden Elemente Bewußtseinsvorgänge sein sollen. Bewußtseinsinhalte, die einen
Komplex konstituieren, können mehr und mehr für unser
Bewußtsein zurücktreten. Wenn man dabei von einem Unbewußtwerden sprechen will, so mag man sich dieser bequemen, aber nicht ganz korrekten Bezeichnung immerhin bedienen. In diesem Sinn läßt sich etwa die Behauptung aufstellen,
die Augenbewegungsempfindungen oder die vom Ort der ge-
reizten Netzhautstelle abhängigen qualitativen Färbungen der
Gesichtseindrücke, die wir als zweifellos vorhanden annehmen
müssen, würden durch Gewöhnung mehr und mehr unbewußt.
Aber wie ein in seiner eigenen Beschaffenheit verschwinden-
der Inhalt plötzlich in das Bewußtsein von etwas anderem
übergehen soll, das ist durchaus nicht einzusehen.

Chemische Verbindungen besitzen allerdings andere Eigenschaften als die Elemente, aus denen sie bestehen. Aber was
hier Eigenschaften genannt wird, ist nichts anderes als die
Fähigkeit, Reaktionen hervorzurufen. Eine Verbindung AB
ruft in einer Substanz X (wobei X auch eines unserer Sinnesorgane repräsentieren kann) eine andere Reaktion hervor als
A oder B, und auch eine andere, als die mit der Summe der
Reaktion auf A und der Reaktion auf B zusammenfallen
würde. Das ist durchaus nichts Rätselhaftes. Das ist auch
gar nicht ein besonderes Vorrecht chemischer Verbindungen.
Es pflegt ganz allgemein da, wo eine Verbindung von Bestandteilen eine Wirkung hervorruft, die Art der Verbindung die
Beschaffenheit der Wirkung zu modifizieren. Wer erwartet
z. B., daß eine Quantität Sand, die einem Menschen auf den
Kopf fällt, dieselbe Wirkung hervorbringen werde wie ein
aus derselben Stoffmenge gebildeter starrer Körper? Aber
wenn die Wirkung, die AB hervorruft, keineswegs aus der
Wirkung von A und B sich zusammensetzen muß, so ist AB
selbst doch auch dann, wenn es sich um eine chemische Ver-

bindung handelt, nichts anderes als die Summe von A und B. Will man behaupten, daß die Vereinigung von Bewußtseinsvorgängen in einer auf diese Vereinigung reagierenden Disposition eine andere Funktion auslöst als die Summe der Funktionen, zu deren Auslösung die einzelnen Bewußtseinsvorgänge für sich imstande wären, so ist dagegen nichts einzuwenden. Aber die Verbindung der Bewußtseinsvorgänge selbst stellt auch im Fall der allerinnigsten Verschmelzung nichts als die Summe der Komponenten dar. Eins und Eins macht auch für die Psychologie Zwei und nicht Drei.

Ganz allgemein können wir nun gegenüber den sensualistischen Wahrnehmungstheorien betonen, daß Assoziation oder Verschmelzung oder wie immer man das innigste Aneinanderrücken psychischer Elemente nennen will, keinen neuen Bestandteil des Seelenlebens entstehen läßt. Ist das Objektivitätsbewußtsein nicht in den Sinnesempfindungen bereits gegeben, so kann es nur als Leistung einer besonderen, mit der Sinnesempfindlichkeit nicht zusammenfallenden und in ihr nicht enthaltenen Disposition zu ihnen hinzutreten.

Zu dieser Annahme scheinen sich nun viele Denker außerordentlich schwer entschließen zu können. Sie machen lieber den Versuch, den Satz von der reinen Subjektivität und Gegenstandslosigkeit der isolierten Sinnesempfindung als unbegründetes und verkehrtes Dogma zu erweisen. Unter dem Namen des Positivismus, des Empiriokritizismus und der immanenten Philosophie sind die Richtungen bekannt geworden, die als wichtigste, ja als einzige Aufgabe der Wissenschaft eine möglichst vorurteilsfreie Beschreibung des „Gegebenen" betrachten.

Sie lösen das Wahrnehmungsproblem in der Weise, daß sie erklären, die Gegenstände, deren Erkennbarkeit den andern Philosophen soviel Kopfzerbrechen verursacht, seien unsere Empfindungen. Diese Empfindungen seien nicht in uns, wie man zufolge der verkehrten, wenn auch psychologisch begreiflichen „Introjektionshypothese" annehme, sondern sie seien da, wo uns die sinnlichen Qualitäten tatsächlich erscheinen[14]). Auch die räumlichen wie alle andern Eigenschaften der Gegenstände werden dabei konsequenterweise als Beschaffenheiten der Empfindungen bezeichnet.

Die bekanntesten Vertreter derartiger Anschauungen in der Gegenwart sind Mach[15]), Avenarius[16]) und Schuppe[17]). Wir wollen alle hieher gehörigen Theorien kurz als „positivistische" zusammenfassen. Dieselben haben, wie man leicht sieht, eine merkwürdige Ähnlichkeit mit dem naiven Materialismus, der die Empfindungen mit ihren Objekten verwechselt, der das Hören als Schallübertragung, das Sehen als Beleuchtung usw. interpretiert. Und doch stellt die positivistische Lehre in gewissem Sinn gerade das Gegenteil der materialistischen, nämlich eine idealistische Auffassung dar. Es werden nicht die Empfindungen mit den materiellen Dingen, sondern diese mit jenen identifiziert. Der Effekt ist selbstverständlich der gleiche. Die Empfindungen sind für den Positivsten Gegenstand, aber nicht mehr Träger von Bewußtseinsfunktionen. Die Unterscheidung des Psychischen und des Physischen ist wieder aufgegeben bzw. wieder mit der Gegenüberstellung des von Selbstbewußtsein begleiteten und des ohne Selbstbewußtsein verlaufenden Geschehens gleichgesetzt.

Mit der Annahme räumlicher Empfindungen und mit dem Hinweis auf das Bewußtsein, das wir von unsern Empfindungen haben können, scheint die Erkenntnis der räumlichen Außenwelt ohne Schwierigkeit sich erklären zu lassen. Aber die Frage, die ungelöst bleibt, ist nun die nach der Entstehung unserer Empfindungen oder des Bewußtseins, das wir von ihnen haben. Betrachtet man die Empfindungen als Prozesse, die weder durch ein Geschehen in Dingen veranlaßt werden noch einen dinglichen Träger haben, so verliert das Kausalgesetz seine Gültigkeit und alle Wissenschaft wird unmöglich [18]). Nimmt man aber an, daß die Empfindungen eben so dauerhaft sind wie nach der Meinung des naiven Realisten die Substanzen, so muß man zugeben, daß wir von diesen Dauerexistenzen jeweils nur sehr vorübergehend ein Bewußtsein haben, und das Entstehen dieses Bewußtseins erfordert dann eine Erklärung, die der Positivist nicht zu geben imstande ist.

Weiter kann hier auf die Schwierigkeiten und auf die inneren Widersprüche der positivistischen Theorien nicht eingegangen werden. Die Psychologie lehrt uns die Empfindungen als Prozesse kennen, für deren Entstehung wir nach dem Kausalgesetz Bedingungen suchen müssen, die im Gebiet des Psychischen nicht zu finden sind. Die Empfindungsvorgänge sind unräumlicher Natur; denn das einzige räumliche Geschehen, das wir kennen, ist die Bewegung, und Empfindungen sind, wie heute nicht mehr besonders nachgewiesen werden muß, keine Bewegungen.

Aber wenn wir den Sinneseindrücken keine Räumlichkeit und keine sonstigen Eigenschaften der körperlichen Gegenstandswelt zuschreiben dürfen, so ist damit noch nicht gesagt, daß ihnen nicht die Funktion der Raumauffassung und des Objektivitätsbewußtseins überhaupt innewohnen könne. Es gibt Psychologen, die von Raumempfindungen sprechen [19]) oder die das Raumerfassen als eine besondere Seite einzelner Empfindungen betrachten [20]). Was hindert uns, ihre Ansicht zu teilen und unter Umständen dahin zu ergänzen, daß wir das Ganze des Objektivitätsbewußtseins in den Empfindungen unterbringen?

Auf diese Frage antworten wir zunächst durch Angabe der Gründe, die es unmöglich machen, eine besondere Raumempfindung anzunehmen. Man kann zwar das Raumbewußtsein auch Empfindung nennen, wenn man den Begriff Empfindung weit genug definiert, so daß alle möglichen Arten von Bewußtseinsinhalten darunter fallen. Übernimmt man aber die in der Psychologie ziemlich allgemein übliche Begriffsbestimmung der Empfindung, so muß man einsehen, daß ein Akt des Raumbewußtseins sich von den Sinneseindrücken, die als Empfindungen bezeichnet werden, sehr erheblich unterscheidet. Während diese stets nach den zwei Richtungen der Qualität und der Intensität variabel sind, wird kein Mensch von einer Intensität des Raumbewußtseins sprechen wollen. Aber auch die Qualität des Raumbewußtseins, die als Verschiedenheit der Akte des Erfassens der verschiedenen Raumpunkte wohl vorhanden sein muß, läßt sich kaum mit der Qualität der Sinnesempfindungen auf dieselbe Stufe stellen. Die Verschiedenheit der Empfindungen ist ebenso wie diejenige der Gefühle eine solche psychischer Zustände, während die hinsichtlich ihrer „intentionalen" Funktion sich unterscheidenden Akte des Raumbewußtseins nichts von Zuständlichkeit an sich haben.

Der zuständliche Charakter der Empfindungen tritt besonders in den Eindrücken der sogenannten niederen Sinne zutage. Die Perzeptionen von Schmerz, Hunger, Durst, Frost, Hitze usw. werden von der Popularpsychologie ohne weiteres als Gefühle angesprochen. Erst die Untersuchungen der wissenschaftlichen Psychologie haben gezeigt, daß zwischen diesen Perzeptionen und den Eindrücken der „höheren" Sinne des Gesichts und Gehörs größere Verwandtschaft besteht als zwischen jenen und den Gefühlen der Lust und Unlust. Diese Erkenntnis hat aber nicht dazu geführt, den „niederen" Empfindungen eine Eigenschaft der „Transzendenz", der Objektivitätsauffassung, oder wie man es nennen will, zuzuschreiben, die sie nicht haben, sondern sie hat Veranlassung gegeben, zu fragen, ob die scheinbare Transzendenz der höheren Empfindungen diesen wirklich zukommt.

Ist das Raumbewußtsein eine Seite oder eine Teilfunktion der die Erkenntnis entfernter Gegenstände hauptsächlich vermittelnden Empfindungen? Das ist die Frage, die zum mindesten bejaht werden muß, wenn man den Eindrücken der höheren Sinne den Charakter des Objektivitätsbewußtseins zuerkennen will. Aber so wenig man besondere Raumempfindungen annehmen darf, so wenig ist es zulässig, die Raumauffassung als Teilinhalt bestimmter Empfindungen hinzustellen. Als Seiten der Empfindungen betrachten wir die Qualität derselben, bei den Gesichtseindrücken außerdem noch die Sättigung, bei den Eindrücken des Gehörssinns noch die Klangfarbe. Wenn das Raumbewußtsein ein weiteres derartig abstraktes Moment der die innigste Einheit dieser Momente darstellenden Empfindungen sein sollte, so dürfte es sich ebenso wenig selbständig herauslösen lassen wie die anderen Momente. Das ist aber keineswegs der Fall. Wir können nicht die Intensität einer Empfindung erleben ohne irgendeine Qualität. Aber wir können sehr wohl einen bestimmten Punkt des Raumes erfassen ohne ihn mit irgendeiner optischen oder taktilen Eigenschaft zu bekleiden. Es kann ferner nicht die Intensität einer Empfindung assoziativ auf andere Empfindungen übertragen werden. Wohl aber können Sinneseindrücke in der Entwicklung unserer Erfahrung die Fähigkeit gewinnen, uns ein Raumbewußtsein zu vermitteln, auch wenn die Funktion der Raumauffassung ursprünglich nicht mit ihnen verbunden ist, wie dies z. B. bei den Perzeptionen des Gehörssinns ganz allgemein geschieht.

Steckt aber das Raumbewußtsein nicht in den Empfindungen, so ist das noch weniger der Fall mit den übrigen Funktionen des Objektivitätsbewußtseins, z. B. mit der Unterscheidung, die schon deshalb nicht in einer Empfindung enthalten sein kann, weil sie mehrere Empfindungen zu ihrer Entstehung voraussetzt. Daß auch mit einer Mehrheit verschiedener Sinneseindrücke nicht ohne weiteres schon das Bewußtsein ihrer Verschiedenheit bzw. die Auffassung unterschiedener äußerer Gegenstände gegeben ist, bedarf nach dem, was oben über die sensualistischen Theorien gesagt wurde, wohl keiner weiteren Ausführung mehr.

Die Frage, wie sich die Gegenstände erfassende Wahrneh-

mung zu den an sich rein subjektiven, gegenstandslosen
Empfindungen verhält, kann also auch dadurch nicht beantwortet oder vielmehr beiseite geschoben werden, daß
man die gegenstandslose Subjektivität der reinen Empfindungen bestreitet. Um auch für die in dieser Richtung
liegenden Lösungsversuche einen kurzen zusammenfassenden
Namen zu haben, wollen wie sie als die hypersensualistischen
bezeichnen, weil durch sie den Sinnesfunktionen eine noch
universalere Bedeutung zugesprochen wird als durch die oben
entwickelte sensualistische Auffassung. Als unzulängliche Wahrnehmungstheorien haben wir also bisher kennen gelernt die
materialistische, die rationalistische, die sensualistische, die positivistische und die hypersensualistische.

Eine weitere Wahrnehmungstheorie ist vor allem in der
kritischen Philosophie Kants entwickelt worden und pflegt als
kritizistische bezeichnet zu werden. Danach sind Raum und Zeit
„Anschauungen a priori“, d. h. in einer weniger unglücklichen
Terminologie ausgedrückt, Raumauffassung und Zeitauffassung
sind selbständige, auf einer ursprünglichen psychischen Disposition beruhende Funktionen, die durch Sinnesempfindungen
ausgelöst werden und „Erfahrung“, d. h. wahrnehmungsmäßige
Erkenntnis von Gegenständen erst möglich machen. Aber wenn
Raumauffassung und Zeitauffassung die conditio sine qua non
aller Erfahrung darstellt, so genügen diese Funktionen samt
den sie auslösenden Sinneseindrücken nach der kritizistischen
Lehre doch keineswegs, um die unsere Erkenntnis begründende
Wahrnehmung vollkommen zu konstituieren. Die Erfahrung
wird vielmehr erst vollendet durch die „Kategorien“ d. h. durch
weitere geistige Funktionen, die Kant den Anschauungsformen
der Sinnlichkeit als Leistungen des Verstandes gegenüberstellt
und deren er nicht weniger als zwölf unterscheidet[21]). Er bezeichnet sie mit den recht ungleichmäßig teils Tätigkeiten,
teils objektive Beziehungen suggerierenden Begriffen: Einheit,
Vielheit, Allheit; Realität, Negation, Limitation; Inhärenz, Kausalität, Gemeinschaft; Möglichkeit, Dasein und Notwendigkeit.

Auf die Motive dieser eigenartigen Kategorienlehre kann
hier nicht weiter eingegangen werden. Man sieht wohl ohne
weiteres, daß einige Paare der nach Kants konstruktiver Ableitung zu unterscheidenden „Verstandesformen“, wie Realität
und Dasein, Kausalität und Gemeinschaft, welch letzteren Begriff Kant gleichbedeutend mit „Wechselwirkung“ gebraucht,
die Zusammenfassung in eine einzige Kategorie sehr nahe

legen. Es ist auch bereits durch Schopenhauer der Versuch gemacht worden, die ganze umständliche Kategorientafel auf ein Minimum zu reduzieren, indem nur die Denkformen der Substantialität (Inhärenz), und der Kausalität beibehalten werden sollten[22]).

Suchen wir in dieser vereinfachten Fassung uns den Grundgedanken der kritizistischen Theorie noch etwas näher zu bringen, so können wir sagen: Es soll hiernach die ursprünglich rein intensive Mannigfaltigkeit der Sinnesempfindungen, die an sich ähnlich wie etwa die Töne eines Akkords sich durchdringen würden, durch die Anschauungsfunktionen der Raum- und Zeitauffassung in ein extensiv geordnetes System auseinandergelegt, und es soll durch das Hinzutreten der Substanz- und der Kausalauffassung bewirkt werden, daß nicht ein unablässig dahingleitender Strom räumlich und zeitlich geordneter Schattenbilder durch das Bewußtsein zieht, daß vielmehr beharrende Dinge und nach festen Gesetzen sich vollziehende Veränderungen von uns erfaßt werden.

Diese Auffassung enthält sicherlich einen richtigen Kern. Aber zweierlei ist von vornherein daran zu beanstanden. Es ist nämlich erstens nicht einzusehen, warum die Funktionen der Raum- und Zeitauffassung und diejenigen der Substanz- und Kausalauffassung so schroff getrennt und zwei verschiedenen Seelenvermögen, der Sinnlichkeit und dem Verstand zugewiesen werden. Zweitens muß man die Frage aufwerfen, ob in dem Bewußtsein von Substanz und Kausalität wirklich ebenso ursprüngliche, elementare psychische Funktionen anzuerkennen sind wie im Raum- und Zeitbewußtsein.

Was den ersten Punkt anlangt, so hat Kant betont, Raum und Zeit seien keine Begriffe[23]), während er die Kategorien, die er der in der damaligen Logik üblichen Klassifikation der Urteile glaubt entnehmen zu können, ohne weiteres für Begriffe hält. Das Irrige dieser Ansicht erkennt man leicht, wenn man die Zweideutigkeit der Kant'schen Terminologie beseitigt, die eine reinliche Scheidung in der Bezeichnung der Erkenntnisfunktionen und der Abstraktionsprodukte des Erkennens vermissen läßt. Die Raumauffassung ist sicher kein Begriff. Auch der Raum ist kein solcher. Wohl aber ist die Bedeutung des Wortes Raumauffassung ebensowohl wie die Bedeutung des Wortes Raum, wenn diese Bedeutung nicht in der Vorstellung anschaulicher körperlicher Objekte inadäquat erfaßt wird, ein

Begriff. Das gleiche gilt, wie man leicht sieht, für die Substanz-
und Kausalauffassung, um nur diese herauszugreifen, sowie für
Substanzen, Ursachen und Wirkungen einerseits, und für die
Bedeutung der Wörter Substanzauffassung, Kausalauffassung,
Substanz und Kausalität andererseits.

Wenn man diesen vollkommenen Parallelismus nicht übersieht, dann besteht gar keine Veranlassung, die Kategorial- und
die Anschauungsfunktionen zu trennen, um so weniger, da
diese Trennung zu den merkwürdigsten Konsequenzen führt,
indem man auf Grund derselben entweder bestreiten muß, daß
die des Denkens unfähigen Lebewesen wie z. B. die nicht auf
der höchsten Stufe organischen Lebens angelangten Tiere oder
menschliche Idioten substanzielle Dinge wahrnehmen, oder die
Behauptung aufzustellen gezwungen ist, daß die Fähigkeit zum
Denken in der Wahrnehmung und die Fähigkeit zum Denken
außerhalb der Wahrnehmung nicht aneinander gebunden seien.

Was den zweiten Punkt betrifft, der an der kritizistischen
Theorie zu beanstanden ist, so muß darauf hingewiesen werden,
daß die Kausalauffassung sicherlich das Veränderungsbewußtsein in sich schließt und daß in diesem außer der Zeitauffassung die Funktion des Unterscheidens als elementare Komponente deutlich hervortritt. Die Substanzauffassung involviert
das Bewußtsein des Beharrens, in dem die Komponenten der
Zeitauffassung und der Gleichheitsauffassung nicht zu verkennen
sind. In der Wahrnehmung gesetzmäßig sich ändernder Dinge
ist ferner ein Moment enthalten, das als Erfassen der Identität
der in Veränderung begriffenen Gegenstände bezeichnet werden
kann und sich auf Akte des Gleichheits- und Verschiedenheitsbewußtseins nicht zurückführen läßt. Dabei darf man freilich
das Identitätsbewußtsein ebenso wenig mit dem Verstehen des
Begriffs Identität verwechseln, wie das Gleichheitsbewußtsein
mit dem Verständnis des Wortes Gleichheit oder das in der
Wahrnehmung auftretende Raumbewußtsein mit dem Wissen
dessen, was man unter dem Begriff Raum versteht, identifiziert
werden darf. Das Identitätsbewußtsein hat zum Gegenstand
nicht die Bedeutung des Wortes Identität, nicht eine abstrakte
Beziehung, wie der durch Abstraktion gewonnene Identitäts-
begriff, sondern das reale Etwas, das als Träger der wechselnden Eigenschaften und Zustände in jeder Wahrnehmung von
uns erfaßt wird.

Man darf nicht meinen, daß der Akt, in dem wir den
Begriff Substanz denken, in dem wir also das Abstraktions-

produkt erfassen, das auf einer höheren Stufe geistiger Entwicklung erst herausgearbeitet wird, etwas zusammengesetzteres
sei als die Denkakte, in denen wir den Sinn der Wörter Dauer,
Gleichheit, Identität usw. verstehen. Gegen den psychologischen
Atomismus, der den Akt des Erfassens eines Ganzen zusammen-
gesetzt denkt aus den Akten des Erfassens der einzelnen Teile,
sind schlagende Einwände besonders von dem amerikanischen
Psychologen James erhoben worden[24]). Von einer Vereinfachung
unseres geistigen Lebens durch das Denken in Allgemeinbegriffen könnte gar keine Rede sein, wenn das Denken eines
Allgemeinbegriffs sich aus dem Denken alles dessen zusammensetzen würde, was unter ihm begriffen ist. Ein Allgemeinbegriff
entsteht, indem das, was an den unter ihm befaßten Gegenständen übereinstimmt, für unser Bewußtsein hervortritt, während gleichzeitig all das, worin diese Gegenstände sich unterscheiden, sich verwischt und dem Bewußtsein entschwindet.
Von einem Erfassen dieses unter dem Allgemeinbegriff zusammengefaßten Verschiedenen im Denken des Allgemeinbegriffs kann also von vornherein keine Rede sein. Aber auch
die Merkmale, die im Allgemeinbegriff enthalten bleiben,
werden nicht einzeln nebeneinander gedacht. Das Denken eines
Begriffs ist weder gleichzusetzen mit der Summe der Gedanken,
in denen sein Umfang, noch mit der Summe derjenigen, in
denen sein Inhalt zu erschöpfen wäre.

Was hat es nun unter diesen Umständen für einen Sinn,
wenn wir die Substanz- und die Kausalauffassung in elemen-
tarere Bewußtseinsfunktionen zu zerlegen uns bemühen? Keinen
andern als wenn wir die verschiedenen Gruppen der Sinnesempfindungen voneinander und von den Akten der Raum- und
Zeitauffassung unterscheiden. In dem Begriff anschaulicher
Gegenstände sind diese Funktionen ebensowenig als Komponenten enthalten wie die oben namhaft gemachten Bewußt-
seinsakte im Begriff der Substanz. Aber in der konkreten
Wahrnehmung lassen sich all die genannten Elementarprozesse
und vielleicht noch weitere unterscheiden, freilich nur dann,
wenn die psychologische Abstraktion diese Unterscheidung
vornimmt. Wie wir an der Empfindung in der psychologischen
Betrachtung Intensität und Qualität auseinanderhalten, ohne
daß sich damit die Meinung verbindet, die Empfindung erfasse
getrennt, was an ihr gesondert werden kann, so wollen wir
auch bei der abstrahierenden Isolierung der Elementarprozesse
des Objektivitätsbewußtseins nicht vergessen, daß dabei dieses

Bewußtsein selbst zum Gegenstand der Begriffsbildung gemacht wird, und daß wir nicht Unterscheidungen in ihm voraussetzen dürfen, die wir erst an ihm vornehmen.

Aber mit der bewußten Unterscheidung, mit dem Bewußtsein der Verschiedenheit darf nicht verwechselt werden die tatsächliche Verschiedenheit der Bewußtseinsvorgänge bzw. die Tatsache, daß ein Bewußtseinsvorgang mit einem zweiten in dieser, mit einem dritten in jener Hinsicht übereinstimmt usw. Was man im gewöhnlichen Leben meist unter der Kompliziertheit eines Bewußtseinsvorganges, z. B. unter der Kompliziertheit eines Gedankens versteht, das ist eine besondere Fülle der in ihm erfaßten Verschiedenheiten, eine besondere Fülle der in ihm vollzogenen Unterscheidungen. In der Psychologie aber spricht man von der Kompliziertheit eines Bewußtseinsvorganges auch dann, wenn sich an ihm viel unterscheiden läßt, was in ihm nicht in seiner Verschiedenheit erkannt wird.

Dabei kann das Unterscheidbare direkt in seinem Nebeneinandervorkommen unterscheidbar sein oder es kann dadurch sich ergeben, daß der Bewußtseinsvorgang, an dem es unterschieden wird, als Vergleichsglied in verschiedenen Relationen ins Auge gefaßt, verschiedene Seiten seines Wesens, die nicht wirklich auseinanderlegbar sind, hervortreten läßt. In diesem Sinn kompliziert ist der nach der Auffassung des gewöhnlichen Lebens einfachste Wahrnehmungsprozeß, und zwar sind die Komponenten des Objektivitätsbewußtseins, die wir unterschieden haben, wahrscheinlich teils solche, die tatsächlich auseinandertreten, wie das Raumbewußtsein, das Zeitbewußtsein, die Gleichheits- und Verschiedenheitsauffassung, teils solche, die nicht in diesem Sinn wirkliche Partialvorgänge bedeuten, wie das Identitätsbewußtsein, das nur als Eigentümlichkeit eines auf einen Gegenstand gerichteten geistigen Aktes sich ergibt, wenn man ihn mit einem auf zwei oder mehr Gegenstände gerichteten Akt vergleicht. Die Bedeutung der auf die letztere Weise gewonnenen Erkenntnis psychischer Momente für die Einsicht in die tatsächliche Konstitution unseres Bewußtseinslebens ist noch einigermaßen zweifelhaft Man kann von einem gewissen Standpunkt aus behaupten, daß es ebensoviele verschiedene Akte geistigen Erfassens geben müsse, als elementare Abstraktionsprodukte auf der Gegenstandsseite sich unterscheiden lassen. Einer Klassifikation jener Akte müßte also eine Gruppeneinstellung dieser elementaren Abstraktionsprodukte zugrunde gelegt werden.

Die Gegenstände teilen wir ein in Dinge, Eigenschaften, Geschehnisse und Beziehungen. Geschehnisse sind Veränderungen von Eigenschaften und Beziehungen. Die Elemente der Veränderung sind selbst Beziehungen, neben denen man wohl das in jeder Veränderung enthaltene Moment der Zeit als etwas betrachten muß, was nicht als Beziehung aufzufassen ist. Die Dinge können wir, wenn wir das Moment der Kraft d. h. der Veränderungsursache oder der Veränderung, auf welche regelmäßig eine andere Veränderung folgt, ausschalten, wenn wir also das beiseite lassen, was bei Betrachtung der Veränderung ins Auge gefaßt werden muß, als qualitätbehaftete Raumstücke betrachten. Raum, Qualität, Einheit, Dauer und Identität scheinen die abstrakten Momente zu sein, die sich im Wesen des Dinges unterscheiden lassen. An den Eigenschaften unterscheiden wir die räumliche und zeitliche Ausdehnung, die Qualität und die Intensität. Die Gruppe der Beziehungen scheint unübersehbar zu sein. Beziehung von Grund und Folge, von Ursache und Wirkung, von Ganzem und Teil, von Einheit und Vielheit, von Früher und Später, von Rechts und Links, Oben und Unten, Vorn und Hinten, von Ding und Eigenschaft usw. — wer wollte es versuchen, in das, was da alles Beziehung genannt wird, System zu bringen? Aber wenn wir einmal von dem absehen, was in Beziehung gebracht wird, sollte sich die Verschiedenheit der Beziehungen selbst nicht sehr stark reduzieren? Es scheint in der Tat außer der Gleichheit, der Verschiedenheit und der Identität keine elementare Beziehung übrig zu bleiben, wenn wir die Ähnlichkeit als partielle Gleichheit und partielle Verschiedenheit auffassen. Kausale Abhängigkeit z. B. läßt sich betrachten als zeitliche Verschiedenheit des Beginns zweier Veränderungen bei raum-zeitlicher Identität des Endes der einen und des Anfangs der andern oder, falls es Fernwirkungen geben sollte, bei bloß zeitlichem Zusammenfallen des Endes derjenigen, die als Ursache, und des Anfangs derjenigen, die als Wirkung gilt, und bei quantitativer Äquivalenz beider. Man wendet hoffentlich nicht ein, daß die Ursache nach dem Beginn ihrer Wirkung noch fortdauern könne, daß z. B. die Ausstrahlung der Wärme vom glühenden Ofen noch fortdauere, wenn die Erwärmung des umgebenden Luftraumes bereits begonnen hat. In diesem Fall sind eben die Teilprozesse, für welche die raum-zeitliche Kontinuität besteht, als Ursachen und Wirkungen aufzufassen. Die logische Abhängigkeit läßt sich ebenfalls leicht auf eine gewisse Gleichheit und eine gewisse Verschiedenheit zurückführen. Daß die negative Beziehung zwischen Vorstellungen und Begriffen nur eine solche der Verschiedenheit ist, wurde bereits in anderem Zusammenhang gezeigt[25]). Von den Beziehungen des Nebeneinander und des Nacheinander von Raum und Zeit braucht wohl nicht besonders ausgeführt zu werden, inwiefern sie als Gleichheit oder als Verschiedenheit bzw. als Gleichheit in einer, als Verschiedenheit in anderer Hinsicht aufzufassen sind. Am schwierigsten scheinen noch Beziehungen wie die von Ding und Eigenschaft unserer Interpretation sich zu fügen. Aber es läßt sich doch auch hier einsehen, daß das Inbeziehungsetzen von Ding und Eigenschaft eigentlich nur ein Unterscheiden beider ist, wobei gewisse Koinzidenzen erhalten bleiben.

Ist diese Betrachtungsweise gerechtfertigt und ist es richtig, daß soviel Komponenten des Objektivitätsbewußtseins unterschieden werden dürfen, als sich elementare Abstraktionsprodukte auf der Gegenstandsseite unterscheiden lassen, so können wir uns mit der Zerlegung der Gegenstandsauffassung in das Qualitätsbewußtsein, wie es von den Empfindungen konstituiert wird, das Raum- und Zeitbewußtsein, das Einheits- und Identitätsbewußtsein, das Gleichheits- und Verschiedenheitsbewußtsein zufrieden geben, wenn wir nicht vergessen, daß diese in der psychologischen Abstraktion auseinanderzuhaltenden Momente in den komplizierten Akten der Wahrnehmung eines Dings mit Eigenschaften, eines in Bewegung oder qualitativer Veränderung begriffenen Dings, einer Mehrheit von Dingen usw. wohl unterscheidbar, aber nicht unterschieden sind.

Eine solche im weiteren Ausbau der kritizistischen Theorie gewonnene Lösung des Wahrnehmungsproblems können wir als die in der Richtung der modernen Funktionspsychologie liegende oder kurz als die funktionspsychologische bezeichnen. Sie erklärt nicht die Wahrnehmung durch das Denken, sondern das Denken aus der Wahrnehmung, indem sie in der Wahrnehmung all die Funktionen gegeben sein läßt, die von den Empfindungen losgelöst und auf Abstraktionsprodukte angewandt unsere Begriffe und Urteile konstituieren. Sie degradiert diese Funktionen aber auch nicht zu bloßen Destillationsprodukten der Empfindungen und bestreitet weder die aus guten Gründen anzunehmende Subjektivität der reinen Sinneseindrücke noch das auszeichnende Objektivitätsbewußtsein der ganzen Wahrnehmung.

Wenn die Funktionspsychologie die Unentbehrlichkeit der Annahme ursprünglicher, von den Empfindungen nur auszulösender, nicht zu schaffender Objektivitätsfunktionen einsieht, so verkennt sie keineswegs die Bedeutung der Assoziations-, Reproduktions- und Apperzeptionsprozesse[26]), auf die der Sensualismus alle Wahrnehmungsbildung reduzieren möchte. Ohne Assoziation, Reproduktion und Apperzeption würden wir nicht die klaren und deutlichen, nicht die reichhaltigen, vielfach nicht die objektiv richtigen und vielfach auch nicht die trügerischen Wahrnehmungen haben, die wir in unserm entwickelten Bewußtsein finden. Aber wir würden auch ohne Assoziation, Reproduktion und Apperzeption Gegenstände im Raum außer uns wahrnehmen und nicht bloß uns subjektiv modifiziert fühlen, wie der Sensualismus annimmt. Da wir das erkenntnistheoretische Wahrnehmungsproblem auf die Betrachtung der Entstehung des Objektivitätsbewußtseins eingeschränkt haben, wollen wir hier abschließen und die Frage nach den Quellen von Wahrheit und Irrtum in der Wahrnehmung, für deren Lösung die Erkenntnis von der Entstehung der Wahrnehmung nicht nur aus peripher angeregten Empfindungen und dadurch ausgelösten Objektivitätsfunktionen, sondern auch aus Assoziationen, Reproduktionen und Apperzeptionen von höchster Bedeutung ist, einstweilen zurückstellen. Diese Frage bildet ja nur einen Teil des Problems, das wir in der Wertlehre des Erkennens aufzuwerfen haben. Auch die Frage nach der Wahrnehmungsgewißheit soll uns hier nicht besonders beschäftigen, da wir einen eigenen Abschnitt der Betrachtung der gewissen Erkenntnis überhaupt in ihrer psychologischen Differenz von der ungewissen Erkenntnis, dem bloßen Glauben, widmen wollen, und da obendrein auch in der Wertlehre des Erkennens auf das Moment der Gewißheit eingegangen werden muß[27]).

b) Die innere Wahrnehmung.

Unter der inneren Wahrnehmung verstehen wir das unmittelbare Erfassen von Bewußtseinsvorgängen auf Grund tatsächlichen Erlebens. Wir rechnen also nicht dazu das vermittelte Konstatieren psychischer Tatsachen, wie es z. B. vorliegt, wenn ich feststelle: Ich muß heute nacht lebhaft geträumt haben; denn ich fühle mich geistig gar nicht ausgeruht, oder: ich muß diesen Gedanken schon einmal gedacht haben; denn er kommt mir bekannt vor. Man sieht, wie es bei diesem vermittelten Erfassen sich um ein unmittelbares Wahrnehmen von Zwischengliedern handelt, die als Folgeerscheinungen derjenigen Tatbestände gedeutet werden, auf welche sich demzufolge das vermittelte Erfassen richtet. Zur inneren Wahrnehmung rechnen wir ferner nicht das Fingieren psychischer Inhalte oder das Denken an solche, wie es beispielsweise bei jedem psychologischen Vortrag stattfindet, wobei dem Erfassen des Psychischen, das ja auch hier sich vollzieht, kein tatsächliches Erleben entspricht.

Daß unsere Definition ebenso wie die früher gegebene Begriffsbestimmung der äußeren Wahrnehmung Schwierigkeiten einschließt, soll nicht geleugnet werden. Aber diese lassen sich in der Wahrnehmungsabgrenzung, wie es scheint, keinesfalls vermeiden. Wenn wir, was ja so nahe läge, sagen würden, innere Wahrnehmung sei das mit dem Bewußtsein des wirklichen Daseins oder Soeben-Dagewesenseins verbundene Erfassen psychischer Vorgänge, so wäre diese Formulierung für eine vorläufige Bestimmung schon deshalb unzweckmäßig, weil dadurch sofort die Streitfrage hervorgerufen würde, ob es eine innere Wahrnehmung nur von dem streng gleichzeitig mit ihr verlaufenden Bewußtseinsgeschehen geben könne oder auch von den soeben abgelaufenen psychischen Vorgängen, und was unter dem Begriff „soeben" zu verstehen sei, wieweit ferner die soeben abgelaufenen Prozesse eventuell in die Vergangenheit sich erstrecken dürfen.

Was die Bezeichnungen Bewußtseinsvorgänge und psychische Vorgänge anlangt, so gebrauchen wir dieselben vollständig gleichbedeutend. Das Unbewußte spielt in der Psychologie zwar mit Recht eine bedeutende Rolle und ist für eine wissenschaftliche Psychologie wohl geradezu unentbehrlich. Aber einmal handelt es sich dabei hauptsächlich um Dispositionen, nicht um Prozesse, also um ein beharrendes Sein im Unterschied von dem Geschehen, das sich an diesem Sein abspielt, und wenn man behauptet, daß die psychischen Vorgänge mit den Bewußtseinsvorgängen zusammenfielen, so ist damit noch nicht gesagt, daß es auch kein unbewußtes psychisches Sein gebe. Andererseits benützt die Psychologie die Feststellungen der Anatomie und Physiologie so vielfach zur Erklärung von Bewußtseinsprozessen, daß die Bezeichnung der die Lücken der psychischen Kausalreihen ausfüllenden unbewußten Vorgänge als physiologischer oder, wenn man ausdrücken will, daß sie der Art nach gleich seien mit denen, die bei anderer Intensität oder andern Nebenumständen von einem Bewußtseinsgeschehen begleitet werden, als psychophysischer selbst von denjenigen Psychologen übernommen werden kann, denen die Psychologie kurzweg die Wissenschaft vom Psychischen ist.

Das erkenntnispsychologische Problem der inneren Wahrnehmung ist uns vor allem die Frage ihres Verhältnisses zu dem in ihr Wahrgenommenen. In der Beantwortung dieser Frage stehen sich der Hauptsache nach drei Gruppen von Theorien gegenüber, von denen diejenige, die uns der Wahrheit am nächsten zu kommen scheint, merkwürdigerweise nicht den Abschluß einer Entwicklungsreihe bildet, sondern verhältnis- mäßig früh sich vertreten findet, während diejenige, die am wenigsten annehmbar erscheint, eigentlich erst in der Gegen- wart eine entschiedenere Ausprägung erfahren hat. Im Grunde genommen handelt es sich bei dieser letzteren freilich nur um eine andere Konsequenz desselben Irrtums, der am Anfang der Erkenntnis vom Wesen der inneren Wahrnehmung steht und nur ursprünglich die eigenartige Folge hatte, daß die Möglich- keit falscher Ansichten vom Verhältnis der Wahrnehmung zu ihrem Gegenstand im Gebiet der inneren Erfahrung dadurch verringert wurde.

Dieser Irrtum ist die Verwechslung von Bewußtsein und Selbstbewußtsein, auf die früher schon hingewiesen wurde. Solange man das Wesen des Bewußtseins nicht erkannte, nicht in einer Eigenschaft erblickte, die dem Psychischen im Unter- schied vom Physischen zukommt, solange man das Bewußt- sein nur in den Prozessen anerkannte, die wir gegenwärtig Akte des Selbstbewußtseins oder der psychologischen Reflexion nennen, solange lag es nicht nahe, die verhältnismäßige Selb- ständigkeit der Erlebnisse des Selbstbewußtseins oder des- jenigen Teils derselben, den wir unter dem Begriff der inneren Wahrnehmung herausgreifen, irgendwie in Abrede zu stellen. Aber nachdem sich die Erkenntnis vom Bewußtsein als von etwas zum psychischen Geschehen nicht äußerlich Hinzutreten- dem sondern untrennbar Zugehörigem Bahn gebrochen hat, ist die Möglichkeit gegeben, durch Gleichsetzung der inneren Wahrnehmung mit dem Bewußtsein zu einer Auffassung zu gelangen, wonach das Verhältnis des inneren Erfassens zum Gegenstand desselben das der vollkommensten Identität ist.

Eine solche Ansicht wird gegenwärtig vertreten von Cor-

nelius[1]). Er bezeichnet das Bewußtsein, das jedem unmittelbar
gegebenen, nicht erst erschlossenen Gegenstand der Psychologie zukommt, als die primäre Unterscheidung („Abhebung")
desselben von andern Inhalten, versteht aber unter dieser Unterscheidung nicht eine psychische Funktion, die sich auf eine
ihr gegenüberstehende Bewußtseinstatsache richtet, sondern
die Verschiedenheit, die mehrere Teilinhalte nicht als dieselben
erscheinen läßt. Er definiert die „primäre Unterscheidung" als
den „Tatbestand, auf Grund dessen überhaupt von einem
bestimmten Erlebnis im Gegensatz zu anderen Erlebnissen
geredet werden kann", und fügt hinzu: „Das Dasein eines
Erlebnisses in der Mehrheit unserer Erlebnisse schließt diesen
Gegensatz zu anderen Erlebnissen in sich, fällt also insofern mit
jener Abhebung oder primären Unterscheidung zusammen"[2]).

Es wird also hier in ganz unmißverständlicher Weise das
Dasein eines Bewußtseinsinhaltes mit dem Erfassen desselben,
als eines besonderen, von andern verschiedenen Teilinhalts, das
Bewußtsein, das jedem Bewußtseinsvorgang als die Eigentümlichkeit zukommt, die ihn vom bewußtlosen Geschehen unterscheidet, mit dem Selbstbewußtsein gleichgesetzt. Um jeden
Zweifel auszuschließen, wendet sich Cornelius noch besonders
gegen die Auffassung, wonach zu dem Bewußtseinsinhalt bei
der inneren Wahrnehmung ein besonderer ihn erfassender Akt
hinzutritt. Ein solches „Bemerken" soll zum mindesten da, wo
der bemerkte Inhalt real gegeben ist, nicht als besonderer psychischer Prozeß, als „intentionales Erlebnis", wie ihn andere
Psychologen nennen, zu konstatieren sein, sondern „das ,Bemerken' ist nur ein anderer sprachlicher Ausdruck für die einfache Tatsache des realen Daseins dieses Inhalts als eines von
anderen verschiedenen"[3]).

Zur Begründung dieser Ansicht wird auf zwei Tatsachen
hingewiesen, nämlich auf die Unterscheidbarkeit der gegenwärtigen Empfindung und ihres Gedächtnisbildes sowie auf die
Schwierigkeit, welche der Lehre vom „intentionalen Objekt"
beim Gegebensein des wirklichen Objekts erwächst. „Wenn
wir von jedem Erlebnis", so führt Cornelius das erstere Argument aus, „erst im folgenden Augenblick in Form eines intentionalen Erlebnisses Kenntnis erhielten, so würden uns auch
unsere Empfindungserlebnisse nur in Form der Erinnerung
gegeben werden können: wir würden also niemals die gegenwärtige Empfindung, sondern stets nur ihr Gedächtnisbild
kennen lernen, d. h. wir würden den Unterschied zwischen

Impression und Idee und allgemein den Unterschied zwischen Realem und Intentionalem niemals erleben können. Tatsächlich aber erleben wir diesen Unterschied fortwährend"[4]).

Folgt aus dieser Überlegung wirklich, daß unsere Empfindungen durch sich selbst erfaßt werden, daß sie nicht durch einen Akt rückschauender Betrachtung der inneren Wahrnehmung gegenständlich werden können? Das scheint keineswegs der Fall zu sein. Wenn die Verschiedenheit der Bewußtseinsinhalte eine Verschiedenheit der sie erfassenden Akte der inneren Wahrnehmung zur Folge hat oder wenn auf irgendeine andere Weise dafür gesorgt ist, daß im Selbstbewußtsein nicht immer derselbe Gegenstand, sondern daß unterschiedene Gegenstände erfaßt werden, so ist doch offenbar gar nicht einzusehen, warum die Verschiedenheit von Impression und Idee sich nicht ebensogut in dem Bewußtsein, das wir von beiden haben können, zu erkennen geben soll, wie sonst Unterschiede von Bewußtseinsinhalten erkannt werden. Man braucht auch gar nicht anzunehmen, daß der Akt intentionalen Erfassens, in dem andere Psychologen das Wesen des Selbstbewußtseins finden, ein Gedächtnisbild der jeweils zu erfassenden Bewußtseinsinhalte sei. Aber selbst wenn man dies annimmt und dabei nicht verkennt, daß diese dann als Erinnerungen anzusprechenden Akte nicht sich selbst, sondern dasjenige erfassen, dessen Erinnerungen sie sind, selbst dann liegt doch keine Schwierigkeit in dem Gedanken, wonach die Erinnerungen an Impressionen etwas anderes uns zum Bewußtsein bringen als die Erinnerungen an Ideen, unbeschadet dessen, daß dann die Erinnerungen an solche in beiden Fällen nicht Impressionen, sondern Ideen sind.

Das erste von Cornelius ins Feld geführte Argument scheint also nicht zu beweisen, was es beweisen soll. Wie steht es nun mit dem zweiten? Da wird ausgeführt, daß von intentionalem Erfassen nur in den Fällen sinnvoll gesprochen werden könne, wo der Gegenstand nicht real gegeben sei. Damit scheint gemeint zu sein, daß wenn beispielsweise der Psycholog von den verschiedensten psychischen Tatsachen spricht, die er entweder seiner eigenen früheren Erfahrung oder Berichten anderer entnimmt, jedenfalls aber nicht jeweils da, wo er darüber zu sprechen hat, als unmittelbar gegebene Erlebniswirklichkeit in sich vorfindet, indem er doch nicht immer gerade zornig sein kann, sobald er den Zorn, oder traurig, sobald er die Trauer zum Gegenstand seiner Betrachtung macht, daß in derartigen Fällen in der Tat ein intentionales Erfassen stattfinde, daß ein solches aber ausgeschlossen sei, sofern der Gegenstand nicht wenigstens durch zeitliche Entfernung von dem Augenblick des Erfassens oder durch Zugehörigkeit zu einem andern Subjekt oder sonstwie sich als abwesend erweist. Intentionales Erfassen wird von Cornelius kurzweg definiert als dasjenige Bewußtseinsgeschehen, dessen Gegenstand bloß intentional gegeben ist.

Diese Definition soll eine Korrektur sein der anderweitig üblichen Bestimmung des Begriffs der intentionalen Akte. Als solche bezeichnen Brentano, Husserl und andere im allgemeinen diejenigen Erlebnisse, die wir bei Besprechung der äußeren Wahrnehmung als Objektivitätsfunktionen den Empfindungen gegenübergestellt haben, sowie alle Bewußtseinsvorgänge, die mit diesen darin übereinstimmen, daß sie nicht bloße Modifikationen unseres Zustandes, sondern gegenständlich gerichtete Akte sind. Cornelius beanstandet ausdrücklich die Definition Husserls mit der Begründung, auf ein Etwas, auf einen Gegenstand bezögen sich alle Bewußtseinsvorgänge. Auch der Farbenempfindung werde die empfundene Farbe als Objekt gegenübergestellt. Es gehe infolgedessen nicht an, eine besondere Klasse von Bewußtseinsprozessen durch ein Merkmal charakterisieren zu wollen, das allen zukomme.

Diese Argumentation ist aber kaum stichhaltig. Es fällt wohl keinem Menschen ein, etwa der Hungerempfindung oder der Müdigkeitsempfindung den Hunger bzw. die Müdigkeit in dem Sinn als davon zu unterscheidendes Objekt gegenüberzustellen wie man den Raum vom Raumbewußtsein, die Zeit vom Zeitbewußtsein usw. unterscheiden muß. Es ist also gewiß nicht richtig, daß in allen Komponenten unseres Seelenlebens das Objektivitätsbewußtsein als Merkmal gegeben ist, selbst wenn man zugeben müßte, daß der Farbenempfindung die Farbe ebenso gegenständlich gegenübersteht, wie dem Raumbewußtsein der Raum. Im übrigen wurde oben schon darauf hingewiesen, daß die Verwandtschaft der Farbenempfindungen mit den sogenannten niederen Empfindungen die Frage nahe liegt, ob die scheinbare Gegenstandsbezogenheit jener nicht nur eine Folge ist ihrer innigen und schwer lösbaren Verbindung mit Objektivitätsfunktionen wie die Raumauffassung, ob also der Farbenempfindung wirklich noch die Farbe als Objekt gegenüberstehen würde, wenn es gelänge, die Farbenempfindung als solche ohne den Lokalisationsakt, durch welche eine Farbe im Raum wahrgenommen wird, zu isolieren. Diese Frage haben wir oben schon in einem Sinn beantwortet, der die selbst im Fall ihres Anerkanntseins un-genügende Voraussetzung der Argumentation von Cornelius für uns unannehmbar macht.

Aber auch wenn es richtig wäre, daß alle Erlebnisse im Sinn Husserls intentionale Vorgänge genannt werden müßten, auch dann könnte man höchstens eine Einteilung der Bewußt-seinsprozesse in intentionale und nicht intentionale verwerfen, ohne daß die Notwendigkeit bestünde, eine neue Bestimmung des Begriffs Intention aufzustellen. Jedenfalls dürfte man nicht die Definition von Cornelius wählen. Denn wenn alle Erleb-nisse intentional wären, dann wäre in keinem einzigen Erlebnis es selbst, vielmehr wäre in jedem nur ein im Verhältnis zu ihm „transzendenter" Gegenstand uns gegeben. Das „reale" Ge-gebensein des Gegenstandes der inneren Wahrnehmung könnte also dem „bloß intentionalen" Erfassen desselben dann kaum gegenübergestellt werden.

Dagegen ließe sich höchstens einwenden, die Behauptung der intentionalen Beschaffenheit aller Erlebnisse besage nicht dies, daß in ihnen nur ein transzendenter Gegenstand, sondern dies, das in ihnen neben ihnen selbst stets auch ein solcher Gegenstand gegeben sei. Aber in diesem Fall müßte man doch jedenfalls unterscheiden zwischen der einen und der an-deren Weise des Gegebenseins. Während bei dem, was Cor-nelius das bloß intentionale Erfassen eines Erlebnisses nennt, dieses Erlebnis gegenständlich gegeben wäre, könnte es sich bei dem „realen" Dasein desselben nicht um ein gegenständ-liches Gegebensein handeln. Würde man nun dieses reale Dasein mit Cornelius als innere Wahrnehmung bezeichnen, so müßte der als innere Wahrnehmung bezeichnete psy-chische Tatbestand des Merkmals entbehren, welches sonst allem Psychischen zukommen soll, des Merkmals nämlich der Intentionalität. Wie man dazu gekommen sein sollte, diesen fundamentalen Unterschied zu übersehen, wie gerade die-jenigen Psychologen, die eine Unterscheidung intentionaler und nichtintentionaler Erlebnisse durchzuführen sich bemühen, diesen einzigen Fall, wo ihre Gegenüberstellung berechtigt gewesen wäre, sollten so vollständig außer Acht gelassen haben, wie es in der herkömmlichen Lehre von der inneren Wahrnehmung der Fall wäre, wenn Cornelius recht hätte, das ist kaum zu begreifen.

Im übrigen sind Definitionen willkürlich. Wenn man den tatsächlichen Verlauf der Bewußtseinsvorgänge als innere Wahrnehmung bezeichnen will, so mag man diese unzweck mäßige Begriffsbestimmung, die beispielsweise die Konsequenz hat, daß man eine stattfindende äußere Wahrnehmung zugleich innere Wahrnehmung nennen muß, immerhin wählen. Aber man darf dann nicht glauben, daß damit über das, was die andern innere Wahrnehmung nennen, irgendetwas ausgemacht sei. Wir subsumieren die innere Wahrnehmung unter den Begriff des intentionalen Erfassens von Bewußtseinstatsachen. Bei Cornelius ist nicht einmal dies gezeigt, daß ein solches intentionales Erfassen nicht gleichzeitig mit dem Ablauf der psychischen Prozesse stattfinden könne; denn seine Konstatierung, daß es ein bloß intentionales Erfassen bei realem Gegebensein des Gegenstandes nicht geben könne, ist eine bloße Tautologie, und beweist nicht, daß der Gegenstand, selbst wenn er real gegeben ist, nicht auch intentional erfaßt werden könne.

Die Behauptung von der Gleichzeitigkeit der inneren Wahrnehmung und des in ihr erfaßten psychischen Geschehens ist nun tatsächlich die zweite Form der hier in Rede stehenden Theorie, die Vertreter gefunden hat. Wir wollen uns die Ausgestaltung und Begründung derselben verdeutlichen an der Hand einer Schrift von H. Bergmann „Untersuchungen zum Problem der Evidenz der inneren Wahrnehmung". Es ist eigentlich nicht ganz leicht, zwischen der Auffassung Bergmanns und der Ansicht von Cornelius, die er bekämpft, eine scharfe Unterscheidung vorzunehmen. Auch jener betont nämlich die Identität der inneren Wahrnehmung und ihres Gegenstandes. Aber er meint, wenn die beiden (z. B. das Hören und das Bewußtsein des Hörens) auch real eins seien, so müsse doch begrifflich zwischen ihnen unterschieden werden.

Diese Feststellung ist nicht eindeutig. Wirklich trennbar sind die Komponenten unseres Bewußtseinszusammenhangs alle miteinander nicht. Im Grund genommen ist alle psychologische Analyse nur begriffliche Unterscheidung oder Abstraktion. Man kann freilich zwei Gruppen von psychologischen Abstraktionsprodukten einander gegenüberstellen, jenachdem ein zeitliches Außereinandervorkommen derselben möglich ist oder nicht. Gegenstände wie die Intensität und Qualität einer Empfindung sind zeitlich untrennbar. Nicht als ob eine ganz bestimmte Qualität stets nur mit einer und derselben Intensität zugleich auftreten könnte. Aber es ist uns nie eine Qualität überhaupt ohne irgendwelche Intensität gegeben und es gibt ebensowenig eine Intensität ohne Qualität. Die Unterscheidung von Intensität und Qualität ergibt sich uns nur dadurch, daß wir die tatsächlich in ganz besonderem Sinn einfache Empfindung in verschiedene Vergleichsrelationen bringen. Die beiden Seiten der Empfindung sind also in ausgezeichneter Weise „real eins und nur begrifflich scheidbar"[5].

Wenn nun ein Bewußtseinsvorgang und die innere Wahrnehmung desselben in dasselbe Verhältnis gebracht werden sollen, in dem Intensität und Qualität der Empfindung zueinander stehen, so ist dies gar nicht möglich, ohne daß die zwischen jenen bestehende Einheit im Sinn der Untrennbarkeit als eine noch vollkommnere aufgefaßt wird. Denn eine und dieselbe Qualität kann wenigstens mit verschiedenen Intensitätsgraden, eine und dieselbe Intensität mit verschiedenen Qualitätsabstufungen zusammen gegeben sein. Demselben Bewußtseinsvorgang entspricht aber stets nur ein keineswegs derartig variabler Akt. Nimmt man nun an, daß dieser Akt zeitlich untrennbar verknüpft ist mit dem in ihm erfaßten Vorgang, dann gelangt man genau zu derselben Auffassung wie sie Cornelius vertritt. Auch dieser unterscheidet ja, wenn er das „Bemerken" als einen andern sprachlichen Ausdruck für das Dasein der Bewußtseinsinhalte bezeichnet, begrifflich zwischen diesem Dasein oder Bemerken (wir würden wenigstens sagen „Bemerktwerden") und der qualitativen Beschaffenheit der Inhalte. Allgemein ausgedrückt: Auch wenn man das Selbstbewußtsein mit dem Bewußtsein gleichsetzt, kann man zwischen dem Bewußtsein und seinen Inhalten begrifflich eine Scheidung aufrechterhalten.

Wollte Bergmann also nur in diesem Sinn die Behauptung begrifflicher Trennbarkeit der inneren Wahrnehmung und ihres Gegenstandes verstanden wissen, so wäre seine Polemik gegen Cornelius vollkommen überflüssig. Man darf daher wohl annehmen, daß er doch eine etwas weniger vollkommene Identität der inneren Wahrnehmung mit ihrem Gegenstand meint, wenn er von ihrem realen Einssein spricht. Eine solche wäre dann gegeben (sofern wir die mißbräuchliche Verwendung des Begriffs Identität gegenüber dem Unterscheidbaren, das in einer Einheit verbunden ist, nicht beanstanden), wenn der Akt der Wahrnehmung und der psychische Vorgang, der in ihr erfaßt wird, gleichzeitig sich abspielten, ohne daß zeitliche Untrennbarkeit bestünde, wenn also der Akt des inneren Erfassens, der bei der Wahrnehmung gleichzeitig mit dem erfaßten Bewußtseinsprozeß stattfinden würde, auch zeitlich losgelöst von der Wirklichkeit des in ihm erfaßten psychischen Geschehens vorkommen könnte.

Daß Bergmann tatsächlich ein derartiges Verhältnis im Auge hat, kann man vielleicht auch daraus schließen, daß er die innere Wahrnehmung ein Urteil nennt, sie also in einer Klasse von Bewußtseinsvorgängen unterbringt, die sicherlich nicht nur in der Wahrnehmung, d. h. verbunden mit dem wirklichen Dasein des erfaßten Objekts, sondern auch sonst, losgelöst von peripher angeregten Empfindungen, wie sie bei der äußeren Wahrnehmung stets gegeben sind, oder von dem tatsächlichen Ablauf des den Gegenstand des inneren Erfassens bildenden psychischen Geschehens, in größter psychischer Selbständigkeit vorkommen.

Endlich sagt Bergmann selbst, reale Einheit heiße nicht Unablösbarkeit der Teile. „Auch mein gegenwärtiges Sehen und Hören sind in der realen Hinsicht meines gegenwärtigen Bewußtseins vereinigt, dennoch kann das eine aufhören, während das andere fortbesteht“[6]). Damit ist ausdrücklich zugegeben, daß der Begriff der realen Einheit nicht nur auf ein Verhältnis wie das von Intensität und Qualität der Empfindung angewandt werden soll. Das Folgende läßt sich allerdings wieder mißverstehen. Es wird die Frage aufgeworfen: „Könnte nicht ebenso (wie beim gleichzeitigen Sehen und Hören) mein Hören aufhören, mein Wahrnehmen des Hörens fortbestehn?“ Die Antwort auf diese Frage wird nicht direkt gegeben. Aber sie ergibt sich indirekt auf Grund der Voraussetzung, daß dann, wenn eine solche Fortdauer der inneren Wahrnehmung über die Dauer des in ihr wahrgenommenen Vorgangs hinaus stattfinden würde, die Evidenz für diesen Fall aufgehoben wäre. Da nämlich die ganze Schrift Bergmanns dem Nachweis der Evidenz der inneren Wahrnehmung gewidmet ist, so folgt daraus, daß der Fall, in welchem die Evidenz aufgehoben wäre, nicht eintreten kann.

Wir haben jene Voraussetzung und diese Schlußfolgerung, wir haben überhaupt die Auffassung Bergmanns von der Evidenz der inneren Wahrnehmung, worunter nicht etwa nur die Gewißheit oder nur die Richtigkeit sondern die Richtigkeit plus Gewißheit, die höchste erkenntnistheoretische Dignität des inneren Erfassens verstanden wird, an dieser Stelle nicht

zu kritisieren. Nur darauf ist hier hinzuweisen, daß aus dem
gelungenen Nachweis von der zeitlichen Unablösbarkeit der
inneren Wahrnehmung und des in ihr erfaßten psychischen
Vorgangs nicht dies sich ergeben würde, daß der Akt, der
bei der inneren Wahrnehmung als Wahrnehmungsakt bezeichnet wird, auch unter anderem Namen keine Selbständigkeit
gewinnen könne. Versteht man unter dem „inadäquaten Erfassen des Psychischen“ dasjenige, bei welchem das den Gegenstand bildende Erleben nicht selbst in unmittelbarer Bewußt-
seinswirklichkeit gegeben ist, und unter dem „adäquaten Erfassen des Psychischen“ die innere Wahrnehmung, wie dies
einigermaßen der Terminologie Bergmanns entsprechen dürfte,
so liegt doch nichts näher als die Annahme, daß die Akte
des inadäquaten und die des adäquaten Erfassens ihrer eigenen
Beschaffenheit nach, wenn man von der verschiedenen Beziehung zu den Gegenständen absieht, übereinstimmen. In diesem
Fall ist aber die zeitliche Ablösbarkeit des Aktes, der bei der
inneren Wahrnehmung als Wahrnehmungsakt fungiert, gegeben, auch wenn die Wahrnehmung selbst nur gleichzeitig
mit dem Ablauf des Wahrgenommenen stattfinden könnte.

Wie steht es nun aber mit der Richtigkeit der Behauptung,
die innere Wahrnehmung sei gleichzeitig mit dem wirklichen
Ablauf des psychischen Geschehens, das in ihr gegenständlich
erfaßt wird? Was spricht für dieselbe und was dagegen? Darauf lautet die Antwort: Für jene Behauptung spricht nichts
als die unbegründete Voraussetzung, evidentes Erfassen psychischer Tatbestände sei nur in dem Fall möglich, wo ein
Bewußtseinsvorgang in dem Moment seines wirklichen Ablaufs
zum Gegenstand der Betrachtung gemacht werde; gegen dieselbe spricht die gesamte Erfahrung des Methodikers der Psychologie. Die Erkenntnis, daß man beispielsweise ein Gefühl
während seines Ablaufes nicht betrachten kann, ohne es zu
zerstören, gehört nachgerade zu den psychologischen Selbstverständlichkeiten.

Nun hat der Vertreter der Lehre von der Gleichzeitigkeit
der inneren Wahrnehmung und ihres Gegenstandes wohl gewiß
nicht die Absicht, solche Selbstverständlichkeiten in Abrede
zu stellen. Er muß also das psychologische Beobachten, das
nicht gleichzeitig mit dem wirklichen Ablauf des psychischen
Geschehens stattfinden kann, für etwas anderes erklären als
die innere Wahrnehmung. Das tut auch Bergmann, indem er
sagt, die innere Wahrnehmung sei kein Erfassen abstrakter

Momente, kein Beschreiben und Analysieren, sondern der schlichte Akt der Anerkennung des Daseins des Wahrgenommenen. Aber was soll das heißen, wenn in dieser Weise zwischen der Beobachtungstätigkeit des Psychologen und der gewissermaßen die Grundlage dafür bildenden inneren Wahrnehmung unterschieden wird? Wir haben oben schon darauf hingewiesen, daß alle einzelnen Bewußtseinsinhalte nur durch Abstraktion zu erfassen sind. Wenn die innere Wahrnehmung nur das Erfassen eines „konkreten Ganzen" sein soll, so muß man doch fragen: Was ist denn dieses Ganze? Die Antwort kann nur lauten: Das Bewußtseinsgeschehen in seiner Totalität. Wenn man nun wirklich nur das undifferenzierte Selbstbewußtsein, das sich nicht auf diese oder jene psychische Erscheinung sondern einfach auf das Dasein des Bewußtseins überhaupt bezieht, innere Wahrnehmung nennen will, so ist gegen die Behauptung der Gleichzeitigkeit dieser inneren Wahrnehmung mit dem tatsächlichen Bewußtseinsverlauf schon deshalb nichts einzuwenden, weil das kontinuierliche diffuse Selbstbewußtsein eine Auflösung in einzelne zeitlich begrenzte Akte, die in Sukzessionsbeziehung zu Phasen des Bewußtseinsverlaufs gebracht werden könnten, überhaupt nicht zuläßt.

Aber Bergmann versteht unter der inneren Wahrnehmung doch offenbar mehr. Denn welchen Sinn hätte es, sich um den Nachweis der Evidenz jenes diffusen Selbstbewußtseins zu bemühen? Abgesehen davon, daß diese Evidenz kaum von jemand bestritten wird — der Satz: wenn ich ein Selbstbewußtsein habe, muß ich auch ein Bewußtsein haben, dürfte von einem vernünftigen Menschen kaum bezweifelt werden —, selbst wenn sie verteidigt werden müßte, lohnte es sich nicht, darüber ein Buch zu schreiben. Was Bergmann als innere Wahrnehmung bezeichnet, ist zweifellos das wahrnehmungsmäßige Erfassen einzelner psychischer Gebilde. Wenn die Evidenz, die er verteidigt, eine Bedeutung haben soll, so darf sie sich nicht auf die Anerkennung eines daseienden Psychischen beschränken, sondern muß der Anerkennung eines unterschiedenen Psychischen zukommen. Dann ist aber nicht mehr einzusehen, inwiefern sich die Funktion des Anerkennens des verschiedenartigen Psychischen in seiner jeweiligen Besonderheit von der psychologischen Beobachtung noch unterscheiden soll. Soll etwa die Wahrnehmung vom Dasein der Vorstellung eines formen- und farbenreichen Bildes schlichte Anerkennung, die Wahrnehmung vom Dasein der in ihr enthaltenen

Partialvorstellungen der einzelnen Farben- und Formbestandteile ein Erfassen abstrakter Momente, eine „Imperzeption“ im
Unterschied von der einfachen „Perzeption“ genannt werden?
Dabei würde doch vollkommen übersehen, daß auch die Vorstellung des ganzen Bildes Partialinhalt eines umfassenderen
Bewußtseinszusammenhanges ist und daß keine anderen Gesetze die Loslösung dieser Vorstellung aus der Bewußtseins-
totalität beherrschen als diejenigen, die auch bei der weiteren
Auflösung der Vorstellung selbst in Betracht kommen. Ist die
innere Wahrnehmung der Vorstellungen einzelner Dinge, die
in der unklaren Popularpsychologie gewöhnlich als konkrete
Vorstellungsganze betrachtet werden, in Bergmanns Sinne evident, kann ich mich nicht täuschen, wenn ich jetzt die Vorstellung A und nicht die Vorstellung B und ein andermal die
Vorstellung B und nicht die Vorstellung A wahrnehmend erfasse, so muß ich auch eine Empfindung von einer andersartigen Empfindung, ein Gefühl von einem andersartigen
Gefühl in der inneren Wahrnehmung sicher und unfehlbar
unterscheiden können. Die bloße Tatsache, daß viele Psychologen sich noch nicht einigen können in der Beantwortung
der Frage, ob es eine Mehrheit qualitativ verschiedener Lustgefühle gibt, oder ob alle Lustgefühle unter sich ebenso wie
alle Unlustgefühle unter sich qualitativ gleichartig seien, genügt also zur Widerlegung der Bergmannschen These von der
Evidenz der inneren Wahrnehmung. Ist aber diese These
nicht richtig, dann fällt selbst für den, welcher die Richtigkeit der unbegründeten Voraussetzung zugibt, daß eine rück-
schauende innere Wahrnehmung der Evidenz ermangeln müsse,
jeder Grund fort, aus der Evidenz auf die Gleichzeitigkeit
der inneren Wahrnehmung und des in ihr erfaßten psychischen
Geschehens (als eines wirklich sich vollziehenden, nicht nur
gegenständlich erfaßten) zu schließen.

Im übrigen genügt wohl der Nachweis, daß eine Funktion,
wie sie Bergmann als innere Wahrnehmung bezeichnet, sich
nicht von dem unterscheiden läßt, was man in der psychologischen Methodenlehre von jeher innere Wahrnehmung genannt
hat, um die Erkenntnis, daß die psychologische Beobachtung
eine retrospektive Tätigkeit ist, zur Bestimmung des Verhältnisses zwischen der inneren Wahrnehmung und dem in ihr
erfaßten psychischen Geschehen dienen zu lassen.

Damit sind wir also bei der dritten uns allein halbar erscheinenden Theorie angelangt, wonach die innere Wahrneh-

mung dem Erlebnis, auf das sie sich bezieht, zeitlich nachfolgt, wenn sie sich auch unter Umständen noch so unmittelbar daran anschließt. Die Frage, wie groß das zeitliche Intervall zwischen dem Erlebnis und seinem inneren Erfassen gerade noch sein dürfe, ohne daß man das Recht verliert, von einer Wahrnehmung zu sprechen, läßt sich in einer für alle Fälle gültigen Weise wohl kaum beantworten, da die verschiedene Perseveration des Erlebnisses offenbar eine verschiedene Größe dieses Intervalls ermöglicht. Vielleicht ist aber auch die Perseveration in den Fällen des sogenannten unmittelbaren Behaltens (abgesehen von den Erscheinungen des Abklingens, der Nachbilder usw.) gar nichts anderes als die Dauer der inneren Wahrnehmung. Jedenfalls darf man, wenn man die Perseveration eines Erlebnisses im Sinn des tatsächlichen Nochvorhandenseins desselben zum wirklichen Dasein des Erlebnisses hinzurechnet, wohl die Behauptung aufstellen, die innere Wahrnehmung schließe sich stets unmittelbar an den wirklichen Ablauf des Geschehens an, das sie erfaßt.

Zu dieser Behauptung gelangt man auf Grund einer Hypothese, der eine gewisse Wahrscheinlichkeit kaum abgesprochen werden kann. Wenn man nämlich nach dem Grund des Abhängigkeitsverhältnisses zwischen der inneren Wahrnehmung und den ihren Gegenstand bildenden Bewußtseinsvorgängen fragt, so liegt es sicherlich am nächsten, denselben in einer Kausalbeziehung zu suchen, die zwischen dem psychophysischen Geschehen, wie es dem primären Erlebnis entspricht, und dem psychophysischen Geschehen, wie es dem Akt der inneren Wahrnehmung selbst korrespondieren muß, anzunehmen ist. Besteht eine solche Kausalbeziehung, auf Grund deren die innere Wahrnehmung von dem tatsächlichen Verlauf des psychischen Geschehens in derselben Weise „produziert" wird, wie etwa ein Verschiedenheitsbewußtsein von zwei verschiedenen Inhalten, wie überhaupt die früher schon besprochenen Objektivitätsfunktionen von den Empfindungen „produziert" werden, so wird eine Reihe von Tatsachen, die sonst schwer begreiflich sind, durchaus verständlich. Daß nicht alle Bewußtseinsvorgänge zu Gegenständen des Selbstbewußtseins werden, ist dann nicht unerklärlicher als die bekannte Erfahrung, daß uns oft Verschiedenes im Bewußtsein gegeben werden kann, ohne daß wir seine Verschiedenheit zu erfassen brauchen. Es ist eben stets ein gewisses Maß psychophysischer Energie nötig, um die Produktionsleistungen, zu deren Herbeiführung ein psychophysisches Geschehen seiner Natur nach imstande ist, wirklich entstehen zu lassen und es entwickelt sich daher ein Erlebnis wie das Verschiedenheitsbewußtsein oder wie ein Akt der inneren Wahrnehmung nur auf Grund solcher Bewußtseinsinhalte, die mit hohem Bewußtseinsgrad, d. h. in aufmerksamem Erfassen ihres Gegenstandes, erlebt werden, und von denen aus der Abfluß des psychischen Geschehens nicht so rasch in anderer Richtung stattfindet, daß dieser Abfluß einer schnellen Ablenkung der Aufmerksamkeit von dem Gegenstand, in dessen Betrachtung das Produktionserlebnis gewonnen werden sollte, gleichkommt. Daraus ergibt sich die methodische Regel für die psychologische Selbstbeobachtung, man solle das zu beobachtende psychische Geschehen möglichst ungestört in objektiver Hingabe an seine Entstehungsbedingungen, die bei der experimentell beeinflußten Selbstbeobachtung künstlich herbeigeführt und beliebig wiederholt und festgehalten werden, zustande kommen und ablaufen lassen. Der Versuch vorzeitigen inneren Erfassens, der Versuch, die Aufmerksamkeit — wie man zu sagen pflegt — statt auf die Entstehungsbedingungen des Erlebnisses auf dieses selbst zu richten, bedeutet eine Ablenkung der psychophysischen Energie, die zur Produktion des Aktes der inneren Wahrnehmung nötig ist[8]).

Außer der Tatsache, daß die innere Wahrnehmung unter gewissen Umständen gar nicht, unter anderen mit besonderer Vollkommenheit auftritt, erklärt sich aus unserer Hypothese auch dies, daß der Akt des Erfassens mit dem psychischen Geschehen, das in ihm erfaßt wird, vielfach durchaus nicht gleichartig ist. Wenn das innere Wahrnehmen, wie zuweilen angenommen wird, nichts anderes wäre, als eine Art Gedächtnisbild des in ihm uns gegebenen Erlebnisses, dann wäre durchaus unbegreiflich, wie es möglich ist, daß etwa die innere Wahrnehmung eines Gefühls so gar nichts vom Gefühlscharakter an sich hat. Ist aber der Wahrnehmungsakt nicht etwas, was vom Erlebnis zurückbleibt oder aus ihm sich entwickelt, sondern etwas, was durch das Erlebnis nur angeregt wird, so ist es gar nicht wunderbar, daß die Wahrnehmung eines Gefühls etwas ganz anderes ist als das Gefühl selbst, und wenn wir später sehen werden, welche Rolle das Selbstbewußtsein bei der Erinnerung spielt, so wird sich auch erklären, warum die Gefühlserinnerungen keine Gefühle sind.

Daß die Akte inneren Erfassens von Bewußtseinsvorgängen, die einmal produktiv herbeigeführt worden sind, auch

reproduziert werden können, werden wir ebenso begreiflich
finden, wie die Tatsache, daß eine Verschiedenheitsauffassung
oder irgendeine andre der Objektivitätsfunktionen, die sämtlich
zuerst durch Produktion zu Inhalten unseres geistigen Lebens
gemacht werden müssen, dann auch reproduktiv ins Bewußtsein zu rufen dind. Wir könnten die Wörter Verschiedenheit,
Raum, Zeit usw. ja nicht verstehen, wenn sie die .Bewußt-
seinsvorgänge, in denen die von ihnen bezeichneten Gegenstände erfaßt werden, nicht zu reproduzieren vermöchten. Und
ebensowenig könnte man als Psycholog über irgendwelche psy·
chischen Erscheinungen sinnvoll sprechen, wenn durch die
zur Bezeichnung derselben verwendeten Wörter die Akte des
inneren Erfassens, die ursprünglich von den in ihnen erfaßten
psychischen Vorgängen selbst produziert werden, nicht reproduktiv angeregt werden könnten. Aus der im entwickelten
Seelenleben bestehenden doppelten Möglichkeit, einen Akt
inneren Erfassens durch Produktion in der Wahrnehmung
des in ihm erfaßten Erlebnisses, und durch Reproduktion beim
Verstehen des Wortes, mit dem das betreffende Erlebnis bezeichnet wird, herbeizuführen, wird sich uns später auch das
erklären, was wir die Evidenz der inneren Wahrnehmung
nennen, das Gewißheitsbewußtsein nämlich, das man beim
adäquaten Bezeichnen des in der Wahrnehmung Erfaßten erlebt, und das im übrigen mit der Richtigkeit des Erfassens
gar nichts zu tun hat.

Endlich wird durch unsere Hypothese von der Produktion
des Aktes der inneren Wahrnehmung noch eine schwer erklär-
bare Tatsache, wenn auch nicht völlig erklärt, so doch
auf dieselbe Stufe gestellt mit einer analogen Tatsache und
dadurch der in der Einzigartigkeit liegenden Rätselhaftigkeit
entkleidet. Ein in seiner zeitlichen Dauer beliebig variabler
Akt der Wahrnehmung, der jedenfalls keine Dauer nötig hat,
um mit seiner Funktion fertig zu werden, ein Akt, der in
einem Moment vollendet ist, wenn er auch beliebige Zeit
andauern kann, erfaßt ein über eine Zeitstrecke sich ver·
teilendes psychisches Geschehen, z. B. das Verständnis
eines Satzes, das zu seiner Vollendung das Anhören des
ganzen Satzes und eine Reihe weiterer psychischer Funktionen
nötig hat [9]). Wie ist das möglich? Darauf können wir
vom Standpunkt unserer Hypothese aus antworten: Genau
ebenso, wie es möglich ist, daß ein zeitverteiltes psychisches
Geschehen einen in seiner eigenen Dauer von der Länge dieses

Geschehens gänzlich unabhängigen Akt der Zeitauffassung produziert. Wie die Wunder unseres Seelenlebens zustande gebracht werden, das vermögen wir ebensowenig zu erkennen, wie die Naturwissenschaft zu ergründen vermag, warum beim Zusammenstoß zweier Körper der eine Energie an den andern abgibt. Komplexere Erscheinungen können wir auf einfachere, vermittelte Wirkungen auf unmittelbare Kausalzusammenhänge zurückführen. Aber die elementaren Tatsachen des Wirkens können wir nur in der Weise erklären, daß wir eine Anzahl analoger Fälle zu einem Gesetz zusammenfassen, von dem wir dann sagen, es erkläre die einzelnen Fälle. Daß zeitverteilte Prozesse Akte auslösen können, in denen das zeitverteilte Geschehen selbst oder seine Dauer sozusagen momentan erfaßt werden, das ist eine solche bloß konstatierbare allgemeine Tatsache, der die besonderen Erscheinungen des Zeitbewußtseins und der inneren Wahrnehmung sich unterordnen, indem sie eben dadurch eine gewisse Erklärung finden.

Darf nun nach dem Gesagten unsere Hypothese von der Entstehung des Aktes der inneren Wahrnehmung eine gewisse Wahrscheinlichkeit in Anspruch nehmen, so folgt daraus, daß die innere Wahrnehmung sich an das psychische Geschehen das in ihr erfaßt wird, ebenso unmittelbar anschließt, wie sich überhaupt die Wirkung an ihre Ursache anzuschließen pflegt. Wenn also bei einer psychologischen Beobachtung das Protokollieren der Erlebnisse nicht unmittelbar nach jedem einzelnen Erlebnis stattfinden kann, was meist schon deshalb nicht möglich ist, weil bei Reihen zusammengehöriger und voneinander abhängiger Erlebnisse das Erleben selbst aufs schwerste geschädigt würde, wenn man den Zusammenhang beständig durch Fixierung der Ergebnisse der inneren Wahrnehmung unterbrechen wollte, so kommen bei der Protokollabgabe unter allen Umständen Gedächtnisleistungen in Betracht (abgesehen davon, daß das Nennen des Wortes, mit dem eine in der Selbstbeobachtung erfaßte psychische Erscheinung bezeichnet wird, da wo es sich um bereits feststehende Namen handelt, natürlich auch eine Gedächtnisleistung ist). Versucht man diese Gedächtnisfunktionen genauer zu analysieren, so stößt man auf eine doppelte Möglichkeit. Entweder wird das Erlebnis beim Protokollieren reproduziert und an das reproduzierte Erlebnis knüpft sich der Akt der inneren Wahrnehmung, der die sprachliche Bezeichnung herbeiführt, oder der Akt der inneren Wahrnehmung, der beim ursprünglichen Ablauf des

Erlebnisses durch dasselbe produziert wurde, wird bei der Protokollabgabe reproduziert, sofern nicht von einer unmittelbaren Perseveration dieses Aktes die Rede sein kann. Im letzteren Fall würde es sich um die Erinnerung an eine innere Wahrnehmung, nicht eigentlich um eine innere Wahrnehmung selbst handeln. Welcher von beiden Fällen die Regel bildet, läßt sich einstweilen kaum mit Sicherheit sagen. Vielleicht kommen beide ziemlich gleichmäßig nebeneinander vor. Unter gewissen Umständen freilich, z. B. wenn es sich um die nachträgliche Beschreibung eines Gefühls handelt, dürfte der erste Fall vollkommen ausgeschlossen sein, während der zweite Fall da wohl nicht angenommen werden darf, wo der Ablauf der Erlebnisse so gedrängt sich vollzieht, daß die Akte der Selbstwahrnehmung während desselben sich gar nicht entwickeln können. Wenn man die Reihe der Erlebnisse dann bei der Protokollabgabe in langsamerem Tempo nochmals passieren läßt, kann man zwar mit großer Sicherheit angeben, was man nun in seinem Bewußtsein vorfindet. Aber wenn man sich fragt, ob das auch wirklich vorher schon dagewesen sei, so gerät man vielfach ins Schwanken und von der so oft gerühmten Evidenz der inneren Wahrnehmung (wenn man diese Evidenz auch bloß in unserm Sinn als Gewißheit ohne Beziehung zur Richtigkeit auffaßt) ist dann wenig zu spüren. Da aber aus dem soeben Gesagten hervorgeht, daß diese Unsicherheit nicht eigentlich der inneren Wahrnehmung zukommt, sondern auf dem Hereinspielen von Gedächtnisfunktionen beruht, so werden wir keinen Grund haben, deshalb die Evidenz der inneren Wahrnehmung (in unserm Sinn) zu bestreiten, wenn wir sonst zu der Überzeugung kommen, daß sie vorhanden ist. Aber an dieser Stelle haben wir auf die Frage der Evidenz überhaupt noch nicht weiter einzugehen.

c) Die Erinnerung.

Unter der Erinnerung verstehen wir mehr als das bloße Perseverieren und als die bloße Reproduktion der Bewußtseinsinhalte[1]. Wenn eine Wahrnehmung, etwa die eines Klanges, als solche aufgehört hat, ohne daß deswegen der zunächst in der Wahrnehmung erfaßte Gegenstand bereits meinem Bewußtsein vollkommen entschwunden ist, wenn also, um bei unserm Beispiel zu bleiben, der Klang mir noch eine zeitlang „im Ohre liegt", so sprechen wir noch nicht ohne weiteres von einer Erinnerung an diesen Klang. Falls wir uns dem in uns nachzitternden Klang träumend hingeben, besitzt derselbe fort und fort für uns Gegenwart, nicht mehr diejenige eines Wahrnehmungsobjektes, aber diejenige eines „eingebildeten" Gegenstandes. Analoges gilt von der Reproduktion. Wenn ein Inhalt einmal aus meinem Bewußtsein verschwunden war und er wird durch irgendwelche Umstände (außer durch erneute Wahrnehmung) ins Bewußtsein zurückgerufen, so bezeichnen wir dies Wiederherbeiführen als Reproduktion. Aus Reproduktionen setzen sich all unsere Phantasievorstellungen zusammen. Aber niemand wird behaupten wollen, daß die Gegenstände unseres Phantasierens in irgendwelche Vergangenheit notwendig verlegt werden müßten. Ich kann mir freilich auch Vergangenes phantasiemäßig ausmalen. Aber die Mehrzahl unserer Phantasieobjekte liegen in der Gegenwart — wofern nicht diejenigen, die in die Zukunft verlegt werden, das Übergewicht besitzen.

Wenn aber einerseits nicht alle gedächtnismäßige Fortdauer und nicht alle Reproduktion von Bewußtseinsinhalten Erinnerung ist, so ist andererseits die Erinnerung nicht an das Auftreten bloß zentral bedingter (unmittelbar perseverierender und reproduzierter) Inhalte gebunden. Ich kann mich auch bei erneuter Wahrnehmung eines Gegenstandes erinnern, ihn schon gesehen zu haben. Vielleicht wendet man dagegen ein, daß ich mich in diesem Fall nicht an den Gegenstand, sondern an meine frühere Wahrnehmung desselben erinnere. Aber wir wollen erst sehen, ob es überhaupt eine Erinnerung an einen Gegenstand ohne Erinnerung an früheres Erfassen dieses Gegenstandes geben kann.

Daß Erinnerung sich nicht definieren läßt als „Erfassen eines Gegenstandes mit dem Bewußtsein seiner Zugehörigkeit zu einem bestimmten Zeitpunkt der Vergangenheit", das geht schon daraus hervor, daß ich mir ein ganz bestimmtes vergangenes Geschehen unter sorgfältiger zeitlicher Projektion vergegenwärtigen kann, auch wenn ich es nicht miterlebt habe. Es wird doch wohl kein Mensch etwa sagen, er erinnere sich, wie es zur Zeit der Römerherrschaft in Deutschland ausgesehen habe, obwohl es manchen geben wird, der sich dieses Stück deutscher Vergangenheit sehr anschaulich und zwar als Inhalt einer ganz bestimmten Zeitstrecke vorzustellen vermag.

Auch als unmittelbares Behalten oder Reproduzieren von Selbsterlebtem läßt sich die Erinnerung nicht definieren; denn in dem oben angeführten Beispiel ist der Klang, der mir noch im Ohre liegt, ohne daß ich ihn in die Vergangenheit projiziere, und den ich deshalb nicht als Gegenstand meiner Erinnerung bezeichne, doch etwas Selbsterlebtes. Aber vielleicht versucht man, die Bestimmungen der beiden für sich ungenügenden Definitionen zu vereinigen: Erinnerung ist das Erfassen von Selbsterlebtem mit dem Bewußtsein der mehr oder weniger bestimmten Zeit, der es angehört[2]).

Gegen diese Definition scheint sich nichts einwenden zu lassen. Eine gewisse Schwierigkeit liegt nur in dem Begriff des Selbsterlebten. Wenn ich mir eine Periode fernster Vergangenheit einmal phantasiemäßig ausgedacht habe und sie dann ein zweitesmal mir in der gleichen Weise ausmale, dann bin ich bei der Wiederholung der Phantasietätigkeit gewiß nicht der Meinung, daß ich mich nun an die betreffende Zeitperiode erinnere. Es gehört also offenbar das Erfassen in der Phantasie nicht zu dem Erleben, das einen Gegenstand zu einem „selbsterlebten" macht. Aber ich kann mich doch an ein Traumobjekt erinnern, das mir in der letzten Nacht erschienen ist. Hier ist also das Erfassen im Traum, das doch ebenfalls nur ein phantasiemäßiges ist, das Erlebnis, das meine Reproduktion zu einer Erinnerung macht. Wenn man diesem scheinbaren Widerspruch weiter nachgeht, so findet man, daß der Erinnerungscharakter den in der Folge eines vorausgehenden Erlebnisses irgendwelcher Art auftretenden Kopien desselben dann zukommt, wenn der Gegenstand des sekundären Erfassens in die Zeit des primären Erlebnisses verlegt wird, nicht aber dann, wenn er eine Projektion in die Zeit erfährt, in die er beim primären Erlebnis bereits projiziert worden ist. Wo die Zeit, die dem Gegenstand zugewiesen wird, mit der Zeit des Erlebnisses zusammenfällt, wie dies beispielsweise stets bei der Wahrnehmung der Fall ist, da kann man natürlich ebensogut sagen, der Gegenstand werde bei der Erinnerung in seine Zeit, als er werde in die Zeit des primären Erlebens zurückverlegt. Korrekter ist auch in diesem Fall die letztere Wendung, denn es kann sich ja um einen Gegenstand handeln, dessen Zeit gar nicht die Vergangenheit ist, um einen Gegenstand, der mit dem Zeitpunkt der Erinnerung koexistiert und nur als früher bereits wahrgenommener zum Erinnerungsobjekt wird.

Nun kann ein Gegenstand der Erinnerung in die Zeit eines früheren Erlebnisses offenbar nur dadurch zurückverlegt werden, daß er als mit dem betreffenden Erlebnis zeitlich zusämmenfallend erfaßt wird. Es muß also das Erlebnis bei der Erinnerung an den Gegenstand stets miterfaßt werden. Alle Erinnerung schließt einen Akt des Selbstbewußtseins in sich. Wir können daher unsere Definition jetzt kürzer und schärfer fassen: Erinnerung ist das Erfassen eines Gegenstandes mit dem Bewußtsein, ihn früher schon einmal erfaßt zu haben.

Aber haben wir damit den Umkreis der Erinnerung nicht etwas zu eng gezogen? Wir unterscheiden doch unter unseren Erlebnissen solche des Gegenstandsbewußtseins und solche des Zustandsbewußtseins. Zu den ersteren rechnen wir Wahrnehmungen, Gedanken, Phantasievorstellungen usw., zu den letzteren Gefühle, Affekte, Stimmungen. Scheint es nun nicht, als hätten wir die Erinnerung auf die Sphäre des Gegenstandsbewußtseins beschränkt, da wir nur sprechen von dem Erfassen eines Gegenstandes mit dem Bewußtsein, ihn früher schon einmal erfaßt zu haben? Gibt es denn nicht auch Erinnerungen an Gefühle und überhaupt an die Erlebnisse des Zustandsbewußtseins? Wir bejahen beide Fragen und verwickeln uns dadurch doch keineswegs in einen Widerspruch.

Man muß sich nur deutlich machen, was es heißt, die Erinnerung auf die Sphäre des Gegenstandsbewußtseins beschränken. Damit soll doch offenbar nur dies gesagt sein, daß alle Erinnerung Gegenstandsbewußtsein ist, nicht etwa dies, daß sie nur Akte des Gegenstandsbewußtseins zu Gegenständen haben könne. Daß alle Erinnerung Gegenstandsbewußtsein ist, haben wir implizite schon damit behauptet, daß wir die Erinnerung ohne Einschränkung hier in der Reihe der Erkenntnisfunktionen behandeln. Es gibt in der Tat keine Erinnerungen, die nicht einen Gegenstand hätten, die also nicht Erlebnisse des Gegenstandsbewußtseins wären. Die sogenannten Gefühlserinnerungen sind keine Gefühle, keine bloßen Modifikationen unseres Zustandes, sondern sie erfassen ebenso wie alle Erinnerungen einen Gegenstand, den eben in diesem Fall ein Gefühl bildet.

Daß Erinnerungen nicht nur Akte des Gegenstandsbewußtseins zu Gegenständen haben können, folgt schon daraus, daß als Gegenstand der Erinnerung überhaupt nicht nur Psychisches in Betracht kommt. Alles was Gegenstand irgendeines Erfassens werden kann, Physisches und Psychisches und innerhalb des Psychischen natürlich ebenso gut die Erlebnisse des Gegenstandsbewußtseins wie die des Zustandsbewußtseins, kann auch Gegenstand der Erinnerung werden. Nur wenn man in einem verschrobenen Sprachgebrauch als dasjenige, woran man sich erinnert, das Erlebnis bezeichnen wollte, das in der Erinnerung sozusagen kopiert wird, dann müßte man sagen, daß nur Psychisches und zwar nur Akte des Gegenstandsbewußtseins in d i e s e r Weise erinnert werden können. Was dann bei den „Gefühlserinnerungen" erinnert, d. h. kopiert würde, das wären nicht die Gefühle, sondern die Akte der inneren Wahrnehmung, in denen die Gefühle früher erfaßt wurden. Wir schließen uns diesem Sprachgebrauch nicht an. Wir bezeichnen als Gegenstand der Erinnerung das, was in ihr jeweils wirklich gegenständlich erfaßt (intendiert) ist, und wir unterscheiden die Fälle, wo wir uns an einen äußeren Gegenstand erinnern, den wir dann zu einer früheren äußeren Wahrnehmung oder allgemeiner zu einem früheren Akt äußerer Gegenstandsauffassung in Beziehung bringen, von den Fällen, wo wir uns an Psychisches (sei es nun Gegenstandsbewußtsein oder Zustandsbewußtsein) erinnern, das wir dann in Beziehung bringen zu einem früheren Akt inneren Erfassens.

Es fragt sich nun, wie der Prozeß der Erinnerung sich vollzieht. In der Beantwortung dieser Frage herrscht geringe Einigkeit unter denen, die sich damit beschäftigt haben. Das Problem ist allerdings in dieser Allgemeinheit, und ohne daß man Erinnerung mit Reproduktion verwechselt hätte, von der wissenschaftlichen Psychologie bisher kaum eingehender behandelt worden. Nur die sogenannten Theorien des Wiedererkennens kommen eigentlich als Lösungsversuche hier in Betracht. Aber das Wiedererkennen ist bloß eine Form der Erinnerung, diejenige nämlich, die bei erneuter Wahrnehmung eines Gegenstandes stattfinden kann, nicht die Erinnerung schlechthin. Versuchen wir jedoch die Hauptgestaltungen der Lehre vom Wiedererkennen so zu verallgemeinern, daß daraus Theorien der Erinnerung werden, so können wir etwa drei verschiedene Ansichten einander gegenüberstellen.

Die erste, die wir an den Namen Lehmann[3]) knüpfen wollen, nimmt bezüglich des Wiedererkennens an, daß dabei ein Reproduktionsprozeß stattfinde, durch welchen der Gegenstand der früheren Wahrnehmung zur Vergleichung neben den Gegenstand der erneuten Wahrnehmung gestellt werde. Dieser Reproduktionsprozeß soll nach Höffding unter Umständen die Ähnlichkeitsassoziation zur Grundlage haben und man hat ernsthaft versucht, die lange Zeit als strittig betrachtete Frage,

ob es eine Ähnlichkeitsassoziation gebe oder nicht, dadurch
zu lösen, daß man unter der Voraussetzung der Tatsächlich-
keit eines beim Wiedererkennen stattfindenden Reproduktions-
prozesses den Bedingungen desselben nachging[4]). Dehnen
wir die Reproduktionstheorie des Wiedererkennens zu einer
allgemeinen Theorie der Erinnerung aus, so ergibt sich die
Auffassung, daß bei der Erinnerung zwei Erlebnisse, die sich
wie Kopie und Original verhalten, nebeneinander treten und
verglichen werden. Diese Auffassung scheint auch der Methode zugrunde zu liegen, durch die Wundt den Bewußtseinsumfang glaubt bestimmen zu können. Dabei werden zwei
Reihen von Schalleindrücken sukzessiv dargeboten und es
gilt zu entscheiden, ob die Zahl der Eindrücke in der zweiten
Reihe übereinstimme oder nicht übereinstimme mit denen der
ersten Reihe. Der Bewußtseinsumfang soll bestimmt sein
durch die Summe der Eindrücke der längsten Reihen, die
noch richtig verglichen werden können. Es wird also angenommen, daß die sämtlichen Eindrücke jeder Reihe während eines Momentes alle zusammen im Bewußtsein vorhanden sein müssen, damit sich die Gleichheit oder Verschiedenheit der zweiten von der ersten Reihe feststellen lasse[5]).

Diese Auffassung von Wundt hat Schumann bekämpft.
Er weist daraufhin, daß von dem Nebeneinandertreten aller
in einer Reihe dargebotenen Schalleindrücke bei den erwähnten
Versuchen nichts zu bemerken sei. Was er feststellen kann,
ist lediglich das Auftreten eines Erwartungszustandes bei Gewöhnung an Reihen von bestimmter Zahl der Schalleindrücke.
Dieser Erwartungszustand, der durch das Anhören der vorausgehenden Reihe bedingt ist und um so stärker hervortritt, je
öfter die gleiche Reihe wiederholt wird, tritt in den Intervallen
zwischen den Schalleindrücken der sekundären Reihe hervor,
bis diese sekundäre Reihe die Länge der primären erreicht
hat. Dann hört er auf, und jenachdem die Reihe mit ihm zugleich ihr Ende erreicht oder nicht, wird sie als übereinstimmend
oder als nichtübereinstimmend mit der vorausgehenden erkannt[6]). Statt zweier nebeneinanderstehender Erlebnisse ist
also nach dieser Auffassung nur ein Erlebnis mit einem gewissen Index gegeben, wodurch das Wiedererkennen bedingt ist[7]).

Schumann berichtet nur über die Tatsachen seiner
methodisch angestellten Selbstbeobachtung. Eine eigentliche
Theorie des Wiedererkennens und erst recht eine solche der

Erinnerung enthalten seine Ausführungen nicht. Wenn man von ihnen aus zu einer Theorie zu gelangen versucht, so fragt es sich, ob es das Aufhören des Erwartungszustandes bei einem bestimmten Punkt der zweiten Reihe oder das **Bewußtsein** dieses Aufhörens ist, wodurch die Erkenntnis der Gleichheit, das Wiedererkennen, bedingt wird. Nimmt man das letztere an, so hat man ein Erlebnis, ein bestimmtes „Zu-Mute-Sein" als Bedingung des Wiedererkennens anzusprechen. Man darf dann vielleicht sagen: Es verhält sich mit dem Eintritt dieses „Zu-Mute-Seins" am Schluß von zwei gleichartigen Reihen von Schalleindrücken wie es sich mit dem Eintritt einer Wahrnehmung verhält, die man schon einmal gehabt hat[8]). Die Entstehungsbedingungen, die geradeso wie beim erstenmal vorhanden sind, finden eine Begünstigung ihrer Wirksamkeit durch die „Einübung", die für diese Funktion bereits stattgefunden hat, durch die „Spur", die „Reproduktionsgrundlage", die von dem früheren Auftreten derselben Wahrnehmung zurückgeblieben ist. Diese Erleichterung beim wiederholten Ablauf einer Wahrnehmung oder sagen wir gleich allgemeiner einer Bewußtseinsfunktion muß sich irgendwie in einer Färbung ihres Bewußtseinscharakters dokumentieren, und man hat für diese Färbung auch schon einen besonderen Namen geprägt. Man bezeichnet sie nämlich als „Bekanntheitsqualität".

Der Theorie des Erinnerns, die ein Vergleichen zweier Bewußtseinsinhalte, der Kopie und des Originals, annimmt, stellen wir als zweite Theorie die Lehre von der „Bekanntheitsqualität" gegenüber[9]). In bezug auf das Zustandekommen der Bekanntheitsqualität sind die Vertreter dieser Lehre recht verschiedener Meinung. So stimmt z. B. die Auffassung, die Heymans von dem Mechanismus dieses Zustandekommens hat, ganz und gar nicht mit der unsrigen überein. Ja man kann sie in gewissem Sinn als den direkten Gegensatz der unsrigen bezeichnen[10]). Viele von denen, die mit der Bekanntheitsqualität als einem Erklärungsprinzip operieren, bemühen sich überhaupt nicht, das Zustandekommen dieser Bewußtseinserscheinung selbst zu erklären. Wir wollen aber auf diese Differenzen in der Behandlung des Begriffs Bekanntheitsqualität nicht weiter eingehen.

Da es uns hier nämlich um eine haltbare Theorie der Erinnerung, nicht bloß um eine solche des Wiedererkennens zu tun ist, so müssen wir die Lehre von der Bekanntheitsqualität in all ihren Gestaltungen ablehnen, so bedeutsam dieselbe auch

zur Erklärung spezieller Erscheinungen des Wiedererkennens
sein mag. Die Bekanntheitsqualität ist ein Zeichen, das wir
deuten gelernt haben. Psychologisch ausgedrückt: Sie reproduziert uns das Bewußtsein des Schon-einmal-Dagewesenseins.
Um dieses Bewußtsein aber reproduzieren zu können, muß sie
mit demselben assoziativ verknüpft sein. Assoziative Verknüpfung entsteht durch das Zusammentreffen im Bewußtsein. Die
Bekanntheitsqualität und das Bewußtsein des Früher-Schon-Er-
lebthabens müssen also zuerst einmal im Bewußtsein zusam-
mengegeben gewesen sein. Das eigentliche Erinnerungserlebnis
steht also ursprünglich neben dem Erleben der Bekanntheitsqualität. Es kann daher jenes gewiß nicht durch dieses erklärt werden. Kurz gesagt: Die Bekanntheitsqualität, die durch
Erfahrung zu einer Art Symbol, zu einer Andeutung einer nicht
eigentlich vollzogenen Erinnerung wird, gibt uns keine Auf-
klärung über das Zustandekommen der eigentlichen Erinnerung.

Unsere Theorie der Erinnerung ist folgende: Der Akt des
Selbstbewußtseins, der durch die in unserm Bewußtsein jeweils
dominierenden Erlebnisse in der Regel ausgelöst wird und
uns ein zu dieser bestimmten Zeit in uns sich abspielendes
Erleben gegenständlich macht, auch wenn wir in ihm dieses
Erleben nicht sehr oft mit konzentrierter Aufmerksamkeit
erfassen, assoziiert sich mit dem Akt des Erlebens. Wenn nun
dieser Akt des Erlebens später einmal reproduziert wird, solange
die betreffende Assoziation noch nicht zu sehr gelockert oder
die von dem Selbstbewußtseinsvorgang zurückgelassene Reproduktionsdisposition noch nicht zu sehr verwischt ist, dann
wird das Bewußtsein, in dem das einer bestimmten Zeit an-
gehörige Erlebnis als solches schon einmal gegenständlich erfaßt wurde, einfach reproduziert. Ich bin mir dann in diesem
reproduzierten Erfassen ohne weiteres bewußt, daß ich das Erlebnis, welches den Gegenstand dieses Erfassens bildet, zu der
und der bestimmten Zeit oder vielleicht auch unbestimmter
irgendwann in der Vergangenheit gehabt habe.

Unsere Theorie schließt sich an die früher erwähnte Tatsache an, daß in jeder Erinnerung ein Akt des Selbstbewußtseins steckt. Sie erklärt ferner mancherlei. Vor allem dies, daß
man sich nur an das erinnern kann, was man „bewußt" erlebt
hat. Unter diesem „Bewußt" versteht die Popularpsychologie,
der wir hier den Ausdruck entlehnt haben, nichts anderes
als Selbstbewußt. In die früheste Zeit der Kindheit reichen
unsere Erinnerungen nicht zurück, obwohl gerade in dieser

Periode unser Hirn am bildungsfähigsten gewesen sein muß, so daß die Assoziationen und Reproduktionsgrundlagen, die sich damals gebildet haben, gewiß nicht zu den schlechtesten gehören. Aber die Fähigkeit des Selbstbewußtseins scheint ebenso wie die Fähigkeit zu manchen andern Produktionsleistungen erst in einem gewissen Alter sich zu entwickeln und solche Akte des Selbstbewußtseins, die nicht vorhanden waren, können natürlich auch nicht reproduziert werden. Eine Reihe von Tatsachen spricht dafür, daß bei verschiedenen Menschen die Fähigkeit der psychologischen Reflexion, d. h. die Fähigkeit zu besonders ausgeprägten Akten des Selbstbewußtseins, in verschiedenem Maß ausgebildet ist, und man findet, soweit man bei dem vollständigen Fehlen systematisch angestellter Untersuchungen auf diesem Gebiet auf Grund sogenannter Lebenserfahrungen urteilen kann, daß die besonders zur Reflexion geneigten Individuen auch in höherem Maß die Fähigkeit der Erinnerung besitzen als diejenigen, bei denen die Erlebnisse des Selbstbewußtseins weniger stark hervortreten.

Die Erlösung von den Ichgedanken durch das Spiel der künstlerischen Phantasie, auf die so oft hingewiesen wird, erscheint uns in neuer Beleuchtung, da wir den Unterschied zwischen Phantasieren und Erinnern nicht mehr bloß darin sehen, daß die Phantasieleistungen geringere Ähnlichkeit mit vorausgehenden Wahrnehmungen haben, als die Erinnerungsbilder, sondern darin, daß diese als Reproduktionsmotive für Akte des Selbstbewußtseins fungieren, was bei jenen nicht der Fall ist.

Die Unterscheidung zwischen Phantasieprodukten und Erinnerungsbildern, die bei Kindern oft so mangelhaft ist, die aber doch von einem normalen Individuum, wenn man seine Aufmerksamkeit in dieser Richtung erst einmal rege gemacht hat, verhältnismäßig leicht durchgeführt werden kann, erklärt sich in ihrer ursprünglichen Mangelhaftigkeit ebenso wie in ihrer späteren Sicherheit leicht durch unsere Theorie, während die anderen Theorien wohl zeigen können, wie diese Unterscheidung auf die größten Schwierigkeiten stößt, ohne daß die ziemlich vollkommene Überwindung dieser Schwierigkeiten im entwickelten Bewußtsein eine genügende Erklärung fände.

Von den Bedenken, die gegen unsere Auffassung erhoben werden könnten, wollen wir zwei, die einer gewissen Triftigkeit nicht zu ermangeln scheinen, etwas genauer ins Auge fassen. Das erstere sehen wir darin, daß man vielleicht einwendet, wir

setzten eine ungeheure Komplikation des geistigen Lebens
voraus, von der in der Selbstbeobachtung doch eigentlich wenig
zu erkennen sei. Wenn jedes reproduzierte Erlebnis, um zu
einer Erinnerung zu werden, erst noch ein zweites Erlebnis,
einen Akt des Selbstbewußtseins reproduzieren müßte, dann
— so scheint es — wäre das Erinnerungsgeschehen gerade
doppelt so umfangreich, wie es sich den psychologischen Beobachtern bisher dargestellt hat. Wie sollte ein so großer Teil
des psychischen Lebens der Aufmerksamkeit der Psychologen
bisher fast völlig entgangen sein?

Wenn dieser Einwand zunächst nicht ohne Gewicht zu sein
scheint, so erweist er sich doch als wenig stichhaltig, sobald
man den besonderen Charakter des psychischen Geschehens ins
Auge faßt, dessen Nichtbeachtung durch die Psychologie bei
tatsächlichem Vorhandensein nicht recht glaublich sein soll.
Es handelt sich um Akte des Selbstbewußtseins, d. h. um
solche Bewußtseinsvorgänge, in denen uns andere Bewußtseinstatsachen gegenständlich werden, während sie selbst nur
dadurch zum Objekt unserer Betrachtung werden könnten,
daß sich superponierte Akte des Selbstbewußtseins auf sie
richteten. Man braucht nun aber bloß die prinzipiellen Schwierigkeiten zu erkennen, die sich schon der Beobachtung des
primären psychischen Geschehens in den Weg stellen und
braucht einzusehen, wie diese Schwierigkeiten wachsen, wenn
es sich um ein Beobachten des Beobachtens, um das Erfassen
des sekundären psychischen Geschehens (d. h. der Akte des
Selbstbewußtseins) handelt, und wie sich der einzige Weg,
den man bei der Beobachtung des primären Geschehens
zu ihrer Überwindung .eingeschlagen hat, bei der Beobachtung des sekundären Geschehens a priori als un-
gangbar erweist, so wird man sich gewiß nicht mehr
wundern, daß die Akte des Selbstbewußtseins bei der Erinnerung sich der Selbstbeobachtung entziehen. Das, was in
ihnen gegenständlich erfaßt wird, das „Erlebthaben" tritt dafür mit um so größerer Deutlichkeit zutage. Ich erinnere mich
an dies heißt ich bin mir bewußt, dies schon einmal gesehen,
vorgestellt oder gedacht, kurz schon einmal erlebt zu haben.
Wer dieser Definition beipflichtet — und es wird wohl kaum
jemand geben, der nicht damit einverstanden wäre — der
dokumentiert damit, daß er bei dem Begriff Erinnerung sogleich
an das „Erlebthaben" denkt, daß also dasjenige, was uns veranlaßt, einen Akt des Selbstbewußtseins in jeder Erinnerung

zu erschließen, wenn wir nicht annehmen wollen, daß es Objekte des Erfassens ohne ein Erfassen geben kann, deutlich genug erkennbar ist.

Das zweite Bedenken, auf das oben hingewiesen wurde, bestreitet unsere Behauptung, daß die Reproduktion eines Erlebnisses noch keine Erinnerung sei, sondern daß von dieser Reproduktion erst eine zweite Reproduktion, nämlich die eines Selbstbewußtseinsaktes ausgelöst werden müsse, nicht für den Fall, wo das Original der Erinnerung ein Bewußtseinsvorgang mit äußerem Gegenstand ist, wohl aber für den Fall, wo dieses Original in einem Akt inneren Erfassens besteht. Wenn ich z. B. früher ein Gefühl in mir wahrgenommen habe und mich daran erinnere, so scheint doch die einfache Reproduktion des Aktes inneren Erfassens zu genügen, um die Erinnerung zu konstituieren. Absurd scheint es zu sein, wollte man auch hier annehmen, daß die innere Wahrnehmung ebenso wie die äußere von einem sie in der Zeitstrecke ihres Ablaufs erfassenden Akt des Selbstbewußtseins begleitet werde, und daß dieser Akt bei der Erinnerung wieder ausgelöst werden müsse.

Diese Annahme wollen wir nun in der Tat auch nicht aufrecht erhalten. Trotzdem scheint auch von den Akten inneren Erfassens zu gelten, daß die einfache Reproduktion derselben noch keine Erinnerung bedeutet. Das Nachdenken des Psychologen über psychische Tatbestände z. B. ist gewiß ein Reproduzieren von Akten inneren Erfassens, aber eben so gewiß kein Erinnern. Während bei der Erinnerung an Psychisches ein mehr oder weniger bestimmter Zeitpunkt der Vergangenheit miterfaßt wird, wo das betreffende Psychische Gegenstand der inneren Wahrnehmung war, fällt bei dem Nachdenken des Psychologen über zeitlos erfaßte psychische Tatbestände ein solches Zeitbewußtsein weg. Es fragt sich nur, ob die Erinnerung an Psychisches mehr als die Reproduktion eines Aktes der inneren Wahrnehmung oder ob das Nachdenken des Psychologen etwas weniger als eine vollständige Reproduktion ist. Gründe, deren Ausführung uns hier zu weit führen würde, da sie zusammenhängen mit den schwierigsten Problemen des Zeitbewußtseins, veranlassen uns, das letztere anzunehmen. Wir sind also der Meinung, daß ein Akt innerer Wahrnehmung bei seiner vollständigen Reproduktion das Bewußtsein der Zeit seines Gegenstandes in sich schließt, und daß es sich bei den Akten des Nachdenkens über psychische Gegenstände ohne bestimmte zeitliche Projektion derselben

um Abstraktionen handelt, die dadurch entstehen, daß gleichartige psychische Tatsachen aus verschiedenen Zeitpunkten
der Vergangenheit erfaßt werden und daß im Begriff derselben das Gemeinsame ohne das Verschiedene, also ohne die
verschiedenen Akte des Zeiterfassens übrig bleibt[11]).

d) Das Denken.

Das Denken vollzieht sich im begrifflichen Erfassen, im
Urteilen und Schließen. Das begriffliche Erfassen hat die Funktion, das Anschauliche zusammenzufassen und das Unanschauliche zum Gegenstand unseres Bewußtseins zu machen. Als
anschaulich bezeichnen wir lediglich die Gegenstände unserer
Vorstellungen, d. h. diejenigen Gegenstände, die von Bewußtseinsvorgängen erfaßt werden, in denen neben den Objektivitätsfunktionen Empfindungen als wesentliche Konstituentien
enthalten sind. Nach einem vielfach befolgten Sprachgebrauch
heißt anschaulich nicht nur der anschauliche Gegenstand, sondern auch die ihn erfassende Vorstellung. Ja einzelne Psychologen gehen so weit, alles Psychische anschaulich zu nennen.
Wir wollen uns dem letzteren Sprachgebrauch auf gar keinen
Fall, da er zu den allergrößten Unklarheiten führt, aber auch
dem ersteren hier nicht anschließen. Die Begriffe Anschauen
und Vorstellen setzen wir in diesen erkenntnistheoretischen
Ausführungen einander vollkommen gleich und definieren demgemäß das Anschauliche als das, was angeschaut oder vorgestellt wird. Die Anschauung selbst stellt vor, wird aber
nicht vorgestellt, sie ist Anschauung, aber sie ist nicht anschaulich.

Eine Konsequenz dieses Sprachgebrauchs sei von vornherein ausdrücklich betont, da ein Übersehen derselben zu
bedeutenden Unklarheiten führen müßte. Es wird nämlich
vielfach der Begriff Wahrnehmung unter den Begriff Vorstellung subsumiert. Diese Subsumption ist nach unserer Terminologie nur bezüglich der äußeren Wahrnehmung durchführbar. Die innere Wahrnehmung ist für uns kein Vorstellen,
sondern ein Denken.

Sehr wichtig für die Lehre vom Denken ist es, daß man
sich klar werde über das Verhältnis des Begriffspaares „anschaulich—unanschaulich" zu dem Begriffspaar „konkret—
abstrakt". Wir setzen diese beiden Gegenüberstellungen einander nicht gleich. Nicht alles Anschauliche ist für uns konkret

und nicht alles Unanschauliche ist abstrakt. Konkret heißt uns das selbständige Ganze, abstrakt das nur für unser abstrahierendes Erfassen isoliert gegebene Moment. Gegenstände wie Raum, Zeit, Bewegung, Beschleunigung, Intensität, Qualität, Zahl usw. erweisen sich auf den ersten Blick als Abstrakta, Gegenstände wie mein Schreibtisch, das Weltall, meine Vorstellung dieses Sonnenuntergangs werden vielleicht ohne weiteres für Konkreta gehalten. Ob sie es auch wirklich sind, soll an dieser Stelle nicht untersucht werden. Das Kriterium der selbständigen Isolierbarkeit ist ein gefährlicher Prüfstein und vielleicht zeigen uns die Betrachtungen, die wir später in der Gegenstandslehre des Erkennens durchzuführen haben, daß es viel weniger Konkretes im Sinn des selbständig für sich Bestehenden gibt als man gewöhnlich glaubt.

Hier, wo wir das räumlich Trennbare von den Gegenständen der Außenwelt und das zeitlich Ablösbare im Gebiet des Psychischen noch ohne weitere Prüfung für das selbständig Isolierbare gelten lassen wollen, ist vor allem noch zweierlei zu betonen. Einmal dies, daß der Begriff Abstraktion nicht mit dem Begriff Abstraktum gleichgesetzt werden darf. Ein Begriff als psychischer Akt, der eine Abstraktion darstellt, kann ebensogut ein Konkretum sein wie jeder andere Bewußtseinsvorgang. Wenn man also abstrakte Begriffe den konkreten Anschauungen gegenüber stellt, so können unter Begriffen nur die Gegenstände begrifflichen Erfassens (nicht die erfassenden Bewußtseinsvorgänge), unter den Anschauungen nur die anschaulichen Gegenstände gemeint sein. Das ist aber ein Sprachgebrauch, der im höchsten Grad verwirrend wirkt. Wir wollen daher unter einem Begriff stets ein „Begreifen“, ein „begriffliches Erfassen“, ein „Meinen“, ein „Bedeuten“, eine „Bedeutung“, die durch ein Wort oder ein anderes Zeichen suggeriert wird, verstehen. Die Mehrzahl unserer Begriffe sind Wortbedeutungen. Es gibt aber auch ein wortloses begriffliches Erfassen, bei dem nicht etwa nur ein anderes Zeichen die Stelle des Wortes vertritt, sondern bei dem unter Umständen der Akt des Meinens ohne Anlehnung an die Vorstellung irgend eines Zeichens verläuft[1]). Deshalb können wir uns nicht mit der einfachen Bestimmung, die Begriffe seien Wortbedeutungen, zufrieden geben.

Wir unterscheiden zwischen den Begriffen und ihren Gegenständen, wie wir zwischen dem Raumbewußtsein und dem Raum, zwischen dem Zeitbewußtsein und der Zeit, über-

haupt zwischen den Objektivitätsfunktionen und ihren Gegenständen schon früher unterschieden haben. Diese Unterscheidung fällt vielen Menschen offenbar außerordentlich
schwer, wenn es sich um abstrakte Gegenstände handelt, denen
kein Für-Sich-Bestehen außer ihrem Gedacht-Werden zukommt.
Man bezeichnet daher vielfach Objekte wie Tugend, Gleichheit, Zahl usw. als „bloße Begriffe“. Davon kann für uns
keine Rede sein. Diese Gegenstände heißen uns Abstrakta
und dürfen nicht verwechselt werden mit den Begriffen, d. h.
mit den Akten denkenden (abstrahierenden) Erfassens, die
nicht weniger konkrete Bewußtseinsvorgänge sind als die
lückenlosesten Vorstellungen. Abstraktum und Abstraktion
ist zweierlei!

Die zweite Bemerkung, die hier zu machen ist, betrifft
die Gegenstände derjenigen Allgemeinbegriffe, durch die konkrete Gegenstände zusammengefaßt werden. Sind die Gegenstände solcher Allgemeinbegriffe konkret oder abstrakt? Das
ist die reinste Vexierfrage. Da wir ausdrücklich gesagt haben,
daß es sich um Allgemeinbegriffe von konkreten Gegenständen handeln soll, so scheint gar kein Zweifel zu bestehen,
daß diese Gegenstände so sind, wie sie eben genannt wurden,
nämlich konkret. Da aber andererseits Allgemeinbegriffe stets
Abstraktionen sind, so scheint ebenso unzweifelhaft ihr Gegenstand Abstraktum genannt werden zu müssen.

Die Lösung dieser Schwierigkeit besteht darin, daß als
Gegenstand des Allgemeinbegriffs in der Tat ein Doppeltes
in Betracht kommt, das in der Sprache der Logik als Umfang und Inhalt des „Begriffs“ bezeichnet wird. Der Umfang,
d. h. die Summe der unter dem Begriff zusammengefaßten
Individuen, ist von derselben Beschaffenheit wie diese Individuen, also, wenn es sich um konkrete Gegenstände handelt,
konkret. Der Inhalt, der Inbegriff der Merkmale, ist stets ein
Abstraktum, insofern die Merkmale der Gattung oder der Art
stets ungenügend sind, die Totalität des Individuums zu konstituieren. Die Frage, ob die Gegenstände der Allgemeinbegriffe abstrakt oder konkret sind, hat in anderer Formulierung, nämlich als Frage nach der Realität der Universalien,
in der mittelalterlichen Philosophie bekanntlich eine große
Rolle gespielt.

Die meisten Begriffe sind Abstraktionen. Nur die Akte
der inneren Wahrnehmung, die wir wegen des Fehlens kon-
stituierender Empfindungen, wie bereits erwähnt, nicht als

Vorstellungen ansprechen dürfen, sondern als Begriffe bezeichnen müssen, entstehen nicht durch Loslösung aus einem
reicheren psychischen Ganzen, können also nicht als Abstraktionen betrachtet werden. Daß wir trotzdem auch durch
Begriffe, die nicht Akte der inneren Wahrnehmung sind, Konkreta erfassen können, folgt ohne weiteres aus dem über die
Allgemeinbegriffe von konkreten Objekten Gesagten.

In Anbetracht der Merkwürdigkeit und Wichtigkeit dieser
Tatsache wird es übrigens gut sein, wenn wir ihr noch etwas
weiter nachgehen. Abstraktion heißt gedankliche Trennung
dessen, was in Wirklichkeit nicht getrennt werden kann, heißt
also Erfassen unselbständiger Abstraktionsprodukte. Wie kann
trotzdem durch eine Abstraktion etwas Konkretes Gegenstand
des Bewußtseins werden? Es wäre dies offenbar ganz unmöglich, wenn stets das „Abstraktionsprodukt“ die Intention
des betreffenden Begriffs vollkommen erfüllte. Das ist aber
nicht der Fall, wie man am besten aus der Gegenüberstellung
einiger Beispiele ersehen kann, wo derselbe Begriff einmal
wirklich nur das Abstraktionsprodukt, das andere Mal durch
dieses etwas ganz anderes zu erfassen bestimmt ist. Wenn
ich frage: Was versteht man unter der Ursache eines Ereignisses? und die Antwort gebe: Ursache eines Ereignisses ist
die Gesamtheit der Umstände, die gegeben sein müssen, wenn
das Ereignis stattfinden soll, so meine ich mit dem Begriff
Ursache nur das, was allen Ursachen gemeinsam ist, nur das
Abstraktum. Wenn ich aber frage: Was ist die Ursache
dieses Ereignisses? und antworte: Die Ursache ist ein ganz
bestimmter Komplex von Dingen, die in einer solchen Veränderung begriffen waren, und infolgedessen das betreffende
Ereignis herbeiführten, so meine ich mit dem Begriff Ursache
etwas, was viel reichhaltiger ist als das Abstraktionsprodukt
Ursache, etwas ganz Konkretes. Dieses Konkrete wird charakterisiert durch das einzige Merkmal der kausalen Beziehung
zu dem gegebenen Ereignis, aber es wird nicht identifiziert
mit diesem Merkmal. Bezeichnen wir dieses Erfassen eines
Gegenstandes durch einen Begriff, der nicht eigentlich Begriff
dieses Gegenstandes, sondern Begriff von etwas anderm ist,
durch welches der Gegenstand gedacht wird, als symbolisierendes Begreifen, so können wir nun einfach sagen: Abstraktionen erfassen konkrete Objekte durch symbolisierendes Begreifen[2]).

Wie wichtig es ist, daß wir durch Abstraktionen Konkretes erfassen können, läßt sich an dieser Stelle noch nicht genügend dartun. Wenn wir später sehen werden, wie das eigentlich Konkrete, das wirklich selbständig für sich Bestehende, in den Akten vollständigen Erfassens (wie wir alle diejenigen Akte des Gegenstandsbewußtseins nennen wollen, die nicht Abstraktionen sind) überhaupt nicht begriffen werden kann, wird sich zeigen, wie bedeutsam die hier diskutierte Möglichkeit die Entscheidung der wichtigsten erkenntnistheoretischen Fragen zu beeinflussen vermag.

Die wichtigste Frage, die wir hier in der psychologischen Betrachtung des begrifflichen Denkens noch zu beantworten haben, ist die nach dem Mechanismus der Abstraktion. Sie gehört zu den schwierigsten der Psychologie und ist von recht verschiedenen Seiten aus schon in Angriff genommen worden und hat infolgedessen auch recht verschiedene Beantwortung gefunden[3].

Wenn man, wie dies bei Locke und seinen Nachfolgern die Regel war, Vorstellungen und Vorstellungsobjekte, Ideen und ihre Gegenstände identifiziert, muß man mit einer gewissen Notwendigkeit zu der Auffassung gelangen, daß es eine Abstraktion überhaupt nicht gibt. Ein Dreieck, das weder spitzwinklig, noch rechtwinklig, noch stumpfwinklig, sondern alles dies zu gleicher Zeit ist, gibt es, wie Berkeley richtig bemerkt hat, sicherlich nicht[4]. Man kann sich ein solches auch nicht vorstellen, sofern Vorstellungen nur anschauliche Objekte erfassen. Kennt man keine anderen Erlebnisse des Gegenstandsbewußtseins als Vorstellungen, so liegt die Behauptung nahe, beim Denken des Allgemeinen werde etwas Individuelles mit repräsentativer Funktion vorgestellt. Auf die Frage nach dem Wesen der repräsentativen Funktion wird dann wohl die Antwort gegeben, es sei darunter nichts anderes zu verstehen als die Ähnlichkeitsreproduktion. Eine Vorstellung repräsentiert nach dieser Auffassung eine Fülle ihr ähnlicher Vorstellungen, die zwar nicht alle in voller Ausdehnung im Bewußtsein anwesend sind, die aber doch mehr oder weniger mitanklingen, wenn jene Vorstellung erweckt wird, die eine Art Umrahmung, Hof oder „Franse" durch diese reproduktiv miterregten Bewußtseinsinhalte gewinnt. Wir wollen diese Theorie die Assoziationstheorie der Abstraktion nennen. Sie findet sich bereits bei Berkeley[5] und hat ihre Ausgestaltung in der Gegenwart namentlich durch Wundt[6] und den amerikanischen Psychologen James[7] erhalten.

Auf den ersten Blick scheint diese Assoziationstheorie nur für die Erklärung derjenigen Begriffe überhaupt in Betracht kommen zu können, die anschauliche Gegenstände zusammenfassen. Aber man hat sie nicht darauf beschränkt. Auch diejenigen Begriffe, die nicht bloß durch ihre Allgemeinheit, sondern schon durch den Charakter des einzelnen in ihnen erfaßten Gegenstandes sich als Abstraktionen dokumentieren, wie z. B. der Begriff der Qualität oder der Intensität, sollen nach der Auffassung einzelner Psychologen ihre Funktion einer Art von Assoziation verdanken. Der Begriff einer Farbe soll etwa dadurch entstehen, daß die Vorstellung eines farbigen Dinges assoziiert ist mit den Vorstellungen anderer Dinge von gleicher Farbe und bei ihrem Auftreten diese in bezug auf das Farbenmoment übereinstimmenden Vorstellungen reproduktiv mitanklingen läßt[8]).

Eine kritische Würdigung dieser ganzen Auffassung hat vor allem darauf hinzuweisen, daß sie durchaus keine Stütze findet in den Ergebnissen exakter psychologischer Untersuchungen. Statt des von der Assoziationstheorie vorausgesetzten Vorstellungsreichtums hat sich nämlich in allen Fällen, wo man das Wesen des begrifflichen Denkens durch direkte Beobachtungen zu erkennen versucht hat, eine außerordentliche Inhaltsarmut der als Denkakte anzusprechenden Bewußtseinsvorgänge konstatieren lassen. Besondere Abstraktionsexperimente haben auch gezeigt, daß man bei kurzer Betrachtung eines vorgezeichneten Dreiecks — um bei dem Locke-Berkeleyschen Beispiel zu bleiben —, eines Dreiecks, das natürlich ein ganz bestimmtes, entweder spitzwinkliges oder rechtwinkliges oder stumpfwinkliges ist, unter Umständen wohl erkennen kann, daß dies ein Dreieck ist, ohne daß man nach der kurzdauernden Exposition zu sagen vermag, ob der Winkel an der Spitze ein spitzer oder ein rechter oder ein stumpfer war[9]). Es gibt also ein „Dreiecksbewußtsein" ohne die bestimmte Vorstellung eines individuellen Dreiecks und wenn man ein solches Dreiecksbewußtsein nicht mehr Vorstellung nennen will, wozu man guten Grund hat, so muß man es eben mit einem andern Namen bezeichnen, wobei sich ganz ungesucht der Name Begriff darbietet.

Die Assoziationstheorie der Abstraktion erweist sich aber auch bei rein logischer Betrachtung als vollkommen ungenügend. Denn wenn behauptet wird, eine Vorstellung ge-

winne durch das Zugleichsein mit andern ähnlichen Vorstellungen eine besondere Funktion, so heißt dies entweder, viele
Vorstellungen stellten etwas anderes vor als eine Vorstellung,
oder die eine Vorstellung erfahre durch die Nachbarschaft
der ähnlichen Vorstellungen eine Veränderung, auf Grund
deren sie etwas anderes vorzustellen imstande ist wie vorher.
Was die erste Seite der Alternative anlangt, so ist es zweifellos richtig, daß viele Vorstellungen anderes erfassen als eine
und man kann sogar die Verschiedenheit dessen, was von den
vielen Vorstellungen, und dessen, was von der einen erfaßt
wird, etwas genauer bestimmen, indem man die Behauptung
wohl wagen darf, daß einem Plus an Vorstellungen gewiß
ein Plus an Gegenständen entspreche. Das Gegenteil behauptet aber die Assoziationstheorie der Abstraktion in ihrer
Ausdehnung auf die Begriffe von abstrakten Gegenständen,
wenn sie das Erfassen des Abstrakten dadurch erklären will,
daß eine Vorstellung plus eine Reihe in gewisser Hinsicht
mit ihr übereinstimmender Vorstellungen etwas anderes erfassen als jene Vorstellung allein. Die Vorstellung eines roten
Dinges würde nämlich danach das Ding mit seiner Farbe und
seinen sonstigen Eigenschaften zum Gegenstand haben. Viele
Vorstellungen von roten Dingen würden nicht etwa mehr als
ein Ding mit seinen sämtlichen Eigenschaften, sondern weniger,
nämlich nur eine Eigenschaft erfassen. Das ist unsinnig. Wir
müssen uns also an die zweite Seite der oben aufgestellten
Alternative halten.

Wenn man uns aber sagt, eine Vorstellung werde durch
das Zusammensein mit andern ähnlichen Vorstellungen so verändert, daß sie infolge dieser Veränderung nicht mehr denselben Gegenstand erfasse, so wollen wir natürlich vor allem
Genaueres über diese Veränderung erfahren. In einer Angabe
hierüber würde die eigentliche Abstraktionstheorie ihre Lei-
stungsfähigkeit zeigen können. Es würde sich dann die Frage
erheben, ob die betreffende Veränderung einer Vorstellung —
die eben als Abstraktion zu bezeichnen wäre — nur da eintritt, wo die Vorstellung mit anderen ähnlichen zusammen
gegeben ist, oder ob sie auch sonst möglich ist, und ob insbesondere die veränderte Vorstellung niemals in ihrer veränderten Beschaffenheit reproduziert werden kann, ohne daß
die Bedingungen der Veränderung jedesmal wieder mitauf-
treten. Indem die Assoziationstheorie der Abstraktion diesen
Fragen sich entzieht, erweist sie sich als ungenügend. Würde

sie sich ihnen aber nicht entziehen, so bliebe sie als besondere Theorie überhaupt nicht bestehen.

Eine zweite Form der Abstraktionstheorie wollen wir kurz als die Unterscheidungstheorie[10]) der Abstraktion bezeichnen. Man findet sie ziemlich scharf ausgeprägt in der Psychologie von James[11]), ohne daß sie hier in Beziehung gebracht würde zu der Assoziationstheorie, die derselbe Autor in der Lehre von den Allgemeinbegriffen vertritt. Die Unterscheidungstheorie bezeichnet das Isolieren einzelner Bestandteile eines Zusammenhangs als Unterscheidung, subsumiert also das Abstrahieren dem Unterscheiden. Es ist dies dieselbe Auffassung die auch im populärpsychologischen Sprachgebrauch deutlich zutage tritt. „Wir unterscheiden an der Empfindung Intensität und Qualität", das ist eine Wendung, die wohl jedem geläufiger ist als die Formel: „Wir erfassen durch Abstraktion Intensität und Qualität der Empfindung."

Läßt sich nun das Abstrahieren durch Zurückführung auf die Funktion des Unterscheidens erklären? Auf den ersten Blick könnte es wohl so scheinen. Was der Abstraktionstheorie vor allem Schwierigkeiten bereitet, ist die Frage: Wie kann in Gedanken getrennt werden, was in Wirklichkeit nicht trennbar ist? Wird nun gesagt: Es handelt sich auch bei der Abstraktion gar nicht um ein wirkliches Trennen, sondern nur um ein Unterscheiden und dieses Unterscheiden von Teilinhalten des Bewußtseins kann vollzogen werden, während dieselben in ihren Zusammenhängen stehen bleiben, so dürfte sich mancher mit einer solchen Antwort zufrieden geben. Solange man als einzige Bedingung des Unterscheidens das Zusammensein des Verschiedenen betrachtet, solange ist auch in der Tat gegen die eben dargelegte Auffassung nichts einzuwenden.

Ganz anders aber gestaltet sich unsere Beurteilung, wenn wir erkennen, daß zur Unterscheidung mehr nötig ist als Zusammensein des Verschiedenen, nämlich außerdem noch — Abstraktion. Ist das Abstrahieren eine Teilbedingung des Unterscheidens, so wird man nicht mehr daran denken, das erstere durch das letztere zu erklären. Wie gelangen wir aber zu der Einsicht, daß alles Unterscheiden ein Abstrahieren voraussetzt? Vor allem auf dem sehr einfachen Weg der Erfahrung. Das Allerverschiedenste kann in unmittelbarster Nachbarschaft dutzendmal gegeben sein. Es wird doch nicht unterschieden, sondern fällt für die Auffassung zusammen, solange nicht erst einmal das Bewußtsein der Mehrheit gewonnen ist. Von zwei verschiedenen Inhalten A und B muß zuerst A für sich und B für sich erfaßt werden, bevor die Verschiedenheit der beiden voneinander erkannt werden kann. Der Begriff Unterscheiden ist doppeldeutig. Man kann darunter verstehen das Auflösen einer Einheit oder das Negieren einer Gleichheit. Mit der Erkenntnis dieser Doppeldeutigkeit wird die Unterscheidungstheorie hinfällig. Bezeichnet man das Auflösen der Einheit als Abstrahieren, das Negieren der Gleichheit als Unterscheiden, so ist es ausgeschlossen, daß man das Abstrahieren dem Unterscheiden subsumiert.

Die Bedingung des Abstrahierens ist also nicht dieselbe wie die Bedingung der Unterscheidung des bereits Abstrahierten. Nicht die bloße Verschiedenheit, sondern die Gleichheit im Wechsel hat zur Folge, daß Abstraktion stattfindet. Wenn auf einen Komplex von Teilinhalten des Bewußtseins, den wir mit der Buchstabenreihe abcde symbolisieren wollen, ein durchaus anderer Komplex fghik folgen würde, oder wenn die beiden Komplexe gleichzeitig vorhanden wären, so würde weder ein Glied des einen Komplexes von einem andern Glied desselben Zusammenhangs, noch ein Bestandteil des einen von einem solchen des andern Komplexes, noch endlich die beiden Zusammenhänge voneinander unterschieden werden, wofern nicht eines der Elemente oder einer der Zusammenhänge schon einmal in anderem Milieu aufgetreten sind. James selbst, der das Abstrahieren dem Unterscheiden subsumiert, verkennt diese Tatsache keineswegs, sondern sagt ausdrücklich, „daß jeder Totaleindruck, den der Geist empfängt, solange unanalysierbar bleiben muß, als seine Elemente früher niemals für sich oder anderswo in anderen Kombinationen erlebt worden sind"[12]).

Insofern James dies zugibt und die Analyse im Sinn der Abstraktion als Aufmerksamkeitsleistung charakterisiert, darf er auch als Vertreter der dritten Form der Abstraktionstheorie bezeichnet werden, die wir kurz als Aufmerksamkeitstheorie der Abstraktion rubrizieren wollen[13]). Gegenstand der Aufmerksamkeit oder, wie wir dafür auch sagen, der Beachtung ist jeweils das, was sich besonders scharf von seiner Umgebung abhebt, was besonders klar und deutlich ist, oder was sich uns so aufdrängt, daß anderes daneben zurücktritt. Damit ein Gegenstand diese ausgezeichnete Stellung gewinne, ist es nötig, daß der ihn erfassende Bewußtseinsvorgang eine entsprechende Änderung erfahre. Diese Veränderung bezeichnen wir als Steigerung des Bewußtseinsgrades. Seine Aufmerksamkeit auf einen Gegenstand richten heißt also, den Bewußtseinsgrad desjenigen psychischen Vorgangs steigern, in dem der betreffende Gegenstand erfaßt wird.

Gleiche Teilprozesse, die in verschiedenem Bewußtseinszusammenhang sich wiederholen, gewinnen den begleitenden Vorgängen gegenüber einen höheren Bewußtseingrad und eben dadurch tritt ihr Gegenstand aus seiner Umgebung heraus, wird für sich erfaßt, und der erste Abstraktionsprozeß ist vollzogen. Abstraktion heißt also nach dieser Auffassung nichts anderes als Steigerung des Bewußtseinsgrades oder, wie wir dafür gelegentlich etwas kürzer sagen wollen, Abhebung eines psychischen Partialprozesses. Durch diese Abhebung werden die betreffenden Partialprozesse selbständig, soweit psychische Vorgänge, die ja immer in einem individuellen Bewußtseinszusammenhang befaßt bleiben, überhaupt selbständig werden können.

Aber hier scheint sich ein Einwand gegen diese Theorie zu erheben: Wenn die psychischen Teilprozesse eine Erhöhung des Bewußtseinsgrades und damit eine gewisse Verselbständigung erfahren sollen, so müssen sie doch einer solchen Verselbständigung fähig sein. Es muß sich also um echte Teilprozesse, nicht um untrennbar zusammengehörige Seiten eines einheitlichen psychischen Geschehens handeln. Wie ist es aber dann möglich, in der Abstraktion etwas wie Intensität und Qualität einer Empfindung zu trennen?

Die hier berührte Schwierigkeit wäre unüberwindlich, wenn die Abstraktion von Intensität und Qualität im Erleben der Empfindung durchgeführt würde, denn niemand wird behaupten wollen, daß Intensität und Qualität wirkliche zeitlich trennbare Partialvorgänge der Empfindung seien. Aber die in Rede stehende Abstraktion wird ja gar nicht im Erleben der Empfindung, sondern in der psychologischen Betrachtung derselben vollzogen. Es ist also nur nötig, daß der Akt inneren Erfassens, in welchem die Intensität, und derjenige, in welchem die Qualität der Empfindung erfaßt wird, Teilvorgänge eines Totalgeschehens psychologischer Betrachtung seien, und gegen diese Annahme läßt sich gar nichts einwenden[14]).

Auf die oben aufgeworfene Frage: wie kann in Gedanken getrennt werden, was in Wirklichkeit nicht trennbar ist? antwortet also die Aufmerksamkeitstheorie der Abstraktion: Was durch trennbare Partialprozesse, sei es des äußeren oder des inneren Erfassens, uns zum Bewußtsein gebracht wird, das kann durch Abhebung der Partialprozesse auch auseinandergelegt werden. Gerade in der Abstraktion wird uns die wirkliche Komplikation des geistigen Lebens offenbar.

Nach dem begrifflichen Denken haben wir nun die zweite Form des Denkens ins Auge zu fassen, die man als Urteilen bezeichnet. Die Psychologie des Urteilens gewinnt vor allem dadurch bei den verschiedenen Bearbeitern einen ganz verschiedenen Charakter, daß die Definitionen des Urteils beträchtliche Differenzen aufweisen. Der eine sagt: Urteile nenne ich die Bewußtseinsvorgänge, auf welche die Prädikate richtig oder falsch eine sinngemäße Anwendung finden[15]). Der andere erklärt zum Zweck einer vorläufigen Begriffsbestimmung, „daß der sprachliche Ausdruck des Urteils der vollständige oder verkürzte Aussagesatz ist"[16]) und würde also das Urteil etwa definieren als den Denkakt, der im vollständigen oder verkürzten Aussagesatz seinen sprachlichen Ausdruck finden kann. Ein dritter setzt fest: „Ich möchte ein Urteil im psychologischen Sinn als ein Erlebnis charakterisieren, das sich mit dem Bewußtsein der Gültigkeit verbindet oder mit dem ein Etwas gegeben ist, das, ohne ein Bewußtsein der Gültigkeit zu sein, so beschaffen ist, daß auf Grund der Frage nach der Gültigkeit im Hinblick auf jenes Erlebnis infolge dieses Etwas Bejahung eintritt"[17]). Die meisten, die sich mit der Psychologie des Urteils beschäftigen, unterlassen es, von vornherein festzulegen, was sie als den Gegenstand ihrer Untersuchung betrachten. Bei ihnen kann man dann nur aus den nachträglich gegebenen Beschreibungen des Urteils ungefähr entnehmen, was sie unter einem solchen verstehen.

Da wir das Erkennen nicht mit dem Urteilen gleichsetzen wollen, sondern das Wort Urteil zur Bezeichnung einer besonderen Gruppe von Erkenntnisakten zu verwenden zweckmäßig finden, so können wir uns mit der Ausdehnung dieses Begriffs auf alles, worauf die Prädikate wahr und falsch sinngemäße Anwendung finden, nicht einverstanden erklären. Da man jedes psychische Erlebnis in einem Aussagesatz sprachlich zum Ausdruck bringen kann, wird die zweite der obigen Definitionen für uns bedeutungslos. Da wir gar keinen Grund einsehen, warum Vermutungen und Hypothesen, welche durch dieselben Denkprozesse gewonnen werden wie gesicherte Ur-

teile über Tatsachen, einer anderen Klasse von Bewußtseinsvorgängen eingereiht werden sollen wie die gültigen Erkenntnisse, da uns eine Terminologie zweckmäßiger erscheint, die
von gültigen und nichtgültigen Urteilen, ebenso wie von evidenten und nichtevidenten, richtigen und nichtrichtigen Erkenntnissen überhaupt zu sprechen gestattet, und da wir endlich den Namen Urteile für Denkerlebnisse reservieren und
nicht auch auf Anschauungserkenntnisse ausdehnen wollen,
so lehnen wir auch die dritte der oben angeführten Definitionen ab.

Unsere eigene Begriffsbestimmung verfolgt den Zweck,
die Urteile zu den Begriffen in Beziehung zu bringen. Sie sind
nach unserer Auffassung ebenso wie die Begriffe Denkakte
im Gegensatz zu den Anschauungserkenntnissen und es handelt
sich nur um das Auffinden eines spezifischen Merkmals, wodurch sich die Urteile von den Begriffen unterscheiden. Wenn
wir nun sagen, Urteilen bedeute für uns den Akt des Erfassens von Beziehungen zwischen begrifflich erfaßten Gegenständen, so scheint dadurch die Abgrenzung mit genügender
Schärfe vollzogen zu sein.

Man wendet vielleicht ein, daß auch Begriffe Beziehungen
erfassen können. So erfaßt z. B. der Begriff der Gleichheit
gewiß nichts anderes als eine Beziehung. Aber diese Beziehung
wird durch den Begriff nicht zwischen den Beziehungsgliedern
erfaßt, nicht — um uns unserer psychologischen Terminologie
zu bedienen — produziert, sondern nur als Wortbedeutung
oder sonstwie reproduziert. Auch der Begriff Gleichheit zwischen A und B, in dem die Beziehungsglieder miterfaßt sind,
meint die Gleichheit sozusagen als etwas, was ich schon begriffen habe, nicht als etwas, was ich auf Grund des Gegebenseins der Beziehungsglieder erkenne.

Daß Beziehungen auch in der Anschauung erfaßt werden
können, ist ebenfalls kein stichhaltiger Einwand gegen unsere
Definition. Gerade mit Rücksicht auf diese Tatsache haben
wir ja betont, Urteilen sei ein Erfassen von Beziehungen auf
Grund begrifflich gegebener Beziehungsglieder.

Nimmt man diese Definition an, so bietet die Psychologie
des Urteils nicht mehr viel Probleme dar. Man hat in der
Logik mehrfach den Versuch gemacht, die Fülle der Beziehungen die zwischen Subjekt und Prädikat eines Urteilssatzes
erfaßt und durch die Copula ausgedrückt werden können,
auf eine Beziehung, insbesondere auf die der Identität oder

auf die der begrifflichen Subsumption zu reduzieren[18]). Dabei
hat man zu den gewaltsamsten Interpretationen seine Zuflucht
genommen, um eine solche Auffassung durchzuführen. Ein
einfaches Urteil wie: Der Baum ist grün — ist beispielsweise als
abgekürzter Ausdruck hingestellt worden für das vollständige
Urteil: Der Baum gehört in die Klasse der grünen Gegenstände. Daß derartige logische Spielereien bedeutungslos sind,
sieht man wohl ohne weiteres. Die Logik verfährt am zweck-
mäßigsten, wenn sie die Mannigfaltigkeit der in den Urteilen
erfaßten Beziehungen, statt sie zu eliminieren, vielmehr in
vollem Umfang durchforscht und in ein System bringt[19]).

Für die Psychologie des Denkens bleibt nichtsdestoweniger
der früher bereits aufgestellte Satz zu Recht bestehen, daß
alle Beziehungen im letzten Grunde solche der Gleichheit, der
Verschiedenheit und der Identität sind. Bezüglich der auch
in der Anschauung zu erfassenden Beziehungen, der Inhärenzbeziehung, der räumlichen, zeitlichen, kausalen Beziehungen
usw. haben wir die Richtigkeit dieses Satzes oben schon nachzuweisen versucht. Nun scheinen aber einige offenbar nur
im Denken zu erfassende Beziehungen, die wir früher nicht
erwähnt haben, nämlich die der Negation und des Widerspruchs, einer Zurückführung auf Gleichheit, Verschiedenheit
und Identität ganz besondere Schwierigkeiten in den Weg
zu legen.

Aber die Schwierigkeiten sind auch hier bloß scheinbar.
Die Negation erweist sich bei genauerer Betrachtung nur als
ein besonderer sprachlicher Ausdruck für das Bewußtsein der
Verschiedenheit. Nicht-Rot bedeutet offenbar nichts von dem
Sinn der Wendung „Anders-als-Rot" Abweichendes. Ein Einwand gegen diese Interpretation der Negation scheint sich
freilich zu ergeben, wenn man die Bedeutung der Negation
in einem Satz ins Auge faßt. Die Behauptung: Der Baum ist
nicht grün — soll offenbar etwas anderes besagen als: Der
Baum ist verschieden von Grün. Die Verschiedenheit dessen,
was der Begriff Baum und dessen was der Begriff Grün zum
Gegenstand hat, ist viel zu selbstverständlich, als daß sie eigens
zum Objekt eines Urteils gemacht würde. Wir sagen: Der
Baum ist nicht grün — keineswegs angesichts eines grünen
Baumes, obwohl die Feststellung: Der Gegenstand, der als
Baum bezeichnet wird, und der Gegenstand, den wir grün
nennen, sind verschieden — auch angesichts eines grünen
Baumes zu Recht bestünde.

Aber wenn wir zugeben, daß der Satz: Der Baum ist nicht grün — nicht bedeutet: Der Baum ist verschieden von Grün, so folgt daraus noch nicht, daß wir unsere Interpretation der Negation als eines besonderen sprachlichen Ausdruckes für das Bewußtsein der Verschiedenheit fallen lassen. Der Satz: Der Baum ist nicht grün — heißt nach unserer Auffassung einfach: Die Farbe des Baumes ist anders als grün. Wenn der nicht negierte Satz eine Inhärenzbeziehung bezeichnet, so ändert die Negation daran nichts, sondern sie besagt nur, daß an Stelle des negierten Gliedes dieser Beziehung ein anderes zu setzen ist. Ganz allgemein können wir sagen, es behaupte der negierte Satz ein Anderssein in der Beziehung, in welcher der nicht negierte Satz etwas aussagt.

Wie steht es aber mit dem Widerspruch? Ein solcher entsteht bekanntlich durch Begriffsverbindungen wie z. B. rundes Viereck oder durch Urteile wie: Das Viereck ist rund oder durch eine Mehrheit von Urteilen wie: A ist B und A ist nicht B. Stets handelt es sich, wie man sieht, bei widerspruchsvollen Gedanken darum, daß in derselben Hinsicht etwas erfaßt und etwas davon Verschiedenes behauptet wird. Der Begriff Viereck veranlaßt das Erfassen einer Figur mit der Eigenschaft der Viereckigkeit. Füge ich das Attribut rund hinzu, so bedeutet dies ein Reproduktionsmotiv für den Begriff rund in derselben Hinsicht, in der das erfaßt wird, was das Wort viereckig bedeutet. Eine Figur, die in bezug auf ihre Gestalt die Eigenschaft des Viereckigen und ebenso in bezug auf ihre Gestalt eine andere Eigenschaft als die des Viereckigen besitzt, verlangt von unserm Denken, daß Verschiedenes als gleich oder Gleiches als verschieden aufgefaßt werde. Diese Zumutung ist unerfüllbar. Der Widerspruch ist keine Beziehung, die gedacht wird, sondern eine Beziehung, die nicht gedacht werden kann, nämlich die Gleichheit des Verschiedenen oder die Verschiedenheit des Gleichen, die Identität des Mehreren oder die Mehrheit des Identischen.

Wir gelangen also wiederum zu dem Resultat, daß alle Beziehungen solche der Gleichheit oder der Verschiedenheit, der Identität oder der Mehrheit sind. Da die Mehrheit irgendwelche Verschiedenheit voraussetzt und da Gleichheit und Verschiedenheit die Mehrheit einschließt, so brauchen wir die Mehrheit als besondere Beziehung gar nicht aufzuführen. Zur Vermeidung von Mißverständnissen sei ferner nochmals ausdrücklich darauf hingewiesen, daß die unübersehbare Fülle der Beziehungen sich aus der Mannigfaltigkeit dessen erklärt, was in Beziehung gesetzt wird, d. h. was als gleich oder verschieden oder identisch angeschaut oder gedacht wird. Harmonie, Symmetrie, Proportionalität, Subsumption, Koordination, Überordnung, Wahrscheinlichkeit, Möglichkeit und wie sie alle heißen mögen, die komplizierten Beziehungsbegriffe, sie erfassen sämtlich Gleichheit, Verschiedenheit und Identität ganz bestimmter Gegenstände und Teilgegenstände. Intervalle, Spiegelbilder, Teilungsergebnisse, Begriffsumfänge, Gewißheitsgrade, die selbst schon Gegenstände von Beziehungsbegriffen sind, fungieren als Vergleichsglieder beim Erfassen der Beziehungen, die wir als Harmonie, Symmetrie usw. bezeichnen.

Was den Mechanismus des Urteilens anlangt, so sind darüber eine Reihe von Auffassungen entwickelt worden, die wir vom Standpunkt unserer Definiton aus ohne weiteres ablehnen können. Wer das Urteil definiert als ein Erfassen von Beziehungen auf Grund begrifflich gegebener Beziehungsglieder, der kann auf keine Weise mehr dazu gelangen, den Urteilsablauf als Prozeß der Zerlegung einer Gesamtvorstellung in ihre Bestandteile oder, was ebenfalls versucht worden ist, als Vorgang der Vorstellungssynthese zu beschreiben[20]). Er muß daran festhalten, daß die begrifflich gegebenen Beziehungsglieder auch wirklich gegeben sind, wenn das Urteil vollzogen wird. Aber wie sie gegeben werden, das ist offenbar ganz gleichgültig. Sie können durch gleichzeitig stattfindende Wahrnehmungen gleichzeitig angeregt werden oder sie können miteinander in assoziativer Verbindung stehen, so daß beim Auftreten des einen das andere reproduktiv herbeigeführt wird. Sie können zunächst verbunden im Bewußtsein vorhanden sein und dann erst durch eine Aufmerksamkeitswanderung einander gegenüber gestellt werden oder sie können bei anfänglicher Trennung gerade durch das Erfassen einer Beziehung zwischen ihnen zum Gegenstand eines einheitlichen Beachtungsaktes gemacht werden. Wenn man sich nicht dem Irrtum hingibt, als könne aus der Aufeinanderfolge der Bestandteile des sprachlichen Urteilsausdruckes auf den Ablauf des Urteils selbst ein Schluß gezogen werden, so ist gar nicht einzuschen, warum nur eine der obigen Möglichkeiten bei allen Urteilen verwirklicht sein soll.

Die Selbstbeobachtung lehrt jedenfalls nichts von einer Konstanz im Auftreten der Beziehungsglieder. Wenn wir den Rauch eines in der Ferne abgefeuerten Kanonenschusses sehen

und einige Zeit darauf den Knall hören und das Urteil fällen,
daß der Schall später zu uns kommt als Licht, so werden uns
die beiden Begriffe Schall und Licht, die Träger der von uns
erfaßten zeitlichen Beziehung durch sukzessive Wahrnehmungen gegeben. Wenn die Frage: Was geschah im Jahre 1618?
die Antwort herbeiführt: 1618 begann der dreißigjährige
Krieg, so ist klar, daß zunächst der Begriff des Jahres 1618 den
Begriff Beginn des dreißigjährigen Krieges reproduktiv ins Bewußtsein bringt, der mit seinem Reproduktionsmotiv zusammen Träger der zeitlichen Beziehung wird. Da die Beantwortung einer derartigen Frage übrigens voraussetzt, daß das betreffende Urteil früher schon einmal vollzogen wurde, so ist
durchaus möglich und kommt oft genug vor, daß mit dem
als Reproduktionsmotiv fungierenden Begriff zusammen das
Bewußtsein der Beziehung gegeben ist, und daß dazu dann
das zweite Beziehungsglied hinzutritt. Trotzdem wird dann,
wenn dieses Glied gefunden ist, die Beziehung zwischen ihm
und dem andern Glied nochmals erfaßt. Darin besteht eben
die Kontrolle der Reproduktionsleistung, darauf beruht das
Bewußtsein der Richtigkeit des Urteils und es läge nach
unserer Definition gar kein Urteil vor, wenn ein solches Erfassen der Beziehung auf Grund der Beziehungsglieder nicht
stattfinden würde.

Beispiele für die übrigen oben unterschiedenen Fälle des
Auftretens der Beziehungsglieder lassen sich ebenfalls leicht
finden. Aber wir wollen uns nicht länger hierbei aufhalten.
Wichtiger als die Frage nach der Art des Gegebenseins von
Subjekts- und Prädikatsbegriff ist die Frage, ob wirklich Subjekt und Prädikat begrifflich gegeben sein müssen, damit ein
Urteil zustande kommen kann. Wenn das aus unserer Definition folgen würde, so müßten zahlreiche Denkakte, die man
gewöhnlich als Urteile bezeichnet, und die auch wir nicht gut
anderswo als in der Klasse der Urteile unterbringen können,
z. B. alle sogenannten Benennungsurteile, des Urteilscharak-
ters verlustig erklärt werden. Wir wollen daher die Bestimmung, daß beim Urteilen stets eine Beziehung auf Grund begrifflich gegebener Beziehungsglieder erfaßt werden müsse,
dahin modifizieren, daß wir uns mit dem begrifflichen Charakter des einen der beiden Beziehungsglieder begnügen. Es
handelt sich ja nur darum, die Beziehungsauffassung im Urteil von derjenigen in der Anschauung zu unterscheiden und
zu solcher Unterscheidung reicht auch die modifizierte Forde-

rung mindestens e i n e s begrifflichen Beziehungsgliedes durchaus hin. Was die sogenannten eingliedrigen Urteile anlangt, bei denen überhaupt nur ein Beziehungsglied gegeben zu sein, bei denen also unsere Auffassung vom Wesen des Urteils zu versagen scheint, so lassen sie sich zwanglos als Benennungsurteile interpretieren, wenn man als die Bedeutung des sogenannten Benennungsurteils nicht einfach die Bezeichnung eines Gegenstandes mit einem Namen, sondern die Unterordnung desselben unter einen die Auffassung erleichternden und vielfach auch unser praktisches Verhalten bestimmenden Begriff ins Auge faßt. Urteile wie: Schnee! Feuer! Diebe! usw. stellen offenbar eine Beziehung her zwischem einem wahrgenommenen Gegenstand und einem bereits geläufigen Begriff, wie dies ganz ähnlich der Fall ist bei Urteilen wie: Dies ist offenbar der Nachbar Schulze. Solche „Erkennungsurteile“ unterscheiden sich von den eigentlichen Benennungsurteilen, bei denen für eine Sache ein Name erfunden wird, dadurch, daß bei den letzteren das begriffliche Beziehungsglied sozusagen zum erstenmal gebildet wird, während es bei den ersteren bereits zu unserem geistigen Besitz gehört.

In dem sprachlichen Ausdruck der Urteile besitzen wir eine Fülle von Reproduktionsmotiven bereits vollzogener Urteilsakte. Man darf sich daher nicht darüber wundern, wenn die Zahl der Urteile, die wir tagaus tagein wirklich denkend vollziehen, nicht sehr groß ist. Psychologische Untersuchungen über das Urteil, die ihr Beobachtungsmaterial durch Darbietung geläufiger Sätze gewinnen, laufen deshalb Gefahr, statt an eigentlichen Urteilsakten an ganz anderen Prozessen ihre Feststellungen vorzunehmen[21]). Vor allem aber müssen sie auch zu einer falschen Auffassung bezüglich der Evidenz des Urteilens kommen, wie später, wenn wir die Bedingungen des Evidenzerlebnisses betrachten, noch deutlicher sich zeigen wird. Es wäre in der Tat merkwürdig, wenn das Erfassen von Beziehungen, das in der Anschauung oft mit so großer Unsicherheit vollzogen wird — man denke nur etwa an die Ungewißheit beim Vergleichen wenig verschiedener Eindrücke! —, unanschaulichen Gegenständen gegenüber mit dem Bewußtsein der Unfehlbarkeit sich vollziehen würde, wie es die Enthusiasten der Urteilsevidenz uns glauben machen wollen. Wer z. B. zum erstenmal selbständig denkend das Urteil fällt: Es gibt keine individuelle Unsterblichkeit, der wird vermutlich zwischen dem Bewußtsein der Gültigkeit und dem Bewußtsein der Ungültigkeit beträchtlich hin- und herschwanken, während dasselbe Urteil für denjenigen, dem es geläufig geworden ist, nichts Zweifelhaftes mehr hat. Wir haben an dieser Stelle mit der Psychologie des Wissens und Glaubens uns noch nicht zu beschäftigen. Es sollte nur nochmals ausdrücklich darauf hingewiesen werden, daß das Urteilen für uns keineswegs mit dem Wissen zusammenfällt.

Endlich ist noch eines zu bemerken. Wenn wir das Urteilen bestimmen als ein Erfassen von Beziehungen auf Grund von Beziehungsgliedern, von denen mindestens eines begrifflich gegeben ist, so soll damit natürlich nicht gesagt sein, daß die Hauptschwierigkeit beim Vollzug eines Urteils stets in der Beziehungsauffassung liegt. Sehr häufig ist die wichtigste Leistung das Zusammenbringen der Gegenstände, die unter Umständen, wenn sie erst einmal vereint gegeben sind, die zwischen ihnen bestehende Beziehung auch für den Unbegabtesten hervortreten lassen. Dies müssen wir auch berücksichtigen, wenn wir uns nun der Betrachtung der dritten Gruppe der Denkfunktionen, der Schlußfolgerungen zuwenden.

Der psychische Vorgang des Schließens ist eigentlich kein anderer als der des Urteilens. Es handelt sich beim Schließen um die Bildung von Urteilen auf Grund anderer Urteile. Aus der Feststellung beispielsweise, daß das Verbrennen ein Oxydationsprozeß ist, wird gefolgert, daß die Verbrennungsprodukte schwerer wiegen müssen als das verbrannte Material. Bei der Oxydation verbindet sich ein Stoff mit Sauerstoff, also mit einem andern Stoff oder noch allgemeiner, er erfährt eine Gewichtszunahme. Man nennt bekanntlich diejenigen Urteile, aus denen geschlossen wird, die Prämissen. Zum logisch vollständigen Schluß gehören mindestens zwei Prämissen. Psychologisch läßt sich der Prozeß des Schließens ebensogut oder noch besser verstehen, wenn man nur eine Prämisse ins Auge faßt. Nehmen wir unser Beispiel: Das Verbrennen ist ein Oxydationsvorgang, also ein Gewichtsvermehrungsprozeß. An Stelle des Prädikats der Prämisse tritt ein anderes Prädikat. Die erfaßte Beziehung bleibt dieselbe. Es kann auch die Beziehung sich ändern und Subjekt sowie Prädikat erhalten bleiben, z. B. A war der Vater von B, hat also früher gelebt, und es ist schließlich der Fall möglich, daß beim Bestehenbleiben des Prädikatsbegriffes und der erfaßten Beziehung das Subjekt eine Änderung erfährt, z. B. das ganze Volk, also auch die Oppositionspartei, wollte den Krieg. Die zweite

Prämisse des logischen Schlußfolgerungsschemas bezeichnet
nur das Verhältnis, das zwischen dem zu verändernden Glied
der ersten Prämisse und dem an dessen Stelle tretenden Gegenstand besteht und auf Grund dessen die Veränderung vorgenommen wird.

Dieses Verhältnis ist, wie man ohne weiteres sieht, in der
Regel ein solches von Mehr und Weniger. Das ganze Volk
schließt eine Partei als Teil in sich. Die Beziehung von Vater
und Sohn ist eine bestimmtere als die einfache zeitliche Sukzession. Oxydationsprozeß besagt nicht nur Stoffvermehrung,
sondern auch Vermehrung durch bestimmten Stoff. Wenn vom
Schließen die Rede ist, denkt man gewöhnlich zunächst an den
Schluß vom Allgemeinen auf das Besondere. Das Verhältnis
vom Allgemeinen zum Besonderen ist aber nur ein spezieller
Fall des Verhältnisses von Mehr und Weniger, sofern das Allgemeine das Besondere dem Umfang nach einschließt. Das
Besondere kann dem Allgemeinen da und nur da substituiert
werden, wo lediglich der Umfang in Betracht kommt. So kann,
was von der Gattung ausgesagt wird, auch von der Art und
von den Individuen ausgesagt werden. Aber wenn einem Subjekt die Merkmale eines Gattungsbegriffs zugeschrieben werden, so darf man keineswegs folgern, daß ihm auch diejenigen einer Spezies dieser Gattung zukommen; denn der Inhalt des Artbegriffs bedeutet ein Mehr gegenüber dem Inhalt
des Gattungsbegriffs. Dem Begriff Oxydationsvorgang kann
der Begriff Stoffvermehrung substituiert werden, während das
Umgekehrte unstatthaft ist, wenn es sich um den Inhalt dieser
Begriffe handelt. Man schließt hier also nicht vom Allgemeinen
auf das Besondere, sondern vom Besonderen auf das Allgemeine.

Beim sogenannten Induktionsschluß handelt es sich zuweilen darum, dem Inhalt eines Gattungsbegriffs den Inhalt
eines Artbegriffs zu substituieren. Wir schließen z. B.: Dieses
Tier ist ein Wirbeltier, also entweder ein Fisch oder ein Amphibium oder ein Reptilium oder ein Vogel oder ein Säugetier. Ein Fisch, ein Amphibium, ein Reptilium, ein Vogel
kann es aus diesen oder jenen Gründen nicht sein, also ist es
ein Säugetier. Man sieht aber leicht, daß ein solcher Schluß
nicht etwa aus dem Urteil: Dieses Tier ist ein Wirbeltier auf
Grund unseres Verständnisses des Begriffs Wirbeltier einfach
abzuleiten ist. Selbst wenn wir zum Verständnis eines Begriffs
das Wissen um die darunter subsumierten Artbegriffe ebenso

rechnen wollten wie das Wissen um das „genus proximum“ und die „differentia specifica“ oder wie überhaupt das Wissen um die Merkmale desselben, selbst dann dürften wir als eigentliche Schlußfolgerung nur das Urteil über das Entweder — Oder gelten lassen. Die Ausschließung einzelner durch die Disjunktion gesetzten Möglichkeiten erfolgt auf Grund weiterer Urteile, die entweder schon zu unserem geistigen Besitz gehören oder auf Grund von Beobachtungen neu gebildet werden. Die Bildung von Urteilen auf Grund von Beobachtungen bezeichnen wir nicht als Schließen, sondern als Urteilen, sofern die Verhältnisse nicht so liegen, daß dem zunächst von der Beobachtung angeregten Urteil ein anderes substituiert wird, das dann natürlich eine Schlußfolgerung darstellt.

Bei dem hier ins Auge gefaßten Fall von Induktion handelt es sich also um eine Ergänzung des logischen Prozesses der Schlußfolgerung durch Tatsachenkenntnisse, und wie hier, so verhält es sich in der Regel bei den Induktionsschlüssen, abgesehen von dem bedeutungslosen Verfahren, das man „vollständige Induktion“ genannt hat, und das einen einfachen Summationsvorgang darstellt. Bei einem derartigen Schluß wie z. B.: A 1 ist B; A 2 ist B; A 3 ist B. A 1, A 2, A 3 sind alle A, die es gibt. Also sind alle AB — handelt es sich gar nicht um eine Induktion, sondern um einen Syllogismus, bei welchem einem Ausdruck für einen Begriff (A 1 und A 2 und A 3) ein anderer Ausdruck für denselben Begriff substituiert wird (alle A).

Eine besonders wichtige Gruppe von Induktionen entsteht dadurch, daß in gewisser Hinsicht auch die Substitution eines Weniger für ein Mehr stattfindet. Es beobachtet z. B. ein Naturforscher, daß ein zusammengesetzter Körper, den er vor sich hat, eine bestimmte Wirkung hervorbringt. Irgendein Bestandteil dieses Körpers fällt ihm besonders auf und er bildet die Hypothese, daß in ihm das eigentliche Agens der beobachteten Wirkung zu suchen ist. Hier wird von der Wirkung eines Ganzen auf die Wirkung eines Elements geschlossen. Ein solcher Schluß führt nicht zu einer gesicherten Erkenntnis, sondern nur zu einer Hypothese, die dann durch weitere Forschung bestätigt oder widerlegt werden muß.

Aber widerspricht dies nicht dem, was wir oben über den Syllogismus gesagt haben? Es wurde oben das Beispiel gebracht: Das ganze Volk, also auch die Oppositionspartei, stimmte für den Krieg. Ist hier nicht der Schluß vom Ganzen

auf den Teil völlig stringent? Sollen wir annehmen, daß unter
ganz gleichen Umständen einmal eine gewisse, ein andermal
eine bloß wahrscheinliche oder ganz unsichere Schlußfolgerung
sich ergebe? Das ist von vornherein ausgeschlossen, und in
der Tat findet man bei genauerer Vergleichung, daß die
beiden hier zusammengestellten Fälle durchaus verschieden
sind. Es ist nur eine sprachliche Nachlässigkeit, wenn wir
die Wirkung eines zusammengesetzten Körpers als die Wirkung eines Ganzen derjenigen des Elements als des Teiles
gegenüberstellen. Wenn ein Element die Wirkung hervorbringt, so ist eben nicht der ganze Körper oder die Gesamtheit seiner Elemente Ursache. Wenn wir zunächst von dem
unanalysierten Körper sagen, er habe diese Wirkung, so meinen
wir mit dieser sprachlich bequemen aber inkorrekten Wendung, irgendetwas an dem Gesamttatbestand komme als Ursache in Betracht. Der Schluß von irgendeinem Element auf
ein bestimmtes Element ist aber ein Schluß vom Unbestimm-
teren auf das Bestimmtere, von einem Weniger auf ein Mehr.

Die stringenten Schlußfolgerungen gehen vom Mehr zum
Weniger, sofern nicht etwa Gleiches einander substituiert wird.
Aber vielleicht wendet man dagegen nun ein, daß es auch
stringente Schlüsse gebe, bei denen ein solches Verhältnis
nicht bestehe. Wenn wir z. B. schließen: A steht links von B;
B steht links von C; also steht A links von C, so scheint in der
Tat von der Substitution eines Weniger für ein Mehr keine
Rede zu sein[22]). Aber die Abweichung von unserer Regel ist
auch hier nur scheinbar. Man muß nur berücksichtigen, daß
A durch die Lagebestimmung in bezug auf B zu all den Gegenständen in Beziehung gesetzt ist, die sich rechts von B befinden. C ist nur einer von diesen Gegenständen. Aber wie
ist es, wenn wir schließen: A steht links von B, also auch
links von allem, was rechts von B liegt? Haben wir hier
nicht eine Schlußfolgerung ohne Substitution eines Weniger
für ein Mehr? Abermals müssen wir dies bestreiten. Der Begriff eines Ortes entsteht ja nur dadurch, daß dieser Ort in
Relation zu anderen Orten erfaßt wird. Das Bewußtsein eines
Ortes im Raum schließt das Bewußtsein dieses Ortes und des
übrigen Raumes in sich. Alles, was sich rechts von dem betreffenden Ort befindet, ist also in der Tat nur ein Teil dessen,
was im Begriff des Ortes selbst eigentlich gedacht wird.

Aber es gibt noch andere Fälle stringenten Schließens,
auf die sich unser Schema, wie es scheint, nicht anwenden

läßt. Wenn z. B. aus dem Satz: Diese Erscheinungen sind verschieden — gefolgert wird: Also sind auch ihre Ursachen verschieden, so handelt es sich doch offenbar nicht um die Substitution eines Weniger für ein Mehr. Der Begriff der Ursache läßt sich auch keineswegs unter allen Umständen dem der Wirkung substituieren. Man kann beispielsweise nicht schließen: Diese Erscheinung hat eine grüne Farbe; also hat auch ihre Ursache eine solche. Wenn wir von hier aus nochmals zurückschauen auf das Beispiel mit der Lagebestimmung von A, B und C, so regen sich auch diesem gegenüber neue Zweifel. In dem Begriff des Punktes B wird wohl gedacht an ein unbestimmtes Etwas, was rechts von B liegen muß, aber nicht an den ganz bestimmten Punkt C. Die Substitution des C für B ist auch nur in dem ganz bestimmten von uns ins Auge gefaßten Fall möglich.

Es war also wohl zulässig, wenn wir den Schluß: A steht links von B, also auch links von dem, was rechts von B liegt, unter die Schlüsse rechneten, bei denen einem Mehr ein Weniger substituiert wird. Aber den Schluß A steht links von B, also auch links von C haben wir mit unserer Zurückführung nicht getroffen. Wir müssen daher offenbar Ernst machen mit dem, was eigentlich schon gesagt war, als wir behaupteten, bei den stringenten Schlüssen handle es sich i n d e r R e g e l um die Substitution eines Weniger für ein Mehr (sofern nicht Gleiches für einander eingesetzt wird). Das Schema läßt sich, wie es scheint, nicht auf alle Schlüsse ausdehnen. Fragen wir nun, in welchen Fällen es versagt, so gewinnen wir vielleicht einen Fingerzeig zur Beantwortung dieser Frage, wenn wir das Beispiel mit der Lagebestimmung von A, B und C nochmals ins Auge fassen.

Man sieht nämlich ohne Schwierigkeit, daß der Schluß: A steht rechts von B, also auch rechts von C in dieser knappen Form unmöglich ist. Was bei anderen Schlüssen eine unnötige logische Formalität ist, die Ausführung der zweiten Prämisse, ist hier unerläßlich. In dem Begriff von B liegt nicht, daß C rechts davon seinen Ort hat. Das muß vielmehr ausdrücklich erkannt werden, wenn ein Schluß auf das Lageverhältnis von A und C möglich werden soll. Nun hat man solche Urteile, die nicht bloße Explikationen des Subjektbegriffes sind, synthetische Urteile genannt und sie den analytischen Urteilen gegenübergestellt. Bedienen wir uns dieser Termini, so können wir sagen: Die Substitution eines Weniger für ein Mehr (oder die Auswechselung von Gleichem) findet bei denjenigen Schlüssen nicht statt, deren zweite Prämisse ein synthetisches Urteil ist. Ein synthetisches Urteil kann unter Umständen ein so geläufiges Axiom sein, daß es ebensowenig ausführlich gedacht wird, wie die analytischen Urteile. Das ist z. B. der Fall bei dem Urteil: Gleiche Wirkungen haben gleiche Ursachen. Deshalb können wir kurzerhand schließen: Diese Wirkungen, also auch ihre Ursachen sind verschieden. Trotzdem findet auch hier nicht einfach die Substitution eines Weniger für ein Mehr statt, und das synthetische Urteil, das die zweite Prämisse bildet, sollte eigentlich ausdrücklich angeführt werden.

Nennen wir nun der Einfachheit halber die beiden Arten von Schlüssen analytische und synthetische Schlüsse, so läßt sich der psychische Prozeß beim analytischen Schließen sehr leicht verstehen. Es handelt sich hier einfach um eine Aufmerksamkeitsleistung analog derjenigen, durch welche aus der Anschauung der Begriff gewonnen wird. Es tritt in dem Mehr das Weniger wie bei der Abstraktion hervor. Gleichzeitig wird die Beziehung, in der das Mehr stand, festgehalten, so daß als Resultat des ganzen Prozesses ohne weiteres ein Erfassen des „Weniger" in dieser Beziehung sich ergibt. Fragt man nach der Bedeutung dieser Operation, die auf den ersten Blick ein recht zweckloses Geschäft zu sein scheint, so läßt sie sich auch nur richtig würdigen, wenn man diejenige Eigentümlichkeit unseres Geistes berücksichtigt, die als Enge der Aufmerksamkeit bezeichnet wird. In der Betrachtung eines Komplexes treten nicht alle Bestandteile mit der Klarheit und Lebhaftigkeit hervor, die ihnen zukommt, wenn sie für sich beachtet werden, und geistige Operationen, die sie auszulösen imstande sind, werden von ihnen nicht herbeigeführt, solange sie in dem Ganzen sozusagen untergehen. Wenn ich sage: Das ist Alkohol, so wird in dem Geist des Hörers eine Fülle von Gedanken angeregt, die mit dem Begriff Alkohol verknüpft sind. Der Gedanke an giftige Eigenschaften dieses Stoffes verschwindet in der Masse. Hebe ich aber diesen Gedanken heraus und vollziehe die Schlußfolgerung: Dies ist ein Gift, so wird durch eine gewisse Verengerung des geistigen Horizontes unter Umständen eine außerordentliche Energiesteigerung gewonnen. Wo wir einem unanalysierten Ganzen gegenüber ratlos sind, da wissen wir, sobald uns ein Schluß den springenden Punkt zeigt, sofort Bescheid. Auf diese psychologische Bedeutung des Schließens (wir möchten etwas einschränkend sagen, des analytischen Schließens) hat bereits in besonders wirksamer Weise der amerikanische Psycholog James hingewiesen[23]).

Die Wichtigkeit des synthetischen Schließens bedarf keiner besonderen Rechtfertigung. Bei diesem handelt es sich ja nicht um eine Verengerung dessen, was in weiterem Umfang und deshalb, wie man meinen könnte, besser durch die Prämisse bereits ausgedrückt wird, sondern um eine Gewinnung neuen Wissens. Aus dem Lageverhältnis von A und B, um unser Beispiel wieder heranzuziehen, sowie von B und C erschließen wir das Lageverhältnis von A und C und bilden so ein Urteil, das weder in der ersten noch in der zweiten Prämisse implizite enthalten ist.

Wie ist nun der psychologische Prozeß zu charakterisieren, der bei diesem synthetischen Schließen stattfindet? Offenbar handelt es sich hier nicht um einen bloßen Aufmerksamkeitsakt, sondern um eine regelrechte Produktionsleistung. Es wird eine Beziehung erfaßt zwischen zwei bereits erfaßten und in den Prämissen bezeichneten Beziehungen[24]). So könnte man zunächst versuchen, den Prozeß des synthetischen Schließens zu bestimmen. Gegen die Möglichkeit eines derartigen Denkverlaufs läßt sich gewiß nichts einwenden; denn ebensogut wie zwischen allen möglichen Gegenständen lassen sich auch zwischen Beziehungen Beziehungen erfassen. Es gibt auch Gedankenfolgen, auf die unsere Beschreibung ganz genau paßt. Ein Beispiel: A ist 10 Meter von B entfernt; B ist 10 Meter entfernt von C. Die beiden Entfernungen sind gleich. Hier wird zwischen zwei zunächst erfaßten Beziehungen eine neue Beziehung erfaßt. Aber handelt es sich hier eigentlich um einen Schluß? Der Logiker wird gewiß nichts von dem, was er zur Charakteristik eines solchen für nötig hält, zu entdecken vermögen. Wenn wir psychologisch das Schließen nur definieren als ein Gewinnen von Urteilen auf Grund bereits vollzogener Urteile, so haben wir allerdings keinen Grund, einer solchen Gedankenfolge den Charakter eines Schlusses abzusprechen. Aber wir müssen immerhin zugeben, daß ein beträchtlicher Unterschied besteht zwischen den oben ins Auge gefaßten Fällen synthetischen Schließens und diesem Beispiel des Erfassens einer Beziehung zwischen Beziehungen.

In dem Fall der Lagebestimmung zwischen A, B und C wird nicht zwischen den A mit B und B mit C verbindenden

Beziehungen eine neue Beziehung erfaßt, sondern als Subjekt und Prädikat der Schlußfolgerung fungieren A und C. Einem psychologischen Verständnis dieser Tatsache scheinen unüberwindliche Schwierigkeiten zu erwachsen, aus denen sich jedoch ein ebenso einfacher wie überraschender Ausweg eröffnet. Die oben ins Auge gefaßten Fälle synthetischen Schließens sind nämlich offenbar nichts anderes als analytische Schlußfolgerungen mit umgestellten Prämissen. Wir hatten das Beispiel: Diese Erscheinungen sind verschieden. Verschiedene Wirkungen haben verschiedene Ursachen. Also sind auch die Ursachen dieser Erscheinungen verschieden. Kehren wir um! Verschiedene Wirkungen haben verschiedene Ursachen. Dies sind verschiedene Wirkungen. Also usw. An Stelle des Gattungsbegriffs verschiedene Wirkungen wird der Individualbegriff diese verschiedenen Wirkungen gesetzt wie bei dem berühmten Schluß von der Sterblichkeit des Menschen auf die Sterblichkeit des Gaius. Und wie steht es mit dem Fall der Lagebestimmung von A, B und C? Hier haben wir offenbar eine oberste Prämisse anzunehmen, welche besagt: Wenn ein Ort links von einem andern und dieser links von einem dritten sich befindet, so befindet sich auch der erste links von dem dritten. Dieses Urteil wird nicht durch Schlußfolgerung, sondern durch Intuition gewonnen und aus ihm ergibt sich durch Substitution der spezielleren Gegenstände A, B und C für die allgemeineren ein Ort, ein zweiter Ort, ein dritter Ort die Erkenntnis des Lageverhältnisses von A zu C. Das, was zwei Prämissen zu sein schienen, die Sätze A steht links von B und B steht links von C, hat den logischen Wert einer einzigen Prämisse, und unsere Unterscheidung zwischen analytischen und synthetischen Schlüssen wird wieder hinfällig.

Wir müssen nun die obige Feststellung, daß es sich bei den stringenten Schlüssen i n d e r R e g e l um die Substitution eines Weniger für ein Mehr handelt, dahin präzisieren, daß wir konstatieren, es handle sich beim Vollzug dessen, was in der Logik als stringenter Schluß bezeichnet wird, s t e t s um die Substitution eines Weniger für ein Mehr (sofern nicht Gleiches für einander eingesetzt wird). Dafür können wir die Bezeichnung synthetisches Schließen nun für diejenige Operation reservieren, bei der wirklich zwischen zwei in vorausgehenden Urteilen erfaßten Beziehungen eine neue Beziehung erfaßt wird.

Abschließend stellen wir also den Satz auf: Aus Urteilen

gewinnt man neue Urteile entweder so, wie es der Fall ist
bei dem Vorgang, den wir jetzt synthetisches Schließen nennen,
oder so, daß in einem bereits fertigen Urteil ein Mehr durch
ein Weniger (oder Gleiches durch Gleiches) ersetzt wird. Auch
die sogenannten Induktionsschlüsse fallen unter diese Regel.
Die Erkenntnis beispielsweise, daß da, wo unter einer Anzahl
von Elementen a, b, c, d, e eines für eine Wirkung verantwortlich gemacht werden muß, mit einer gewissen Wahrscheinlichkeit jedes als das vermutliche Agens genannt werden kann, stellt ein keineswegs durch Schlußfolgerung, sondern intuitiv gewonnenes Urteil dar, welches den in der Regel
verschwiegenen Obersatz vieler naturwissenschaftlicher Induktionen bildet, die in der Anwendung dieses Obersatzes auf
einen speziellen Fall einfach der Regel alles Schließens folgen.
Die Gegenüberstellung von Induktion und Deduktion, die von
der Logik ursprünglich mit dem Eifer einer neuen Entdeckung
schroff durchgeführt und seither immer mehr abgeschwächt
worden ist, wird damit vollkommen hinfällig. Alle Schlußfolgerungen (wenn wir die von uns als synthetische Schlüsse
bezeichneten Operationen, die der Logiker nicht anerkennen
wird, einmal unberücksichtigt lassen) sind ihrem Wesen nach
Aufmerksamkeitsprozesse, wie dies oben bezüglich des „analytischen“ Schließens gezeigt wurde.

Damit soll natürlich nicht gesagt sein, daß der Begriff,
der im Schluß an die Stelle eines Begriffs der Hauptprämisse
tritt, und der in demjenigen, dem er substituiert wird, nach
Art einer Abstraktion hervortreten k ö n n t e, stets wirklich
nur auf diese Art sich geltend macht. Es kann sich auch so
verhalten, daß in dem „Mehr“, welches in dem zu ersetzenden
Begriff der Hauptprämisse dann gedacht würde, wenn alle
dazu gehörigen Bestandteile wirklich gegeben werden, nur
ganz wenig tatsächlich bewußt wird. Es kann z. B. sein, daß
in dem Gedankenkomplex, den das Wort Alkohol anregt, der
Gedanke an die Eigentümlichkeit der Giftigkeit faktisch nicht
enthalten ist. Dann kann der Begriff Gift, der in dem Urteil:
Dies ist Alkohol — dem Begriff Alkohol substituiert werden soll,
nicht einfach durch Abhebung hervortreten, sondern er muß
durch Reproduktion erst ins Bewußtsein geführt werden. Aber
wenn er da ist, besitzt er die Fähigkeit, für den andern Begriff durch Schlußfolgerung eingesetzt zu werden, dadurch,
daß er als in die Sphäre dieses andern fallend erkannt wird.
Zu demjenigen psychischen Prozeß, in dem wir das Wesen

des Schließens finden, treten beim wirklichen Vollzug eines Schlusses oft noch eine Fülle komplizierter Vorgänge.

Das ergibt sich nicht nur aus dem bereits Gesagten, sondern besonders auch daraus, daß in den Fällen, wo zunächst nur die untergeordnete Prämisse gegeben ist, die Hauptprämisse überhaupt erst gefunden werden muß. Wenn wir den Satz haben: Diese Erscheinungen sind verschieden, ist uns damit das Urteil: Verschiedene Erscheinungen haben verschiedene Ursachen noch in keiner Weise gegenwärtig. Damit wir aus Beobachtungen, die uns meist nur die untergeordneten Prämissen liefern, Schlußfolgerungen ziehen können, muß uns in der Regel erst die Hauptprämisse durch einen glücklichen Einfall oder durch methodisches Denken reproduktiv herbeigeführt werden. Wenn man daher auch die Leistung, die bei jedem Schluß stattfinden muß, das Erkennen der Substitutionsfähigkeit eines Begriffs, keineswegs gering schätzen darf, so kann man doch vom Schließen ebenso wie vom Urteilen behaupten, daß die Hauptschwierigkeit dabei durchaus nicht immer im Vollzug derjenigen Funktion zu suchen ist, die das Wesen des betreffenden Prozesses darstellt. Der Bedeutung, welche die geniale Veranlagung auf dem Gebiet der intellektuellen Tätigkeiten besitzt, wird man nur ungenügend gerecht, wenn man diese Tätigkeiten immer bloß in ihren einfachsten Formen ins Auge faßt, oder wenn man glaubt, mit der Erkenntnis von dem, was psychologisch das Wesen dieser Tätigkeiten ausmacht, sei auch die volle Einsicht in gelegentliche Schwierigkeiten ihres Vollzugs gewonnen. Andererseits ist es aber auch verkehrt, sich den Weg zum psychologischen Verständnis so fest umschriebener Funktionen wie des Urteilens und Schließens dadurch zu versperren, daß man die verschiedenen Mittel, die zur Gewinnung der Bedingungen dieser Prozesse angewandt werden können, als verschiedene Arten des Urteilens und Schließens selbst interpretiert oder daß man gar eines oder einige dieser Mittel einseitig herausgreift und zur Bestimmung des Wesens der betreffenden Funktionen verwendet[25]).

e) Erfahrungserkenntnis und Vernunfterkenntnis.

Aposteriorische und apriorische Erkenntnis.

Mit den bisher betrachteten Arten des Erkennens, könnte man meinen, sei der Umfang der Erkenntnisfunktionen erschöpft.

Aber die Erkenntnistheorie kennt noch einige weitere Gegenüberstellungen, die wir nun daraufhin zu prüfen haben, ob dadurch wesentliche Unterschiede des Erkenntnisprozesses getroffen werden. Dabei wollen wir von vornherein den Gegensatz der Erfahrungs- und Vernunfterkenntnis mit dem des aposteriorischen und des apriorischen Erkennens zusammennehmen, ebenso wie wir im nächsten Abschnitt das Verhältnis von Glauben und Wissen mit dem von gefühlsmäßigem und verstandesmäßigem Erfassen identifizieren wollen. Nicht als ob diese Gleichsetzungen ganz allgemein üblich wären. Aber diejenigen Auffassungen, die davon nichts wissen und dem Gegensatz der Erfahrungs- und Vernunfterkenntnis eine besondere Bedeutung noch neben dem Gegensatz des aposteriorischen und des apriorischen Erkennens, dem Gegensatz des gefühlsmäßigen und verstandesmäßigen Erfassens eine Sonderberechtigung noch neben dem Gegensatz des Glaubens und Wissens einräumen wollen, sind so unhaltbar und überlebt, daß es sich nicht lohnt, sie besonders zu berücksichtigen.

Als Beispiel eines Aktes der Vernunfterkenntnis führt ein moderner Interpret der alten Lehre vom Gegensatz apriorischer und aposteriorischer Erkenntnis den Satz an: Rot und Grün sind verschieden. Ihm stellt er gegenüber den Satz: Der losgelassene Stein fällt. Die allgemeine Charakteristik der apriorischen Erkenntnisse findet er in vier Momenten[1]): „Sie sind in der Natur ihrer Gegenstände oder, wie man kürzer sagen kann, sie sind gegenständlich begründet, sie sind evident gewiß, sie gelten mit Notwendigkeit, und sie nehmen keine Rücksicht darauf, ob ihre Objekte existieren oder nicht." „Wie charakteristisch diese Züge sind", fährt er fort, „erhellt am besten, wenn wir mit Rücksicht auf sie noch einmal unser Paradigma des empirischen Erkennens zu Rate ziehen. Daß der losgelassene Stein fällt, kann niemand aus dem, was er vor einschlägigen Erfahrungen von der Natur des Steines, des Loslassens oder des Fallens sich denken darf, entnehmen; eben darum braucht er ja die Erfahrung, die für das apriorische Erkennen entbehrlich ist. Eine für volle Gewißheit ausreichende Evidenz wie beim apriorischen Urteil kann man, wenn man sich nicht etwa auf ganz Individuelles beschränkt, auch durch alle Erfahrungen der Welt nicht erlangen. In der Praxis rechnet freilich niemand mit der Eventualität des Schwebenbleibens; aber daß man zur Überzeugung vom Fallen nie in dem Maße vollberechtigt ist wie zu der von der Ver-

schiedenheit von Rot und Grün, das kann wenigstens die
Erkenntnistheorie keinen Augenblick übersehen. Die so weit
gehende Verschiedenheit der Erkenntnislage beim Aposteriori
gegenüber der beim Apriori kommt nun auch in betreff der
Notwendigkeit zur Geltung. Daß der Stein nicht bloß fällt,
sondern fallen muß, ja daß nichts geschieht, was nicht notwendig geschähe, davon überzeugt zu sein, haben wir vielleicht unsere guten Gründe; aber die Erfahrung, auf die
unser empirisches Urteil sich berufen kann, verrät hierüber
nicht das Geringste. Sie lehrt, was war, was ist, und etwa
auch, was sein wird; die Notwendigkeit jedoch entzieht sich
ihrem Forum. Und ebenso verstummt das Zeugnis der Erfahrung, sobald der Boden des Wirklichen verlassen wird:
das Fallurteil betrifft die wirklichen Steine, hätte aber selbstverständlich keinen Sinn, wenn es keine Steine gäbe."
    Wir haben hier einen der scharfsinnigsten und überzeug-
testen Vertreter der Lehre von der fundamentalen Verschiedenheit der Vernunfterkenntnis und der Erfahrungserkenntnis
zu Worte kommen lassen, um einer zu bekämpfenden Auffassung möglichst günstige Chancen der Verteidigung zu geben.
Nun aber wollen wir zunächst die angeführten Kriterien auf
ihre Brauchbarkeit prüfen. Das Urteil vom Fallen des Steines,
hieß es, hätte keinen Sinn, wenn es keine Steine gäbe. Wer
wollte das bestreiten? Aber hätte denn das Verschiedenheitsurteil über Rot und Grün einen Sinn, wenn es kein Rot und
kein Grün gebe? Sicherlich ebenso wenig! Doch wir wollen
uns nicht den Vorwurf der Verwechslung von Existenz und
Wirklichkeit machen lassen. Rot und Grün, wird uns vielleicht eingewandt, muß natürlich auch die Wirklichkeit eines
Vorstellungsobjekts haben, wenn das Verschiedenheitsurteil
Geltung haben soll. Das Urteil vom fallenden Stein dagegen
hat nur dann einen Sinn, wenn der Stein nicht nur als Vorstellungsobjekt, sondern auch unabhängig von der Vorstellung
da ist, d. h. wenn er existiert. Aber ist dies richtig? Offenbar nur dann, wenn wir unter einem Stein einen existierenden
Körper und unter dem Fallen einen Vorgang in einer existierenden Körperwelt verstehen. Aber diese Begriffsbestimmung
ist gar nicht die einzig mögliche. Der Idealist, für den der
fallende Stein keine andere Art von Dasein besitzt wie die
Gegenstände der Begriffe Rot und Grün in dem Urteil: Rot
und Grün sind verschieden, kann den Satz: Der losgelassene
Stein fällt, ebenso sinnvoll aussprechen wie der überzeug-

teste Realist. Oder, wenn man dem Idealisten vielleicht dieses Zugeständnis nicht machen sollte, so bedenke man, daß beispielsweise das Urteil: Die Gegenstände unserer Träume verschwinden spurlos, ein Urteil von ganz derselben Art ist wie: Der losgelassene Stein fällt. Die Gegenstände unserer Träume existieren aber gewiß nicht unabhängig von unseren Vorstellungen. Die Behauptung, apriorische und aposteriorische Erkenntnisse seien dadurch verschieden, daß jene gelten ohne Rücksicht darauf, ob ihre Objekte existieren oder nicht, während diese auf die Existenz ihrer Gegenstände Rücksicht nehmen müssen, trifft also sicherlich nicht zu.

Was die Notwendigkeit der apriorischen im Unterschied von den aposteriorischen Erkenntnissen anlangt, so sind die obigen Ausführungen ebenfalls geeignet, Widerspruch hervorzurufen. Wenn die Erfahrung uns nichts darüber verrät, daß der losgelassene Stein nicht bloß fällt, sondern fallen muß, und wenn wir in dem Urteil: Der losgelassene Stein fällt, an diese Notwendigkeit des Fallens denken, so kann man daraus höchstens schließen, daß dieses Urteil kein empirisches ist. Betrachtet man es aber als ein Erfahrungsurteil und will man daran zeigen, daß Empirie und Notwendigkeitsbewußtsein unvereinbar seien, so genügt die Behauptung, daß der in ihm enthaltene Notwendigkeitsgedanke nicht aus der Erfahrung stamme, keineswegs. Es gibt recht verschiedene Arten von Notwendigkeit. Wir nennen ein Geschehen notwendig, wenn wir seine Ursache erkannt haben, und können in diesem Sinn von der Notwendigkeit einer Erkenntnis sprechen, wenn ihre Entstehung zu einem bestimmten Zeitpunkt aus gewissen Bedingungen uns psychologisch verständlich geworden ist. Eine Erkenntnis deshalb notwendig zu nennen, weil sie notwendiges (im Sinn von causal determiniertem) Geschehen zum Gegenstand hat, dürfte sich kaum empfehlen. Logisch notwendig endlich ist eine Erkenntnis, deren Negation einen Widerspruch einschließt. Diese Art von Notwendigkeit ist es offenbar, die man den apriorischen gegenüber den aposteriorischen Erkenntnissen zuschreiben möchte. In den Beispielen vom fallenden Stein und von der Verschiedenheit zwischen Rot und Grün könnte es in der Tat scheinen, als ob der Satz: Rot und Grün sind verschieden — ohne Widerspruch nicht negiert werden könnte, und als ob die Behauptung: Der losgelassene Stein fällt nicht — immerhin denkbar wäre. Aber man frage sich doch, ob diese Behauptung widerspruchslos aufgestellt werden kann angesichts eines fallenden Steines oder in der Erinnerung an einen solchen! Man bedenke, ob nicht jede richtige Erkenntnis von der Art ist, daß ihre Negation einen Widerspruch bedeutet!

Wir haben gesehen, daß ein Widerspruch überall da entsteht, wo zwischen den beurteilten Gegenständen eine Beziehung erfaßt wird, die nicht übereinstimmt mit der in dem Urteilssatz ausgedrückten Beziehung, sowie ganz allgemein da, wo dieselbe Beziehung zwischen denselben Gegenständen als so und als anders erfaßt wird. Nennen wir daher notwendig alle Erkenntnisse, deren Negation einen Widerspruch in sich schließt, so sind zweifellos notwendig alle richtig begründeten Erkenntnisse, da ihre Negation mit ihrer Begründung in Widerspruch geraten müßte. Nun sagt man vielleicht, das Urteil: Der losgelassene Stein fällt — und ähnliche Urteile könnten in dieser Allgemeinheit durch die Erfahrung nicht zureichend begründet werden. Darin liegt etwas Richtiges. Aber man wird doch nicht ein Urteil über das Fallen dieses Steines, den ich eben fallen sehe, für ein apriorisches, ein solches über das Fallen aller Steine für ein aposteriorisches Urteil erklären wollen. Das erstere ist aber sicher zureichend begründet und somit notwendig. Daraus ergibt sich, daß die Notwendigkeit nicht als Kriterium der apriorischen Urteile in Betracht kommen kann.

Einen gewissen Unterschied zwischen Erkenntnissen, deren Gegenteil denkbar, und solchen, deren Gegenteil undenkbar ist, kann man höchstens insofern zu konstatieren versuchen, als es Urteile gibt, bei denen die zu erfassende Beziehung durch das Verständis des Subjekts- und Prädikatsbegriffes ohne weiteres gegeben ist, während bei andern Urteilen die zureichende Bedingung für das Erfassen der im Urteilssatz bezeichneten Beziehung nicht mit dem Verständnis des Subjekts- und Prädikatsbegriffs zusammenzufallen scheint. In dem einen Fall, so lautet eine beliebte Wendung, ist der Grund für die Richtigkeit des Urteils in ihm selbst enthalten, während man im andern Fall darüber hinausgehen muß, um diesen Grund zu finden. In dem Verständnis der Wörter Rot und Grün z. B. liegt der Grund für das Erfassen der Verschiedenheit. In dem Verständnis der Wörter Stein und Fallen dagegen liegt offenbar nichts, was uns zwingt, die Zugehörigkeitsbeziehung dieses Zustandes und jenes Dinges zu erfassen.

Aber das Urteil: Der Stein fällt — ist ja auch gar nicht

dasjenige, welches wir als Paradigma eines korrekten empirischen Urteils ins Auge zu fassen haben. Es ist einfach ein Beispiel eines sprachlich ungenügend ausgedrückten Urteils. Das Fallen soll ja nicht von allem, was unter den Allgemeinbegriff Stein fällt, schlechthin ausgesagt werden, sondern von einem bestimmten Stein, der da eben fällt. Subjekt des Urteils, wenn wir nicht einfach den Urteilssatz, sondern den Gedanken selbst berücksichtigen, ist also ein fallender Stein, und wenn wir an einen solchen denken, müssen wir die Beziehung zwischen ihm und dem Zustand des Fallens ebenso erfassen wie die Verschiedenheit zwischen rot und grün.

Das Beispiel des nicht von vornherein durch Mangelhaftigkeit des sprachlichen Ausdrucks irreführenden empirischen Urteils lautete: Der losgelassene Stein fällt. Aber kann man nicht auch an einen losgelassenen Stein denken, ohne 'die Beziehung zwischen ihm und dem Zustand des Fallens erfassen zu müssen oder, um die Frage korrekter zu formulieren, kann man nicht auch an einen losgelassenen Stein und an den Zustand des Fallens denken, ohne die Zugehörigkeit der beiden Denkgegenstände zu erkennen? Darauf antworten wir: Man kann dies ebenso gut, wie man an Rot und Grün denken kann, ohne ihre Verschiedenheit ausdrücklich zu bemerken. Aber wie man, aufmerksam gemacht, die Verschiedenheit von Rot und Grün nicht negieren kann, so kann man auch nicht die Beziehung zwischen dem losgelassenen Stein und dem Fallen ins Auge fassen und negieren.

Wir sind imstande, uns ohne Widerspruch einen losgelassenen Körper aufwärtssteigend oder schwebenbleibend zu denken, aber dann denken wir ihn eben nicht als Stein, nicht als einen Körper, der schwerer ist wie die Luft, oder wir denken uns einen Stein losgelassen nicht in Luft, sondern in einem schwereren Medium. Man wird nun natürlich die Frage aufwerfen, ob die Eigenschaft einer Schwere, die größer ist, als die der Luft, zu den Merkmalen des Steines gehört, ob also nicht ein Stein noch gefunden werden kann, der mit den Eigentümlichkeiten, die ihn als solchen charakterisieren, die einer außerordentlichen Leichtigkeit verbindet. Vielleicht fragt man auch, ob Luft nur der Gegenstand genannt werden dürfe, der die Eigenart eines flüssigen Mediums besitzt, welches nicht wie feste Körper schwereren Stoffen gegenüber eine gewisse Tragfähigkeit besitzt. Wir wollen diese Fragen nicht im einzelnen beantworten, sondern ganz allgemein feststellen, daß wir in dem gegenwärtigen Bestand unseres Wissens noch eine Menge unvollendeter Begriffe haben, daß aber das Bestreben der Wissenschaft dahin geht, diese unvollendeten Begriffe zu vollenden. Soweit dieses Ziel erreicht ist, soweit enthalten alle richtigen Urteile den Grund ihrer Richtigkeit in sich selbst. Der Satz z. B.: In einem gasförmigen Medium an der Erdoberfläche fällt ein Körper, der schwerer ist als dieses und nicht durch einen leichteren Körper gehoben oder durch ein starres System getragen wird, und der sich nicht bereits am Boden befindet, zu Boden — dieser etwas mon-ströse, aber dafür ziemlich korrekte Satz, ist durch keine zukünftige Erfahrung zu widerlegen und genau so notwendig wie der Satz, der die Verschiedenheit von Rot und Grün behauptet. Wird man je einen Körper frei in einem Medium über dem Erdboden schweben sehen, so wird man eben auf Grund dieser Beobachtung entweder konstatieren, daß der betreffende Körper nicht schwerer ist als das umgebende Me-dium oder man wird feststellen, daß das Medium im festen Aggregatzustand sich befindet. Würde man den Körper und eine entsprechende Quantität des Mediums auf die Wage bringen und finden, daß jener schwerer ist, so müßte ge-schlossen werden, daß das Medium in dem Augenblick, wo es den Körper trägt und an der Stelle, wo dies geschieht, im festen Aggregatzustand sich befindet. Würde auch dies durch irgendwelche Probe widerlegt, so müßte man annehmen, daß unsichtbare Zug- oder Druckwirkungen oder sonstige Kräfte in dem Verhalten des Körpers hervortreten. Kurz, es ist gar nicht möglich, daß irgendeine Erfahrung ein auf vollendeten Begriffen beruhendes Urteil jemals umstoße[2]).

Der einzige bis jetzt gefundene Unterschied zwischen apriorischer und aposteriorischer Erkenntnis scheint sich so-mit darzustellen als eine Verschiedenheit der Urteile, die mit vollendeten und derjenigen, die mit unvollendeten Begriffen operieren. Da die matematischen und logischen Erkennt-nisse mit den einfachsten abstrakten Gegenständen zu tun haben, die nicht mehr Merkmale besitzen als in ihrer Definition ausdrücklich hervorgehoben werden, so ist es begreiflich, daß die mathematischen und logischen Einsichten immer für Muster der Vernunfterkenntnis gegolten haben. Aber wir verstehen auch, daß dem Scharfblick eines Kant die Fülle von Urteilen mit vollendeten Begriffen, die sich bereits in der Naturwissen-schaft seiner Zeit vorfand, nicht entging und daß er das Bedürfnis empfand, apriorische Erkenntnisse auch außerhalb der Mathematik und Logik zu suchen. Seine Kreuzung des Gegensatzes der apriorischen und aposterorischen mit dem der analytischen und synthetischen Urteile hat ihn dann allerdings zu einer Auffassung geführt, die weit abliegt von der unsrigen. Kant versteht unter den analytischen Urteilen bekanntlich solche, bei denen der Prädikatsbegriff im Subjektsbegriff bereits mitgedacht ist, unter synthetischen Urteilen solche, bei denen der Prädikatsbegriff neu hinzugefügt wird[3]). Wir halten diese Unterscheidung für bedeutungslos (nachdem bereits unser Versuch, sie zur Klassifikation der Schlüsse heranzuziehen, gescheitert ist) hauptsächlich deshalb, weil ein und dasselbe Urteil oft in der doppelten Weise vollzogen werden kann, daß der Subjektsbegriff bereits mit oder daß er ohne den Prädikatsbegriff gedacht wird, und weil wir die Art des Gegebenseins von Subjekts- und Prädikatsbegriff überhaupt als irrelevant für den Charakter des Urteils erkannt haben.

Wir wollen analytische Urteile diejenigen nennen, bei welchen die erfaßte Beziehung zwischen Beziehungsgliedern erfaßt wird, die zu den ein für allemal fixierten Gegenständen des Subjekts- und Prädikatsbegriffs gehören, während synthetische Urteile für uns diejenigen heißen sollen, bei denen eine Beziehung erfaßt wird zwischen den Gegenständen des Subjekts- und Prädikatsbegriffs, von denen aber nicht immer das, was Träger der Beziehung ist, dem Bewußtsein gegeben zu sein braucht, wo die betreffenden Begriffe angewendet werden sollen. Bei dieser Definition fallen uns die sogenannten apriorischen Urteile mit den analytischen zusammen, während für Kant synthetische Urteile a priori möglich sind.

Doch wir müssen die Kriterien weiter prüfen, die oben zur Charakteristik der apriorischen und der aposteriorischen Erkenntnisse angeführt wurden. Da handelte es sich weiter um die Evidenz, die den ersteren im Gegensatz zu den letzteren zukommen soll[4]). Demgegenüber können wir, auf spätere Ausführungen verweisend, uns kurz fassen, indem wir konstatieren, daß Evidenz jeder Erkenntnis zuerkannt werden muß, von der wir das Bewußtsein haben, daß ihre Negation einen Widerspruch in sich schließt. Daraus folgt, daß Evidenz den von uns sogenannten analytischen Urteilen jedenfalls zukommt. Daß sie nur diesen zukomme, möchten wir schon deshalb nicht behaupten, weil wir sie nicht auf das Gebiet der gedanklichen Erkenntnis einschränken wollen. Wollten wir alle evidenten

Erkenntnisse apriorische nennen, so würde die Gegenüberstellung der apriorischen und der aposteriorischen Erkenntnis mit der des Wissens und Glaubens zusammenfallen, was weder dem gewöhnlichen Sprachgebrauch entspricht, noch durch irgendwelche terminologischen Zweckmäßigkeitsgründe nahegelegt wird. Wir bleiben also dabei, den Gegensatz des apriorischen und des aposteriorischen Erkennens unter möglichster Vermeidung dieser mit störenden Nebenbedeutungen behafteten Termini auf das Gebiet des Urteilens zu beschränken und mit dem Gegensatz der von uns sogenannten analytischen und synthetischen Urteile gleichzusetzen.

An dieser Auffassung vermag auch die Betrachtung des letzten der oben erwähnten Kriterien zur Unterscheidung apriorischer und aposteriorischer Erkenntnis nichts mehr zu ändern. Es wurde gesagt, die Vernunfterkenntnisse seien in der Natur ihrer Gegenstände begründet. Mit dieser These kann man schwer etwas anfangen. Wenn man das Urteil definiert als ein Erfassen von Beziehungen zwischen begrifflich gegebenen Gegenständen, dann liegt offenbar die Frage nahe, ob es überhaupt eine urteilsmäßige Erkenntnis geben könne, die nicht in der Natur ihrer Gegenstände begründet ist. Beziehungen werden doch erfaßt auf Grund der Beziehungsglieder. Auch die Anschauungserkenntnis, sofern in ihr Beziehungen erfaßt werden, ist in diesem Sinn begründet in der Natur ihrer Gegenstände. Sofern uns aber durch irgend eine Art des Erkennens, durch Anschauungen oder durch Begriffe, Gegenstände einfach gegeben werden, verliert die Frage, ob man hier von einem Begründetsein in der Natur der Gegenstände sprechen könne, offenbar ihren Sinn. Will man die Gegenüberstellung „Begründet und Nichtbegründet in der Natur der Gegenstände" für die Einteilung der Erkenntnis einigermaßen fruchtbar gestalten, so ist dies höchstens in der Weise möglich, daß man sie zusammenfallen läßt mit unserer Bestimmung der analytischen und synthetischen Urteile, indem jene, bei denen die erfaßte Beziehung zwischen Beziehungsgliedern erfaßt wird, die zu den ein für allemal fixierten Gegenständen des Subjekts- und Prädikatsbegriffs gehören, in gewissem Sinn mehr in der Natur ihrer Gegenstände begründet sind als diese, bei denen eine Beziehung erfaßt wird zwischen den Gegenständen des Subjekts- und Prädikatsbegriffs, ohne daß die Träger dieser Beziehung stets gegeben sein müßten, wo die betreffenden Begriffe angewendet werden sollen. Besser als „Mehr in der Natur ihrer Gegenstände Begründet" würden wir freilich sagen „Mehr in der Natur ihrer Begriffe Begründet".

Damit wollen wir diese Untersuchung über den Unterschied der Erfahrungs- und Vernunfterkenntnis abschließen. Es gibt Philosophen, die als Kriterium der letzteren noch die Allgemeingültigkeit betonen. Die einen verstehen darunter die Gültigkeit für alle in der betreffenden Erkenntnis erfaßten Gegenstände, die andern die Gültigkeit für alle Menschen. Aber in jeder von diesen Bedeutungen kommt Allgemeingültigkeit allen richtigen und richtig ausgedrückten Erkenntnissen zu. Sogenannte relative Wahrheiten, mit denen in der Philosophie viel Unfug getrieben worden ist, gibt es nicht[5]. Zur Charakteristik der Erfahrungs- und Vernunfterkenntnis bleibt uns in der Tat nichts anderes übrig als unsere Unterscheidung der analytischen und der synthetischen Urteile und es sei noch ausdrücklich bemerkt, daß jene mit der Vernunft ebensowenig zu tun haben wie diese mit der Erfahrung. Vernunft und Erfahrung sind Begriffe, die überhaupt endlich einmal aus den philosophischen Diskussionen verschwinden sollten. Wir haben den klar bestimmten Gegensatz von Denken und Anschauung und einen zweiten in der Psychologie ebenfalls scharf zu charakterisierenden Gegensatz zwischen „produktiver" und „reproduktiver" Form des geistigen Geschehens. Wenn zwei Reize, die auf meine Netzhaut einwirken und Farbenempfindungen hervorrufen, mich eben dadurch veranlassen, einen Gegenstand mehr rechts und einen andern mehr links im Sehfeld wahrzunehmen, so sind die in dieser Wahrnehmung enthaltenen Lokalisationsakte produktiv bedingt. Wir haben in der Ablehnung der sensualistischen Wahrnehmungstheorien diese Art der Entstehung der Objektivitätsfunktionen ja eingehend diskutiert. Wir haben aber auch schon darauf hingewiesen, daß die Objektivitätsfunktionen ebenso wie alle psychischen Vorgänge, die erst einmal in unserm geistigen Leben hervorgetreten sind, auch reproduziert werden können. Wenn beispielsweise der Maler auf der ebenen Leinwand ein Bild so malt, daß wir in weite Fernen zu blicken glauben, so arbeitet er nicht mit Produktions- sondern mit Reproduktionsmotiven. Das Entfernungsbewußtsein, das in uns hervorgerufen wird, ist reproduktiv, nicht produktiv bedingt. Ein Beschauer, bei dem nicht assoziativ der Eindruck blauer Berge, sich überdeckender Gegenstände usw.

mit einem bestimmten Tiefenbewußtsein (das natürlich erst
einmal anders als durch Reproduktion ausgelöst sein muß,
um Assoziationen eingehen und damit Auslösbarkeit durch
Reproduktionsmotive gewinnen zu können) verknüpft ist, sieht
in dem ebenen Gemälde keine Tiefe, während man natürlich
nicht erst Assoziationen der Farbeneindrücke mit einem Tiefenbewußtsein nötig hat, um das Sehfeld als etwas außerhalb
des Subjekts in die Tiefe sich Ausdehnendes oder um einen
Körper körperlich zu sehen.

Dieser Unterschied des produktiv und des reproduktiv bedingten Erfassens, der auf einer angeborenen geistigen Organisation beruhenden und der durch Assoziation auslösbar
gewordenen und in diesem Sinn erworbenen Funktionen, gibt
der Anwendung der Begriffe a priori und a posteriori einen
gewissen Sinn. Aber man braucht nur einzusehen, wie schon
bei ganz einfachen äußeren Wahrnehmungen, und wie noch
viel mehr bei den anderen Arten des Erkennens produktiv und
reproduktiv bedingte Bewußtseinsvorgänge sich aufs innigste
durchflechten, um zu erkennen, daß von einer apriorischen
und einer aposteriorischen Erkenntnis in diesem Sinn nur gesprochen werden kann, wenn man innerhalb eines einheitlichen
Erkenntnisaktes Bestandteile abstrahierend unterscheiden will.
Bei der wichtigsten Gruppe der Erkenntnisse, den Urteilen,
besteht der eigentliche Erkenntnisakt, das Erfassen der Beziehung zwischen den Gegenständen des Subjekts- und Prädikatsbegriffs stets in einem Produktionsprozeß, sofern das Urteil
wirklich denkend vollzogen und nicht bloß reproduziert wird.
Die Urteile in apriorische und aposteriorische einzuteilen, wenn
man das a priori und das a posteriori im Sinn der angeborenen
und der erworbenen Funktionen interpretiert, hat also gar
keinen Sinn.

Durch Definition kann man nun freilich festsetzen, daß
apriorische Erkenntnis und Vernunfterkenntnis nichts anderes
bedeuten soll als das, was wir analytische Urteile genannt
haben. Aber da man aus dem Begriff des a priori die Nebenbedeutung des Angeborenen und aus dem Begriff der Vernunft die Bedeutung eines ganz besonders reinen Denkens
nicht hinauswerfen kann, so ergeben sich beständig Unklarheiten, denen wir durch möglichsten Verzicht auf die Anwendung dieser Begriffe zu entgehen hoffen.

f) Wissen und Glauben.

Verstandesmäßiges und gefühlsmäßiges Erfassen.

Da wir alles Erkennen als ein Gegenstandsbewußtsein bestimmt haben, und da die Gefühle als Erlebnisse des Zustandsbewußtseins den eigentlichen Gegensatz der Gegenstände erfassenden psychischen Vorgänge darstellen, so kann es im Grunde eine gefühlsmäßige Erkenntnis für uns überhaupt nicht geben. Die Gefühle sind natürlich ebenso wie alle Bewußtseinsprozesse Objekte unserer Erkenntnis, wenn sie durch Akte des Selbstbewußtseins erfaßt werden. Sie konstituieren auch dadurch, daß sie zu ihren Bedingungen in Beziehung gebracht werden, eine weitere Klasse eigenartiger Erkenntnisgegenstände, die man als Werte bezeichnet und von denen man zuweilen sagt, daß sie gefühlsmäßig erfaßt würden oder doch erfaßt werden könnten. Diese Ausdrucksweise ist aber irreführend. Ohne Gefühle gäbe es freilich keine Werte und es könnten auch keine solchen erkannt werden. Aber in den Gefühlen werden gewiß nicht die Gefühlsbedingungen, also die Werte erfaßt. Selbst wenn man den Begriff Wert nicht auf die Wertgegenstände anwenden, sondern sozusagen für den Wert der Wertgegenstände reservieren, wenn man also nicht die Gegenstände, die in kausaler Beziehung zu den Gefühlen stehen, sondern nur diese Gefühlsbeziehung selbst Wert nennen will, selbst dann kann man nicht eigentlich von einem gefühlsmäßigen Erfassen des Wertes sprechen, da das Kausalverhältnis, selbst wenn Gefühle als Glieder desselben fungieren, eben nicht durch Gefühle, sondern durch Akte des Gegenstandsbewußtseins erfaßt wird. Wenn man sehr weitherzig sein will in bezug auf die Erkenntnisbedeutung der Gefühle, dann kann man sie höchstens auf eine Stufe mit den Empfindungen stellen. Wie diese erst durch ihre Verbindung mit den Objektivitätsfunktionen Erkenntnisbedeutung gewinnen, so können bestenfalls auch die Gefühle vielleicht im Zusammenhang mit Elementen des Gegenstandsbewußtseins zu Komponenten der Qualitätsauffassung werden. Dann würde in dem Urteil: Dies ist schön — ein Lustgefühl (ein Gefühl des Gefallens), dieselbe Rolle spielen wie in dem Urteil: Dies ist blau — eine Farbenempfindung. Man hat aber gute Gründe, anzunehmen, daß die Gefühle nicht einmal in derselben Weise in die Struktur unserer Erkenntnis eingehen wie die Empfindungen[1]). Auf jeden Fall kann von einem eigentlichen Erkennen durch Gefühle keineswegs die Rede sein.

Wenn im gewöhnlichen Leben so oft von gefühlsmäßiger Erkenntnis die Rede ist, so erklärt sich dies aus dem laxen Sprachgebrauch der Vulgärpsychologie. Danach wird alles Gefühl genannt, was nicht klar und deutlich als Gedanke oder als Vorstellung sich zu erkennen gibt. Gewißheit, Glaube, Zweifel, Ahnungen, Erwartungen, das Erraten eines Sachverhalts ohne genügende Einsicht in die Gründe der betreffenden Annahme, das Verständnis eines Wortes ohne deutliche Vorstellungen und Begriffe, kurz alles Mögliche was man schwer definieren kann, heißt dem Laien Gefühl. Und es gibt Leute, die dieses Begriffschaos, wo sich so gut im Trüben fischen läßt, um keinen Preis anders haben möchten. Hier ist die Fundgrube für alle möglichen opportunen Erkenntnisse, die man nicht zu beweisen braucht, hier scheinen sich geheimnisvolle Tiefen des menschlichen Geistes zu erschließen, hier tut sich ein Asyl auf für diejenigen, die der nüchternen Klarheit wissenschaftlichen Erkennens ganz oder teilweise entgehen wollen.

Die Psychologie aber bemüht sich, auch in diese dunkle Region des menschlichen Seelenlebens Licht zu bringen. Sie konstatiert, daß es außer der Anschauung und dem Denken keine Erkenntnisfunktion gibt, daß dunkle Begriffe eben minderwertige Begriffe und verworrene Vorstellungen eben verbesserungsbedürftige Vorstellungen sind. Sie erkennt an, daß eine unklare Erkenntnis des Richtigen unter Umständen besser sein kann als ein scharfsinniger Irrtum. Aber damit ist nicht gesagt, daß eine klare Erkenntnis des Richtigen nicht besser sei wie eine unklare, eine begründete nicht besser als eine unbegründete. Gewißheit und Glaube sind nach der Auffassung des Psychologen nicht selbständige Erkenntnisfunktionen, sondern Eigentümlichkeiten an den in Anschauungen oder Gedanken bestehenden Akten des Erkennens. Wir sprechen von der Gewißheit oder Ungewißheit einer Erkenntnis, nicht von Gewißheit oder Ungewißheit eines Erkenntnisgegenstandes[2]). Der Glaube ist uns als Gegensatz des Wissens eine ungewisse Erkenntnis, als Gegensatz des Zweifels eine Erkenntnis, deren Ungewißheit dem Subejkt nicht zum Bewußtsein kommt. Sofern wir in ungewisser Erkenntnis mehr erfassen können als in gewisser, führt uns der Glaube oft weiter als das Wissen, aber nicht im Sinn einer neuen Erkenntnisquelle, sondern durch dieselben Operationen, durch die sich unser Erkennen überhaupt vollzieht. Daß Gewißheit und Richtigkeit des Erkennens nicht zusammenzufallen brauchen, sei von vornherein ausdrücklich bemerkt.

Für die Erkenntnistheorie kommt der Glaube nicht als Gegensatz des Zweifels, sondern nur als Gegensatz des Wissens in Betracht; denn für sie ist es von Interesse, zu ergründen, worin die Gewißheit oder Ungewißheit einer Erkenntnis besteht, während ihr die Wirkungen, die das Bewußtsein dieser Gewißheit oder Ungewißheit für das Seelenleben des Individuums hat, nebensächlich sind. Höchstens entsteht für den Erkenntnistheoretiker die Frage, woher es kommt, daß eine ungewisse Erkenntnis einmal als solche bewußt wird, ein andermal nicht. Die Antwort auf diese Frage wird sich aus unserer Untersuchung über das Wesen und die Bedingungen der Gewißheit nebenbei ergeben.

Damit haben wir eine ganz bestimmte und ziemlich eng umschriebene Problemstellung gewonnen. Die Kriterien der gewissen und der ungewissen Erkenntnis müssen gefunden werden, wenn zwischen Wissen und Glauben eine erkenntnistheoretisch bedeutsame Scheidung durchgeführt werden soll. Den Begriff der gefühlsmäßigen Erkenntnis wollen wir, um auch ihm eine gewisse Klärung zuteil werden zu lassen, mit dem des ungewissen Erkennens identifizieren.

Unsere Betrachtungen beginnen wir am besten damit, daß wir eine Reihe von Beispielen gewissen und ungewissen Erfassens aus allen möglichen Regionen der Erkenntnis zusammensuchen. Als ungewiß dürften etwa bezeichnet werden: eine Gesichtswahrnehmung im indirekten Sehen, die Wahrnehmung eines komplizierten, schnell an uns vorbeihuschenden Dings, die Vergleichung von Eindrücken, deren Verschiedenheit die Unterschiedsschwelle nicht wesentlich übersteigt, die Vergleichung flüchtiger Eindrücke, die Schätzung einer größeren Entfernung, die Vergleichung unübersehbarer Größen, Zeitschätzungen der inneren Wahrnehmung, das innere Erfassen komplizierter und durch Qualitätenarmut ausgezeichneter Erlebnisse (z. B. gewisser recht abstrakte und verwickelte Gegenstände erfassender Gedanken), Erinnerungen an weit zurückliegende und wenig eindrucksvolle Erfahrungen, die Erinnerung an einen bestimmten Gegenstand, wenn man inzwischen eine Reihe ähnlicher Gegenstände erfaßt hat, Urteile, die Zukunftsprophezeiungen darstellen, Urteile, die auf

ungewissen Wahrnehmungen und Erinnerungen basieren und
nicht diese Ungewißheit selbst zu ihrem Gegenstand machen,
Urteile, die Verallgemeinerungen eines einzelnen Befunds bedeuten, ohne daß ihre Begriffe die Verallgemeinerung unum-
stößlich machen, Urteile mit schlecht bestimmten Begriffen
über unanschauliche Gegenstände, unbegründete Urteile (die
nicht einfach eine durch die Gegenstände des Subjekts- und
Prädikatsbegriffs zureichend „fundierte“ Beziehung erfassen),
Analogieschlüsse und sonstige Hypothesen.

Für Beispiele gewisser Erkenntnis dürften wohl gelten:
Wahrnehmungen, die bei längerer Anwesenheit desselben un-
veränderten Gegenstandes keine Korrektur erfahren, wiederholt mit gleichem Resultat angestellte Beobachtungen desselben Gegenstandes, Vergleichungen bedeutend übermerklich
verschiedener Objekte, Erinnerungen, die wir öfters in der
gleichen Weise vollziehen, die sozusagen zu unserm festen
geistigen Besitz gehören, Akte innerer Wahrnehmung, die sich
auf das Unterscheiden deutlich verschiedener oder auf das Erfassen sehr geläufiger Erlebnisse beschränken, analytische Urteile in dem gewöhnlichen und in dem oben von uns bestimmten
Sinn, Schlüsse wie der von der Sterblichkeit aller Menschen
auf die Sterblichkeit des Caius.

Versuchen wir auf Grund dieser Beispiele zunächst zu
einer gewissen Bestimmung des Wesens der Gewißheit zu gelangen, so können wir vor allem konstatieren, daß die Gewißheit in einer engen Beziehung zu der Unveränderlichkeit
einer Erkenntnis zu stehen scheint. Es ist offenbar mehr als
eine bloß bildliche Wendung, wenn wir den Zustand der Ungewißheit als einen solchen des Schwankens charakterisieren.
Eine Erkenntnis, die in derselben Hinsicht stets dieselbe Beschaffenheit hat, oder, was dasselbe besagt, eine Erkenntnis,
zu deren Abänderung keinerlei Veranlassung besteht, ist ohne
weiteres eine gewisse Erkenntnis.

Die Veranlassungen zur Abänderung gewonnener oder
übernommener Erkenntnisse, die Veranlassungen zum „Schwanken“ oder „Zweifeln“ liegen teils in der Beschaffenheit der
Erkenntnisse, teils in der Natur der erkennenden Subjekte. Im
erkenntnistheoretischen Sinn gewiß sollten wir daher nur die
Erkenntnisse nennen, die auch bei einem kritischen Individuum
die Eigenschaft der Unveränderlichkeit besitzen oder die ihrer
eigenen Beschaffenheit nach keine Veranlassung zum Schwanken

darbieten. Nennen wir auch diejenigen Erkenntnisse gewiß, die infolge der Gläubigkeit des Subjekts nicht schwanken, dann fällt uns der Glaube als Gegensatz des Zweifels mit dem Wissen zusammen, und diese Konsequenz wollen wir vermeiden. Wir definieren also: Gewiß soll uns eine Erkenntnis heißen, zu deren Abänderung keine in der Art ihrer Entstehung oder sonstwie in ihr selbst liegende Veranlassung besteht. Dabei dürfen wir uns freilich nicht verhehlen, daß diese Bestimmung streng vielleicht auf keine einzige Erkenntnis angewandt werden kann; denn wie die Geschichte der Skepsis zeigt, kann so ziemlich alles bezweifelt werden. In vielen Fällen handelt es sich freilich bei dem Skeptiker um einen in der Natur der Sache ebenso wenig begründeten Zweifel, wie bei dem Dogmatiker um einen unbegründeten Glauben. Aber oft ist es doch sehr schwer oder unmöglich, zu entscheiden, ob eine Erkenntnis in sich selbst Grund zum Schwanken bietet oder nicht. Wir wollen uns daher mit der relativen Bestimmung begnügen, daß eine Erkenntnis umso gewisser sei, je weniger sie ihrer eigenen Natur nach Veranlassung zur Abänderung bietet. Die Frage der absoluten Gewißheit wollen wir höchstens streifen.

Welches sind nun die wichtigsten Bedingungen relativer Gewißheit in diesem Sinn der relativen Unveränderlichkeit einer Erkenntnis infolge ihrer eigenen Natur? Darauf lautet unsere Antwort zunächst: Diejenigen, unter denen die echte Kausalität der Erkenntnisbildung am wenigsten durch die auf Assoziation beruhende Pseudokausalität beeinträchtigt wird. Diese etwas dunkle Behauptung wird sogleich verständlicher werden, wenn wir an bestimmten Beispielen zeigen, was damit gemeint ist. Jede äußere Wahrnehmung setzt sich bekanntlich zusammen aus peripher angeregten Empfindungen, aus „produktiv" von diesen ausgelösten „Objektivitätsfunktionen", und aus reproduzierten Bestandteilen. Wo diese reproduzierten Bestandteile verschieden sind von denen, welche die Wahrnehmungsursache an ihrer Stelle in Form von peripher bedingten Empfindungen und Produktionseffekten hervorrufen könnte (wenn ihre Wirkungen nicht teilweise ausfielen, indem beispielsweise ein Körper mit seiner von uns abgewandten Rückseite keine Empfindungen in uns anregen kann usw.), oder wo diese reproduzierten Bestandteile als „objektiv unrichtige" Zusätze die Wahrnehmung verfälschen, da spricht man von einer Illusion. Nun ruft derselbe Reiz im allgemeinen

(wenn wir von bestimmten Einflüssen des Zustands der Sinnesorgane absehen) dieselbe peripher angeregte Empfindung hervor. Eine Empfindung mit einem bestimmten „Lokalzeichen"
produziert immer denselben Lokalisationsakt. Hier und ebenso
bei allen anderen Produktionsleistungen gilt also das Gesetz:
Gleiche Ursachen haben gleiche Wirkungen. Dieses Gesetz
gilt aber nicht für die Reproduktionsprozesse. Wenn eine
Vorstellung X heute eine besonders feste Assoziation mit einer
anderen Vorstellung A hat, oder wenn diese Vorstellung A
vor kurzem erst aufgetreten ist, so daß sich ihre Reproduktionsgrundlage in besonders guter Bereitschaft befindet, so wird,
wenn heute die Vorstellung X auftaucht, A von ihr reproduziert werden. In einem Jahre kann aber X mit einer dritten
Vorstellung B eine besonders feste Assoziation gewonnen haben
oder die Reproduktionsgrundlage von B kann sich in besonders guter Bereitschaft befinden. Dann wird dasselbe X bei
seinem Hervortreten im Bewußtsein nicht A sondern B reproduzieren. Dasselbe Reproduktionsmotiv hat also zu verschiedenen Zeiten verschiedene Wirkungen. Deshalb sprechen wir
von einner assoziativ begründeten Pseudokausalität.

Nennen wir nun die nach Art der peripher angeregten
Empfindungen und der produktiv ausgelösten Objektivitätsfunktionen hervorgerufenen Erkenntnisse objektiv und die
durch Assoziationszusammenhänge, wie sie sich in jedem Subjekt anders kombinieren, in ihrem Auftreten bestimmten Akte
des Erfassens subjektiv bedingt, so können wir unsere Theorie
der Gewißheit etwas einfacher darstellen. Dabei wird es sich
zunächst noch empfehlen, das Gebiet der objektiv bedingten
Erkenntnis einerseits etwas einzuschränken, andererseits etwas
auszudehnen gegenüber der soeben versuchten Abgrenzung.
Wir müssen nämlich zur objektiv bedingten Erkenntnis auch
rechnen dasjenige Zusammenauftreten von Erkenntnisvor-
gängen, welches durch Zusammenhänge der echten Erkenntnisursachen begründet ist. Durch dieses Zusammenauftreten
werden Assoziationszusammenhänge geschaffen, und wenn
dann auf Grund dieser Assoziationszusammenhänge Bewußtseinsvorgänge zusammengeführt werden, durch welche zusammengehörige Bestandteile des Gegenstands uns zum Bewußtsein kommen, so handelt es sich um eine assoziativ begründete Erkenntnis, die trotzdem objektiv bedingt ist. Dagegen rechnen wir nicht zur objektiv bedingten Erkenntnis
diejenigen peripher angeregten Empfindungen, die durch vor-

übergehend oder dauernd abnorme Beschaffenheit des Sinnesorgans modifiziert sind.

Nun können wir sagen: Erkenntnisse sind in erster Linie
um so gewisser, je wirksamer ihre objektiven Bedingungen
sind (wobei wir unter objektiven Bedingungen alle Bedingungen der „objektiv bedingten" Erkenntnis verstehen). Fassen
wir einzelne Fälle besonderer Wirksamkeit dieser objektiven
Bedingungen ins Auge. Es wird nicht bestritten werden, daß
ein starker Sinnesreiz wirksamer ist als ein der Reizschwelle
naheliegender. Die Wahrnehmung etwa eines lauten Knalles
ist uns auch viel gewisser, als diejenige eines kaum merklichen
Geräusches. Ein bedeutender Unterschied ist wirksamer als
Bedingung der Produktion des Verschiedenheitsbewußtseins
wie ein ganz geringer. Die Wahrnehmung der Verschiedenheit von Rot und Grün etwa ist uns auch viel gewisser als
das Erfassen eines Unterschieds zwischen zwei nahezu gleichen
Nuancen derselben Farbe. Ein schwacher Reiz kann durch
Wiederholung oder Dauer an Wirksamkeit gewinnen. Dazu
paßt die Erfahrung, daß die Wahrnehmung etwa einer ganz
leichten Berührung, an der wir zunächst zweifeln, an Sicherheit
gewinnt, wenn sie sich wiederholt. Ein Reiz gewinnt auch an
Wirksamkeit, wenn die Empfänglichkeit für ihn gesteigert ist.
Das geschieht beispielsweise durch die Erwartung. Bekanntlich ist eine Wahrnehmung in der Tat ganz besonders sicher,
wenn sie eine vorausgehende Erwartung erfüllt. Die Wirksamkeit von Produktionsmotiven wird erhöht durch Steigerung des Bewußtseinsgrades dieser Produktionsmotive besonders in der Richtung, der eine Steigerung der Klarheit und
Deutlichkeit der in ihnen erfaßten Gegenstände entspricht. Ein
aufmerksam vollzogenes Urteil mit übersichtlichen, d. h. klaren
und deutlichen Gegenständen besitzt dementsprechend einen
viel höheren Gewißheitsgrad als ein Urteil, das unaufmerksam
gefällt wird, oder ein solches mit unübersichtlichen Gegenständen. Man bezeichnet die Begriffe und Vorstellungen mit
klaren und deutlichen Gegenständen der Einfachheit halber
vielfach als klare und deutliche Begriffe und Vorstellungen.
Wir können also auch sagen, ein Urteil mit klaren Begriffen
besitze einen höheren Gewißheitsgrad als ein anderes.

Aus unserer Theorie erklärt sich, daß die Gewißheit im
Gebiet der Erinnerung besonders viel zu wünschen übrig läßt.
Die objektive Bedingung für die Erinnerung ist das Original-
erlebnis. Entspricht der Zusammenhang der die Erinnerung

konstituierenden reproduzierten Erlebnisse dem Zusammenhang der Bestandteile des Originalerlebnisses, so ist dieser
Zusammenhang trotz seiner Abhängigkeit von der Assoziation
nach dem oben Gesagten objektiv bedingt. Die objektive
Bedingung der Erinnerung ist (in bezug auf die Stiftung von
festen Assoziationen und guten Reproduktionsgrundlagen) umso
wirksamer, je eindrucksvoller das betreffende Erlebnis ist.
Ihre Wirksamkeit (in bezug auf die Erinnerung selbst) nimmt
auch zu mit der Verringerung des Zeitintervalls zwischen ihr
und der Erinnerung. Daß die unveränderte Wiederholung
einer Erinnerung ihre Gewißheit vermehrt, ist aus unserm
Prinzip ebenfalls leicht begreiflich. Hierbei braucht freilich
die Wirksamkeit der objektiven Bedingung nicht gesteigert zu
sein. Wenn die erste der wiederholten Erinnerungen falsch
ist, so können wir sie nicht eine objektiv bedingte Erkenntnis
nennen und wenn sie durch mehrmaliges unverändertes Auftreten sich fixiert, so wird eine Gewißheit gewonnen ohne
Steigerung der Wirksamkeit der objektiven Bedingungen. Aber
man sieht leicht, daß es sich hier um die Glaubensgewißheit,
nicht um die Wissensgewißheit handelt. Die geläufig ge-
wordene falsche Erinnerung tritt vielleicht tatsächlich in dem
betreffenden Subjekt immer wieder ganz gleichartig auf und
gerät nie ins Schwanken. Das assoziativ begründete psychische
Geschehen, das seinem Wesen nach das Prinzip der veränderlichen und eben deshalb unsicheren Erkenntnis bildet, kann
durch Gewohnheit in feste Bahnen geleitet werden. Handelt
es sich dabei um eine Gewöhnung an die Nachbildung objektiv bedingter Zusammenhänge, so entsteht Wissensgewißheit;
denn in der Natur eines solchen eingeübten objektiv begründeten Assoziationsverlaufes liegt keinerlei Bedingung seiner
Abänderung. Anders verhält es sich mit der Gewöhnung an
eine falsche Erinnerung. Mag eine solche noch so fest werden, sie enthält doch in sich ein Moment, das sie ins Schwanken
bringen kann. Das Originalerlebnis bleibt fort und fort eine
Bedingung für die Entstehung der richtigen Erinnerung, die
nur aufzutreten braucht, um ein „Ins-Schwanken-Geraten" der
falschen zu bedeuten. Es kann freilich auch eine richtige
Erinnerung durch das nachträgliche Auftreten einer falschen
ins Schwanken gebracht werden. Aber diese Gefahr ist doch
als eine nicht in ihr selbst begründete wesentlich geringer.
Die Schwankungsrichtungen, in denen eine richtige Erinnerung
durch eine falsche erschüttert werden kann, sind zahllos, wäh-

rend eine falsche Erinnerung durch die Nachwirkung des Originalerlebnisses stets in derselben Richtung in ihrem Bestand bedroht ist. Daß aber durch Summation der in gleicher Richtung wirksamen Einflüsse ein Effekt leichter erzielt werden kann, als durch diffus gerichtete Anstöße, wird man ohne weiteres begreiflich finden.

Nun könnte man versucht sein, diese Betrachtung über die richtige und die falsche Erinnerung zu verallgemeinern und den durch Einfachheit verblüffenden Satz aufzustellen: Gewiß (im Sinn der Wissensgewißheit) sind die richtigen Erkenntnisse. Aber fürs erste wäre mit diesem Satz nicht viel gewonnen; denn es würde sich dann hier schon die Frage erheben: Welche Erkenntnisse sind richtig?, und diese Frage ist viel schwerer zu beantworten als die nach den Kriterien der Gewißheit. Eine richtige Erinnerung läßt sich durch die Bemerkung, sie stimme mit dem Originalerlebnis überein, leicht charakterisieren. Aber daß eine richtige Wahrnehmung, ein richtiges Urteil, ein richtiger Schluß nicht in dieser Weise zu bestimmen sind, sieht man ohne weiteres. Aber selbst wenn wir hier schon eine allgemeingültige Definition der Richtigkeit geben könnten, würden wir den Satz: Gewiß sind die richtigen Erkenntnisse — nicht aufstellen; denn dieser Satz ist (in solcher Allgemeinheit) falsch. Je mehr wir die Wirksamkeit der objektiven Bedingungen unserer Erkenntnis (in dem oben bestimmten Sinn dieses Begriffs) steigern und zur Geltung kommen lassen, desto mehr nähert sich unsere Erkenntnis der Richtigkeit. Aber nicht alle richtigen Erkenntnisse werden auf diesem Weg gewonnen. Es gibt unbegründete Wahrheiten, dunkel geahnte richtige Einsichten, die trotz ihrer Richtigkeit sehr ungewiß sind. Wir können höchstens sagen, daß die begründeten richtigen Erkenntnisse gewiß seien, wenn wir zwischen Richtigkeit und Gewißheit durchaus eine Beziehung herstellen wollen. Aber dann haben wir nicht nur den Begriff richtig, sondern auch den Begriff begründet zu definieren. Wir ziehen es deshalb vor, bei unserer weniger einfach aussehenden und im Grunde doch einfacheren Bestimmung zu bleiben.

Wir sind davon ausgegangen, daß als gewiß eine Erkenntnis zu bezeichnen sei, die in sich keine Schwankungsbedingungen enthält und haben gefunden, daß das Fehlen innerer Schwankungsbedingungen besonders da zu konstatieren ist, wo die Wirksamkeit der objektiven Erkenntnisgrund-

lagen stark zur Geltung kommt. Insbesondere die Produktions-
effekte, die sich auf klaren und deutlichen Produktionsmotiven
aufbauen, müssen hiernach durch Gewißheit sich auszeichnen.
Damit bringen wir in Zusammenhang die vielgerühmte Gewißheit der Selbstwahrnehmung, die wir ja als Produktionsleistung betrachten, und die ebenfalls oft hervorgehobene Gewißheit der analytischen Urteile. Wir begreifen also den Zusammenhang zwischen Gewißheit und apriorischem Erkennen
(im psychologischen sowohl wie im logischen Sinn), ohne daß
wir der Meinung sind, Gewißheit komme nur den apriorischen
Erkenntnissen zu.

Bei den analytischen Urteilen kommt, soweit sie sprachlich oder durch sonstige Zeichen ausgedrückt werden, für das
Hervortreten der Gewißheit noch ein besonderer Umstand in
Betracht. Es wird nämlich derselbe psychische Prozeß, das
Erfassen der Beziehung zwischen den Gegenständen des Sub-
jekts- und Prädikatsbegriffs, in doppelter Weise angeregt, produktiv durch das Verständnis der Beziehungsglieder und reproduktiv durch die sprachliche oder sonstige Bezeichnung. Während das Nichtzusammenfallen dieser zweifachen Wirkung im
Erlebnis des Widerspruchs so kräftig zur Geltung kommt,
bedeutet das Zusammenfallen eine ebenfalls dem Bewußtsein
sich aufdrängende Fixierung der betreffenden Erkenntnis. Es
handelt sich hier offenbar um einen ganz ähnlichen Vorgang,
wie wenn eine bestimmte Erwartung ihre Bestätigung findet,
und auch um einen ganz ähnlichen Vorgang wie beim Wiedererkennen, wo ebenfalls objektive Erkenntnisanregung und
subjektives Entgegenkommen der betreffenden Erkenntnis in
ihrem Zusammentreffen gewissermaßen eine merkliche Garantie
für die Unveränderlichkeit derselben darbieten. So scheint
denn auch das Gewißheitserlebnis in diesen Fällen in ziemlich
gleichmäßiger Weise hervorzutreten. Die Gewißheit des
Wiedererkennens, der eine bestimmte Erwartung erfüllenden
Erkenntnis, der analytischen Urteile und die ebenfalls hierher
gehörige der stringenten Schlüsse hat etwas ganz besonders
Unerschütterliches.

Was die ungewissen Erkenntnisse anlangt, so ist nach
unserer Theorie begreiflich, daß ungewiß in erster Linie alle
bloß nachgesagten und nicht selbstgedachten Urteile sind;
denn an Veranlassungen zur Negation fehlt es nie, und ein unbegründeter Satz stellt dem Versuch, ihn zu negieren, gar keine
Schwierigkeiten in den Weg, wird also eben dadurch zu einer

außerordentlich schwankenden Erkenntnis. Ungewiß sind ferner Erkenntnisse, die so vermittelt sind, daß ihre Begründung der Übersichtlichkeit entbehrt. Die objektiven Erkenntnisbedingungen sind hier in ihrer Wirksamkeit durch Unklarheit und Undeutlichkeit beeinträchtigt. Schlußfolgerungen, die nicht eindeutig bestimmt sind, sondern so und anders von ihren Prämissen gleich nahegelegt werden, haben das Prinzip der Veränderlichkeit und eben damit der Ungewißheit in sich. Begriffe, die nicht zu voller Klarheit gebracht werden können, vermögen offenbar auch keine anderen als unsichere Erkenntnisse zu fundieren; denn in ihrer Unvollkommenheit ist ihre Veränderlichkeit begründet und infolge ihrer Unklarheit lassen sie die zwischen ihnen bestehenden Beziehungen nur unsicher erraten, nicht scharf erfassen. Ob es Gegenstände gibt, die ihrer Natur nach niemals gewiß erkannt werden können, diese Frage wollen wir hier nicht beantworten. Die Möglichkeit einer bejahenden Antwort auf diese Frage ergibt sich aber leicht aus dem eben Gesagten[3]).

2. Kapitel.

Die Wertlehre des Erkennens.

Was ein Wert ist, läßt sich so leicht nicht bestimmen. Aber wir haben an dieser Stelle auch gar keine Veranlassung, das Problem der Wertdefinition in seinem ganzen Umfang aufzurollen. Sicher ist, daß Gegenstände dadurch zu Werten für uns sich gestalten, daß sie irgendwie in Beziehung zu unserem Gefühlsleben treten. Wirkungsfähige Gegenstände können Wertcharakter besitzen dadurch, daß sie kausal, durch eine mehr oder minder lange Reihe von Mittelgliedern hindurch, Gefühle anregen. Unwirksame Gegenstände, wie z. B. ein Phantasieobjekt, sind Werte, wenn in ihrer Betrachtung oder beim Gedanken an sie Gefühle erlebt werden. In diesem Fall sind die psychischen oder psychophysischen Prozesse, in denen die Betrachtung oder das Denken verläuft, die Gefühlsursachen. Wir sprechen dann von unmittelbaren Werten oder von Eigenwerten, denen wir die mittelbaren Werte oder die Wirkungswerte gegenüberstellen[1]).

Die Wahrheit ist in der Hauptsache Eigenwert. Sie ist aber auch Wirkungswert, wenn beispielsweise die wissenschaftlichen Erkenntnisse technische Erfindungen herbeiführen, die

in den Dienst des menschlichen Wohlbefindens treten. Sollen
wir deshalb die Wahrheit im Gegensatz zum Irrtum, die wertvolle im Unterschied von der wertlosen Erkenntnis, definieren
als diejenigen Anschauungen, Erinnerungen und Gedanken,
die direkt oder auf Umwegen Lustgefühle hervorrufen? Man
sieht leicht, daß dann das Heterogenste gleichmäßig als Wahrheit bezeichnet werden müßte, die Anschauung eines schönen
Kunstwerks ebenso wie ein beseligender Traum, ein eleganter
mathematischer Beweis ebenso wie der Gedanke an eine glückliche Fügung unseres Lebens. Auch das, was man im gewöhnlichen Leben als Irrtum bezeichnet, kann unter Umständen
starke Lustgefühle herbeiführen und müßte in diesem Fall,
wenn wir die angegebene Definition wählen sollten, als Wahrheit angesehen werden. Diese Konsequenzen wird wohl kaum
jemand auf sich nehmen mögen. Wir schränken deshalb die
Bestimmung dahin ein, daß nicht Erkenntnisse, die Lustgefühle
überhaupt, sondern nur solche, die eine ganz bestimmte Art
von Lustgefühlen zur Folge haben, als wahr betrachtet werden
sollen.

Wir nennen diejenigen Gefühle, die der Entscheidung über
den Wahrheitswert der Erkenntnis die Richtung geben, die
logischen Gefühle, wie wir diejenigen, die maßgebend sind
für den Wert eines Kunstwerks, die ästhetischen Gefühle
nennen. Beide Arten von Gefühlen haben ziemlich viel Gemeinsames. Bei beiden haben wir es wahrscheinlich mit solchen
Gefühlen zu tun, die wir Verlaufsgefühle nennen, im Unterschied von den nach unserer Terminologie als Gegebenheitsgefühle zu bezeichnenden Regungen[2]). Aber während die
logischen Gefühle reine Verlaufsgefühle sind, spielen in den
ästhetischen Gefühlen als Komponenten derselben die sinnlichen Gegebenheitsgefühle eine große Rolle. Unsere Unterscheidung zwischen Verlaufsgefühlen und Gegebenheitsgefühlen
wird dadurch begründet, daß offenbar ein Unterschied besteht zwischen den Fällen, wo ein einzelnes Erlebnis, z. B. ein
Schmerz oder ein schlechter Geruch, ein Gefühl hervorruft,
und den Fällen, wo die Vereinbarkeit oder Nichtvereinbarkeit
mehrerer Erlebnisse, der glatte oder gehemmte Verlauf einer
ganzen Kette psychischer Geschehnisse die Entstehung von
Gefühlen bedingt. Besonders einleuchtend gestaltet sich die
Gegenüberstellung im Gebiet des Denkens. Das Denken an
eine erfreuliche Sache und das Gelingen der Lösung eines
Problems haben beide ihre Annehmlichkeit. Aber im ersteren

Fall entsteht ein Gegebenheits-, im letzteren ein Verlaufsgefühl. Die uninteressierte, voraussetzungslose Forschung wird beherrscht durch Verlaufsgefühle, die von Glaubensbedürfnissen und utilitaristischen Überlegungen geleitete Denkarbeit hat Gegebenheitsgefühle zum Endziel.

Die logischen Gefühle sind also reine Verlaufsgefühle in diesem nun wohl hinreichend verständlichen Sinn. Aber wenn wir feststellen: Wahre Erkenntnisse sollen uns diejenigen heißen, die ausschließlich logische Lustgefühle, keine logischen Unlustgefühle ihrer eigenen Natur nach hervorrufen, so wird man sich damit ebensowenig zufrieden geben, wie man eine befriedigende Bestimmung des Wesens der Schönheit darin sehen wird, daß man erfährt, Schönheit sei die Bedingung ästhetischer Lustgefühle. Wie man die Schönheit weiter zu definieren sucht etwa als Einheit in der Mannigfaltigkeit, wie man sich also bemüht, diejenige gemeinsame Eigentümlichkeit aller schönen Gegenstände herauszufinden, auf der es beruht, daß in ihrer Betrachtung ästhetische Lustgefühle erlebt werden, während die Betrachtung andersartiger Gegenstände ästhetische Unlustgefühle zur Folge hat, so handelt es sich auch bei der Bestimmung der Wahrheit hauptsächlich darum, anzugeben, welche Beschaffenheit der Erkenntnisse vorhanden sein muß, wenn logische Lustgefühle entstehen sollen. Die Notwendigkeit dieser Angabe wird besonders einleuchtend, wenn man bedenkt, daß wir die logischen Gefühle nicht nach irgendeiner qualitativen Besonderheit, sondern nach der Art ihrer Bedingtheit von andern Gefühlen unterschieden haben. Wenn wir nun ihre Bedingung nicht „objektiv", sondern nur durch Hinweis auf die Beziehung zu den logischen Gefühlen charakterisieren, so laufen wir Gefahr, uns in einen ganz gewöhnlichen Zirkel zu verstricken: Wahre Erkenntnisse sind dann diejenigen, die logische Lustgefühle bedingen, und l o g i s c h e Lustgefühle sind diejenigen, die durch wahre Erkenntnisse bedingt werden.

Welches ist also die gemeinsame Eigentümlichkeit aller wahren Erkenntnisse, die wir zu suchen haben, welches ist das „Kriterium" der Wahrheit? Auf diese Frage geben die verschiedenen erkenntnistheoretischen Richtungen die allerverschiedenste Antwort. Wir unterscheiden folgende in der Geschichte der Philosophie der Hauptsache nach sukzessiv hervortretenden, dann allerdings vielfach nebeneinander fortbestehenden Richtungen: 1. den naiven Realismus, 2. die Richtung, die wir naiven Logismus nennen wollen, 3. den Skeptizismus, 4. den Begriffsrealismus, 5. den Nominalismus, 6. den Rationalismus, 7. den Empirismus, 8. den Kritizismus, 9. den Positivismus, 10. den Pragmatismus, und 11. den vielfach so genannten Imperativismus. Wir wollen nun zunächst diese verschiedenen Auffassungen von den Kriterien der Wahrheit betrachten und zum Schluß unsere eigene Ansicht entwickeln.

a) Der naive Realismus.

Wahrheit der Erkenntnis wird nach der Meinung des naiven Realisten gewonnen durch naturtreue Abbildung der Gegenstände. Das, was wir Gegenstände des Erkennens nennen, Wahrnehmungsobjekte, Erinnerungsobjekte und Denkgegenstände, wird im Sinn dieser Auffassung verdoppelt. Es stellt einerseits die Erkenntnis selbst, andererseits ihren Gegenstand dar. In gewissem Sinn kann man auch sagen: Was wir als teilweise, keineswegs als die zureichende Ursache der Wahrnehmung betrachten, die Ausgangsorte der Prozesse, durch die unsere Sinnesorgane gereizt werden, also ein Teil der außerhalb unseres eigenen Leibes gelegenen Bedingungen des Wahrnehmens, wird für den naiven Realismus zum Wahrnehmungsobjekt, und unser Wahrnehmungsobjekt wird zur Wahrnehmung. Das Verhältnis zwischen beiden wird als solches von Original und Abbild aufgefaßt. Die Wahrnehmungsbilder ihrerseits fungieren nach dieser Ansicht als Originale der Vorstellungen, in denen alles Erinnern und Denken sein Wesen haben soll. Unter Umständen werden „Vorstellungen“, die wir Begriffe nennen würden, wie die von Gott oder von der menschlichen Seele, auch direkt in ein ähnliches Abbildungsverhältnis zu ihrer „Ursache“ gebracht, wie es zwischen dem Wahrnehmungsbild und dem Wahrnehmungsobjekt angenommen wird.

Zu sehr großer Klarheit gelangt die Wahrheitslehre des naiven Realismus nicht und eine besondere Literatur hat sie auch nicht hervorgebracht[1]). Ihre Existenz hängt davon ab, daß die unüberwindlichen Schwierigkeiten nicht bemerkt werden, in die sie gerät, sobald man sie ernsthaft durchzudenken versucht. Wer sie philosophisch begründen wollte, würde sofort von ihr abgedrängt. So fristet sie ihr Dasein als unausgesprochene Voraussetzung primitivster philosophischer Spekulation. Jeder kennt sie, denn sie liegt der kindlichen Weltanschauung zugrunde, die aller Reflexion auch in der Individualentwicklung vorausgeht. In der Geschichte der Philosophie beruhen auf naiv realistischen Voraussetzungen vor allem jene Schöpfungen, die ein Mittleres bilden zwischen mythologischer Dichtung und philosophischer Spekulation, wie sie uns in den Kosmogonien der Griechen und in gewissem Sinn auch noch in den Anfängen der griechischen Naturphilosophie entgegentreten.

Die Frage nach dem, was am Anfang war, schließt ein so naives Vertrauen in sich, daß man wisse, was jetzt da ist, das Grübeln über die entferntesten Dinge zeigt so deutlich, daß die näher gelegenen Probleme noch vollkommen unentdeckt sind, die kosmogonischen und die ersten hylozoistischen Betrachtungen sind so anschaulich, daß man kaum im Zweifel darüber sein kann, wie ungebrochen der Glaube an die Realität der sinnlichen Erscheinungen in den ersten Vertretern der abendländischen Philosophie noch gelebt haben muß. Der naive Realismus verbindet sich naturgemäß mit einem Dogmatismus, mit einer Leichtgläubigkeit auf allen Gebieten des Erkennens, wie man sie auf höheren Entwicklungsstufen der Ontogenese und Phylogenese nicht annähernd mehr finden kann. Man darf vielleicht behaupten: Der naive Realist und Dogmatist kennt als Gegensatz der Wahrheit überhaupt nur die Lüge, nicht den unabsichtlichen Irrtum. Er kann anders reden als er denkt und glaubt. Dann wird ihm der Zwiespalt, die Nichtübereinstimmung der Bilder, die er andern vom Verlauf einer Begebenheit oder vom Aussehen eines Dinges malt, mit den betreffenden Gegenständen ohne weiteres bewußt. Aber sonst fehlt doch jedes Bewußtsein einer Differenz zwischen der Erkenntnis und ihrem Gegenstand und es ist gar kein Grund vorhanden, an der Übereinstimmung derselben zu zweifeln. Gewiß muß auch der naivste Mensch gelegentlich einsehen, daß er sich irren kann. Aber dann erscheint der Irrtum stets auf dem Hintergrund sozusagen des richtigen Wissens. Die Abweichung von der Wahrheit besteht in diesem Fall nicht in einem absichtlichen Täuschen, wohl aber in einem Getäuschtwerden des Vertreters der Unwahrheit. Götter haben ihn verblendet oder er ist von Menschen listig hintergangen worden oder er hat nicht erkannt, was verborgen war, was nur ein anderer wissen konnte usw. Das Nichterkennen, unter dem der Mensch natürlich schon auf den primitivsten Entwicklungsstufen viel zu leiden hat, und das ihm frühzeitig zu denken gibt, darf mit dem Irrtum nicht ohne weiteres gleichgesetzt werden, sonst müßte man annehmen, daß das Problem des Irrtums schon im Seelenleben der Fische, die dem an der Angel zappelnden Köder einiges Mißtrauen entgegenbringen, zur Geltung komme.

Eine besondere Stütze findet der naive Realismus an dem schrankenlosen Veränderungsglauben des noch nicht zu kritischer Reflexion erwachten Menschen. Wenn eine spätere Wahrnehmung einer früheren widerspricht, so muß eine von beiden für falsch gehalten werden, wenn man nicht annimmt, daß beide richtige Erkenntnisse eines sich verändernden Objekts bedeuten. Solange die Menschen aber an Zauberei und Verwandlungskünste glauben, steht der Annahme nichts im Wege, daß schlechterdings alles aus allem werden könne. Besteht aber diese Möglichkeit, so ist es fast unmöglich, daß eine spätere Erfahrung die frühere Lügen strafe. Es ist deshalb wohl kein zufälliges Zusammentreffen, daß diejenigen Denker, die in der Weiterentwicklung der griechischen Philosophie zuerst entschieden Front machen gegen den naiven Realismus, die Eleaten, auch dem Veränderungsglauben den Krieg erklären.

Suchen wir die Argumente zusammenzufassen, die den naiven Realismus für eine fortgeschrittene Philosophie zu einer unmöglichen Auffassung machen, so ist zunächst darauf hinzuweisen, daß uns beim Erkennen nicht zwei Glieder einer Vergleichsbeziehung gegeben sind, deren Übereinstimmung oder Nichtübereinstimmung wir feststellen könnten, so wie wir zwei Bilder, Urbild und Abbild, nebeneinander zu stellen und ihre Gleichheit oder Verschiedenheit zu erkennen vermögen. Bei der äußeren Wahrnehmung ist uns das, was vom naiven Realismus als ihr Gegenstand dem Wahrnehmungsbild gegenübergestellt wird, entweder überhaupt nicht gegeben oder gegeben als Gegenstand eines Gedankens, der mit dem Wahrnehmungsbild gerade nicht übereinstimmt. Wenn wir durch die Naturwissenschaft uns haben belehren lassen, daß Farben und Töne Bewegungsvorgänge sind, dann kann es geschehen, daß wir bei der Wahrnehmung eines Körpers an die Atombewegungen denken, die „eigentlich“ da stattfinden, wo wir so ganz anderes sehen und hören. Von einer Übereinstimmung der Wahrnehmung mit ihrem Gegenstand kann gar keine Rede sein, wenn wir das Gedankending, das wir als Summe von Atombewegungen bezeichnen, für den Gegenstand der Wahrnehmung im naiv realistischen Sinn (d. h. für ihre

Ursache) gelten lassen. Sind wir noch weiter fortgeschritten in philosophischer Bildung, haben wir gelernt, daß auch die Atombewegungen nur als Rudiment eines Wahrnehmungsbildes aufzufassen sind, daß der Gegenstand im Sinn der Wahrnehmungsursache noch unanschaulicher gedacht werden muß, so kann uns eine Wahrnehmung den Gedanken des Dinges an sich, den Gedanken der durch keine Qualitäten mehr zu bestimmenden Wahrnehmungsursache wecken. Aber die Nichtübereinstimmung des Wahrnehmungsbildes mit diesem Objekt ist dann noch augenfälliger.

Wollen wir mit dieser Erkenntnis festhalten an der Definition, die Wahrheit der Erkenntnis beruhe in ihrer Übereinstimmung mit dem Gegenstande, so müssen wir vor allem jede Wahrnehmung für irrig erklären. Aber wie steht es dann mit der Wahrheit des Denkens, das der Wahrnehmung ihren Gegenstand nach der eben dargelegten Auffassung liefert. Wenn das Denkgebilde dem Wahrnehmungsbild gegenüber als Objekt fungiert und wenn die Frage der Übereinstimmung oder Nichtübereinstimmung beider wenigstens sinnvoll gestellt werden kann, so muß doch auch das Denken auf seine Wahrheit nach dem Prinzip der Übereinstimmung mit dem Gegenstand sich prüfen lassen. Wodurch wird aber bei der Vergleichung des Denkens mit seinem Objekt dieses letztere geliefert? Offenbar auch durch das Denken. Der Gegenstand, so wie er gedacht wird, kann nun wohl gut übereinstimmen mit dem Gegenstand, so wie er gedacht werden muß. Aber das ist keine Übereinstimmung des Denkens mit seinem Gegenstand, sondern eine solche des Denkgegenstandes mit sich selbst.

Am durchführbarsten scheint der Satz, Wahrheit sei Übereinstimmung mit dem Gegenstand, noch zu sein im Gebiet der Erinnerung und der inneren Wahrnehmung. Bei der Erinnerung muß ja der Gegenstand schon einmal erfaßt worden sein, an den man sich erinnert, und es scheint einen guten Sinn zu haben, wenn gesagt wird, die Erinnerung sei richtig, sofern sie den Gegenstand so erfasse, wie er früher sich dargestellt habe. Bei der inneren Wahrnehmung besteht der Gegenstand in einem Bewußtseinsvorgang, der als solcher doch bewußt ist, bevor er erfaßt wird, und den man deshalb zur Beurteilung der Richtigkeit des Erfassens scheint heranziehen zu können. Aber weder die Wahrheit der Erinnerung noch die der inneren Wahrnehmung könnten wir jemals erkennen, wenn sie nur

durch Vergleichung mit dem Gegenstand sich feststellen ließe;
denn das frühere Erfassen des Objekts, an das wir uns erinnern,
ist uns eben im Zeitpunkt der Erinnerung nicht mehr zum
Vergleich gegeben, und der Gegenstand der inneren Wahrnehmung ist zwar ein Bewußtseinsvorgang, aber als solcher,
solange er nicht Gegenstand eines Aktes der inneren Wahrnehmung geworden ist, nicht geeignet, sich selbst, sondern
nur geeignet, etwas anderes, was seinen Gegenstand bildet,
uns zum Bewußtsein zu bringen. Höchstens die Gefühle und
die nicht durch Objektivitätsfunktionen zu Erkenntnissen von
Qualitäten der Gegenstände verarbeiteten Empfindungen, wie
z. B. die des Hungers und Durstes, d. h. die Erlebnisse
des Zustandsbewußtseins, könnte man ausnehmen. Aber gerade die Erlebnisse des Zustandsbewußtseins, wenigstens die
Gefühle, verschwinden, wenn sie zum Gegenstand der inneren
Wahrnehmung gemacht werden. Sie, die sich selbst, unabhängig von ihrem gegenständlichen Erfassen in der inneren
Wahrnehmung, durch ihr bloßes Vorhandensein geben[2]), bieten
sich nicht zur Vergleichung dar, wenn sie erfaßt werden, und
die Erlebnisse des Gegenstandsbewußtseins, die während ihres
Erfaßtwerdens in der inneren Wahrnehmung unter Umständen fortdauern, geben in ihrem Dasein nicht sich selbst, sondern das, was sie gegenständlich erfassen. In beiden Fällen
ist ein Konstatieren der Wahrheit durch Vergleichung der
Erkenntnis mit ihrem Gegenstand auch für das Gebiet der
inneren Wahrnehmung ausgeschlossen.

Nun sagt man vielleicht, Übereinstimmung der Erkenntnis mit ihrem Gegenstand sei das Wesen der Wahrheit, auch
wenn wir uns dieser Übereinstimmung nicht direkt vergewissern
können. Aber auch diese Behauptung ist nicht haltbar. Versteht man nämlich unter dem Gegenstand, mit dem die wahre
Erkenntnis übereinstimmen soll, die Erkenntnisursache im Sinn
des naiven Realismus, so hat die Mehrzahl unserer Erkenntnisse
überhaupt keinen derartigen Gegenstand. Von Übereinstimmung oder Nichtübereinstimmung mit demselben kann dann
natürlich keine Rede sein, d. h. es würde in diesem Fall weder
Wahrheit noch Irrtum geben. Da man aber im allgemeinen
unter der Wahrheit doch etwas versteht, was allen Erkenntnissen entweder zukommt oder nicht zukommt, so kann man
das Wesen der Wahrheit nicht in der Übereinstimmung der
Erkenntnis mit ihrem Gegenstand im Sinn ihrer Ursache (nach
der Auffassung des naiven Realismus) finden. Versteht man

aber unter dem Gegenstand der Erkenntnis das, was wir darunter verstehen, was von ihr in jedem Fall erfaßt wird, auch dann, wenn es seiner Natur nach gar nicht unabhängig von ihr und also gewiß nicht als ihre Ursache gedacht werden kann, so ist eine Übereinstimmung der Erkenntnis mit ihrem Gegenstand überhaupt ausgeschlossen. Das Raumbewußtsein ist nicht räumlich, das Zeitbewußtsein paßt sich in seiner eigenen Dauer keineswegs der Länge der in ihm erfaßten Zeit an, das Verschiedenheitsbewußtsein ist nicht verschieden usw. Wie das Substanzbewußtsein mit der Substanz übereinstimmen sollte, ist gar nicht auszudenken. Aber auch der Akt inneren Erfassens, der etwa ein Gefühl zum Gegenstand hat, ist kein Gefühl, die Erinnerung an eine Wahrnehmung keine Wahrnehmung. Kurz, wohin wir blicken,, überall sehen wir, daß die Erkenntnisakte verschieden sind von ihren Gegenständen. Es besteht eine Koordination zwischen beiden ähnlich derjenigen, die zwischen den Wörtern und ihren Bedeutungen besteht. Aber von Gleichheit kann dort so wenig die Rede sein wie hier. Man hat zur Bezeichnung des Verhältnisses zwischen der Erkenntnis und ihrem Gegenstand einen besonderen Namen eingeführt, indem man von der Transzendenz des Erkennens spricht, womit ausdrücklich betont werden soll, daß kein Erkenntnisakt sich selbst oder seinesgleichen, daß vielmehr jeder etwas von ihm Verschiedenes, etwas über ihn Hinausliegendes gegenständlich erfaßt. Wer die Transzendenz des Erkennens begriffen hat, der hört auf, von der Übereinstimmung zwischen der Erkenntnis und ihrem Gegenstand zu sprechen.

Was den naiven Realismus anlangt, so haben wir bisher gesehen, daß er mit seinem eigenen Wahrheitsprinzip unvereinbar ist. Die Überwindung dieses Wahrheitsprinzips macht ihn aber nicht haltbarer. Er behauptet, daß die Wahrnehmungsgegenstände (d. h. die Wahrnehmungsursachen) übereinstimmen mit den Wahrnehmungen (d. h. mit dem, was wir Wahrnehmungsgegenstände nennen). Das ist aber nicht richtig, gleichgültig ob dadurch die Wahrnehmungserkenntnis als wahr oder falsch charakterisiert wird. Durch ein anderes Kriterium als das der „Übereinstimmung mit den Gegenständen" wird es unter Umständen ermöglicht werden, die Wahrnehmungen aus der Sphäre durch und durch irriger Erkenntnisse in eine etwas höhere logische Rangklasse zu erheben. Aber die Einsicht, daß die subjektiven Sinnesqualitäten den realen Dingen nicht zukommen, durch deren Wechselwirkung mit unseren psychischen Dispositionen sie als Erscheinungen geschaffen werden, die Erkenntnis von der qualitativen Unbestimmbarkeit des „Dinges an sich", durch die der naive Realismus ein für allemal überwunden wird, kann dadurch nicht beeinflußt werden. Diese Einsicht ist unvermeidlich, sobald man erkennt, daß ein und dasselbe Ding zu gleicher Zeit verschiedenen Individuen an derselben Stelle verschieden gefärbt und überhaupt mit verschiedenen Qualitäten behaftet zu sein scheinen kann, daß es selbst da, wo Sinnesorgane vorhanden sind, die seine Wahrnehmung vermitteln können, die qualitative Besonderheit verliert, die es von andern Dingen unterscheidet, z. B. schwarz wird wie alle Gegenstände in der Nacht, wenn Einwirkungen anderer Dinge, z. B. das anderswoher darauf fallende Licht, abgeschnitten werden, kurz, daß die Qualitäten so wenig Konstanz und Anhänglichkeit an das Ding selbst zeigen. Wollte man freilich die Behauptung wagen, daß Bestand und Wahrgenommenwerden der Qualitäten· auseinanderzuhalten seien, daß jedem Ding bestimmte Farben usw. zukommen, auch wenn durch mangelnde Beleuchtung und ähnliche äußere Umstände oder durch fehlende Sinnesorgane eine Wahrnehmbarkeit derselben ausgeschlossen ist oder wenn durch eine mit der Eigenqualität nicht übereinstimmende Beleuchtung usw., bzw. durch verstimmte Sinnesorgane andere Qualitäten wahrgenommen werden, — wollte man sagen, alles, was die Naturwissenschaft über Ätherschwingungen, Luftschwingungen und ähnliche Dinge als Wesen der Farben, Töne usw. lehre, beziehe sich nur auf die Prozesse, durch die uns Farbenwahrnehmungen, Tonwahrnehmungen und andere Sinneswahrnehmungen vermittelt werden, während angenommen werden müsse, daß die Ätherschwingungen veranlassenden oder modifizierenden Dinge Farben an sich, die in bezug auf Luftschwingungen wirksamen Dinge Töne an sich und so die Dinge überhaupt alle möglichen Qualitäten an sich besäßen, so würde man damit eine vollständig aus der Luft gegriffene, durch nichts auch nur im geringsten wahrscheinlich zu machende, eben wegen ihres völlig fehlenden Zusammenhangs mit der Tatsachenwelt aber auch kaum zu widerlegende Hypothese aufstellen.

b) Der naive Logismus.

Das Wahrheitskriterium dieser Denkrichtung kann man etwa folgendermaßen formulieren: Wahr sind nur Urteile, die in sich selbst keinen Widerspruch enthalten. Dieses Kriterium scheint auf den ersten Blick ebenso geeignet, das Gebiet der Wahrheit gegenüber der herkömmlichen Auffassung zu verengern wie zu erweitern. Bedenkt man jedoch, daß sich alle nicht von vornherein in Urteilsakten bestehenden Erkenntnisse zu Urteilen verarbeiten lassen, indem jeder anschaulich zu erfassende Gegenstand auch begrifflich erfaßt werden kann, weshalb alle zwischen den Gegenständen untereinander oder zwischen ihnen und dem erkennenden Subjekt bestehenden Beziehungen in Urteilen sich feststellen lassen, so scheint eine außerordentliche Erweiterung des Wahrheits·bereichs die eigentliche Folge der in Rede stehenden Auffassung zu sein. Urteile, wie: Zeus schleudert Blitze — oder: Durch die Sünde ist der Tod in die Welt gekommen — enthalten doch offenbar keinen Widerspruch in sich selbst, müßten also weitverbreiteter Auffassung entgegen als wahr betrachtet werden, und nur ganz wenige, höchst selten einmal wirklich gefällte Urteile vom Charakter mathematischer und logischer Irrtümer wären als unwahr zu bezeichnen.

Die erste historische Erscheinungsform des naiven Logismus, die wir in der Philosophie der Eleaten erblicken, widerspricht nun aber dieser Vermutung aufs· allergründlichste. Statt einer Erweiterung ergibt sich eine Verengerung des Gebiets der Wahrheit, wie sie radikaler gar nicht gedacht werden kann. Die gesamte für die eleatischen Denker geltende Wahrheit läßt sich zusammenfassen in dem einzigen Satz: Nur das Seiende ist[1]). Alles Bewegliche und Veränderliche und damit alles qualitativ Bestimmte, jeder Gegenstand der Erfahrungswelt, in der es schlechterdings nichts Unveränderliches gibt, alles Nichtseiende und damit alle abstrakten Gegenstände, kurz, alles mit Ausnahme des einzigen Objekts, das als Seiendes bezeichnet wird, erscheint als ungeeignet, Träger irgendwelcher Bestimmungen zu sein; denn um irgend etwas zu sein, müßte nach dieser sonderbaren Philosophie das Nichtseiende doch zu allererst überhaupt sein, was widerspruchsvoll zu denken und deshalb unmöglich ist. Darauf, daß Parmenides, der eigentliche Begründer dieser Denkweise, das Seiende mit dem Vollen identifiziert und dadurch zu einer etwas weniger formlosen Gestaltung seiner Universalwahrheit gelangt, sowie auf die „hypothetische Physik", die er als eine Art System der Irrtümer seiner inhaltsarmen Philosophie an die Seite gestellt zu haben scheint[2]), brauchen wir hier nicht weiter einzugehen. In der Behauptung, daß der Satz vom Sein des Seienden den Inbegriff aller Wahrheit darstelle, liegt das erkenntnistheoretische Interesse der eleatischen Philosophie beschlossen.

Diese Philosophie erwächst mit Notwendigkeit zunächst aus den zwei Grundgedanken, daß nur ein in sich selbst keinen Widerspruch enthaltendes Urteil wahr sei und daß die Kopula sein dieselbe Bedeutung habe wie das Wort sein im Sinn von existieren. Akzeptiert man den letzten Gedanken, so ist klar, daß alles Veränderliche, da es das noch nicht ist, was es werden wird, als Nichtseiendes aufgefaßt werden kann. Die Lehre, daß im Werden Sein und Nichtsein sich begegnet, gehört ja gar nicht bloß den frühesten Epochen der Geschichte der Philosophie an. Sie spielt noch in einem System wie dem Hegelschen eine bedeutende Rolle. Daß Abstrakta wie Zahl, Figur, Größe usw. kein Sein haben, dieser im Grund ja selbstverständliche Gedanke scheint unausgesprochen die eleatische Philosophie beherrscht zu haben; denn wäre er ausgesprochen worden, so müßten wir erwarten, daß Platon, der höchst anerkennend über Parmenides urteilt[3]), entweder geringere Wertschätzung an den Tag legen oder doch wenigstens diesen seiner eigenen Auffassung so gänzlich widersprechenden Punkt besonders hervorheben würde. Auch wäre dann nicht zu begreifen, wie die Eleaten im Altertum gelegentlich mit den Pythagoreern in (Ähnlichkeits-)Beziehung gebracht werden konnten[4]), da doch die Hypostasierung einer Klasse abstrakter Gegenstände, des „Geschlechts der Zahl“ den eigentlichen Kern der pythagoreischen Lehre bildet.

Daß freilich die Abstrakta kein Sein besitzen, das folgt nicht in derselben Weise aus den oben angeführten Grundgedanken der eleatischen Philosophie wie das Nichtsein des Veränderlichen. Ja auf Grund der von Parmenides aufgestellten dunklen Formel, daß Denken und Sein dasselbe seien[5]), läge die Annahme des Seins der Abstrakta gar nicht so fern. Diese Formel kann offenbar nicht anders verstanden werden als in dem Sinn, daß eben die Denkbarkeit, d. h. die Möglichkeit, widerspruchslos als seiend gedacht zu werden, das Wesen des Seienden ausmacht. Sie besagt aber streng genommen nicht, daß nur das widerspruchslos a l s s e i e n d zu Denkende, sondern daß das widerspruchslos überhaupt zu Denkende ohne weiteres Existenz hat. Macht man mit diesem Gedanken Ernst, so ergibt sich eine äußerst bedenkliche Konsequenz:

Widerspruchslos zu denken nämlich ist offenbar nicht nur das Sein des Seienden, sondern auch das Nichtsein des Nichtseienden. Ist alles widerspruchslos zu Denkende wahr, und wird die Wahrheit mit dem Sein identifiziert, so ergibt sich die seltsamste Folgerung aus der Tatsache der Widerspruchslosigkeit der negativen Urteile über Nichtseiendes. Parmenides bestreitet nun freilich eben dies, daß über Nichtseiendes widerspruchslos, wenn auch nur negativ, überhaupt geurteilt werden könne; denn er meint, das Nichtseiende lasse sich nicht einmal denken[6]). Wo über Nichtseiendes geurteilt werden soll, so können wir vielleicht, seine Ansicht verdeutlichend, sagen, da ist bereits der Subjektsbegriff ein widerspruchsvoller Begriff. Widerspruchsvoll aber wird er für Parmenides einfach dadurch, daß er ein Denken an Etwas nur als Denken an das Sein dieses Etwas aufzufassen vermag.

Solange man auf diesem Standpunkt stehen bleibt, wird der naive Logismus nicht gefährlich im Sinn einer maßlosen Erweiterung des Wahrheitsbereichs. Aber eine logische Notwendigkeit, den entsagungsvollen Standpunkt festzuhalten, liegt durchaus nicht vor. Psychologisch sind wir gezwungen, beständig an viel mehr als nur an das Seiende zu denken, und wenn das Denken an etwas mit dem Denken an das Sein dieses Etwas identifiziert wird, so muß sich über kurz oder lang nicht eine Einschränkung des Denkens, sondern eine Vermehrung des für seiend Gehaltenen ergeben. In der Tat vollzieht sich die weitere Entwicklung in dieser Richtung. Die Pythagoreer, die aus der Widerspruchslosigkeit der mathematischen Erkenntnisse das Sein der Zahlen folgern, Sokrates und Platon, die Begründer des Begriffsrealismus, zeigen uns den Weg. Der Begriffsrealismus verbindet das Wahrheitskriterium des naiven Logismus mit demjenigen des naiven Realismus und wird uns deshalb als besondere Richtung im folgenden noch für sich zu beschäftigen haben. Hier sollte der Hinweis auf ihn nur die Entwicklungstendenz des naiven Logismus deutlicher hervortreten lassen.

Zum eigentlichen Wesen dieser Denkrichtung gehört ihre Neigung zur Verbindung mit dem Realismus im Grund genommen nicht. Man kann die Wahrheit mit der inneren Widerspruchslosigkeit des Denkens gleichsetzen, ohne die Wahrheit mit dem Sein zu identifizieren. Dann vertritt man den typischen, reinen Logismus, wie wir ihn bei den Nachfolgern des Parmenides, besonders bei Zenon von Elea, bei den Sophisten und auch noch bei Sokrates finden. Gemeinsam ist allen diesen Denkern die Freude an der Dialektik. Ihr bleibendes Verdienst ist die Grundlegung der Logik, zu der sie sicherlich mehr geleistet haben als der vielgerühmte „Vater der Logik", der Systematisator Aristoteles. Ein charakteristischer Unterschied zwischen den Vertretern des Logismus ergibt sich daraus, daß es den einen nur um Wahrheiten, den andern um die Wahrheit zu tun ist.

Die Freude an der Dialektik ist eine natürliche Folge des Glaubens an die Wahrheit bestimmende Kraft des Denkens. Sie findet sich bereits bei Zenon, dessen spitzfindige Beweise, daß der fliegende Pfeil in jedem Augenblick seines Fluges ruhe, daß der schnellfüßige Achilles die Schildkröte, die einen kleinen Vorsprung vor ihm hat, niemals einholen kann, weil sie immer, wenn er da angekommen ist, wo sie einen Augenblick vorher war, bereits einen weiteren, wenn auch noch so kleinen Weg zurückgelegt hat usw., eigentlich wohl dazu bestimmt sind, die Unrichtigkeit aller der parmenideischen Seinslehre gegenüberstehenden Annahmen darzutun, aber darzutun doch offenbar dadurch, daß sie selbst für richtig gehalten werden. Noch ausgesprochener tritt die Freude an der Dialektik bei den Sophisten zutage, die geradezu triumphieren in dem Bewußtsein, daß sie beweisen können, was sie wollen, und daß es außer der von ihren Beweisen abhängigen Wahrheit schlechterdings keine gebe. Bei Sokrates beruht endlich die noch vertiefte Freude an der Dialektik darauf, daß er durch Denkarbeit auch die scharfsinnigen Sophisten widerlegen und eine nicht in zersplitterten, da und dort für wahr gehaltenen Behauptungen bestehende, sondern einheitliche und allgemeingültige Wahrheit finden zu können überzeugt ist.

Die Logik wird aus diesen dialektischen Bestrebungen heraus geboren zunächst im Sinne einer Beweiskunst. Aber auch in ihrer weiteren Entwicklung zeigt sich die Logik so recht als die eigentliche Formulierung der Grundsätze der Denkrichtung, die wir nach ihr genannt haben. Der naive Realismus glaubt an die Wahrheit der Wahrnehmungen. Nachdem dieser Glaube durch die Erkenntnis vom „Trug der Sinne" ins Wanken gebracht ist, tritt an seine Stelle das Vertrauen auf die wahrheitgewinnende Kraft des Denkens. Aber natürlich sieht man ohne weiteres, daß auch nicht alles Denken ohne Irrtum verläuft. Also Wahrheit wohnt nur dem richtigen Denken inne. Die Lehre vom richtigen Denken aber ist die

Logik[7]). Sie zeigt, wie Begriffe gebildet werden müssen, welche Arten von Begriffen es gibt und wie man Begriffe definiert. Sie behandelt die Arten der Urteile, die Abhängigkeitsbeziehungen, die zwischen ihnen bestehen, die in ihnen selbst liegenden Kriterien der Richtigkeit und Falschheit. Sie lehrt endlich, wie Schlußfolgerungen vollzogen werden dürfen und welche Fehler dabei gemacht werden können. Und was im einzelnen an Normen aufgestellt wird hinsichtlich der Begriffsbildung, des Urteilsvollzugs und der Schlußfolgerung, das ist nichts anderes als die Auseinanderlegung des Wahrheitsprinzips, das wir als dasjenige des naiven Logismus bereits formuliert haben, und das die Logik in den beiden Grundsätzen der Identität und des Widerspruchs an den Anfang oder an das Ende ihrer Betrachtungen stellt.

In neuerer Zeit ist der Logik in diesem Sinn einer bloßen Denklehre eine Logik im Sinn umfassender Erkenntnislehre gegenübergestellt worden[8]). Man bezeichnet in diesem Gegensatz jene wohl auch als „formale" Logik. Den naiven Logismus können wir demgemäß auch kurz charakterisieren als diejenige erkenntnistheoretische Richtung, die ihr Wahrheitsbedürfnis ausschließlich durch Befolgung der Regeln der formalen Logik zu befriedigen sucht.

Die Kritik einer derartigen Auffassung ergibt sich aus der Einsicht, daß Widersprüche nicht nur innerhalb eines Begriffs, eines Urteils und eines Schlusses möglich sind, sondern daß mehrere Begriffe von demselben Gegenstand, mehrere Urteile und mehrere Schlußfolgerungen miteinander in Widerspruch geraten können. Daß dann nicht all diese einander widersprechenden Denkakte wahr sein können, folgt ohne weiteres aus dem Satz des Widerspruchs. Aber auf welcher Seite in solchen Fällen die Wahrheit zu suchen ist, das sagt kein Grundsatz der formalen Logik.

Daß dann, wenn man alles logisch Mögliche für wahr hält, häufig zwei in sich widerspruchslose Behauptungen, die erst bei ihrer Zusammenstellung einen Widerspruch ergeben, für wahr gehalten werden, bis man sie zusammenbringt, und daß dann Ratlosigkeit entsteht, welcher man den Vorzug geben soll, das pflegt denjenigen Denkern zu entgehen, die von einem starken systematischen Interesse beseelt sind und die dann, wenn sie aus einer eingewurzelten Grundüberzeugung eine Reihe von Folgerungen widerspruchslos abgeleitet haben, alles für falsch halten, was nicht in ihr System paßt. Solche

Dogmatiker werden mit der Auffassung des naiven Logismus immer ziemlich weit kommen, und es ist wohl kein Zufall, daß die mittelalterliche, von dem Interesse religiös-dogmatischer Systembildung beherrschte Philosophie mit den Wahrheitskriterien der formalen Logik so außerordentlich zufrieden ist.

Denker dagegen, die keine eingewurzelten Grundüberzeugungen haben oder die solche selbst auf ihre Wahrheit zu prüfen geneigt sind, bemerken die Verlegenheit, in welche die konsequente Anwendung des naiv logistischen Wahrheitskriteriums führt, sehr bald, und wenn sie außer diesem und dem naiv realistischen kein Prinzip, Wahrheit und Unwahrheit zu unterscheiden, entdecken können, so gelangen sie mit Notwendigkeit zum Skeptizismus, wie er in der Geschichte der Philosophie bei einigen Sophisten so deutlich hervortritt.

c) Der Skeptizismus.

Der Skeptizismus beantwortet die Frage nach dem Kriterium der Wahrheit dahin, daß es eigentliche Wahrheit überhaupt nicht gebe, daß zwischen Wahrheit und Irrtum nur ein gradueller Unterschied bestehe, und daß man am besten tue, nichts ganz fest zu glauben. Der Mensch ist das Maß aller Dinge. Das lehrt schon der Sophist Protagoras[1]). Die Dinge sind für jeden so, wie er sie erkennt, und jeder erkennt sie anders, muß sie auf Grund der bei aller Erkenntnis mitwirkenden Besonderheit seiner geistigen Organisation mehr oder weniger abweichend von allen andern auffassen. Nirgends gelangen wir über den Widerstreit hinaus, nirgends also zur Wahrheit. Man sieht: Wenn es eine den Menschen erreichbare Wahrheit geben würde, — nach der Ansicht dieses ersten bedeutenderen Skeptikers — dann wäre ihr Merkmal die Identität für alle Menschen, die Widerspruchslosigkeit. Nicht durch die Annahme eines andern Kriteriums der Wahrheit unterscheidet sich der beginnende Skeptizismus von der Richtung, die bei der formalen Logik die Entscheidung über Wahrheit und Irrtum sucht, sondern nur in einer andern Ausnützung desselben Kriteriums.

Der spätere Skeptizismus zieht dann mit besonderer Vorliebe auch noch das zweite Wahrheitskriterium, das wir bisher kennen gelernt haben, die Übereinstimmung mit dem Gegenstand, heran, um zu zeigen, daß auch dieses auf keine wirkliche Erkenntnis anwendbar ist. So finden wir bei Sextus Empirikus die zwei typischen Gedankengänge aller Skepsis genügend entwickelt, um an seine Darstellung unsere Betrachtungen anknüpfen zu können[2]).

Der eine Gedankengang richtet sich gegen die Wahrnehmungserkenntnis. Die Sinnesempfindungen der verschiedenen Lebewesen müssen außerordentlich verschieden sein. Selbst innerhalb einer und derselben Klasse, also wenn wir etwa nur die Menschen ins Auge fassen, besteht keine Übereinstimmung in der Wahrnehmung derselben Gegenstände. Ja einem einzigen Individuum zeigen seine verschiedenen Sinnesorgane denselben Gegenstand verschieden und nicht einmal mit demselben Sinn wird dasselbe stets in gleicher Weise wahrgenommen. Und wie in der Organisation der wahrnehmenden Wesen eine Fülle von Bedingungen widerspruchsvoller Auffassung gelegen sind, so auch in der Natur der wahrzunehmenden Gegenstände. Durch gefärbte Medien gesehen, erhalten die Dinge andere Farben als sie sonst haben. In verschiedener Entfernung und von verschiedenem Standpunkt aus betrachtet, erscheinen sie verschieden. Mancherlei Arten von Mischungen und Verbindungen lassen die Elemente anders als sonst sich darstellen, und jede Bestimmung ist relativ, variabel mit der Art der Relation.

Die Wahrnehmungserkenntnis ist also nach dieser skeptischen Auffassung durch und durch widerspruchsvoll und nicht imstande, ihren Gegenstand unverfälscht abzubilden. Die Frage, ob es überhaupt etwas Abzubildendes gibt, wird zunächst nicht aufgeworfen. Die Existenz eines Realen selbst zu bezweifeln, bleibt einer sehr viel späteren Periode der philosophischen Entwicklung vorbehalten[3]). Aber die Möglichkeit einer Wahrheitserkenntnis vom Realen, d. h. von dem, was unsern Wahrnehmungen zugrunde liegt, bezweifelt im weitesten Umfang schon der antike Skeptiker.

Nicht nur durch die Sinne ist Wahrheit nicht zu gewinnen, sondern ebensowenig durch das Denken. Es gibt keine widerspruchslosen Begriffe. Der Begriff erfaßt einen Gegenstand, der zugleich eine Vielheit von Gegenständen ist — so könnte man vielleicht kurz die Schwierigkeit kennzeichnen, die der Skepsis frühzeitig zum Bewußtsein kommt. Es ist derselbe Gedanke, der später Berkeleys Einwand gegen Lockes Lehre von den allgemeinen Ideen beherrscht: Wenn der Begriff Dreieck mit seinem Gegenstand übereinstimmen sollte, so müßte dieser Gegenstand zugleich ein rechtwinkliges, ein spitzwinkliges und ein stumpfwinkliges Dreieck sein.

Berkeley schließt aus der Unmöglichkeit, sich ein solches Dreieck oder überhaupt Gegenstände von Allgemeinbegriffen vorzustellen, daß es keine Allgemeinbegriffe gibt. Der antike Skeptiker folgert aus derselben Prämisse, daß begriffliche Erkenntnis keine Wahrheitserkenntnis sein kann.

Ganz besonders unmöglich ist es nach skeptischer Auffassung, durch syllogistisches Verfahren Unsicherheiten und Irrtümer zu überwinden. Ein nach den Regeln der Logik vollzogener Schluß täuscht uns durch die Widerspruchslosigkeit, die in ihm selbst herrscht, eine Wahrheit vor, die er nicht geben kann; denn die Wahrheit der Conclusio hängt ab von der Wahrheit der Prämissen. Wenn die syllogistische Ableitung für die Richtigkeit des Schlußsatzes von Bedeutung ist, so müssen die Vordersätze in gleicher Weise „bewiesen" sein, falls nicht der Zweifel ihnen gegenüber sich regen soll. Ein Beweis der Vordersätze müßte aber wieder mit Prämissen arbeiten, die abermals zu beweisen wären und schließlich würde die ganze Beweiskette doch an unbewiesenen Urteilen hängen.

Im übrigen bedeutet es überhaupt keinen Beweis, wenn aus einem Obersatz syllogistisch eine Schlußfolgerung abgeleitet wird, deren Richtigkeit in jenem bereits vorausgesetzt wird. Mit andern Worten: Eine Schlußfolgerung nach den Regeln der formalen Logik gibt uns keine Erkenntnis, die wir nicht bereits haben. Wenn wir aus der Sterblichkeit aller Menschen die eines einzelnen erschließen, so sprechen wir nur eine Voraussetzung aus, die im Obersatz enthalten ist. Ein Beweis aber, der das zu Beweisende voraussetzt, der eine petitio principii enthält, ist selbst nach den Regeln der formalen Logik wertlos.

Eine Kritik dieser skeptischen Gedankengänge hat zunächst anzuerkennen, daß vieles daran berechtigt ist. Die Prinzipien der Widerspruchslosigkeit und der Übereinstimmung mit dem Gegenstand genügen nicht zur Bestimmung von Wahrheit und Irrtum. Was wahrgenommen wird, ist abhängig von der Natur des wahrnehmenden Subjekts. Daß alles mit allem in Relation steht, läßt sich nicht bestreiten, und es ist sicher, daß wir nichts erfassen können, ohne es in Relation zu anderem zu erfassen. Weniger einleuchtend freilich ist, was daraus für ein Einwand gegen die Möglichkeit der Wahrheitserkenntnis sich ergeben soll. Daß etwas in Relation zu diesem diese und in Relation zu jenem eine andere Bestimmung erhält, daß die Relativität aller Bestimmungen auch eine Variabilität derselben bedeutet, das beweist doch nicht, daß die Erkenntnis von Relationen keine wahre sein kann. Es ist eine unberechtigte Überspannung der Forderung der Widerspruchslosigkeit, wenn verlangt wird, daß ein Gegenstand überhaupt keine wechselnden Bestimmungen finden dürfe, sofern es eine richtige Erkenntnis von ihm geben soll. Es handelt sich dabei um etwas ganz Ähnliches wie bei der eleatischen Behauptung, der Begriff des Werdens sei in sich widerspruchsvoll. Ein Widerspruch entsteht, wenn einem Gegenstand eine Bestimmung zu gleicher Zeit zugesprochen und aberkannt wird, oder wenn eine Bestimmung und zugleich an ihrer Stelle eine andere Bestimmung gelten soll. Daß ein Körper zugleich kalt und hart und rund ist, bedeutet ebensowenig einen Widerspruch wie dies, daß er nacheinander die Gestalt einer Kugel, eines Würfels und einer Pyramide annimmt. Kalt und Hart und Rund sind nicht Qualitäten, von denen die eine an Stelle der andern tritt, nicht Eigenschaften, die sich ausschließen. Die Gestalten einer Kugel, eines Würfels und einer Pyramide schließen sich aus, aber nur, wenn sie zu gleicher Zeit an demselben Gegenstand vorhanden sein sollen.

Dagegen könnte man einwenden, daß es doch Privatsache sei, wie man den Begriff des Widerspruchs definieren wolle. Aber dann würde man vergessen, daß von einem beliebig definierten Widerspruch nicht das gilt, was wir unter Voraussetzung einer ganz bestimmten Bedeutung dieses Wortes konstatiert haben. Widerspruchsvolles in unserm Sinn ist undenkbar, und da das Undenkbare nicht Gegenstand eines von logischen Lustgefühlen begleiteten, nicht Gegenstand eines wertvollen, also nach unserer Definition nicht Gegenstand eines wahren Erkennens sein kann, so genügt es, in einer Erkenntnis einen Widerspruch in unserm Sinn nachzuweisen, um sie dadurch zu diskreditieren. Versteht man unter einem Widerspruch etwas anderes, so folgt daraus eben, daß widerspruchsvolle und wahre Erkenntnis sich nicht auszuschließen brauchen. Aber darin besteht gerade ein Hauptmittel sophistischer und skeptischer Beweisführung, daß einem Begriff mit anerkannten Konsequenzen unvermerkt ein anderer Begriff untergeschoben wird, wodurch sich die merkwürdigsten Folgerungen ergeben. Bei den typischen Trugschlüssen bezeichnet man dieses Verfahren bekanntlich als quaternio terminorum, und jeder Schüler der Logik fühlt sich erhaben über solch plumpen Fehler. Aber man darf behaupten, daß in den leider nicht immer durch die Knappheit präziser Schlußfolgerungen ausgezeichneten Deduktionen der Philosophen die quaternio terminorum den meisten Paradoxien zugrunde liegt. Was ist mit den Begriffen der Einheit in dem Doppelsinn der Einfachheit und der Totalität (mit einer Vielheit von Teilen), des Bewußtseins im Sinn von Bewußtsein Habendem und zum Bewußtsein Kommendem, der Vorstellung im Sinn von Vorstellungsakt und Vorstellungsobjekt und mit vielen anderen doppeldeutigen Begriffen schon für heilloser Unfug getrieben worden!

Auch die Skeptiker machen sich bei ihren Operationen mit dem Begriff des Widerspruchs vielfach einer quaternio terminorum schuldig. Am auffälligsten tritt dieser Fehler zutage in der oben erwähnten Behandlung der Gattungsbegriffe. Wie wir früher gesehen haben, bedeutet der Gattungsbegriff zuweilen ein Abstraktum, nämlich das, was der Vielheit der darunter subsumierten Einzelexemplare gemeinsam ist, zuweilen eine Menge von konkreten Gegenständen (sofern es sich um einen Gattungsbegriff von konkreten Objekten handelt), nämlich alle darunter subsumierten Einzelexemplare[4]) selbst. Bei ganz konkreter Bezeichnungsweise tragen wir dieser verschiedenen Intention insofern Rechnung, als wir Wortbildungen wie Menschheit, Körperlichkeit usw. neben den Wörtern Mensch, Körper usw. verwenden. Aber auch, wo wir es unterlassen, die Differenz in der Bedeutung durch Wahl verschiedener Wörter ausdrücklich zu berücksichtigen, ergibt sich jeweils aus dem Zusammenhang, was gemeint ist. Niemand wird es einfallen, in dem Satz: Mensch sein heißt Kämpfer sein — die Wörter Mensch und Kämpfer im Sinn von alle Menschen und alle Kämpfer zu interpretieren, während in Sätzen wie: Der Mensch geht aufrecht, der Kämpfer bedarf des Mutes, diese Interpretation ganz selbstverständlich ist. Diese einfache Doppelsinnigkeit des Begriffs Allgemeinbegriff übersehen die Skeptiker, wenn sie behaupten, jeder Allgemeinbegriff sei in sich widerspruchsvoll, da er zugleich eines und vieles bedeute.

Ziehen wir alles Fehlerhafte und Nebensächliche ab, so bleibt also die Einsicht in die Unzulänglichkeit der formalen Logik als eines Instruments der Wahrheitserkenntnis und die Betonung der Abhängigkeit der „Erscheinungen" (um einen modernen Ausdruck zu gebrauchen) von der Organisation des erkennenden Subjekts der bleibend wertvolle Kern der skeptischen Lehre.

d) Der Begriffsrealismus.

In den skeptischen Bedenken, die im Anschluß an eleatische Gedankengänge von Sophisten gegen die Möglichkeit der Wahrheitserkenntnis erhoben werden, spielt besonders der Hinweis auf die Veränderlichkeit der Erkenntnisgegenstände eine große Rolle. Nun gibt es aber eine Art von Erkenntnissen, bei denen eine Unveränderlichkeit ihres Gegenstandes von vornherein garantiert ist, nämlich die Allgemeinbegriffe, sofern sie nicht die Geasmtheit der unter ihnen begriffenen Einzelexemplare, sondern das diesen Gemeinsame, also ein Abstraktum, gegenständlich erfassen. Das, was z. B. allen Menschen in sämtlichen Stadien ihrer Entwicklung gemeinsam ist, das Menschentum, ist offenbar über allen Wechsel erhaben. In dem abstrakten Gegenstand des gleichen Allgemeinbegriffs erfassen alle Erkennenden dasselbe, unveränderliche, für alle nur in einem Exemplar vorhandene Objekt. Wir haben deshalb bei Erwähnung der eleatischen Philosophie bereits angedeutet, daß nach den Grundsätzen derselben die auf das Abstrakte gerichteten Allgemeinbegriffe als wahre Erkenntnisse wohl hätten in Betracht kommen können. Aber die Interessen der eleatischen Denker waren offenbar zu stark von Seite der Naturphilosophie bestimmt, als daß sie über das Nichtsein der Abstrakta (mit Ausnahme des ja ebenfalls abstrakten Seins) sich hätten hinwegtäuschen können. Dagegen ist es sehr begreiflich, daß ein von der Naturphilosophie sich abkehrender und den Problemen des geistigen Lebens zugewandter Philosoph wie Sokrates mit seinem Bedürfnis, den schwankenden Meinungen gegenüber einen festen Wahrheitsstandpunkt zu gewinnen, in den abstrakten Gegenständen der Allgemeinbegriffe die idealen Erkenntnisobjekte zu finden glaubt.

Es wurde bereits gesagt, daß Sokrates in gewisser Hinsicht ganz auf dem Boden des naiven Logismus steht. Aber während bei den andern Vertretern dieses Standpunktes von den drei logisch in Betracht kommenden Erkenntnismitteln, Begriff, Urteil und Schluß, hauptsächlich das letzte betont wird, ist es das erste, dem Sokrates sein Interesse vorwiegend zuwendet. Seine Dialektik unterscheidet sich nicht unwesentlich von dem sonst üblichen syllogistischen Verfahren, so daß man mehr eine Art von induktiver als von deduktiver Methode darin zu sehen pflegt[1]). Das hängt direkt mit dem Interesse an der Begriffserarbeitung, an der Gewinnung von Definitionen zusammen. Irgendein äußerer Anlaß, ein Wunsch, den jemand äußert, seinem Sohn einen geeigneten Lehrer zu geben, oder etwas anderes bildet den Ausgangspunkt der sokratischen Unterredungen. In der daran anschließenden Beratung handelt es sich zunächst darum, die Absicht, die der Ratsuchende eigentlich hat, vollkommen zu ergründen. Dabei kommt man vom untergeordneten auf den übergeordneten Zweck, vom Nebensächlichen auf das Prinzipielle, vom Speziellen auf das Allgemeine und unversehens ist man angelangt beim Begriff der Tugend, der im Zentrum des sokratischen Denkens steht. In der Unverrückbarkeit dieses Grundbegriffs, in der Übereinstimmung, die bei allen Mitunterrednern zutage tritt, sobald das Gespräch zum allgemeinsten emporgestiegen ist, findet der Glaube des Philosophen an die Wahrheit, die für alle dieselbe sein muß, Befriedigung, und es erwächst ein neues Wahrheitsideal.

Wahr ist die Erkenntnis des Unveränderlichen, das unberührt über den schwankenden Meinungen steht — so können wir das neue Prinzip vielleicht formulieren. Das System der zeitlosen Gegenstände der Allgemeinbegriffe wird zum eigentlichen Objekt philosophischer Wahrheitsbestrebungen. Aber der eingewurzelte Realismus spielt nach wie vor in der Ausdeutung der Wahrheit eine bedeutende Rolle. Was wahr ist, muß doch einer Realität entsprechen. Dieser Gedanke ist nicht mehr der erste und verhindert nicht mehr, daß Abstrakta als Gegenstände der Wahrheitserkenntnis berücksichtigt werden. Aber er ist der zweite und bewirkt, daß die abstrakten Gegenstände der Allgemeinbegriffe nachträglich, eben weil man von der Wahrheit der Allgemeinbegriffe überzeugt ist, als Realitäten sich darstellen. Aus dem sokratischen Glauben an die Wahrheit der Allgemeinbegriffe entwickelt sich unmittelbar die platonische Ideenlehre. Die Ideen Platons sind die Urbilder, die realen, jenseits der irdischen Wirklichkeit existierenden Wesenheiten, denen die abstrakten Gegenstände der Allgemeinbegriffe als Abbilder entsprechen oder — wenn wir unsere Unterscheidung zwischen Begriff und Begriffsgegenstand beiseite lassen, um uns der herkömmlichen Ausdrucksweise zu bedienen — die Ideen sind die realen Urbilder der Begriffe[2]). In ihrer Präexistenz hat die Seele jene transzendenten Geisterwesen geschaut, und die Begriffsbildung bedeutet eine Erinnerung an dieses Schauen. Die Freude des Philosophen am Abstrakten verbindet sich bei Platon mit dem Bedürfnis einer künstlerisch veranlagten Natur nach An-

schaulichkeit, um eine der eigenartigsten Begriffsdichtungen
hervorzubringen. Und wie bei Sokrates, so finden wir auch
bei diesem größten seiner Schüler ein starkes Überwiegen des
ethischen Interesses. Die Wertbegriffe sind es vor allem, die
in den Ideen hypostasiert werden, und wenn auch die logische
Konsequenz dazu drängt, jedem Allgemeinbegriff, dem des
Tisches oder des Schmutzes ebenso wie dem der Wahrheit
oder der Schönheit eine Idee entsprechen zu lassen, so dominiert
im Reich der Ideen doch nicht, wie es ebenfalls der logische
Aufbau des Systems verlangen würde, die dem allgemeinsten
Begriff, dem des Seins oder vielmehr dem des Etwas, entsprechende Idee, sondern die Idee des Guten.

Diese phantasievolle Ideenlehre konnte nicht Schule machen.
Schon Platons Schüler Aristoteles gibt sie auf und bekämpft
sie. Aber der ihr zugrunde liegende Gedanke eines Realen,
das der Wahrheit der begrifflichen Erkenntnis als Substrat
dienen könnte, behauptet sich. Nur sucht Aristoteles dieses
Reale nicht mehr jenseits der irdischen Wirklichkeit, sondern
in ihr[3]). Die platonischen Ideen werden zu den aristotelischen
„Formen". Diese sind nach der neuen Auffassung das eigentlich Seiende. Sie verbinden sich mit dem Nichtseienden, mit
dem, was die Möglichkeit hat, alles Beliebige zu werden, d. h.
mit dem Stoff, und aus dieser Verbindung gehen die einzelnen Dinge unserer Welt hervor. In solcher Vereinigung
mit dem Stoff werden die Formen zu formgebenden Kräften,
zu Leitsternen und Determinanten, zu Zweckursachen oder —
wie der aristotelische Terminus lautet — zu Entelechien. Wie
Platon zwischen höheren und niedrigeren Ideen unterschieden
hat, so nimmt Aristoteles ein Stufenreich der Formen an.
Geformter Stoff niederer Art ist Stoff für höherstehende Gebilde. Aber schließlich gelangt man zu einem Wesen, das
nicht mehr Stoff ist für etwas Übergeordnetes. Dieses Wesen
stellt die reine Form dar. Es ist Zweckursache alles Geschehens. Es besitzt die Eigenschaften, die allen Entelechien
ebenso wie allen platonischen Ideen zukommen, die ihnen zukommen müssen als den Objekten einer Wahrheitserkenntnis im
Sinn des begriffsrealistischen Ideals, die aber an den einzelnen
Dingen, sofern sie Verbindungen sind von Stoff und Form,
nicht hervortreten, also insbesondere die Eigenschaften der
Unveränderlichkeit und Unbeweglichkeit. Selbst unbewegt und
dabei erste Ursache aller Bewegung — das ist die aristotelische
Gottheit.

Dem ethischen Interesse mindestens das Gleichgewicht
haltend, tritt bei Aristoteles das Bedürfnis nach naturphilosophischer Erkenntnis stark hervor. Damit wird für ihn die Frage
wichtig, wie sich die äußere Wahrnehmung zur Gewinnung
wahren Wissens verhält. In der Beantwortung dieser Frage
tritt die Verwandtschaft des Begriffsrealismus mit dem naiven
Realismus deutlich zutage. Aristoteles geht zwar nicht vorbei
an den Tatsachen der Subjektivität der Sinnesqualitäten. Aber
er zieht daraus nicht den Schluß auf die Wertlosigkeit aller
äußeren Wahrnehmung. Er unterscheidet vielmehr in ihr
zwischen Stofferkenntnis und Formerkenntnis. Die Wahrnehmungen selbst bestehen ebenso wie alle Gegenstände der
irdischen Wirklichkeit aus Stoff und Form, wobei die letztere
von dem Wahrnehmungsobjekt dem Sinnesorgan aufgeprägt
wird wie ein Siegel dem Wachs[4]). Verfolgt man diesen Gedanken
weiter, so ergibt sich, daß die Formbestandteile der äußeren
Wahrnehmungen Wahrheitserkenntnisse ganz im Sinn des
naiven Realismus bedeuten müssen. Sofern diese Formbestandteile nach aristotelischer Auffassung in den Begriffen rein zutage
treten, die im Anschluß an die Wahrnehmung sich entwickeln,
folgt daraus die Möglichkeit begrifflicher Wahrheitserkenntnis
von den Naturobjekten. Versteht man, was gewiß naheliegt,
unter den Formbestandteilen der Wahrnehmungen die in ihnen
enthaltenen raumzeitlichen und sonstigen Beziehungen, so ergibt
sich aus aristotelischen Prinzipien die Wahrheit eines Weltbildes, wie es im Altertum Leukipp und Demokrit, im Anschluß
an sie die Epikureer und nicht ohne Zusammenhang mit den
antiken Materialisten die alles Qualitative in Quantitatives auf-
lösende moderne Naturwissenschaft für richtig halten. Wie
sich Aristoteles selbst zu diesem Weltbild verhält, soll hier
nicht weiter untersucht werden. Wollte man darauf eingehen,
so dürfte man sich nicht einfach an das halten, was er in
seiner Metaphysik über Leukipp und Demokrit sagt[5]), denen er
leichtfertiges Hinweggehen über die Frage der Bewegungsursache vorwirft, und vielleicht würde man finden, daß abgesehen von dem Unterschied teleologischer und mechanisti-
scher Auffassung, der nicht hierher gehört, die Differenz etwa
zwischen den Grundgedanken der modernen Energetik und
der aristotelischen Naturphilosophie nicht so groß ist, wie sie
auf den ersten Blick erscheint.

Steht übrigens Aristoteles als Schüler Platons dem Begriffsrealismus und als Naturphilosoph einem gewissen Wahrneh-

mungsrealismus nahe, so hat er als „Vater", d. h. als erster Systematisator der Logik, auch enge Beziehungen zu der Auffassung, die wir die logistische genannt haben. Man kann ihn sogar als Vertreter der Ansicht aufführen, wonach Wahrheit nicht in Begriffen, sondern nur in Urteilen und Schlüssen gesucht werden darf [6]. Diese Lehre paßt freilich schlecht zu der Fortbildung der sokratischen und platonischen Philosophie, in der wir die Hauptleistung des aristotelischen Denkens sehen und deretwegen wir ihn zu den Begriffsrealisten rechnen. Aber sie findet sich unzweideutig ausgesprochen in der Logik des Aristoteles und darf deshalb hier nicht unerwähnt bleiben. Sowenig übrigens in den wahrnehmungsrealistischen Gedankengängen unseres Philosophen die skeptischen Einwände gänzlich unberücksichtigt bleiben, so wenig ist dies der Fall bei seinen Ausführungen über Schluß und Beweis. Er betont ausdrücklich, daß die deduktive Ableitung im letzten Grund von unbeweisbaren Sätzen abhängt [7], und indem er lehrt, daß diese Sätze teilweise auf induktivem Wege gefunden werden, dadurch aber nicht über allen Zweifel sicher gestellt werden können, macht er der Skepsis auch hier gewisse Konzessionen, die er freilich sogleich wieder einschränkt, wenn er meint, ein induktiv gewonnener Satz erweise seine Wahrheit, die induktiv nicht zu begründen sei, durch seine Brauchbarkeit als Ausgangspunkt einer Beweiskette [8]. Diese Auffassung paßt nun wieder gar nicht zu dem, was wir die logistische Denkweise genannt haben. Wie durch den Syllogismus [9] ein Obersatz soll bewiesen werden können, ist schlechterdings nicht einzusehen, wenn man nicht eine Wahrheitserkenntnis des einzelnen durch Wahrnehmung annimmt und einen Obersatz dann für bewiesen hält, wenn seine Konsequenzen mit der wahren Wahrnehmungserkenntnis nicht in Widerspruch geraten. Indem so die aristotelische Lehre von der beweisbaren Wahrheit die Annahme einer nicht durch Ableitung, sondern unmittelbar erkennbaren Wahrheit voraussetzt, zeigt sich, daß die begriffsrealistischen und wahrnehmungsrealistischen Überzeugungen in seinem Denken doch das Übergewicht über die logistischen Ansichten behaupten.

Die Kritik des Begriffsrealismus, der wir uns zuzuwenden haben, verbinden wir am besten mit der Betrachtung des Nominalismus, d. h. derjenigen Richtung der mittelalterlichen Philosophie, die mit besonderer Entschiedenheit gegen die begriffsrealistische Auffassung Front gemacht hat.

e) Der Streit zwischen Nominalismus und Realismus.

Die mittelalterliche, kirchlich beeinflußte Philosophie zeigt keine große Divergenz der Richtungen. Sie wird beherrscht von einigen Grundgedanken des Aristoteles und ihr Hauptinteresse ist darauf gerichtet, Glaubenswahrheiten zu beweisen. Sie trägt also, wie bereits erwähnt, überwiegend logistischen Charakter. Außerdem steht sie zunächst ganz auf dem Boden des Wahrnehmungsrealismus und des Begriffsrealismus. Noch Duns Skotus, der mehr skeptisch gesinnte Zeitgenosse des Systematisators der scholastischen Philosophie, des Thomas von Aquino, zeigt eine gewisse Selbständigkeit eigentlich nur insofern, als er die Kirchenlehren nicht in demselben Umfang für beweisbar hält[1]) wie bis ins vierzehnte Jahrhundert die weit überwiegende Mehrzahl der Scholastiker. Auch Roger Bacon, der wegen seiner naturwissenschaftlichen Neigungen vielfach als ein Vorläufer der englischen empiristischen Philosophie betrachtet wird, unterscheidet sich in seinen erkenntnistheoretischen Anschauungen nicht wesentlich von den klassischen Vertretern der Scholastik[2]). Er steht insbesondere noch ganz wie sie auf begriffsrealistischem Standpunkt. Erst Wilhelm von Occam, der Erneuerer des seit dem elften Jahrhundert vertretenen, aber nicht zu rechter Ausbreitung gelangten sogenannten Nominalismus, ruft in erkenntnistheoretischer Hinsicht eine wirkliche Spaltung innerhalb der scholastischen Philosophie hervor[3]).

Es handelt sich dabei der Hauptsache nach um die Bekämpfung des Begriffsrealismus. Die abstrakten Gegenstände der Allgemeinbegriffe dürfen nach nominalistischer Auffassung nicht als reale Wesen betrachtet werden und zwar weder als solche, die jenseits der Einzeldinge und vor ihnen Existenz haben, wie Platon gelehrt hat, noch als solche, die in den Individuen als selbständige Bestandteile vorhanden sind, wie die Formen des Aristoteles. Die platonische Hypostasierung der Abstrakta ist eine unbegründete und methodisch unberechtigte Annahme; denn man soll die Prinzipien nicht ohne Not vermehren, man soll da, wo man mit einer geringeren Zahl von Hypothesen seine Erklärungsbedürfnisse befriedigen kann, nicht zwecklos mehr derselben einführen. Dieses Argument hat schon Aristoteles mit Recht gegen die platonische Ideenlehre ins Feld geführt. Die aristotelische Auffassung der substantiellen Formen aber ist in sich selbst unhaltbar; denn wenn der abstrakte Gegenstand der Allgemeinbegriffe in jedem Exemplar der Gattung als selbständiger Kern vorhanden ist, dann ist er ja nicht mehr das eine, für alle Erkennenden identische Objekt, sondern er wird vervielfacht. Das Allgemeine, das er darstellen soll, wird individualisiert. Kurz, man verwickelt sich in die allerschönsten Widersprüche.

Will man diesen entgehen, so muß man annehmen, daß das Allgemeine nicht in den Dingen, sondern nur im Geist des Erkennenden vorhanden ist als Begriff, der eine Vielheit von Einzelwesen bedeutet. Über die Beschaffenheit dieses Begriffs gehen allerdings die Meinungen der Nominalisten einigermaßen auseinander. Wilhelm von Occam und die gemäßigteren Vertreter des nominalistischen Standpunkts fassen neben den Wörtern auch die Wortbedeutungen ins Auge. Die Verbindung von Wort und Bedeutung wird als „terminus“ bezeichnet, weshalb diese Nomalisten auch den Namen Terministen führen[4]). Daneben gebraucht man die Bezeichnung Konzeptualismus für diejenige nominalistische Auffassung, die in den Allgemeinbegriffen nicht nur Wörter, sondern Wortbedeutungen, also wirkliche Begriffe (conceptus) anerkennt. Die extremen Nominalisten, die eigentlich allein mit Recht so genannt werden können, sehen in den Allgemeinbegriffen nichts als Namen (nomina)[5]). Der Streit zwischen Konzeptualismus und extremem Nominalismus erstreckt sich bis in die Gegenwart. Noch heute gibt es Denker, die der Meinung sind, so wie ein Eigenname mit einer einzigen Dingvorstellung assoziiert werde und infolgedessen die Vorstellung dieses Einzeldings, sobald er gehört oder gelesen wird, herbeiführen könne, d. h. das betreffende Einzelding bedeute oder bezeichne, so werde ein Gattungsname mit einer ganzen Menge einander ähnlicher Dingvorstellungen assoziiert und bedeute demgemäß eine Vielheit von Dingen, wobei jedoch die Masse der Vorstellungen von ihm nicht jedesmal reproduziert werden könne, sondern latent bleibe und eben lediglich repräsentiert werde durch das Wort. Dieser Auffassung ist aber gegenwärtig, wie man wohl behaupten darf, der Boden entzogen durch den Nachweis der Möglichkeit wortlosen Denkens an das Allgemeine. Die bloße Assoziation, in der ein Wort mit irgendwelchen Vorstellungen steht, gibt dem Wort, wenn es auftritt, ohne Reproduktionen auszulösen, nach unserer Ansicht keine Bedeutung[6]). Andererseits ist sicher, daß ein Wort wie Mensch bei seinem Auftreten nicht eine Fülle von Vorstellungen einzelner Menschen reproduziert. Man muß also annehmen, daß es Abstraktionen, ganz inhaltsarme Erlebnisse des Gegenstandsbewußtseins sind, die das Verstehen der zur Bezeichnung des Allgemeinen verwendeten Wörter ausmachen, und die unter Umständen auch ohne die Wörter auftreten können. Wie solche Abstraktionen aus der Aufeinanderfolge ähnlicher Einzelvorstellungen sich bilden, wurde im psychologischen Teil unserer Betrachtungen ja bereits entwickelt.

Wir können also nur die konzeptualistische Form des Nominalismus in Betracht ziehen, wenn wir nun die Frage aufwerfen, ob dieser Richtung die Überwindung des Begriffsrealismus tatsächlich in endgültig befriedigender Weise gelungen ist. Vielleicht hält man diese Frage für vollkommen überflüssig und meint, eine solche Absurdität wie die Behauptung der Realität der Abstrakta brauche überhaupt nur in rechtes Licht gesetzt zu werden, um sich in ihrer Unhaltbarkeit zu erweisen. Aber das wäre doch ein wenig vorschnell geurteilt. Daß der Gegenstand einer Abstraktion, wie sie etwa in unserm Begriff des Dreiecks vollzogen wird, keine Realität besitzt, davon ist der gesunde Menschenverstand wohl mit Recht überzeugt, und der Philosoph darf hoffen, stichhaltige Gründe für das Recht dieser Überzeugung leicht finden zu können. Aber ist unser Begriff der Substanz nicht auch eine Abstraktion? Und sollte in ihm nicht eine Realität erfaßt werden?

Wenn die Einzelgegenstände, die unter einen Gattungsbegriff subsumiert werden, keine realen Dinge, sondern bloße Denk- oder Phantasiegebilde sind, dann kann natürlich auch der Gattungsbegriff keine in ihnen steckende Realität erfassen. Dann gilt aber von ihnen auch keineswegs die nominalistische Behauptung, daß dem Einzelnen Existenz zukomme. Wenn aber der Allgemeinbegriff, der sich auf eine Vielheit realer Dinge bezieht, von dem abstrahiert, was diesen Dingen gewiß nicht realiter zukommt, z. B. von der Verschiedenheit der subjektiven Sinnesqualitäten, wenn also etwa der Begriff des Atoms oder der Materie oder der Masse gebildet wird, warum soll dann ein solcher nichts wirklich Existierendes erfassen? Dieser Frage gegenüber hat es den Anschein, als sei der Nominalismus nur insofern im Recht, als gewiß nicht dem Allgemeinen deshalb Existenz zugeschrieben werden darf, weil es das Allgemeine ist. Das Allgemeine scheint jedoch ebenso wie das Individuelle sowohl Existierendes wie Nichtexistierendes zu umfassen, und die Behauptung der durchgängigen Nichtexistenz des Allgemeinen scheint ebenso unberechtigt zu sein wie die der durchgängigen Existenz.

Aber vielleicht müssen wir dem Nominalismus doch noch in weiterem Umfang Recht geben? Er behauptet ja nicht, daß das Allgemeine nicht zum Existierenden gehören könne, sondern nur, daß es weder in den Individuen noch außer ihnen selbständige Existenz besitze. Wir tun vielleicht gut, wenn wir, um uns diesen Gedanken deutlicher zu machen, den etwas mißverständlichen Ausdruck „das Allgemeine" durch den passender gewählten Begriff „das in der Vielheit der Gattungsexemplare Übereinstimmende (oder Gleiche)" ersetzen[7]). Dann ist die Frage die: Lassen sich alle individuellen Besonderheiten, alle Bestimmtheiten, wodurch sich ein Individuum vom andern unterscheidet, realiter ablösen von dem in allen Individuen Gleichen? Darauf wird man kaum einfach mit Ja antworten wollen. Gewiß, die Dinge der Erscheinungswelt sind verschieden vor allem durch die Mannigfaltigkeit ihrer sinnlichen Qualitäten, und die Naturwissenschaft sagt uns, daß diese nicht so, wie wir sie wahrnehmen, den Ursachen unserer Wahrnehmungen zukommen können. Aber muß nicht etwas in diesen Ursachen selbst verschieden sein, damit die Verschiedenheit der Sinneseindrücke zustande kommen kann? Man sagt vielleicht: Freilich muß eine solche Verschiedenheit des die differenten Empfindungen Hervorbringenden angenommen werden. Aber die Naturwissenschaft kommt diesem Postulat dadurch nach, daß sie variable Bewegungszustände annimmt, durch die gleichartige Dinge verschiedene Wirkungen herbeiführen können. Die Dinge existieren aber doch auch, wenn sie nicht in Bewegung sich befinden. Also können wir den in allen Dingen gleichen Stoff, das Substrat der Bewegung, als existierend betrachten, auch wenn wir von aller Verschiedenheit absehen. Diese Argumentation hat etwas Bestechendes und spielt namentlich in der materialistischen Popularphilosophie eine große Rolle. Haltbar ist sie deswegen noch lange nicht. Selbst wenn man sich auf den Standpunkt stellt, daß alle qualitative Besonderheit der wahrgenommenen Dinge durch verschiedene Bewegungszustände stets an sich vollkommen gleicher Bewegungssubstrate bedingt sei —, ein Standpunkt, der bei genauerer Prüfung, die wir an dieser Stelle nicht durchführen können, sich als gänzlich unmöglich erweist —, selbst dann muß man gegen die Behauptung von der Existenzfähigkeit des ohne Bewegungszustand und damit ohne jegliche Besonderung gedachten Bewegungssubstrats Einspruch erheben. Nur die Stumpfheit unserer Sinne verhindert uns, direkt wahrzunehmen, daß alle Materie in beständiger Bewegung ist und auf diesem Weg zu erkennen, daß es unbewegte Materie nicht gibt. Aber man muß bloß bedenken, daß auf dem in Rede stehenden Standpunkt alle Kräfte, also auch die anziehenden und abstoßenden, durch die ein Körper seine Grenzen bestimmt und seine Undurchdringlichkeit betätigt, auf Bewegungen beruhen, daß also ohne verschiedene Art von Bewegtheit die gleichartigen Bewegungssubstrate nicht Körper mit verschiedener Dichte und überhaupt nicht verschiedene Körper bilden könnten, sondern in einen unausgedehnten Punkt sämtlich zusammenschrumpfen müßten, man muß dies sich nur klar machen, so sieht man ohne weiteres ein, daß eine qualitätslose Materie ohne Bewegung nicht existieren kann.

Wir dürfen diese mehr in die Gegenstandslehre des Erkennens gehörigen Betrachtungen hier nicht weiter verfolgen. Das Gesagte mag genügen, zu zeigen, daß der Nominalismus mit seiner Behauptung der durchgängigen Nichtexistenz des Allgemeinen eine gar nicht selbstverständliche, wohl aber richtige Erkenntnis vertritt. Wenn wir davon überzeugt sind, daß „die Substanz existiert" oder wenn wir ähnliche Urteile über die Gegenstände von Allgemeinbegriffen für richtig halten, so brauchen wir uns in dieser Auffassung durchaus nicht stören zu lassen. Wir müssen nur erkennen, daß in derartigen Urteilen der Allgemeinbegriff nicht ein allen Gattungsexemplaren gemeinsames Etwas, ein Abstraktum, sondern die Gesamtheit der Gattungsexemplare bedeutet. Der Mensch, d. h. alle vorhandenen Menschen mit all ihren individuellen Besonderheiten, existiert, aber das Menschentum, das allen menschlichen Individuen Gemeinsame, hat keine reale Existenz. Wenn wir den Nominalismus so verstehen, dann müssen wir seinen Kampf gegen den Begriffsrealismus für einen unbedingt siegreichen halten.

Nun ist aber nicht zu vergessen, daß die Auffassung von der Wahrheit der Erkenntnis des Allgemeinen in Begriffen nicht entstanden ist unter dem Einfluß des Glaubens an die Realität des Allgemeinen, sondern daß umgekehrt dieser Glaube sich auf Grund jener Auffassung gebildet hat. Mit dem Nachweis der Nichtexistenz des abstrakten Gegenstandes der Gattungsbegriffe ist also eigentlich die Wurzel des Begriffsrealismus nicht getroffen. Aber diese Wurzel hat längst ihre Triebkraft verloren. Die Gleichsetzung der Erkenntnis des Unveränderlichen mit einer feststehenden Erkenntnis, dem eigentlichen Gegensatz der schwankenden Meinungen, ist zeitgeschichtlich bedingt durch die Spekulationen der Eleaten und Sophisten im Altertum, ist aber nicht zeitlos gültig auf Grund der Richtigkeit dieser Spekulationen. Auch im Gebiet der Wahrnehmung ändert sich nicht die Erkenntnis mit der Veränderung eines in Umgestaltung begriffenen Gegenstandes. Auch in der Wahrnehmung ist es möglich, ein zeitlich ausgedehntes Ganzes von Geschehnissen in einem ohne entsprechende zeitliche Gliederung verlaufenden, also, wenn wir von Entstehen und Vergehen desselben absehen, in einem unveränderlichen Akt zu erfassen. Der Schluß: Ein in Veränderung begriffener Gegenstand — eine veränderliche Erkenntnis — eine schwankende, eine zweifelhafte Erkenntnis — keine Wahrheit, diese einer primitiven Psychologie gewiß nicht fernliegende Gedankenkette ist für ein etwas fortgeschrittenes psychologisches Denken nicht mehr bindend. Wenn man trotzdem immer wieder dazu neigt, Erkenntnisse von Seiendem für wertvoller zu halten als solche von Geschehendem, so beruht das nicht sowohl auf der Unveränderlichkeit des Seienden und auf der Veränderlichkeit des Geschehenden als vielmehr darauf, daß beim Gedanken an ein Geschehen die Unmöglichkeit der selbständigen Existenz unangenehm zwingend uns zum Bewußtsein kommt und mit der unausrottbaren Tendenz zur Hypostasierung aller Erkenntnisgegenstände in Konflikt gerät, während beim Gedanken an das Seiende entweder überhaupt nicht das Abstraktum des bloßen Seins, sondern eine Vielheit konkreter seiender und natürlich auch irgendwelche Zustände habender Dinge gedacht wird oder, wenn wirklich einmal das Abstraktum Seiendes den wirklichen Gegenstand unseres Erfassens bildet, wobei natürlich das Seiende im Unterschied vom Geschehenden nur das Beharren im Gegensatz zur Veränderung bedeuten kann, die naheliegende Verwechslung des Seins im Sinn von Beharren (oder in Ruhe sein) mit dem Sein im Sinn von Existieren (oder Substrat von Wirkungen, von Geschehnissen sein) uns die Existenz dieses Abstraktums vortäuscht. Tatsächlich kann nichts existieren, d. h. in Wechselwirkung mit anderem Existierenden, darunter auch mit uns, den Erkennenden treten, als was Substrat fortwährenden Geschehens bildet, und wenn wir das Substrat vom Geschehen gedanklich, so wie die Identität von der Veränderung, trennen, wenn wir also das Abstraktum des bloßen Beharrens ebenso wie das Abstraktum des bloßen Geschehens bilden können, so ist doch im Existierenden selbst eine Trennung des Substrats vom Geschehen, d. h., es ist eine Trennung, wobei Substrat sowohl wie Geschehen Existierendes, also Wirksames bliebe, ein für allemal ausgeschlossen. Wie sollte es wohl ein veränderungs- loses Sein anfangen, plötzlich eine Wirkung, also eine Ver- änderung hervorzurufen, oder wie sollte es einer in jeder Phase ihres Ablaufs aus nichts entstehenden und in nichts vergehenden, einer substratlos gedachten Veränderung ge- lingen, Ursache von etwas zu werden, was aus ihr hervorgeht, nicht nur auf sie folgt, was also durch irgendwelche Identitäts- beziehung mit ihr verbunden ist? Sein im Sinn vom Beharren eines Identischen und Geschehen gehören untrennbar zusam- men und nur die Einheit beider besitzt Sein im Sinn von Existenz. Wenn man dies einsieht, wird man selbst durch die Neigung, der Erkenntnis des Existierenden den Vorzug zu geben vor derjenigen des Nichtexistierenden, nicht mehr veranlaßt werden, die Erkenntnis des Unveränderlichen höher zu stellen als die des Veränderlichen. Nimmt man hinzu, daß die Erkenntnis des Unveränderlichen nicht den Gegensatz der schwankenden Meinungen bildet, so dürfte der Überschätzung des auf Abstrakta gerichteten Erkennens einstweilen jeder nach dem bisher Gesagten dafür in Betracht kommende Grund genommen sein.

Der Nominalismus hat denn auch tatsächlich nicht nur den Glauben an die Existenz der abstrakten Gegenstände der Gattungsbegriffe erschüttert, sondern das Werturteil über die Erkenntnis des Allgemeinen und des Besonderen vollkommen umgedreht. Die Nominalisten wenden ihr Interesse mehr und mehr den einzelnen Tatsachen der äußeren und inneren Er- fahrung zu und sind daher wohl in gewissem Sinne als die Vorläufer der späteren englischen empiristischen Philosophie zu betrachten. Daß sie freilich in der Beantwortung der Frage des Wahrheitsprinzips noch außer ihrem erfolgreichen Kampf gegen den Begriffsrealismus nennenswerte Leistungen auf- zuweisen hätten, kann man kaum behaupten. Logistische und wahrnehmungsrealistische Überlegungen bilden den positiven Teil der nominalistischen Erkenntnistheorie. Neue Kriterien

der Wahrheit treten uns erst entgegen von der Zeit an, von
der an man den Beginn 'der neueren Philosophie rechnet.

f) Der Rationalismus.

Unter dem Rationalismus verstehen wir nicht jede Richtung der Philosophie, die der Erfahrungserkenntnis die Ver-
standes- oder Vernunftleistungen als etwas Höherwertiges
gegenüberstellt[1]). Vielleicht gibt es gar keine ernsthafte Philosophie, die in diesem Sinn nicht Rationalismus wäre, und
jedenfalls müßte der größte Teil der bisher besprochenen erkenntnistheoretischen Richtungen bei solchem Sprachgebrauch
als Rationalismus bezeichnet werden. Da es uns nicht darum
zu tun ist, möglichst inhaltlose Allgemeinbegriffe aufzustellen,
da wir vielmehr möglichst viel Besonderheiten des erkenntnistheoretischen Standpunkts kennen lernen und durch besondere Bezeichnungen kenntlich machen wollen, so verwenden
wir den Namen Rationalismus nur für die unter diesem Titel
bekannte Richtung in der Entwicklung der neueren Philosophie.

Descartes, der Begründer dieser Richtung, rückt drei Ge-
sichtspunkte in den Vordergrund der Diskussionen über das
Wahrheitsproblem, die wohl nicht als absolut neu bezeichnet
werden dürfen, die aber nie vorher die Rolle gespielt haben,
die sie von nun an zu spielen berufen sind. Wir können die
kartesianische Auffassung von den Kriterien der Wahrheit,
wenn wir zunächst von seiner eigenen Darstellung absehen,
etwa folgendermaßen formulieren: 1. Wahr sind die durch
Evidenz ausgezeichneten Erkenntnisse des Selbstbewußtseins.
In der Weiterentwicklung dieses Gedankens ergibt sich mit
einer gewissen Notwendigkeit die Lehre: Wahr sind die durch
Evidenz ausgezeichneten Erkenntnisse.

2. Wahr sind die klaren und deutlichen Einsichten.

3. Wahr sind die angeborenen Erkenntnisse.
Von den bisher ins Auge gefaßten Wahrheitskriterien ist es
das der Widerspruchslosigkeit, das Descartes und alle folgenden Rationalisten in Verbindung mit 'den neuen Gesichtspunkten reichlich zur Anwendung bringen[2]). Widerspruchslose, deduktive Ableitung eines Systems aus evidenten oder
klaren und deutlichen oder angeborenen Erkenntnissen — das
ist das typisch rationalistische Ideal der Verstandes- oder Ver-
nunfttätigkeit.

Werfen wir nun, bevor wir in die Diskussion dieser Auffassung eintreten, einen Blick auf die Art der Begründung, die sie bei Descartes findet! Da wird vor allem jeder Anschluß an die vorausgehende philosophische Entwicklung absichtlich unterlassen. Ganz von vorn soll die Untersuchung geführt werden, damit kein ungeprüfter Satz, der sich nachträglicch als falsch erweisen könnte, die Festigkeit des Gedankengebäudes gefährde. „Schon vor Jahren", so beginnt die erste der „Betrachtungen über die Grundlagen der Philosophie"[3]), „bemerkte ich, wieviel Falsches ich von Jugend auf als wahr hingenommen habe, und wie zweifelhaft alles sei, was ich später darauf gründete; darum war ich der Meinung, ich müsse einmal im Leben von Grund auf alles umstürzen und ganz von vorne anfangen, wenn ich je irgendetwas Festes und Bleibendes in den Wissenschaften aufstellen wolle." Die gänzliche Voraussetzungslosigkeit soll dadurch erreicht werden, daß zunächst einmal alles, was überhaupt bezweifelt werden kann, in Zweifel gezogen wird. Man bezeichnet diese Art des Verfahrens als methodischen Zweifel. Dabei wird mit ganz ähnlichen Überlegungen operiert, wie wir sie bei Betrachtung der antiken Skepsis kennen gelernt haben, aber nicht zu dem Zweck, alle Wahrheitserkenntnis als unmöglich zu erweisen, sondern in der Absicht, den Punkt zu finden, an den diese skeptischen Argumentationen nicht heranreichen. Den Ausgangspunkt bildet der Zweifel an der Sinneswahrnehmung. Sie ist trügerisch in bezug auf das Was der Dinge. Aber sagt sie nicht mit unbezweifelbarer Sicherheit, daß jeweils etwas Wahrnehmbares vorhanden ist, wenn wir eine Wahrnehmung haben? Nein; denn wir glauben ja auch im Traum Dinge wahrzunehmen, die nicht vorhanden sind. Wer sagt uns denn, daß wir uns nicht immer in einem solchen Zustand wie beim Träumen befinden? Mit dieser Überlegung geht der methodische kartesianische Zweifel noch hinaus über den definitiven der antiken Skeptiker. Aber wenn wir auch im einzelnen Fall nie wissen können, ob wir träumen oder wachen, so gibt es doch Erkenntnisse, die sich gar nicht auf einen einzelnen Fall beziehen. Daß zwei und drei zusammen fünf geben, und daß das Quadrat nicht mehr als vier Seiten hat, das gilt offenbar ganz unabhängig davon, ob wir schlafen oder wachen. Doch auch hierbei beruhigt sich der Zweifel nicht. Wenn wir so organisiert wären, daß wir uns täuschen müßten bei dem, was wir am sichersten zu wissen glauben, wenn Gott uns für den Irrtum geschaffen hätte, dann dürften wir auch die gewisseste Erkenntnis nicht für Wahrheit halten. Aber ist es nicht unmöglich, daß Gott, der Allgütige, es darauf abgesehen hat, uns so zu täuschen? Dann wäre es auch unmöglich, daß er uns gelegentlich dem Irrtum anheimfallen läßt. Im übrigen gibt es Leute genug, die an die Existenz eines allmächtigen Gottes nicht glauben. Auch die Erkenntnis Gottes scheint also dem Zweifel zu unterliegen. Wird aber damit nicht die Annahme der Möglichkeit, daß wir mit unserem sichersten Wissen im Irrtum befangen bleiben, wiederum hinfällig? Keineswegs. Täuschung und Irrtum scheinen ja Unvollkommenheiten zu sein, und so erhöht sich die Wahrscheinlichkeit der Ansicht, wonach wir unvollkommen sind und immer irren, je weniger ein allmächtiger Urheber unseres Daseins anzunehmen ist.

„Ich nehme also an," sagt der wahrheitsuchende Zweifler, „alles, was ich um mich sehe, sei falsch; ich glaube, daß nichts von alledem, was mir meine trügerische Erinnerung vorführt, je existierte; ich habe überhaupt keine Sinne; Körper, Gestalt, Ausdehnung, Bewegung und Ort sind Chimären! — Was soll da noch wahr sein? Vielleicht dieses eine, daß es nichts Gewisses gibt! Aber sollte es denn wirklich nicht noch etwas anderes von allem bereits Angeführten Verschiedenes geben, das auch nicht die geringste Möglichkeit zu einem Zweifel bietet? Gibt es vielleicht einen Gott — oder wie ich ihn sonst nennen soll — der mir diese Gedanken einflößt? — Doch wozu soll ich dergleichen annehmen, da ich wohl auch selbst ihr Urheber sein könnte! — So wäre aber doch wenigstens Ich etwas? allein ich habe ja bereits geleugnet, daß ich irgendeinen Sinn, irgend einen Körper habe! — Doch halt! Was folgt denn hieraus? Bin ich denn so sehr an den Körper und und an die Sinne gebunden, daß ich nicht auch ohne sie sein könnte? Aber ich habe mir ja eingeredet, es sei gar nichts in der Welt, kein Himmel, keine Erde, kein Geist, kein Körper: also bin doch auch ich nicht da? — Nein, ganz gewiß war ich da, wenn ich mir dergleichen eingeredet! Aber gibt es nicht irgendeinen sehr mächtigen, sehr schlauen Betrüger, der mit Absicht mich immer täuscht? — Ganz zweifellos bin aber eben darum auch ich, wenn er mich täuscht; mag er mich nun täuschen, soviel er kann, das wird er doch nie bewirken können, daß ich nicht sei, während ich denke, ich sei etwas, und nachdem ich so alles wieder und immer wieder erwogen habe, muß ich schließlich konstatieren, daß der Satz: „Ich bin, ich existiere“ unbedingt wahr ist, so oft ich ihn ausspreche oder denke[4]).“

Nachdem in dieser Weise ein feststehender Ausgangspunkt gewonnen ist, handelt es sich weiter zunächst darum, das Wesen dieses unzweifelhaft existierenden Ich etwas genauer zu bestimmen. Da bleibt, wenn man alle unsicheren Bestimmungen beiseite läßt, nichts als das Denken übrig als etwas, was zum Ich gehören muß. Solange ich denke, bin ich, während es wohl möglich ist, daß ich zu sein aufhöre, wenn ich nicht mehr denke. Was Descartes unter Denken versteht, ist nichts anderes, als was wir Bewußtsein oder Gegenstand des Selbstbewußtseins nennen. Ein denkendes Wesen bedeutet: „Ein Wesen, das zweifelt, erkennt, bejaht, verneint, will, nicht will, auch vorstellt und empfindet[5]).“ Wahr sind also, so können wir das Ergebnis der bisherigen Betrachtungen zusammenfassen, die auf das Dasein seiner Gegenstände gerichteten Erkenntnisse des Selbstbewußtseins.

Damit scheint aber die ganze Spekulation an ihrem Ende angelangt zu sein, wenn sich keine Eigentümlichkeit der Erkenntnisse des Selbstbewußtseins entdecken läßt, mit der ihre unbezweifelbare Richtigkeit in Zusammenhang gebracht werden kann, so daß der allgemeinere Satz sich ergibt: Alle Erkenntnisse, denen diese Eigentümlichkeit zukommt, sind unbezweifelbar richtig. Die Hoffnung, ein solches Charakteristikum zu finden, wird im Fortgang der kartesianischen Überlegungen zunächst auf ein Minimum reduziert durch den Hinweis auf die scheinbare Unvollkommenheit gerade der Erkenntnisse des Selbstbewußtseins. Werden die körperlichen Gegenstände, deren Bilder sich in uns gestalten, nicht viel deutlicher erkannt, als unser unvorstellbares Ich? Wenn das aber wirklich der Fall ist, so können wir doch nicht gut den Schluß ziehen, daß die undeutlichere Erkenntnis die deutlichere an Wahrheit übertrifft. Es gilt also, nachzuprüfen, ob die durch unsere Sinne vermittelte Auffassung der Dinge in der Tat durch Klarheit und Deutlichkeit ganz besonders ausgezeichnet ist. Das Resultat dieser Nachprüfung ist negativ. Ein Stück Wachs wird ins Auge gefaßt. „Erst ganz kürzlich ist es aus der Honigscheibe gewonnen worden. Noch hat es nicht allen Honiggeschmack verloren. Ein wenig hat es auch noch von dem Duft der Blumen, aus denen es gesammelt worden. Seine Farbe, seine Gestalt, seine Größe sind deutlich erkennbar. Es ist hart, kalt, man kann es leicht anfassen, und wenn man mit dem Knöchel darauf klopft, gibt es einen Ton von sich. Kurz, alles ist ihm eigen, was zur ganz deutlichen Erkenntnis eines Körpers erforderlich erscheint. Doch siehe da! Während ich rede, kommt es dem Feuer zu nahe; der Rest des Geschmacks vergeht; sein Geruch verduftet; seine Farbe ändert sich; seine Form verschwindet. Es nimmt zu an Größe, wird flüssig, wird heiß, kaum kann man es noch anfassen, und schlägt man darauf, so gibt es keinen Ton mehr! Bleibt es nun noch ebendasselbe Wachs? — Ich muß gestehen, es bleibt dasselbe; niemand leugnet es, niemand ist andrer Meinung! Was war denn nun aber an ihm, das so deutlich aufgefaßt wurde? — Sicherlich nichts von alledem, was ich mit den Sinnen erreichte, denn alles, was unter den Geschmack, den Geruch, das Gesicht, das Gefühl oder das Gehör fiel, hat sich geändert, das Wachs aber bleibt[6].“ Was klar und deutlich erkannt wird, wird nicht von den Sinnen, sondern vom Geist erfaßt. Der Geist aber erkennt sich selbst nicht nur viel wahrer und gewisser, sondern auch viel deutlicher und klarer als alles andere. „Denn, wenn ich urteile, das Wachs ist, weil ich es sehe, so folgt sicherlich noch viel klarer auch mein eigenes Dasein daraus, daß ich das Wachs sehe[7].“ Damit ist für Descartes der Weg geebnet zu dem Satz: Wahr ist, was vollkommen klar und deutlich erkannt wird.

Aber hat sich nicht früher gezeigt, daß auch die durchaus klaren und deutlichen Einsichten der Arithmetik und Geometrie sich bezweifeln lassen? Warum ist nun plötzlich diese Möglichkeit des Zweifels beseitigt? Auf diese bedenklichen Fragen gibt unser Philosoph eine seltsame Antwort. Er weist darauf hin, daß er die klaren und deutlichen Erkenntnisse der Arithmetik und Geometrie nur aus dem Grund für zweifelhaft erklärt habe, weil ihm in den Sinn gekommen sei, es habe ein Gott ihn so schaffen können, daß er selbst in den scheinbar handgreiflichsten Dingen sich seiner Natur nach im Irrtum befinden müsse. Da nun aber sicherlich keine Veranlassung besteht zu der Annahme, es sei ein Gott, der den Irrtum hervorrufe, so, meint er, ist ein Zweifel, der sich lediglich auf diese Annahme stützt, sehr schwach und sozusagen metaphysisch begründet. Descartes vergißt hier vollständig, daß er die Wahrscheinlichkeit beständigen Irrtums im Fall der Nichtexistenz eines allmächtigen Gottes für größer erklärt hat, als im Fall seiner Existenz. Das ist aber für den weiteren Teil der Betrachtungen unwesentlich, da er glaubt, er könne den letzten Zweifel beseitigen durch den Nachweis, daß Gott existiert und kein Betrüger sein kann.

Diesen Nachweis führt er in folgender Weise: Nachdem die Richtigkeit der auf Bewußtseinsvorgänge gerichteten Erkenntnisse außer Zweifel steht, kann nur ein Urteil, das nicht bloß Vorstellungen in uns, sondern ihnen ähnliche und entsprechende Dinge außer uns konstatiert, irrtümlich sein. Eine Einteilung der Vorstellungen unterscheidet solche, die angeboren sind, von solchen, die uns von außen kommen, sowie von denen, die wir uns selbst bilden. Diese Einteilung kann zwar vorläufig noch bezweifelt werden, denn noch ist der Ursprung der Vorstellungen nicht zweifellos klar und deutlich erkannt. Klar und deutlich erkennen wir jedoch, daß die Vorstellungen, welche Substanzen darstellen, in gewisser Beziehung mehr sind, daß sie mehr objektive Realität enthalten als die, welche nur Eigenschaften und Akzidenzen darstellen. Dementsprechend muß auch die Vorstellung eines höchsten Gottes, der ewig, unendlich, allweise, allmächtig und der Schöpfer aller Dinge ist, die außer ihm sind, mehr objektive Realität besitzen als die Vorstellungen von endlichen Substanzen. Klar und deutlich erkennen wir aber auch, daß in der ganzen wirkenden Ursache mindestens ebensoviel Realität enthalten sein muß wie in der Wirkung dieser Ursache. Demgemäß können auch die Vorstellungen zwar leicht hinter der Realität der Dinge, von denen sie herrühren, zurückbleiben, niemals aber Realeres als jene enthalten. Alle Vorstellungen nun von endlichen Substanzen sowie von ihren Eigenschaften und Zuständen enthalten nicht mehr Realität als das denkende Ich, das sich ja als Substanz erkennt. Sie alle könnten daher wohl aus unserem Denken stammen. Anders die Vorstellung von Gott. Unter Gott versteht man ein unabhängiges, unendliches, allweises, allmächtiges Wesen substanzieller Art, von dem das denkende Subjekt und alles außer ihm, was etwa noch existiert, geschaffen ist. In dieser Vorstellung ist also mehr Realität enthalten als in dem Ich, in dem sie sich findet. Man wende nicht ein, die Idee des vollkommensten Wesens sei durch Negation unserer eigenen Unvollkommenheit entstanden. Sie muß ja vorhanden sein, damit wir durch Vergleichung mit ihr die Vorstellung unserer Unvollkommenheit überhaupt bilden können. Sie ist auch nicht „material falsch“. Diesen eigentümlichen Begriff der materialen Falschheit führt unser Philosoph unter ausdrücklichem Hinweis darauf ein, daß formal falsch nach dem früher Gesagten Vorstellungen überhaupt nicht sein können. Materiale Falschheit zeigt eine Vorstellung ohne objektive Realität, wie z. B. die der Kälte, von der man nicht wissen kann, ob in ihr nicht nur Abwesenheit der Wärme erfaßt wird. Die Vorstellung Gottes mit ihrem unzweifelhaften Hinweis auf die höchste Realität kann also gar nicht material falsch sein. Aber ist sie klar und deutlich genug? Ist es nicht sicher, daß wir das Unendliche nicht zu fassen vermögen? Allerdings. Aber gerade indem wir einsehen, daß es in der Natur des Unendlichen liegt, daß es von uns, den Endlichen, nicht begriffen werden kann, gewinnen wir eine klare und deutliche Erkenntnis. Die Vorstellung Gottes ist also die wahrste, klarste und deutlichste aller Vorstellungen. Klar und deutlich ist übrigens dem rationalistischen Denker nicht nur, daß die Vorstellung Gottes nicht aus ihm selbst stammen kann, sondern auch, daß er selbst von einem von ihm verschiedenen Wesen abhängt. Dieses Wesen könnten seine Eltern sein. Aber dann erhebt sich die Frage, von wem sie abhängen, und schließlich gelangt man zu einer Substanz, die aus sich selbst Existenz und das Bewußtsein eines allervollkommensten Wesens hat und diese Substanz ist Gott. Gott also existiert, er hat Realität als das vollkommene Wesen, das wir vorstellen. Daraus geht aber ohne weiteres hervor, daß er uns nicht täuschen kann, daß also vor allem die angeborenen Vorstellungen, die direkt von ihm stammen, wahr sein müssen. So gelangt Descartes zu der Lehre von der Unbezweifelbarkeit der angeborenen Wahrheiten.

Aber im Grunde wird damit die Möglichkeit des Irrtums überhaupt zum Problem. Wenn erst unsere Wahrheitserkenntnis als garantiert hingestellt wird durch den Willen eines allmächtigen, die Täuschung verabscheuenden Gottes, wie können wir da jemals dem Irrtum anheimfallen? Die Antwort auf diese Frage lautet: Dadurch, daß bei der Erkenntnis Verstand und Wille zusammenarbeiten, von denen jeder für sich genommen vollkommen genug ist, die aber da, wo der Wille sich Übergriffe zuschulden kommen läßt, in der gemeinsam hervorgebrachten Leistung von der Richtung aufs Vollkommene abweichen, ohne daß diese Abweichung schwieriger zu erklären wäre als die Tatsache der menschlichen Sündhaftigkeit. Es gilt also, den Willen in Schranken zu halten, nur denjenigen Erkenntnissen seine Zustimmung zu

geben, die vollkommen klar und deutlich sind, d. h. nur
das wirklich Erkannte für erkannt zu halten. Dann vermeidet
man den Irrtum ebenso wie man andere Sünden meidet.

In dieser kartesianischen Wahrheitslehre sind alle Grundgedanken bereits enthalten, die in der Entwicklung der rationalistischen Erkenntnistheorie in der Folgezeit deutlicher
hervortreten. Der Grundsatz, daß alles klar und deutlich
Erkannte wahr sei, wird in der radikalsten Weise durchgeführt von Spinoza, wenn er aus Definitionen, die gewiß das klarste und deutlichste aller Denkmittel sind,
sein ganzes System der Philosophie „nach geometrischer
Methode" deduziert[8]). Die Lehre von den angeborenen Wahrheiten erreicht ihre vollkommenste Ausprägung bei Leibniz,
für den alles Erkennen nur darin besteht, daß die — nicht
von außen erzeugten, sondern — in den erkennenden Wesen
von Anfang an vorhandenen Weltbilder zu immer größerer
Klarheit und Deutlichkeit erhoben werden[9]). Den großartigsten
Versuch endlich, ein philosophisches System ganz und gar auf
die Erkenntnis des Selbstbewußtseins von der Identität des
Ich zu gründen, hat J. G. Fichte[10]) unternommen.

Eine Kritik der rationalistischen Wahrheitslehre kann entweder ihre Begründung oder ihre Tragweite hauptsächlich ins
Auge fassen. Die Einwände gegen die kartesianische Grundlegung sind außerordentlich naheliegend. Wenn wir davon
absehen, die skeptischen Überlegungen bei Descartes einer
genaueren Prüfung zu unterziehen, so ist vor allem darauf
hinzuweisen, daß die Evidenz der Erkenntnisse des Selbstbewußtseins keineswegs die substanzielle Existenz des Ich außer
Zweifel stellt. Das Bewußtsein von der Wirklichkeit des Bewußtseins, das mit dem Erfassen der psychischen Vorgänge
des Zweifelns, Erkennens, Bejahens, Verneinens, Wollens, Nicht-
wollens, Vorstellens und Empfindens gegeben ist, macht eine
Leugnung des Gegebenseins dieser Bewußtseinsprozesse ebenso
unmöglich wie das Begreifen der Gleichheit von zwei plus drei
und von fünf eine Negation dieser Gleichheit. Wenn man
glaubt, eine auf beständigen Irrtum angelegte geistige Organisation könne dem Irrtum unterliegen bei den evidenten
Urteilen der Arithmetik und Geometrie, dann muß man überhaupt konsequenterweise den Zweifel auch ausdehnen auf die
Erkenntnisse des Selbstbewußtseins. Direkt denkbar ist die
Behauptung, daß eine vierseitige Figur wie das Quadrat vielleicht doch mehr oder weniger wie vier Seiten haben könne,

ebensowenig wie der Satz, daß mein Zweifeln und Überlegen vielleicht gar nicht mein Zweifeln und Überlegen ist,
daß möglicherweise überhaupt nichts geschieht, wo in meinem
Selbstbewußtsein ein Geschehen zwingend Anerkennung er-
heischt. Aber wenn man im einen Fall indirekt die Möglichkeit eines Zweifels glaubt erweisen zu können, so darf man
dies auch im andern nicht für ausgeschlossen halten[11]).

Geben wir jedoch einmal zu, daß die Erkenntnis von der
Wirklichkeit des Zweifels durch keinen Zweifel erschüttert
werden kann selbst da, wo die evidenten Erkenntnisse der
Arithmetik und Geometrie bezweifelt werden, so dürfen wir
keinesfalls übersehen, daß die Wirklichkeit des Zweifels und
die Existenz eines substanziellen Ich durchaus nicht dasselbe
sind. Die Existenz einer denkenden Substanz ist so wenig
unbezweifelbar, daß sie vor und nach Descartes oft genug
gründlichst in Zweifel gezogen worden ist, auch von solchen
Denkern, denen die Richtigkeit der auf das Dasein ihrer
Gegenstände gerichteten Erkenntnisse des Selbstbewußtseins
ganz unbestreitbar erschien.

Aber der bedenklichste Fehler der kartesianischen Überlegungen steckt nicht in dem unbegründeten Schluß vom
Gegebensein der Gegenstände des Selbstbewußtseins auf die
Existenz einer denkenden Substanz. Viel unberechtigter und
und gefährlicher in ihren Konsequenzen ist die Betrachtung,
durch die der Satz von der Wahrheit aller klaren und deutlichen Erkenntnisse gewonnen wird. Selbst wenn die Erkenntnisse des Selbstbewußtseins durch besondere Klarheit und Deutlichkeit ausgezeichnet wären, würde daraus nicht folgen, daß
alle klaren und deutlichen Erkenntnisse dieselbe Wahrheit besitzen müssen wie die des Selbstbewußtseins. Dieser Schluß
wäre höchstens dann berechtigt, wenn nachgewiesen wäre,
daß außer der Klarheit und Deutlichkeit kein auszeichnen-
des Merkmal der Erkenntnisse des Selbstbewußtseins sich
finden läßt. Das ist aber nicht nur unbewiesen, sondern unbeweisbar, da ein viel hervorstechenderes Merkmal als die
Klarheit und Deutlichkeit der Akte inneren Erfassens, die in
der Regel recht viel zu wünschen übrig läßt, in der Evidenz
derselben — soweit sie hier in Betracht kommen — anerkannt
werden muß. Der kartesianische Nachweis, daß der Geist
am klarsten und deutlichsten sich selbst erkennt, ist überdies
ganz und gar verunglückt. Man erinnere sich an das Beispiel mit dem Stück Wachs. Descartes selbst geht davon

aus, daß die Wahrnehmung des kalten, harten, schmeckenden
und duftenden Wachses an Deutlichkeit nichts zu wünschen
übrig lasse. Wenn das Wachs dem Feuer zu nahe kommt,
ändern sich seine Qualitäten. Aber werden die neuen Eigenschaften des Heißen, Flüssigen usw. nicht mit derselben Deutlichkeit wahrgenommen wie vorher die andern? Folgt aus
der Tatsache der Veränderung klar und deutlich erfaßter
Qualitäten, daß nicht sie, deren Wechsel wahrgenommen wird,
daß vielmehr das identisch Bleibende, das hinter der Veränderung gedacht wird, ohne daß wir uns eine klare und
deutliche Vorstellung davon machen können, das eigentlich
klar und deutlich Erkannte ist? Höchstens könnte man doch
schließen, daß das wahre Wesen der körperlichen Dinge nicht
mit genügender Deutlichkeit zu erkennen sei. Aber der kartesianische Trugschluß erweist sich für die ganze fernere Entwicklung des Rationalismus von außerordentlicher Tragweite.
Statt die äußere Wahrnehmung als eine klare und deutliche
Erkenntnis von etwas zu betrachten, was jedenfalls nicht die
Substanz der körperlichen Dinge darstellt, erklärt man sie
für eine unklare und verworrene Erkenntnis eben dieser Substanz und gelangt schließlich dazu, in den Sinnesempfindungen
ein Gewirr von Atombewegungswahrnehmungen zu sehen, dessen Entwirrung den Kontinuität vortäuschenden Qualitätsein-
druck verschwinden läßt, so daß sich ohne weiteres die quantitative, klare und deutliche, die mathematisch-naturwissenschaftliche Weltauffassung ergibt.

Nachdem Descartes die Wahrheit aller vollkommen klaren
und deutlichen Erkenntnisse erwiesen zu haben glaubt, wäre
zu weiteren Trugschlüssen eigentlich gar keine Veranlassung
mehr. Er könnte ruhig die durch Klarheit der begrifflichen
Distinktionen ausgezeichnete scholastische Philosophie oder
die durchsichtigen naturwissenschaftlichen Forschungen, wie
sie ein Galilei oder wie er selbst sie angestellt hat, als gesicherte Wahrheit in sein Lehrgebäude aufnehmen. Aber der
böse Dämon, den er als Urheber des Irrtums vorübergehend
eingeführt hat und bald wieder loswerden möchte, scheint
sich an ihm zu rächen und ihn von Trugschluß zu Trugschluß
zu führen. Es folgt vor allem ein regelrechter logischer Zirkel.
Mit Hilfe des Satzes von der Wahrheit der klaren und deutlichen Erkenntnisse wird nämlich bewiesen oder soll bewiesen
werden, daß ein allmächtiger und wahrheitsliebender Gott
existiert, damit· die Gewißheit der Gotteserkenntnis jeden

Zweifel an der Glaubwürdigkeit der klaren und deutlichen Erkenntnisse verscheuche. Von diesem Zirkelschluß könnte man jedoch leicht absehen. Aber nicht einmal innerhalb desselben ist der kartesianische Gedankengang logisch einwandsfrei. Auch wenn man zugibt, daß der Satz unbestreitbar sei, wonach die Ursache ebensoviel oder mehr Realität haben muß als ihre Wirkung, auch wenn man also nichts einzuwenden hat gegen die Annahme von Graden der Realität, auch wenn man ferner der merkwürdigen Behauptung beistimmt, wonach die Vorstellungen von Substanzen hinsichtlich einer bestimmten Art von Realität einen höheren Rang einnehmen als die Vorstellungen von Akzidenzen, und wenn man endlich einverstanden ist mit der Gleichsetzung von höherer Vollkommenheit und höherer Realität, selbst bei all diesen Zugeständnissen muß man den kartesinaischen Beweis für das Dasein Gottes ablehnen. Descartes selbst betont ja, daß die Realität der Vorstellung oder des Abbildes hinter der Realität des Gegenstandes der Vorstellung oder des Urbildes zurückbleibt. Daraus müßte er offenbar folgern, daß zum mindesten die Frage aufgeworfen werden sollte, ob die Realität einer endlichen Substanz, wie eine solche für ihn der menschliche Geist darstellt, nicht eine größere sei als die der Vorstellung einer unendlichen Substanz, da der Abstand, der die Realität einer endlichen Vorstellung des Unendlichen von der Existenz des Unendlichen trennt, doch offenbar größer ist als der Abstand zwischen der Realität einer endlichen Substanz und der Existenz des Unendlichen — falls diese Existenz des Unendlichen überhaupt anzunehmen ist. Die Überlegung, daß der menschliche Geist nicht die Ursache der Gottesvorstellung sein könne, weil er an Realität hinter dieser Vorstellung zurückstehe, wirkt also nicht nur auf ein psychologisch geschultes Denken unmittelbar wie eine Absurdität, sondern sie folgt nicht einmal mit logischer Notwendigkeit aus den extravagant genug sich darstellenden kartesianischen Prämissen.

Nun wäre es für die Erkenntnistheorie ziemlich nebensächlich, ob ein Gottesbeweis mehr oder weniger mißlingt, wenn bei Descartes nicht mit der Annahme der Stichhaltigkeit seines Beweises die Lehre von den angeborenen Wahrheiten aufs engste zusammenhinge. Für diese Lehre ist in der Folgezeit eigentlich nie mehr eine andere Begründung versucht worden. Man hat es nur in der Fortentwicklung des rationalistischen Denkens mehr und mehr für selbstverständlich gehalten, daß Erkenntnisse, die in unserer geistigen Organisation begründet sind, eben schlechterdings wahr sein müssen. Man hat die naive Ansicht vom Angeborensein der Vorstellungen selbst, die Ansicht vom aktuellen Angeborensein gewisser Wahrheiten, modifiziert und die Lehre vom dispositionellen Angeborensein dieser Wahrheiten aufgestellt. Namentlich Leibniz und Kant haben in dieser Hinsicht die rationalistische Auffassung fortgebildet. Aber die Frage, ob wir uns denn nicht auch täuschen können hinsichtlich dessen, was wir von den durch unsere geistige Organisation bedingten Eigentümlichkeiten der Objekte allgemeingültig zu erkennen glauben, ist kaum von einem Rationalisten nach Descartes genügend berücksichtigt worden. Wir werden übrigens die Lehre von dem besonderen Wert der „apriorischen" Erkenntnisse bei Betrachtung des Kritizismus weiter zu verfolgen haben.

Dagegen ist an dieser Stelle noch zu untersuchen, ob die übrigen rationalistischen Wahrheitsprinzipien nicht vielleicht eine Berechtigung haben, die trotz der verunglückten kartesianischen Begründung anzuerkennen ist. Zur Widerlegung einer Auffassung genügt es ja im allgemeinen nicht, den Beweis, den irgend jemand für die Richtigkeit derselben führt, zu widerlegen. Wenn freilich der mißlungene Beweis alles ist, was man zugunsten der betreffenden Auffassung anführen kann, so liegt die endgültige Ablehnung nahe genug.

Dies gilt nun, wie es scheint, zunächst von dem Grundsatz, alle klaren und deutlichen Erkenntnisse seien wahr, insbesondere dann, wenn man die Wahrheit einer Erkenntnis, für die man die Klarheit und Deutlichkeit als Kriterium anführt, nachträglich so wie Descartes im Sinn der Bezogenheit auf einen wirklich existierenden Gegenstand interpretiert. Es bedarf heutzutage gewiß keines Beweises mehr dafür, daß die schärfste Definition eines Begriffs keine Wahrheit in dem Sinn garantiert, daß der dem Begriff entsprechende Gegenstand als real existierend angenommen werden müßte. Die schönsten Hypothesen, die nicht nur für sich alle wünschenswerte Klarheit und Deutlichkeit besitzen, sondern die unter Umständen auch ein wunderbar klärendes Licht auf eine ganze Reihe anderer Erkenntnisse werfen, erweisen sich oft als unrichtig, sobald eine direkte Beobachtung des Tatbestandes möglich wird, bezüglich dessen man zunächst auf Annahmen angewiesen war. Die Verkehrtheit eines Verfahrens, das in weltabgewandter Denkarbeit mit logischer Schärfe Begriffe bildet und verknüpft, um ein System zu schaffen, das dann wegen seiner inneren Folgerichtigkeit, wegen seiner Klarheit und Deutlichkeit für ein wahres Bild der wirklichen Welt gehalten wird, braucht gegenwärtig, im Zeitalter der experimentellen Forschung, nicht weiter beleuchtet zu werden.

Auch der andere rationalistische Grundsatz, wonach wahr die evidenten Erkenntnisse des Selbstbewußtseins oder (in erweiterter Fassung) die evidenten Erkenntnisse überhaupt sein sollen, erweist sich, ganz abgesehen von der kartesianischen Ableitung als unhaltbar. Wir haben ja in der psychologischen Betrachtung der gewissen oder evidenten und der ungewissen Erkenntnis bereits darauf hingewiesen, daß die Gewißheit zunächst mit der Wahrheit nichts zu tun hat. Das Evidenzerlebnis kann herbeigeführt werden durch Bedingungen, die in der Natur des erkennenden Individuums liegen und in einem andern Individuum nicht gegeben sind, oder durch eine Beschaffenheit der Erkenntnis, die in allen Individuen ein Evidenzerlebnis mit ihr verbunden sein läßt. Dabei ist es aber, wie schon gesagt wurde, kaum möglich, den Umkreis derjenigen Erkenntnisse scharf zu bestimmen, die im letzteren Sinne für evident zu gelten haben. Eine solche Bestimmung müßte nämlich innerhalb der evidenten Erkenntnisse die wahren von den unwahren durch ein jenen im Unterschied von diesen zu kommendes Merkmal unterscheiden, hätte also das Kriterium der Wahrheit offenbar anderswo als in der Evidenz zu suchen, und wenn es gefunden wäre, so müßte die weitere Aufgabe gelöst werden, dasjenige Merkmal zu entdecken, das innerhalb der wahren Erkenntnisse diejenigen charakterisiert, die infolge ihrer eigenen Beschaffenheit evident sind, während die andern trotz ihrer Wahrheit der Gewißheit entweder ermangeln oder nur Glaubensgewißheit besitzen.

Nun könnte man wohl versuchen, den Begriff der Evidenz etwas enger zu fassen und darunter nicht jede Art von Gewißheit, sondern nur diejenige zu verstehen, die in den gewissen Erkenntnissen des Selbstbewußtseins gegeben ist. Dann erhebt sich die Frage, was das für eine Gewißheit ist, und ob sie Wahrheit garantiert. Man sieht nun leicht, daß die Evidenz des Satzes: Im Denken, Zweifeln usw. ist Bewußtsein vorhanden, daß also die Evidenz des rektifizierten kartesianischen Obersatzes von ganz derselben Art ist, wie wenn vom Kreis die Rundheit oder vom Körper die Ausgedehntheit ausgesagt wird, daß es sich, mit andern Worten, um die Evidenz der analytischen Urteile handelt. Kann diese nun Wahrheit garantieren? Sicherlich nicht in dem Sinn, daß man das Recht hätte, die betreffenden Erkenntnisse ohne weiteres auf einen real existierenden Gegenstand zu beziehen. Was mit diesen oder jenen und außerdem noch mit einer Reihe anderer Bestimmtheiten erfaßt wird, muß jedenfalls mit diesen oder jenen Bestimmtheiten gedacht werden, und wenn sich zwischen einem so Gedachten eine solche Beziehung erfassen läßt, dann kann diese Beziehung zwischen dem so und so Gedachten nicht in Abrede gestellt werden — in dieser Weise kann man etwa das Wesen der analytischen Urteile formelhaft darstellen. Daraus läßt sich ersehen, daß von der Wahrheit der analytischen Urteile dasselbe gilt wie von derjenigen eines logisch korrekten Schlusses. Sind bei letzterem die Prämissen wahr, so ist es auch die Conclusio. Ist beim analytischen Urteil in dem so und so Gedachten ein vom Erkennen Unabhängiges richtig erfaßt, so gilt es auch von einem solchen. Aber welche von den für unsere Schlüsse in Betracht kommenden Prämissen wahr sind, und wann in einem so und so Gedachten ein vom Erkennen Unabhängiges richtig erfaßt wird, das möchten wir eben wissen. Mit dem Wahrheitsprinzip der evidenten Erkenntnisse kommen wir auf keinen Fall weiter als bis zu dem Standpunkt derjenigen erkenntnistheoretischen Richtung, die wir die naiv logistische genannt haben, und deren Überwindung durch die Argumente des Skeptizismus außer Zweifel steht. Die innere Verwandtschaft des Rationalismus mit derjenigen Philosophie, die lediglich mit den Hilfsmitteln der formalen Logik zu einer wahren Erkenntnis aller Dinge gelangen will, tritt denn auch geschichtlich deutlich genug zutage. Man denke nur an Leibniz, der wieder den Satz des Widerspruchs zum obersten Prinzip alles Philosophierens macht, oder an die Rolle, die in den Systemen des nachkantischen Rationalismus die logischen Axiome als Ausgangspunkte der Spekulation gelegentlich spielen!

g) Der Empirismus.

Als den philosophischen Begründer des Empirismus betrachtet man gewöhnlich den Lord Bacon mit seiner verunglückten naturwissenschaftlichen Methodenlehre, die er so stolz dem unvergänglichen logischen Grundwerke des Aristoteles, dem organum als „novum organum“ zur Seite gestellt hat. Wir wollen aber weder ihn noch den nächsten in der Reihe der bekannteren englischen Philosophen, Hobbes, hier in den Vordergrund rücken, da die beiden Denker, wie neuerdings mehr und mehr erkannt wird, noch sehr tief in den Anschauungen der Scholastik stecken[1]). Mehr wie sie hätte ein als Philosoph und Naturforscher gleich hervorragender Mann wie Galilei Anspruch auf den Ehrentitel eines Vaters der empiristischen Philosophie, wenn er seine Forderung der Verbindung von Erfahrung und Denken bereits in der für den Empirismus charakteristischen Weise ausführlicher erkenntnispsychologisch fundiert hätte. Da es uns gerade um diese Fundierung zu tun ist, so halten wir uns an das grundlegende Werk des englischen Philosophen John Locke über den menschlichen Verstand, um aus ihm die Grundgedanken der empiristischen Wahrheitslehre zu entnehmen.

Da finden wir den prinzipiellen Ausgangspunkt aller empiristischen Philosophie am Anfang der Untersuchung nachdrücklichst hervorgehoben in der Polemik gegen die angeborenen Wahrheiten. Es gibt keinen anderen Weg, zu Erkenntnissen zu gelangen, als die Erfahrung, die äußere und die innere. Wenn also die Erfahrung, d. h. die Sinnen- und die Selbstwahrnehmung, uns keine Wahrheit gibt, dann ist nicht einzusehen, wie wahre Erkenntnisse überhaupt zu gewinnen sind. Auch für den Empiristen sind freilich nicht alle Wahrnehmungserkenntnisse ohne weiteres wahr und es erhebt sich die Frage, wie die wahren von den falschen zu unterscheiden sind.

Wahr ist nach Locke die richtige Verbindung und Trennung von Zeichen[2]). Unter Zeichen versteht er nicht nur das, was von den Menschen planmäßig zu Bezeichnungszwecken verwendet wird, wie die Wörter der Sprache, sondern auch das, was er Vorstellungen nennt. Mit dem Wort Vorstellung pflegt man das englische Wort idea zu übersetzen, das bei Locke etwa soviel wie Bewußtseinsinhalt überhaupt bedeutet. Nennt man alle Bewußtseinsinhalte oder wenigstens alle Inhalte des Gegenstandsbewußtseins Vorstellungen, so bestehen alle Erkenntnisse in Vorstellungen. Man darf dann eigentlich auch nicht Wörter und Vorstellungen, sondern man muß korrekterweise Wort- und Sachvorstellungen einander gegenüberstellen. Die richtige Verbindung und Trennung dieser künstlichen und natürlichen Zeichen, wie wir sie nennen können, konstituiert nach Locke einen wahren Satz. Nur Sätze können nach seiner

Auffassung wahr oder falsch sein[3]). Aber er versteht unter
Sätzen eben nicht nur das, was wir darunter verstehen, sondern
Vorstellungsverbindungen im weitesten Umfang. Auch eine
Vorstellung, die „auf einen Gegenstand bezogen wird“, stellt
schon einen Satz dar[4]). Es handelt sich dabei offenbar um
eine Verbindung zwischen ihr und der das Dasein des Gegenstandes erfassenden Vorstellung.

Freilich stecken gerade in dieser Lehre vom Bezogensein
auf einen Gegenstand beträchtliche Schwierigkeiten. Locke
unterscheidet drei Fälle, indem seiner Ansicht nach eine Vorstellung entweder auf die eines andern Menschen oder auf
die Existenz oder auf die Essenz der Dinge bezogen werden
kann[5]). Er müßte also eine Verbindung annehmen der Vorstellung, die durch solche Verbindung wahr oder falsch werden
soll, mit der Vorstellung von der Vorstellung eines andern
Menschen oder mit der Vorstellung von der Existenz oder
mit der Vorstellung von der Essenz der Dinge. Nun identifiziert er aber Vorstellung und Vorstellungsobjekt. Dichtheit,
Härte, Ausdehnung, Geräusche, Farben usw. sind ihm einfache
Vorstellungen der Sinneswahrnehmung, während als zusammengesetzte Vorstellungen der äußeren Erfahrung beispielsweise
die Substanzen, als solche der inneren Erfahrung etwa Ge-
rechtigkeit oder Religion genannt werden. Berücksichtigt man
dies, so ist es ganz unausdenkbar, wie etwa meine Vorstellung
Dichtheit mit der Vorstellung Dichtheit eines andern Menschen
so verbunden werden soll, daß dadurch Wahrheit oder Irrtum
entsteht. In der Tat kann sich Locke bei der Durchführung seines Grundgedankens nur dadurch helfen, daß er
von der Verbindung der Vorstellung mit einer anderen desselben
Namens spricht. Im Grunde dürfte er nicht einmal dies sagen,
sondern müßte sich begnügen mit dem Hinweis auf die Verbindung von Vorstellung und Name. Diese Verbindung kann
richtig oder falsch sein, je nachdem sie dem Sprachgebrauch
entspricht oder nicht.

Was Locke eigentlich meint, wenn er sagt, eine Vorstellung werde auf das wirkliche Sein eines Dinges bezogen,
ist beim Festhalten seiner Grundanschauungen ebenfalls sehr
schwer einzusehen. Wenn er die Substanz(vorstellung) für eine
besondere Idee erklären würde, dann könnte von einer Verbindung etwa der Vorstellung Kentaur mit der Vorstellung
Substanz wohl die Rede sein. Aber mit der Lehre von der
Substanzvorstellung bei Locke hat es eine eigene Bewandtnis.

Über die Entstehung dieser Vorstellung sagt er Folgendes: „Die Seele wird — — mit einer großen Zahl einfacher Vorstellungen versorgt, die ihr so, wie sie an den äußeren Dingen angetroffen werden, durch die Sinne und in Bezug auf ihre eigenen Tätigkeiten durch die Selbstwahrnehmung zugeführt werden. Sie bemerkt dabei, daß eine große Anzahl solcher einfacher Vorstellungen stets miteinander geht. Daraus vermutet sie, daß sie einem Dinge zugehören, und da die Worte den gewöhnlichen Auffassungen angepaßt und für die schnelle Mitteilung gebraucht werden, so belegt man solche in einen Gegenstand vereinigte Vorstellungen mit einem Namen. Aus Unachtsamkeit spricht man nachher davon und behandelt das wie eine Vorstellung, was in Wahrheit eine Verbindung vieler Vorstellungen ist, und weil, wie gesagt, man sich nicht vorstellen kann, wie diese einfachen Vorstellungen für sich bestehen können, so gewöhnt man sich daran, ein Unterliegendes anzunehmen, in dem sie bestehen und von dem sie ausgehen. Dieses Unterliegende nennt man deshalb die Substanz[6]).“

Hieraus und aus den weiteren Ausführungen Lockes über die Substanz geht zur Genüge hervor, daß es eine eigentliche Substanzvorstellung für ihn nicht gibt, wenn er das Dasein von Substanzen auch noch nicht mit wirklicher Entschiedenheit in Zweifel zieht. Wie aber dann für ihn eine Vorstellung auf ein wirkliches Sein eines Dinges bezogen, wie also (bei korrekter Interpretation dieser Redewendung) mit der Vorstellung eines Dinges die Vorstellung vom wirklichen Sein verbunden werden kann, ist schlechterdings nicht zu begreifen. Die gleiche Schwierigkeit ergibt sich aber auch bei der Interpretation dessen, was Locke die Bezogenheit einer Vorstellung auf das wirkliche Wesen, auf die Essenz eines Dinges nennt. Mit vollkommener Folgerichtigkeit ist daher in der Entwicklung der englischen empiristischen Philosophie über Berkeley zu Hume die Halbheit der Lockeschen Substanzlehre ganz beseitigt worden. Wenn es keine Vorstellungen von Substanzen gibt und wenn die Wahrheit in der richtigen Verbindung und Trennung der Vorstellungen besteht, dann kann irgendeine Vorstellung mit einer Substanzvorstellung überhaupt nicht, also auch nicht richtig verbunden werden.

So bleibt also von der Lockeschen Wahrheitslehre bei Licht besehen nichts anderes übrig als das Ideal der richtigen, d. h. der eindeutigen und bei allen Menschen übereinstimmenden Benennung unserer Vorstellungen. Dieses Ideal

ist in der Fortentwicklung der empiristischen Erkenntnistheorie
bis in die Gegenwart tatsächlich immer mehr von den Um-
hüllungen befreit worden, in denen es sich ursprünglich ver-
birgt. Die Naturwissenschaft als erschöpfende Beschreibung
alles für die äußere Wahrnehmung Erfaßbaren, die Psychologie
als ebensolche Phänomenologie der inneren Erfahrung, sie
stellen für eine Reihe empiristischer Denker unserer Tage die
Wahrheit schlechthin dar. Ernsthafte Forscher finden sich
unter den Vertretern dieser Auffassung. Statt vieler anderer
seien nur die Namen Kirchhoff und Hertz genannt. Aber
auch an Popularisatoren der letzten Konsequenzen empiristischer Erkenntnistheorie fehlt es nicht, und bei ihnen tritt
begreiflicherweise die Schroffheit des Standpunktes viel un-
verhüllter zutage. Am radikalsten wird es in Mauthners „Beiträgen zu einer Kritik der Sprache" ausgesprochen, daß
objektive Wahrheit nur in der Sprache zu suchen, daß sie
eben nichts sei als der gemeine Sprachgebrauch[7]).

Aber haben wir mit dieser Verfolgung der in Lockes
Erkenntnistheorie angelegten Gedankenkeime wirklich alles berührt, was gewöhnlich zur empiristischen Wahrheitslehre gerechnet wird? Vertritt der Empirismus nicht die Auffassung
von der Wahrheit der induktiv gewonnenen Urteile, entwickelt
er nicht eine Methodenlehre in der Absicht, zu zeigen, daß
die nach den dargestellten Methoden erarbeiteten Erkenntnisse
wahr seien? Was hat die Wahrheit der durch methodisch
richtige Induktion gesicherten Erkenntnisse mit der eindeutigen
und allgemeingültigen Benennung oder Beschreibung oder Bezeichnung zu tun? Bei der Beantwortung dieser Fragen werden wir gut tun, zwischen der Praxis der empirischen Wissenschaften und der empiristischen Erkenntnistheorie zu unterscheiden. Der naive Empiriker ist heute wie zu allen Zeiten
Wahrnehmungsrealist. Beobachtungen, d. h. mit Aufmerksamkeit gemachte Wahrnehmungen, gelten ihm als wahr in dem
Sinn, daß er überzeugt ist, es würden ihm dadurch irgendwie
objektiv gedachte Tatsachen vermittelt. Fehler der Beobachtungen können seiner Meinung nach darin bestehen, daß eine
Erscheinung nicht isoliert genug, nicht genau genug, nicht
von einer genügenden Zahl von Beobachtern betrachtet werden kann. Die Ausbildung von Beobachtungsmethoden verfolgt daher nach dieser Auffassung hauptsächlich den Zweck,
die in einer Erscheinung verbundenen Effekte einer Vielheit
von Ursachen zu isolieren, ferner durch Fixierung des Beobach-

.tungsmaterials, durch Verringerung der räumlichen und zeitlichen Distanz des Beobachters vom Beobachtungsobjekt, durch
Bewaffnung der Sinnesorgane und Anwendung feiner Reagen-
zien die Genauigkeit der Beobachtungen zu steigern und
endlich einen Beobachter instand zu setzen, die Befunde eines
andern nachzuprüfen. Die weitere wissenschaftliche Bearbeitung hat für den Empiriker den Zweck, Ungenauigkeiten der
einzelnen Beobachtung auszugleichen, die Vielheit gleichartiger
Einzeltatsachen unter allgemeinen Sätzen zusammenzufassen
und Lücken der Beobachtung durch Hypothesen auszufüllen.

Der erkenntnistheoretisch reflektierende Empirist ist nicht
mehr Wahrnehmungsrealist. Er fürchtet, durch die Annahme
von Tatsachen jenseits der Wahrnehmungen, die durch Beobachtungen mehr oder weniger richtig erfaßt werden könnten,
von seiner Position, wonach die Erfahrung die einzige Erkenntnisquelle darstellt, abgedrängt zu werden. Um die Wahrnehmungen mit transzendenten Objekten bezüglich der Übereinstimmung oder Nichtübereinstimmung zu vergleichen, scheint
es ja nötig zu sein, daß man die Objekte außer in Wahrnehmungen auch in nicht wahrnehmungsmäßigen Erkenntnisakten erfasse. Das ist nach den empiristischen Voraussetzungen
unmöglich. Es werden also nur die Bewußtseinsinhalte als
letzte Gegebenheiten anerkannt. Die Vorstellungen sind die
Vorstellungsobjekte. Diese Gleichsetzung läßt sich am leich-
testen durchführen bei den Empfindungen. Die von uns sogenannten Objektivitätsfunktionen würden der Verwechslung
mit ihren Gegenständen beträchtlichen Widerstand leisten,
wenn sie erst einmal in vollem Umfang als Bewußtseinsvorgänge anerkannt wären. Aber da die Bewußtseinsinhalte
zeitliche und teilweise in gewissem Sinne auch räumliche
Eigenschaften besitzen, in Gleichheits- und Verschiedenheits-
beziehungen stehen, Einheiten bilden, kurz durch ihr bloßes
Dasein das Dasein von Raum, Zeit, Gleichheit, Verschiedenheit usw. bedingen, so ist man immer wieder geneigt, das
Gegebensein von Beziehungen (und anderen Gegenständen der
Objektivitätsfunktionen) zwischen und mit Bewußtseinsinhalten
dem Erfassen derselben in (besonderen) Bewußtseinsinhalten
zu substituieren. Bezüglich des Raumes, wo die Sache einige
Schwierigkeiten hat, hilft man sich, wenn es mit der Lehre
von den räumlichen Eigenschaften der Empfindungen nicht
recht gehen will, durch die Annahme besonderer Raumempfindungen.

Man kann also sagen: Für einen konsequenten Empiristen, wie etwa für Mach, der gegenwärtig wohl der bekannteste philosophische Vertreter dieser Lehre sein dürfte, ist die Erkenntnis und ihr Gegenstand zugleich das Dasein und die Ordnung der Empfindungen. Bei dieser Identität von Erkennen und Sein ist natürlich ein Irrtum der Wahrnehmung unmöglich, sobald die Wahrnehmung diejenigen Empfindungen enthält, die den Gegenstand konstituieren. Aber muß sie diese nicht immer enthalten? Offenbar, wenn die Identität der Wahrnehmung und des Wahrgenommenen ernst gemeint ist. Wenn das Empfinden das Empfundene ist, dann kann es doch dem Empfundenen gegenüber nicht variabel sein, also nicht von der Richtigkeit abweichen. Da man aber doch unabhängig variable Funktionen braucht, um die Möglichkeit des Irrtums zu erklären, so führt man den Empfindungen gegenüber Tätigkeiten ein, die der Schwierigkeit abhelfen sollen. Solche sind das Beachten, das Reproduzieren und das Bezeichnen. Das Beachten und das Beobachten lassen sich leicht identifizieren. Der Empirist kann also die ganze Technik und Methodik des Empirikers aufnehmen. Der durch das Nicht-Beachten bedingte Irrtum liegt freilich in dem Empfundenen, aber nicht klar oder eindringlich genug Erlebten, ebensowenig, wie das Empfinden überhaupt jemals irrig sein kann. Unter dem Nicht-Beachteten versteht man daher in diesem Zusammenhang nicht ein Bewußtes von geringem Bewußtheitsgrad, sondern einfach ein Nichtbewußtes. Insofern drängt der Empirismus zu der Annahme unbewußter Empfindungen. Das, was als Empfindung Bestandteil der physischen Welt ist und als bewußte Empfindung ohne weiteres auch Bestandteil der psychischen Welt wäre[8]), das wird nun nach der empiristischen Erkenntnistheorie etwa eines Mach dann, wenn es als Empfindung unbewußt bleibt, häufig durch ein anderes Bewußtes — nicht in seinem physischen Bestand, sondern da, wo es im Gefüge des Psychischen seine Stelle hätte — ersetzt[9]). Dieses andere Bewußte heißt Vorstellung im Gegensatz zur Empfindung oder nach unserer Terminologie reproduzierte Vorstellung im Gegensatz zur peripher erregten Vorstellung. Unter den Namen „impression" und „idea" findet man das hier einander Gegenübergestellte schon bei Hume unterschieden, während bei Locke der Unterschied noch nicht so deutlich hervorgehoben wird.

Das Reproduzierte, das an Stelle des Bewußt-Empfundenen

tritt und Sachvorstellungen ebenso wie Wortvorstellungen umfaßt, kann nun in eigentlichem Sinne wahr oder falsch sein, wenn es die unbewußten Empfindungen adäquat abbildet. Das ist natürlich nur möglich bei den Sachvorstellungen und hat auch hier seine Schwierigkeit, wenn es sich um diejenigen Vorstellungen handelt, die wir Begriffe nennen. Die Wahrheit des Begriffsgefüges der Wissenschaft interessiert aber den Empiristen gerade am allermeisten. Da eine Abbildung der Empfindungen durch die Begriffe tatsächlich nicht angenommen werden kann, so muß ein anderes Kriterium der Wahrheit als das der photographischen Treue gesucht werden und der Empirismus findet zwei für eins. Er betrachtet vor allem diejenigen Begriffsbildungen als wertvoll, die sich auf normalem Wege aus der Erfahrung entwickelt haben. An Stelle des Nachweises eines Ähnlichkeitsverhältnisses zwischen den wahren „Vorstellungen" und den Empfindungen tritt also der Hinweis auf ein kausales oder funktionelles Abhängigkeitsverhältnis jener von diesen. Nicht Abbilder, sondern Symbole der aus Empfindungen bestehenden Wirklichkeit konstituieren die Wissenschaft. Besonders ausgezeichnet durch Eindeutigkeit und innere Gesetzmäßigkeit ist das Symbolsystem der Mathematik. So sind wir wieder bei dem Ideal der beschreibenden oder allgemeiner der bezeichnenden Wissenschaft angelangt, das oben als charakteristisch für den Empirismus aus den bereits bei Locke hervortretenden Grundgedanken abgeleitet wurde. Die Induktion, deren Begriff so eng mit dem des Empirismus verknüpft ist, erweist sich in diesem Zusammenhang einfach als kunstvoll entwickeltes Verfahren der Symbolbildung.

Der andere Gedankengang, den der Empirismus einschlägt, um wertvolle und wertlose Begriffsbildungen zu unterscheiden, besteht darin, daß hingewiesen wird auf die Wirkungen, welche die Begriffe im geistigen Leben des Menschen haben können. Erleichterungen und Erschwerungen der Erkenntnistätigkeit, nützliche oder schädliche Folgen im praktischen Verhalten der Erkennenden bilden dann den Maßstab für die Wertbeurteilung der Begriffe. Der Empirismus geht über in Positivismus und Pragmatismus, zwei mit ihm engverwandte erkenntnistheoretische Richtungen, die wir im Folgenden noch genauer besprechen werden.

Was die Kritik des Empirismus anlangt, wenn wir von seinen positivistischen und pragmatistischen Ausläufern einmal absehen, so ist vor allem hinzuweisen auf die mangelhafte

Psychologie, die der empiristischen Auffassung zugrunde liegt.
Wenn man einsicht, daß die Wahrnehmung nicht sich selbst
erkennt, daß in ihr nicht Erkenntnis und Erkanntes identisch
sind, daß sie vielmehr einen vor ihr verschiedenen Gegenstand
hat, der mit ihrer Ursache oder doch mit einem bestimmten
Teil derselben mehr oder weniger übereinstimmen kann, dann
hat man keinen Grund, den Irrtum erst in der Verarbeitung
und in der Symbolisierung der Wahrnehmungen zu suchen.
Wenn man begreift, daß die Gegenstände der gewöhnlichen
Wahrnehmungen ganz verschieden sind von denen, die durch
experimentelle Isolierung der zu erkennenden Wahrnehmungsursachen und durch sonstige die Wahrnehmung verfeinernde
Hilfsmittel zu erfassen sind[10]), so wird man gerade in der gewöhnlichen Wahrnehmung die Hauptquelle des Irrtums sehen.
Wenn man sich zum Bewußtsein bringt, daß die Gegenstände
auch der aufs sorgfältigste vor Fehlerquellen geschützten Wahrnehmung nicht so beschaffen sind wie diejenigen, die von einer
durch keine anderen Einflüsse als durch den der zu erkennenden
Ursache bestimmten Wahrnehmung erfaßt würden, daß also
diese Gegenstände keinesfalls mit den gesuchten Ursachen
übereinstimmen können, dann wird man wenigstens die Frage
aufwerfen müssen, ob nicht durch irgendwelche Bearbeitung
der Wahrnehmungsgegenstände im Sinn einer weiteren Be-
freiung derselben von verfälschenden Zügen eine vollkomme-
nere Übereinstimmung mit dem zu Erkennenden möglich sei,
ob also nicht wenigstens die Wahrheit der Erkenntnis des
Physischen in einer wenn auch aus der äußeren Wahrnehmung
hervorgehenden, so doch nicht mit ihr zusammenfallenden
gedanklichen Erkenntnis, also nicht unmittelbar in der Erfahrung, zu suchen sei.

Dagegen wird nun vielleicht eingewandt, man tue dem
Empirismus Unrecht, wenn man ihn unter Zugrundelegung
eines anderen als seines Wahrheitskriteriums kritisiere. Der
Empirismus, könnte man sagen, verwirft eine Wahrheit im
Sinne der Übereinstimmung mit dem unabhängig vom Erkennenden existierenden und von allem Psychischen verschiedenen Seienden. Also darf man nicht unter Zugrundelegung
dieses „veralteten" Wahrheitsideals ihn dadurch zu widerlegen versuchen, daß man zeigt, eine solche Wahrheit sei
in der Erfahrung, speziell in der äußeren Wahrnehmung, nicht
enthalten. Dieser Einwand klingt sehr überzeugend, ist aber
nichts weniger als stichhaltig.

Der Empirismus betrachtet ja nicht ein Erkennen im Sinne des „veralteten" Wahrheitsideals als minderwertig und will nicht ein besseres an seine Stelle setzen. Er behauptet im Gegenteil, die Übereinstimmung zwischen dem im Erkennen Gegebenen und dem zu Erkennenden sei beim Bewußtwerden der das Wesen der Dinge konstituierenden Empfindungen im vollsten Maße vorhanden, da in diesem Fall nicht nur Gleichheit, sondern sogar Identität der Erkenntnis und des zu Erkennenden zu konstatieren sei. Die Wahrheit des wissenschaftlichen Begriffssystems muß er anders auffassen als im Sinne der Übereinstimmung mit dem zu Erkennenden, weil er dieses mit den Empfindungen identifiziert. Zeigt sich nun, daß die Voraussetzung der ganzen Lehre, die Behauptung der Identität der Wahrnehmung und ihres Gegenstandes, unhaltbar ist, daß nicht nur die Wahrnehmung, sondern ebenso jede Erinnerungs- und Phantasievorstellung und jeder Begriff einen von ihm verschiedenen Gegenstand erfaßt, der als solcher mit der Wirklichkeit und dem Wesen des zu Erkennenden noch gar nichts zu tun hat, daß aber eben diesen Gegenständen des Erkennens gegenüber die Frage wohl aufgeworfen werden kann, ob und inwieweit sie mit dem zu Erkennenden übereinstimmen, dann verlieren offenbar die empiristischen Gedankengänge alle Beweiskraft.

h) Der Kritizismus.

Unter dem Kritizismus verstehen wir die erkenntnistheoretische Lehre Kants, wie er sie unter dem Einfluß rationalistischer und empiristischer, in ihm sich kreuzender Strömungen gestaltet und in seinem Hauptwerk, der Kritik der reinen Vernunft, niedergelegt hat. Das Interesse am Apriorischen ist es, was den Kritizismus mit dem Rationalismus, das Interesse an der Erfahrung, was ihn mit dem Empirismus verbindet. Wahrheit kann weder durch Beschränkung auf die freilich evidenten, aber auch ganz bedeutungslosen, analytischen Urteile oder durch bloße Betätigung der in unserer geistigen Organisation von vornherein angelegten, nicht erst aus den Sinneseindrücken sich entwickelnden Funktionen, kurz weder durch reines Denken, noch durch das, was der Empirismus unter Erfahrung versteht, durch die bloße Mosaik der Sinneseindrücke, gewonnen werden. „Gedanken ohne Inhalt sind leer, Anschauungen ohne Begriffe sind blind[1])." Diese

Auffassung kann man als die eigentliche Basis der kritizistischen Wahrheitslehre betrachten.

Kant unterscheidet ausdrücklich die Definition der Wahrheit von der Angabe eines Kriteriums derselben. Bezüglich der „Namenerklärung der Wahrheit" behandelt er die Ansicht als ebenso bedeutungslos wie selbstverständlich und unangreifbar, „daß sie — — die Übereinstimmung der Erkenntnis mit ihrem Gegenstande sei"[2]). Was die Frage anlangt, „welches das allgemeine und sichere Kriterium der Wahrheit einer jeden Erkenntnis sei", so verhält er sich in ihrer Beantwortung außerordentlich skeptisch. Er bestreitet zunächst die Zulässigkeit der Annahme eines materialen Wahrheitskriteriums mit folgender Begründung: „Wenn Wahrheit in der Übereinstimmung einer Erkenntnis mit ihrem Gegenstand besteht, so muß dadurch dieser Gegenstand von andern unterschieden werden; denn eine Erkenntnis ist falsch, wenn sie mit dem Gegenstande, worauf sie bezogen wird, nicht übereinstimmt, ob sie gleich etwas enthält, was wohl von andern Gegenständen gelten könnte. Nun würde ein allgemeines Kriterium der Wahrheit dasjenige sein, welches von allen Erkenntnissen, ohne Unterschied ihrer Gegenstände, gültig wäre. Es ist aber klar, daß, da man bei demselben von allem Inhalt der Erkenntnis (Beziehung auf ihr Objekt) abstrahiert, und Wahrheit gerade diesen Inhalt angeht, es ganz unmöglich und ungereimt sei, nach einem Merkmale der Wahrheit dieses Inhalts der Erkenntnisse zu fragen, und daß also ein hinreichendes, und doch zugleich allgemeines Kennzeichen der Wahrheit unmöglich angegeben werden könne. Da wir — — den Inhalt einer Erkenntnis die Materie derselben genannt haben, so wird man sagen müssen: von der Wahrheit der Erkenntnis der Materie nach läßt sich kein allgemeines Kennzeichen verlangen, weil es in sich selbst widersprechend ist[3])."

Aber auch ein formales Wahrheitskriterium, das den Umfang der wahren Erkenntnisse mit genügender Schärfe gegen das Gebiet des Irrtums und der bloßen Hirngespinnste abzugrenzen gestattet, läßt sich nach Kant nicht finden. Es ist zwar, wie er meint, klar, „daß eine Logik, sofern sie die allgemeinen und notwendigen Regeln des Verstandes vorträgt, eben in diesen Regeln Kriterien der Wahrheit darlegen müsse. Denn, was diesen widerspricht, ist falsch, weil der Verstand dabei seinen allgemeinen Regeln des Denkens, mithin sich selbst widerstreitet." Aber diese Kriterien sind zwar ganz richtig, jedoch nicht hinreichend. „Denn obgleich eine Erkenntnis der logischen Form völlig gemäß sein möchte, d. i. sich selbst nicht widerspräche, so kann sie doch noch immer dem Gegenstande widersprechen[4]." Die formale Logik ist also keine „Logik der Wahrheit".

Trotzdem gibt es nach Kant eine solche „Logik der Wahrheit". Er findet dieselbe in dem, was er die „transszendentale Logik" und speziell in dem Teil der transszendentalen Logik, den er „transszendentale Analytik" nennt. Darunter versteht er eine Untersuchung der in unserer geistigen Organisation angelegten Auffassungsweisen, die, wie z. B. das Erfassen von Substanzen oder von Kausalverknüpfungen, zu dem Haben von Empfindungen und zu der räumlichen und zeitlichen Gruppierung der Empfindungen noch hinzutreten müssen, und denen keine Erkenntnis widersprechen kann, „ohne daß sie zugleich allen Inhalt verlöre, d. i. alle Beziehung auf irgendein Objekt, mithin alle Wahrheit[5]."

Hier erhebt sich nun freilich die Frage, ob nicht von der transszendentalen Analytik dasselbe zu sagen wäre, wie von der formalen Logik, daß nämlich ihre Kriterien zwar ganz richtig, aber nicht hinreichend seien. Kant selbst betont, daß die reinen Verstandeserkenntnisse ohne Anwendung auf einen von der Sinnlichkeit gelieferten Stoff durchaus keine Wahrheit besitzen. Wahr können sie aber auch dann nicht sein, wenn sie auf Gegenstände möglicher Erfahrung angewandt, aber falsch angewandt werden. Wenn z. B. die Kausalauffassung die notwendige Bedingung aller wahren Erkenntnis ist in dem Sinn, daß sie Erfahrung überhaupt erst möglich macht, so ist sie doch gewiß nicht zureichende Bedingung der Wahrheit, da sie vorhanden sein kann, ohne daß gleichzeitig ein wirklicher, in einer richtig von uns erfaßten Kausalbeziehung stehender Gegenstand uns gegeben ist.

Aber Kant meint offenbar auch gar nicht dies, daß die Aufzählung der reinen Denkformen, wie sie die „Kategorientafel" enthält, eine Angabe von ebenso vielen Wahrheitskriterien bedeute, sondern dies, daß die Sätze über den Gebrauch dieser Verstandesfunktionen wahr sind. Als wahr betrachtet Kant nämlich zweifellos die allgemeingültigen und notwendigen „synthetischen Urteile a priori". Zu ihnen rechnet er nicht nur die mathematischen Wahrheiten, sondern auch die axiomatischen Grundlagen der Naturwissenschaft, die er im „System der Grundsätze des reinen Verstandes" entwickelt. Da finden wir Sätze wie die folgenden: „Alle Erscheinungen sind ihrer Natur nach extensive Größen"[6]), „In allen Erscheinungen hat die Empfindung und das Reale, welches ihr an dem Gegenstande entspricht, eine intensive Größe, d. i. einen Grad"[7]), „alles, was geschieht, setzt etwas voraus, worauf es nach einer Regel folgt"[8]). Diese Sätze sind wahr, denn sie gelten mit Beziehung auf alle Objekte, die überhaupt erkennbar sind.

Fragen wir jedoch, ob nach Kant nur die synthetischen Urteile a priori wahr sind, so lautet die Antwort strikt verneinend. Es wird also mit der Untersuchung dessen, was aus den für alle Erkenntnis maßgebenden Gesetzen unserer geistigen Organisation folgt, weder das Gebiet der wahren Erkenntnisse seinem ganzen Umfange nach durchwandert, noch werden die zureichenden Bedingungen angegeben, die eine Erkenntnis zu einer wahren machen.

Das Interesse des Kritizismus ist eben hinsichtlich der Wahrheitserkenntnis vor allem ein negatives. Es soll gezeigt werden, daß durch die luftigen, von der Erfahrung abgewandten rationalistischen Spekulationen keine Wahrheit gewonnen werden kann, und es soll ebenso die Unmöglichkeit des empiristischen Erfahrungsstandpunkts dargetan werden. Der Umkreis derjenigen Erkenntnisse, die wahr sein können, wird abgegrenzt gegenüber dem Erfassen bloßer Gedankendinge, gegenüber den „leeren Begriffen ohne Gegenstand", d. h. (nach unserer Terminologie, nach der es Begriffe ohne Gegenstand überhaupt nicht geben kann) den inhaltlosen Denkfunktionen, und gegenüber dem „bloßen Stoff der Erfahrung", der für sich genommen noch gar keine Erfahrung im Sinne der Erkenntnis eines Gegenstandes ist. Die Wahrheit ist nach kritizistischer Auffassung zu suchen im Gebiet der wissenschaftlichen Erfahrungserkenntnis, die sich jederzeit zusammensetzt aus Sinneseindrücken und dem, was wir Objektivitätsfunktionen genannt haben, was bei Kant dagegen nicht unter einem einheitlichen Begriff zusammengefaßt, sondern in die reinen Formen der Sinnlichkeit, Raum und Zeit (-Auffassung?), sowie in die „Kategorien" des Verstandes auseinandergelegt wird. Wo jedoch innerhalb der wissenschaftlichen Erfahrungserkenntnis die Grenze zwischen Wahrheit und Irrtum zu ziehen ist, diese Frage wird in der kritischen Philosophie Kants nicht aufgeworfen und nicht beantwortet.

Das nächste Interesse der kritizistischen Wahrheitslehre

gilt einer inhaltlichen Einschränkung des Wahrheitsbegriffs. Wahrheit bedeutet zwar für Kant, wie wir gesehen haben, Übereinstimmung der Erkenntnis mit ihrem Gegenstand. Aber auch die vollkommenste wissenschaftliche Erkenntnis gelangt nicht bis zur Übereinstimmung mit dem Gegenstand, so wie er an sich ist, sondern nur zu einer solchen mit der Erscheinung, wie sie sich ergibt als Produkt der Wechselwirkung zwischen dem Erkennenden und dem Ding an sich. Die Frage, was es heißt, die Erscheinungen, die doch als Resultanten des Empfindungsmaterials und der Anschauungs- und Denkformen bereits etwas Bewußtes sein sollten, seien zu erkennen, diese uns besonders wichtige Frage wird von Kant ebenfalls nicht berücksichtigt.

Das positive erkenntnistheoretische Interesse Kants ist in viel höherem Grade als dem wertvollen Erkennen im Sinn der Wahrheitserkenntnis dem wertvollen Erkennen im Sinne der allgemeingültigen und notwendigen Erkenntnis zugewandt. Die Grundfrage der Kritik der reinen Vernunft: Wie sind synthetische Urteile a priori möglich? bedeutet durchaus nicht ein Aufrollen des Wahrheitsproblems, sondern entspringt der Vorliebe Kants für eine bestimmte Art von Wissenschaft, deren Geltungsansprüche ihm mit der Annahme aposteriorischen Ursprungs unvereinbar zu sein scheinen. Das eingewurzelte rationalistische Vorurteil zugunsten des Apriorischen läßt ihn in den synthetischen Urteilen a priori zwar nicht mehr Erkenntnisse von höherem Wahrheitsgehalt, wohl aber solche von höherer Allgemeingültigkeit und Notwendigkeit, oder vielmehr solche, denen allein Allgemeingültigkeit und Notwendigkeit zukommen kann, erblicken.

Eine Kritik des Kritizismus im Zusammenhang von Betrachtungen über das Wesen und die Kennzeichen der Wahrheit darf an der Frage des Zusammenhangs apriorischer mit allgemeingültigen und notwendigen Urteilen wohl vorbeigehen. Wir haben die Psychologie der Gewißheit (und um nichts anderes als um Gewißheit handelt es sich ja bei dem, was unter den nicht gerade eindeutigen Begriffen Allgemeingültigkeit und Notwendigkeit im Sinne der kritischen Philosophie zu verstehen ist) im Rahmen der Erkenntnispsychologie bereits behandelt und brauchen hier, in der Wertlehre des Erkennens, nur in dem Fall darauf zurückzukommen, wenn Gewißheit und Wahrheit in irgendwelchen Zusammenhang gebracht werden. Wenn Kant der Meinung wäre, daß aus den synthetischen Urteilen a priori alle Wahrheit zwingend abgeleitet werden könne, oder wenn das Gebiet des wahren mit dem des apriorischen Erkennens schlechthin identifiziert würde, dann müßten wir uns eingehend mit dieser Auffassung beschäftigen. Aber davon ist gar keine Rede.

Was die eigentliche Wahrheitslehre Kants anlangt, so ist mancherlei dagegen einzuwenden. Daß von einer Übereinstimmung der Erkenntnis mit ihrem Gegenstand niemals die Rede sein kann, wissen wir auf Grund der psychologischen Einsicht in die Transszendenz des Erkennens. Kant selbst kommt über das Verhältnis der Erkenntnis zu ihrem Gegenstand nicht zu völliger Klarheit. Auf der einen Seite lehrt er, daß wir das Dasein von Gegenständen für uns der Sinnlichkeit verdanken und daß die reinen Denkfunktionen ohne Gegenstand sind[9]). Was er damit meint, ist kaum zu begreifen, wenn man nicht unter „Gegenstand“ in diesem Zusammenhang so etwas wie „Realität“, „Inhaltsbestimmtheit“, „Erfülltheit“ versteht. Auf der anderen Seite versteht Kant den Begriff Gegenstand ganz ebenso wie wir und spricht von ihm als von dem höchsten Begriff, unter den sowohl das Etwas wie das Nichts, also doch sicherlich das Seiende ebenso wie das Nichtseiende, subsumiert werden könne. Von den Kategorien sagt er in diesem Zusammenhang, daß sie „die einzigen Begriffe sind, die sich auf Gegenstände überhaupt beziehen“[10]). Die Verwirrung wird noch größer, wenn wir folgenden Satz hinzunehmen: „Die bloße Form der Anschauung, ohne Substanz, ist an sich kein Gegenstand, sondern die bloß formale Bedingung desselben (als Erscheinung), wie der reine Raum und die reine Zeit, die zwar etwas sind, als Formen anzuschauen, aber selbst keine Gegenstände sind, die angeschauet werden[11]).“ Faßt man in diesem Satze „Substanz“ als dasjenige auf, was durch die Denkfunktion der Substanzauffassung (durch die Kategorie der Substanz) zu der Raum- und Zeitauffassung (zu Raum und Zeit) hinzugefügt wird, so ergibt sich eine Ansicht, wonach der Substanzkategorie für die Objekterzeugung eine ähnliche Bedeutung zugeschrieben wird, wie wir sie der Gesamtheit der von uns sogenannten Objektivitätsfunktionen zuerkennen, wobei allerdings „Gegenstand“ wieder mehr im Sinne von „Ding“ genommen ist, als mit der Auffassung von dem „Gegenstand“, der Etwas oder Nichts sein kann, sich in Einklang bringen läßt. Interpretiert man dagegen in dem zitierten Satz das, was da Substanz genannt wird, im Sinne

von „Inhalt", von „sinnlichem Material", was der räumlichen
und zeitlichen Form in gewissem Sinne als Substrat dient und
insofern bei Kants wenig planmäßigem Sprachgebrauch wohl
als Substanz ohne jede Beziehung auf die Substanzkategorie
bezeichnet werden kann, dann steht die hier entwickelte Auffassung in gutem Einklang mit der Grundansicht, daß Gegenstände im Sinn von realen Dingen ohne die Mitwirkung der
Sinnlichkeit uns nicht gegeben sein könnten. Aber was wird
dann aus der Erkenntnis, die man vielfach als besonders
wichtige Errungenschaft der Kantschen Philosophie betrachtet,
aus der Erkenntnis, daß die angeborenen Funktionsweisen
unserer geistigen Organisation, das, was wir Objektivitätsfunktionen nennen, die wichtige Aufgabe haben, auf Grund
der „Art, wie wir von Gegenständen affiziert werden", die
geordnete, gegenständliche Erscheinungswelt zu gestalten?
Diese Lehre verträgt sich jedenfalls schlecht mit der Auffassung,
wonach uns „vermittelst der Sinnlichkeit" „Gegenstände gegeben" werden. Ebensowenig paßt freilich der Satz, daß wir
von Gegenständen affiziert werden, zu der Redewendung von
Gegenständen, die uns vermittelst der Sinnlichkeit gegeben
werden, und Erscheinungen, niemals Dinge an sich selbst
sind, sowie zu der Behauptung, wonach der Begriff Gegenstand der umfassendste Begriff ist.

Aber wenn wir von all diesen Schwierigkeiten der Kantschen Gegenstandslehre absehen und mit Rücksicht auf die
Definition, Wahrheit sei Übereinstimmung der Erkenntnis mit
ihrem Gegenstand, annehmen, Kant verstehe in der Hauptsache unter Erkenntnis dasjenige, was wir den in der Erkenntnis und in allem Gegenstandsbewußtsein jeweils bewußt-
werdenden, d. h. gegenständlich erfaßtwerdenden Gegenstand
nennen, während er als Gegenstand das bezeichne, was wir
das zu Erkennende, das vom Erkennen unabhängig Existie-
rende oder die Erkenntnisursache nennen können, dann wird
zwar eine Übereinstimmung der Erkenntnis (im Kantschen
Sinne) mit ihrem Gegenstand (ebenfalls in seinem Sinn) denkbar, ohne daß jedoch dadurch die kritizistische Wahrheitslehre
im ganzen an Haltbarkeit gewinnt[12]). Um dies zu zeigen und
um dabei nicht immer genötigt zu sein, zwischen dem Kantschen
und unserm eigenen Sprachgebrauch zu unterscheiden, wollen
wir dem Kantschen Terminus Erkenntnis in Klammern immer
das Wort Gegenstand und dem „Gegenstand" Kants ebenso
das Attribut absolut beifügen, also von der Übereinstimmung

der Erkenntnis (-Gegenstände) mit ihren (absoluten) Gegenständen sprechen.

Eine solche Übereinstimmung muß offenbar derjenige nicht
nur für denkbar, sondern für realisierbar halten, der von der
Möglichkeit der Erkenntnis der Dinge an sich überzeugt ist.
Aber wie steht es damit, wenn man, wie Kant, die (absoluten) Gegenstände, sofern sie sollen erkannt werden können,
als Erscheinungen betrachtet, die „sich nach unserer Vor-
stellungsart richten"? Daß dann, wenn die (absoluten) Gegenstände ebenso wie die Erkenntnis (-Gegenstände) von unserer
geistigen Organisation abhängig sind, die innigste Verwandt-
schaftsbeziehung zwischen ihnen bestehen muß, ist zweifellos.
Aber es fragt sich, ob diese Beziehung nicht eine zu innige zu
werden droht, ob nicht bei solcher Auffassung der Irrtum
überhaupt zu einer Unmöglichkeit wird und ob nicht an Stelle
der „Übereinstimmung" zwischen Erkenntnis (-Gegenstand)
und (absolutem) Gegenstand die Identität tritt.

Die hier angedeutete Konsequenz scheint kaum vermieden
werden zu können, wenn man nicht einen Ausweg wählt, der
in der Fortbildung der Kantschen Philosophie durch Fichte
und die folgenden Vertreter einer idealistischen Theorie tatsächlich eingeschlagen worden ist. Dieser Ausweg ergibt sich
durch die Annahme sozusagen verschiedener Schichten der
Natur und Erkenntnis (-Gegenstände) schaffenden geistigen
Organisation. Das Ich, das die Naturerscheinungen produziert,
und das Ich, das seine Erkenntnis (-Gegenstände) mit diesen
Naturerscheinungen in Übereinstimmung bringt, sind nach einer
derartigen Auffassung zwar wesensgleich, aber nicht identisch.

Man wird kaum behaupten dürfen, daß dies bereits die
Ansicht Kants gewesen sei. Betrachtet man es jedoch als die
notwendige Konsequenz seiner Lehre und rechnet man damit
bei der Beurteilung der kritizistischen Wahrheitstheorie, so
muß man sagen, daß dadurch die Frage nach der Möglichkeit des Irrtums und der Wahrheit wohl prinzipiell beantwortet
wird, in ganz ähnlicher Weise übrigens, wie das bereits in der
Philosophie Berkeleys geschehen ist. Aber die Frage, worauf
wir jeweils die Überzeugung gründen können, daß wir uns
bei einer Erkenntnis der Wahrheit nähern oder von ihr entfernen, dieses Grundproblem der Wahrheitslehre bleibt ungelöst.

Weiter kommt man mit dem Kritizismus, wenn man die
oben angedeutete Konsequenz einer durchgehenden Identität

der Erkenntnis (-Gegenstände) und der (absoluten) Gegenstände nicht durch metaphysische Hypothesen zu vermeiden
sucht, sondern in vollem Umfang aufnimmt, und den Irrtum
nicht in der Wahrnehmung, sondern in der weiteren psychischen Verarbeitung und in der Ergänzung von Wahrnehmungen sucht. Dann gelangt man zu einer Auffassung,
die sich von der oben als empiristisch charakterisierten nur
dadurch unterscheidet, daß sie außer den Empfindungen auch
die andern Elemente der Erkenntnis, die von uns sogenannten
Objektivitätsfunktionen, berücksichtigt, dadurch nicht in Ver-
suchung kommt, die Naturobjekte in Empfindungen aufzulösen,
und dem Wesen des Denkens besser gerecht werden kann.
Wir müssen aber auch diese Form der kritizistischen Wahrheitslehre ablehnen, da wir daran festhalten, daß die Wahrnehmung auch dann, wenn wir von der Verfälschung durch
Reproduktionsbestandteile und von der Unvollständigkeit als
Bedingungen des Irrtums absehen, von der Wahrheit sich
mehr oder weniger weit entfernen kann.

Die Variabilität der Wahrnehmungsgegenstände ist wesentlich größer als die Variabilität der Erscheinungen, wenn wir
unter Erscheinungen die nur mit der Veränderung ihrer Ursache sich ändernden Spiegelbilder verstehen, die entstehen
würden, wenn unsere geistige Organisation so, wie ein unveränderlicher Spiegel die Strahlen eines Lichtes zurückwirft,
das wohl durch ihn in seiner Beschaffenheit möglicherweise,
aber stets gleichmäßig, verändert wird, das aber unvermischt
bleibt mit Strahlen anderen Lichts, indem anderes Licht nicht
auf dieselbe Stelle des Spiegels fällt, — wenn unsere geistige
Organisation ebenso konstant und unvermischt die Einflüsse
der verschiedenen Dinge an sich in der wahrgenommenen Welt
zur Darstellung brächte. Wenn unsere Wahrnehmungen mit
den Erscheinungen in diesem Sinne übereinstimmen oder vielmehr wenn ihre Gegenstände diese Erscheinungen sind, dann
gelten sie uns als wahr und wir verzichten dann gern darauf,
zu verlangen, daß sie auch noch mit den Dingen an sich übereinstimmen. Die meisten von unseren Wahrnehmungen sind
aber in solchem Sinne nicht wahr, indem sie nicht die ge-
sonderten Erscheinungen der verschiedenen Dinge an sich zu
Gegenständen haben, sondern sich durchkreuzende Wirkungen
mannigfacher Erkenntnisursachen in trüber Mischung in den
Aufbau der Gegenstandswelt eingehen lassen.

Ob wir mit dieser Auffassung dem eigentlichen Kern der

kritizistischen Lehre näher kommen, als mit den vorausgehenden Interpretationsversuchen, bleibe dahingestellt. Mit unserer Darstellung wäre Kant sicherlich nicht einverstanden, denn wir setzen dabei ganz unbekümmert Verschiedenheiten, also Vielheit der Dinge an sich voraus, nehmen Kausalbeziehungen zwischen den Dingen an sich und dem Wesen an sich des Erkennenden an und widerstreiten damit der Kantschen Behauptung, daß die Kategorien der Vielheit und der Kausalität außerhalb der Erscheinungswelt kein Anwendungsgebiet finden. Kant selbst vermag zwar diesem Grundsatz terminologisch nicht gerecht zu werden, wenn er davon spricht, daß durch Gegenstände, die in diesem Zusammenhang nicht als Erscheinungen gedacht sein können, sondern als Dinge an sich aufgefaßt werden müssen, unsere Sinnlichkeit affiziert werde. Dadurch wird der Grundsatz aber natürlich nicht ohne weiteres eliminiert. Wie es mit seiner Berechtigung steht, werden wir später, in der Gegenstandslehre des Erkennens bei Besprechung des Realismusproblems noch ausführlicher zu untersuchen haben. Hier nehmen wir das Ergebnis dieser Untersuchung vorweg, indem wir sagen, daß wir mit dem Dogma von der Unanwendbarkeit der Begriffe Substanz, Kausalität, Vielheit usw. auf das Ding an sich durchaus nicht übereinstimmen.

i) Der Positivismus.

Unter dem Positivismus versteht man meist nichts anderes als die letzten Phasen der Entwicklung des Empirismus, die bestimmt sind durch den Einfluß der Philosophie Humes, repräsentiert werden durch die Lehre von A. Comte[1]) und E. Mach[2]), die man wohl als die zwei ausgesprochensten Vertreter dieser Denkrichtung bezeichnen darf, und enge Verwandtschaftsbeziehungen aufweisen zu den Theorien des durch R. Avenarius[3]) begründeten Empiriokritizismus und der durch Schuppe[4]), v. Schubert-Soldern[5]) und andere vertretenen immanenten Philosophie. Gemeinsam ist all diesen Richtungen der eigentümlich enge Begriff der Erfahrung, demzufolge die Erfahrung auf das „Vorgefundene" oder „Gegebene" eingeschränkt wird, oder, was ungefähr auf dasselbe hinauskommt, die Identifizierung des Erkenntnisobjekts mit dem Erkenntnisinhalt, die prinzipielle Verkennung der Transszendenz des Erkennens, ferner — damit zusammenhängend — der Kampf gegen die Substanzauffassung, gegen den Kraftbegriff und gegen alles, was so wie Substanz und Kraft als „metaphysisch“ betrachtet wird, endlich — der Grund für die Abneigung gegen die Metaphysik — das Bestreben, als wertvolle Erkenntnis nur das sichere Wissen gelten zu lassen. Alle Wirklichkeit — Bewußtseinsinhalt, Gegebenes, Vorgefundenes; die Wissenschaft — hypothesenfreie, schlichte Beschreibung des Gegebenen: Diese Auffassung haben wir bereits bei unserer Betrachtung des Empirismus diskutiert[6]).

Wenn wir daher an dieser Stelle dem „Positivismus“ als einer besonderen erkenntnistheoretischen Richtung uns zuwenden, so müssen wir darunter etwas anderes verstehen als den schon behandelten Empirismus. Dabei soll freilich nicht mit dem Namen Positivismus eine Lehre bezeichnet werden, die außer uns kein Mensch so nennt, sondern es handelt sich nur um die Heraushebung einer besonderen Wahrheitslehre aus den sonst vom Empirismus sich nicht unterscheidenden Systemen, deren Stichwort wir auf das für sie Charakteristische anwenden. Wir verstehen, kurz gesagt, unter dem Positivismus die Auffassung, wonach der Wert der Erkenntnis von biologischen Gesichtspunkten aus zu beurteilen ist.

Die biologische Wertlehre des Erkennens wird vor allem von Mach und von Avenarius entwickelt. Bei jenem ist es das „Prinzip der Denkökonomie“, das hier ins Auge gefaßt werden muß[7]). Die wertvollste Erkenntnis, so können wir es etwa formulieren, ist die einfachste Erkenntnis. Die Erfahrung zwingt uns eine erdrückende Fülle von Vorstellungen auf, und es liegt im Interesse unserer geistigen Selbsterhaltung, diesen Wirrwarr zu bewältigen. Diesem Zweck dient das eigentliche Erkennen, wenn man darunter nicht die mit ihren Gegenständen identischen Empfindungen, sondern deren weitere geistige Verarbeitung versteht. Empfindungen sind uns gegeben in buntem Wechsel. Aber gewisse Kombinationen wiederholen sich öfters. Unsere Weltauffassung wird einfacher, wenn wir die sich wiederholenden nicht als eine Vielheit gleicher Verbände, sondern als stets denselben Verband betrachten, und noch einfacher, wenn wir an Stelle der verbundenen Mehrheit von Empfindungen eine Einheit setzen. So entstehen für uns die mit sich identischen Dinge, so bildet sich unsere Substanzauffassung. Eine weitere Vereinfachung gewinnen wir durch die Bildung von Gattungsbegriffen und von Gesetzen. Auch die Gestaltung wissenschaftlicher Theorien und Hypothesen wird beherrscht von dem Streben nach Einfachheit. So ist z. B. die kopernikalische Weltanschauung von der ptolemäischen nicht dadurch ausgezeichnet, daß sie wahr ist im Sinne des alten Wahrheitsideals. Ihr Vorzug besteht vielmehr in ihrer Einfachheit und in ihrer Fähigkeit, die Fülle der Erscheinungen einfach und einheitlich zusammenzufassen.

Bei schroffster Durchführung dieses Prinzips der Denkökonomie, von der bei Mach allerdings kaum die Rede sein kann, müßte es das Wahrheitsprinzip völlig verdrängen. Es dürfte dann nicht immer wieder betont werden, daß die Substanzauffassung zwar zweckmäßig und insofern berechtigt, aber nicht wahr im Sinne einer Wirklichkeitserkenntnis sei. Die Machsche Philosophie, welche die von der populären Substanzauffassung glücklich vereinfachte Wirklichkeit wieder in die verwirrende Vielheit der Empfindungen zersplittert, wäre von diesem Standpunkt aus als unzweckmäßig, dem Prinzip der Denkökonomie widersprechend, in allererster Linie abzulehnen.

Wie sich die Naturwissenschaft bei konsequenter Durchführung des Ökonomieprinzips gestalten würde, kann man sich schwer ausmalen, da ihre bisherige Entwicklung gewiß nicht unter der Leitung dieses Prinzips stattgefunden hat. Auch wo die Wahl einer Hypothese in der naturwissenschaftlichen Forschung der Vergangenheit offensichtlich durch die Rücksicht auf Einfachheit bestimmt wurde, wie z. B. bei der Annahme der kopernikanischen Weltanschauung, da ist doch nicht die Einfachheit schlechthin, sondern die Einfachheit der Tatsachenerklärung das gewesen, was ihr den Vorzug verschafft hat. In dem Begriff der Tatsachenerklärung steckt aber das ganze Wahrheitsproblem. Daß nicht alle Erkenntnisse, die über den Irrtum erhaben sind, Wahrheit in dem Sinn besitzen, daß ihre Gegenstände mit einem Ding an sich übereinstimmen, das steht außer allem Zweifel. Ihre Beziehung zu dem, was durch sie erkannt werden soll, die Beziehung der Erkenntnisgegenstände zu den unabhängig vom Erkennen Bestehenden, zu den absoluten Gegenständen, muß zum mindesten in vielen Fällen eine andere als die der photographischen Ähnlichkeit sein. Keineswegs aber darf man ohne weiteres behaupten, daß da, wo keine Übereinstimmungsbeziehung besteht, von einer Beziehung zu absoluten Gegenständen überhaupt keine Rede sein könne. Vielmehr nimmt man da, wo von einer Erklärung der Tatsachen durch Hypothesen die Rede ist, bezüglich der Hypothesen ohne weiteres eine solche Beziehung zu absoluten Gegenständen (die nicht Ähnlichkeitsbeziehung ist) an.

Je nachdem, ob diese Beziehung vorhanden ist oder nicht, können die Hypothesen als wahr oder als falsch betrachtet werden. Zeichnet sich dann eine als möglicherweise wahr in Betracht kommende Annahme auch noch durch Einfachheit aus, so ist das natürlich um so besser für sie. Wir geben ja auch von zwei gleich richtigen mathematischen Beweisen dem kürzeren und eleganteren den Vorzug. Aber so wenig die mathematische Richtigkeit mit der Einfachheit sich deckt, so wenig ist die Wahrheit einer naturwissenschaftlichen Hypothese durch ihre Einfachheit gewährleistet. Das Prinzip der Denkökonomie könnte daher nur dann wirklich konsequent durchgeführt werden, wenn man den Wahrheitsbegriff im bisher üblichen Sinne ganz zu eliminieren wagte, wenn man also den Mut hätte, das, was man — im Bann der alten Denkweise — als einen unsere Denktätigkeit außerordentlich erleichternden Irrtum betrachten müßte, an die Stelle zu setzen, die bisher von der Wahrheit eingenommen worden ist.

Wie anstrengend ist es z. B. für unsern Verstand, den Gedanken der Unendlichkeit des Weltalls zu vollziehen! Warum kehrt also der konsequente Positivist nicht zurück zu der behaglichen Vorstellung, die für das Denken des Mittelalters sich als so außerordentlich „ökonomisch“ erwies? Darauf antwortet man vielleicht: Weil er es nicht mehr kann, weil die Widersprüche der nun einmal in ihm vorhandenen Gedanken mit der an sich ja sehr beruhigenden mittelalterlichen Weltanschauung dieser das Beruhigende nehmen, weil es für den modernen Menschen immer noch ökonomischer ist, sich durch die schwierigen Gedankenreihen der gegenwärtigen Astronomie hindurchzuarbeiten, als sich von Widersprüchen in seiner Gedankenwelt unaufhörlich beschäftigen zu lassen.

Aber bei dieser Auffassung würde man vielleicht doch den vor aller wissenschaftlichen Beschäftigung vorhandenen Gedankenreichtum des modernen Menschen ein bischen überschätzen. Woher stammen denn die Gedanken, die mit der mittelalterlichen Vorstellungsweise in Konflikt geraten? Angeboren sind sie auch dem modernsten Menschen nicht, sondern sie werden den Individuen zugeführt durch den wissenschaftlichen Unterricht. Der eine oder andere den Frieden kindlicher Weltanschauung störende Gedanke taucht wohl in den begabteren Menschen auch ohne Belehrung durch andere

auf; denn jede Erkenntnis muß in irgendeinem Geist zuerst
erworben werden, bevor sie andern mitgeteilt werden kann.
Aber die paar Widersprüche, auf die das unbelehrte Individuum
bei besonders hoher Intelligenz stoßen könnte, bedeuten doch
gar nichts gegenüber der Fülle ungelöster Probleme, die dem
wissenschaftlich gebildeten Menschen am Schluß einer gewaltigen Forschungsarbeit zurückbleiben. Die wissenschaftliche Arbeit als Lehrtätigkeit, Lerntätigkeit und Tatsachen-
forschung wäre das Verkehrteste, was die Menschen treiben
könnten, wenn die dem Prinzip der Denkökonomie am meisten
entsprechende Erkenntnis die schlechthin wertvolle Erkenntnis wäre.

Dagegen wendet nun der Positivist ein, er betrachte die
dem Prinzip der Denkökonomie gerecht werdende Erkenntnis
als die wertvollere im Vergleich mit derjenigen, die im Sinn
des alten Wahrheitsideals gesucht werde, aber er sei nicht
der Meinung, daß der Wert der Erkenntnis nur in ihrem
„Eigenwert" aufgehe. Wenn die Wissenschaft nicht den
Zwecken des praktischen Lebens diene, dann verliere sie allerdings die Existenzberechtigung. Aber sie werde eben erzeugt
durch die Not des Lebens, sie sei gewissermaßen ein notwendiges Übel, das nur unnütz vergrößert werde, wenn man
es als Selbstzweck betrachte im Sinn des alten Wahrheitsideals, während man am besten fahre, sofern man sich beim
Betrieb der für das Leben notwendigen Wissenschaft vom
Prinzip der Denkökonomie leiten lasse. Das Erkennen als
Arbeit, die dann am meisten ökonomisch und damit am wert-
vollsten ist, wenn mit einem Minimum an Aufwand ein Maxi-
mum an außer ihr liegenden wertvollen Zwecken erreicht wird
— das ist die Auffassung, zu welcher der Positivismus hin-
getrieben wird. Diese Auffassung ist aber nicht mehr Positivismus, sondern — Pragmatismus.

Die innere Verwandtschaft des Positivismus mit dem Pragmatismus können wir nicht nur in der Philosophie Machs,
sondern auch in derjenigen von Avenarius deutlich erkennen,
Der Verfasser der „Kritik der reinen Erfahrung", den man
mit Rücksicht auf diesen Titel seines Hauptwerkes auch den
Begründer des „Empiriokritizismus" nennt, betrachtet die Erkenntnis unter dem Gesichtspunkt der Gehirnbiologie[8]). Das
System C, das Zentralnervensystem, erfährt durch seine Beziehungen zu den „Umgebungsbestandteilen" Störungen seines
Gleichgewichtszustandes und überwindet diese durch Anpas-

sungen. Diesen Veränderungen als der „unabhängigen“ Variablen eines funktionellen Zusammenhangs, dessen „abhängige“ Variable den Psychologen und den Erkenntnistheoretiker interessiert, gibt Avenarius die Bezeichnung der „unabhängigen Vitalreihe“, der gegenüber die Erkenntnis, das Dasein der Umgebungsbestandteile für das Subjekt, zur „abhängigen Vitalreihe“ gehört. Die Erkenntnis ändert sich also mit der fortschreitenden Anpassung des Systems C an seine Existenzbedingungen. Für den Psychologen stellt sich dieser Vorgang hauptsächlich dar als ein Gewohnt- und Geläufigwerden zunächst ungewohnter, fremdartiger und unbehaglicher Vorstellungsweisen und Gedankengänge.

Die wertvolle Erkenntnis ist also nicht zu suchen in der Entdeckung staunenerregender neuer Tatsachen, durch die bisher unbekannte Problemgebiete eröffnet werden, sondern in der geistigen Verarbeitung des zunächst in Form einer Störung unseres Bestandes uns Aufgedrängten. Diese Schlußfolgerung tritt vielleicht nicht ganz so deutlich bei Avenarius selbst hervor, obwohl auch er das Wirklichkeits-, das Sicherheits- und das Bekanntheitsbewußtsein, das er zu der Geübtheit der unabhängigen Vitalreihe in Abhängigkeitsbeziehung bringt, im Gegensatz zu dem Erleben des als nichtwirklich, unsicher und unbekannt Charakterisierten als etwas Höheres, Wertvolleres behandelt. Dagegen kann über die aus den Grundanschauungen von Avenarius sich ergebende Konsequenz, wonach die Erkenntnistätigkeit keinen Eigenwertcharakter, sondern nur die Bedeutung eines Wirkungswertes besitzt, kein Zweifel mehr obwalten, wenn man die Interpretation, die J. Petzoldt in seiner „Einführung in die Philosophie der reinen Erfahrung“ dem Empiriokritizismus zuteil werden läßt, für richtig hält.

Auf die Frage: Was ist Wahrheit? wird hier die unzweideutige Antwort gegeben[9]): „Das, was man im einstigen Dauerzustande dafür halten wird, der logische Dauerbestand der Menschheit.“ Einer Ansicht gegenüber, wie sie etwa Lessing vertreten hat, wenn er die Freude des Wahrheitsuchens über die des Wahrheitsbesitzes gestellt wissen wollte, lehrt Petzoldt das gerade Gegenteil: Der Wert des Erkenntnisprozesses liegt in seinem Abschluß. Was den Wertunterschied des Wahren und des Nichtwahren begründet, ist also offensichtlich nichts anderes als die Stabilität, die jenem im Gegensatz zu diesem zukommt. Dabei betrachtet der positivistische Denker den Fortschritt der Wissenschaft als die

Begleiterscheinung eines organischen Entwicklungsprozesses, der mit der Vollendung der Wissenschaft sein Ziel erreicht.

Der logische Dauerbestand der Menschheit ist „von einer Dauerform der zugehörigen Gewebemassen des Großhirns abhängig, und diese Dauerform wird das Ergebnis biologischer Entwicklung sein. Wie das Herz der Säugetiere der schließliche Erfolg langer organischer Entwicklung ist, so wird auch die physiologische Unterlage des menschlichen logischen Dauerbestandes rein aus organischem, physischem Geschehen hervorgehen, ohne Eingriffe des Bewußtseins, und die einstigen wissenschaftlich-philosophischen Überzeugungen der Menschen werden eindeutig durch das bestimmt sein, was sich bei diesem gewaltigen Naturprozeß ergibt. Es ist der gewaltigste, erhabenste und zugleich der feinste, verwickeltste, denn in ihm tritt das Nächste und Fernste, das Kleinste und Größte in innigste Berührung und Wechselwirkung. Wir müssen uns befähigen, ihn rein nur als natürlichen Vorgang zu denken: wenn er auch eng mit den tiefsten Gedanken verknüpft ist, die die Menschenbrust bewegen, so ist doch dieses geistige Geschehen schließlich nur in seiner funktionellen Abhängigkeit von jenem physikalischen nur begreifen. Diese Ansicht ist nicht Materialismus. Sie setzt gar keinen Begriff der Materie voraus, auch ist ihr die Gedankenentwicklung, die sie ja durch jene biologische eindeutig bestimmt denkt, keineswegs gleichgültig, denn gerade s i e will sie dadurch verstehen lehren. Wer sagen würde, daß es auf Grund dieser Überzeugung ganz gleichgültig sein müsse, welche Gedanken wir uns über die Welt machen, da ja die Auffindung der Wahrheit gar nicht Sache des Denkens, sondern schließlich Geschenk einer blinden Gewebsentwicklung sei, der würde nicht beachten, daß die Gedanken die unzertrennlichen Begleiter jener physischen Geschehnisse und der eindeutig bestimmte psychische Ausdruck ihrer jeweiligen Phase sind. Die Geschichte der Theorien des Wirklichen ist zugleich die Geschichte der Entwicklung entsprechender Hirnteile[10].“

Hier haben wir die Grundgedanken dieser eigenartigen Form des Positivismus in leichtverständlicher Darstellung beisammen. Die Einwände dagegen liegen auf der Hand: Es wird ganz übersehen, daß das Gehirn nicht wie das Herz mit der Fähigkeit vererbt wird, diejenigen Funktionen ohne weiteres auszuüben, die einmal oder auch so und so oft im Lauf einer Individualentwicklung oder vieler Individualentwicklungen in der Vorfahrenreihe erworben worden sind. Wie wir gegen den Positivismus Machs geltend gemacht haben, daß der moderne Mensch nicht mit dem Gedankenschatz geboren wird, der ihn der Gefahr überheben könnte, bei konsequenter Anwendung des Ökonomieprinzips in den Zustand erkenntnisfeindlicher Denkträgheit zu geraten, so ist der Auffassung Petzoldts gegenüber zu betonen, daß die Lernarbeit dem Zukunftsmenschen auch durch die fortgeschrittenste Wissenschaft nicht erspart bleibt.

Wenn die Stabilität des Gehirnzustandes wirklich ein Ideal bedeutet, so war das Mittelalter der Erreichung dieses Ideals zweifellos näher wie die Neuzeit, und wenn die Menschen zur Herbeiführung eines als wünschenswert betrachteten Zustandes etwas beizutragen vermögen, so braucht man sie von dem Wert eines logischen Dauerbestandes nur zu überzeugen und sie werden ihn in kürzester Zeit realisieren, wenn auch auf etwas anderem Weg als auf dem wissenschaftlicher Forschung. Was den Positivismus von direkt wissenschaftsfeindlichen reaktionären Bestrebungen unterscheidet, ist nur sein Glaube daran, daß die wissenschaftlichen Probleme sich dem Menschen aufdrängen, auch wenn er sie nicht sucht und sie lieber ein für allemal los wäre. Dieser Glaube ist aber ein Irrtum. Die Erfahrung zeigt uns ganz gewiß nicht, daß die für logische Dauerbestände und Gehirnstabilität eingenommenen Individuen durch Naturnotwendigkeit zu Forschern werden. Will man die psychische Kausalität überhaupt nicht in Betracht ziehen, so mag man immerhin nur die physiologischen Parallelprozesse der Vorgänge ins Auge fassen, die sich im Bewußtsein als Begeisterungen für dieses oder für jenes Ideal darstellen. Dann muß man eben sagen: Dasjenige Gehirngeschehen, das der Freude an logischen Dauerbeständen entspricht, braucht nur überhand zu nehmen, so kommt das andere Gehirngeschehen, dem der Prozeß wissenschaftlicher Forschung im Bewußtseinsleben korrespondiert, zum Stillstand.

Wir verzichten auf diese umständliche Ausdrucksweise und sagen kurz: Das Ideal der Gehirnstabilität ist ebenso wie das der Denkökonomie ein solches, das nicht zu unumschränkter Herrschaft gelangen kann, ohne den Bestand der Wissenschaft zu gefährden. Wenn der Vertreter des Stabilitätsprinzips einsieht, daß der Mensch zur Erkenntnistätigkeit ebenso wie zu jeder anderen auf Entschluß und Überlegung beruhenden Beschäftigung nur veranlaßt wird, wenn er entweder für diese Tätigkeit selbst oder für den Effekt derselben ein irgendwie lebhafteres Interesse besitzt, dann muß er sich die doppelte Frage vorlegen: Ist einerseits das Erkennen nach der Lehre vom Ideal des logischen Dauerbestandes ein um seiner selbst willen zu betreibendes Spiel? Oder ist andererseits das Ziel des stabilen Gehirnzustandes ein solches, das nur durch Erkenntnisarbeit und das durch Erkenntnisarbeit unter allen Umständen zu erreichen ist? Beide Fragen müssen verneint werden, die erste auf Grund der positivistischen Psychologie, die zweite auf Grund der Erfahrung, wonach der wissenschaftlich nicht gebildete, in altüberlieferten Traditionen dahinlebende Mensch an Gehirnstabilität nicht viel zu wünschen übrig läßt, während der wissenschaftliche Forscher für seine eigene Person die Stabilität in der Regel nicht erreicht. Nun fragen wir weiter: Entspricht es den sonstigen menschlichen Gepflogenheiten, daß der einzelne einen wertvolleren Zustand preisgibt und einen minder wertvollen auf sich nimmt, wenn er dadurch nicht für sich und seine nächsten Nachkommen, sondern höchstens für die fernsten Generationen etwas erreichen kann, was sich nicht allzusehr von dem unterscheidet, worauf er für sich und die Seinen Verzicht geleistet hat?

Diese Frage wird wohl kaum jemand bejahen wollen. Aus ihrer Verneinung ergibt sich aber ohne weiteres der Satz, daß die Erkenntnisarbeit nach den Voraussetzungen von Avenarius und Petzoldt um des Stabilitätsideals willen nicht aufgenommen werden kann, daß ihr Wert für die einzelnen Individuen in der Aussicht auf den einstigen logischen Dauerbestand nicht genügend begründet ist. Will der Positivist trotzdem seine Überzeugung von dem für jeden Forscher vorhandenen Wert der Erkenntnis nicht preisgeben, so bleibt ihm nichts anderes übrig, als eine Zuhilfenahme der praktischen Erfolge, die aus dem Betrieb der Wissenschaft sich ergeben. Wiederum geht der Positivismus, konsequent zu Ende gedacht, in den Pragmatismus über[11]).

Die Verwandtschaft zwischen dem Positivismus und dem Pragmatismus, die wir hier aus dem Wesen des Positivismus heraus zu verstehen versucht haben, kommt auch äußerlich zur Geltung darin, daß es die in der Schule des Positivismus gebildeten Denker sind, die sich der aus England und Amerika, den Geburtsstätten des Positivismus, stammenden pragmatischen Bewegung begeistert angeschlossen haben.

k) Der Pragmatismus.

Über den Pragmatismus ist in den letzten Jahren so viel geschrieben und gesprochen worden, daß er in dem Durcheinander der Meinungen eine recht verschwommene Gestalt angenommen hat[1]). Einzelne seiner Anhänger wollen in ihm kaum mehr etwas anderes sehen als ein Rezept kritischen Verhaltens nicht nur bei der Lösung, sondern auch bei der Auswahl der Probleme. Sie proklamieren den Pragmatismus als Methodenlehre[2]) und unterscheiden davon die pragmatistische Wahrheitstheorie. Wir haben es hier mit der letzteren zu tun und wollen sie in der Form ins Auge fassen, in der sie von dem amerikanischen Philosophen James unter ausdrücklicher Bezugnahme auf die Gedanken der eigentlichen Begründer des Pragmatismus Schiller[3] (in Oxford) und Dewey[4]) vertreten wird.

James formuliert in seinem (von Jerusalem ins Deutsche übersetzten) Buch über den Pragmatismus diese Wahrheitstheorie mit derjenigen Deutlichkeit, die wir uns für die Grundlage einer kritischen Auseinandersetzung nur wünschen können. Er betont vor allem, „daß die Wahrheit eine Art des Guten und nicht, wie man gewöhnlich annimmt, eine davon verschiedene, dem Guten koordinierte Kategorie ist. Wahr heißt alles, was sich auf dem Gebiete der intellektuellen Überzeugung aus bestimmt angebbaren Gründen als gut erweist.“ Wahr ist, wie zusammenfassend gesagt wird, „was für uns zu glauben besser wäre“[5]).

Wie verhält sich diese Bestimmung zu der selbstverständlichen Voraussetzung jeder Wertlehre des Erkennens, zu der Ansicht, die wir in der Gesamtheit unserer bisherigen Ausführungen festgehalten haben, daß nämlich die Wahrheit ein Wert sei? Ein Wert ist natürlich eine Art des Guten, wenn man das Gute nicht mit dem moralisch Guten identifiziert, was keineswegs in der Absicht von James liegt, sondern mit dem — Wertvollen. Soweit scheint die Auffassung des Pragmatismus mit der unsrigen durchaus übereinzustimmen. Aber James will offenbar etwas mehr sagen, wenn er die Wahrheit als besondere Kategorie leugnet. Für uns wird die Wahrheit zu einem besonderen Wert dadurch, daß wir nicht alle Annehmlichkeiten, die durch Vorstellungen oder Gedanken herbeigeführt werden können und diese dadurch zu wertvollen machen, als Bedingungen des speziellen Wertes betrachten, den wir Wahrheitswert nennen.

Hierin ist nun ohne Zweifel die Besonderheit der pragmatistischen Auffassung zu erblicken, daß alle Annehmlichkeiten, alles „Gute“, womit ein Akt des Erkennens verknüpft sein kann, zur Bestimmung seines Wahrheitswertes herangezogen werden. Wahrheit ist nach der Auffassung des Pragmatismus nicht das logisch wertvolle Erkennen und erst recht nicht nur ein ganz bestimmter Ausschnitt des logisch wertvollen Erkennens, wie nach der Ansicht der bisher besprochenen Richtungen, sondern ist das wertvolle Erkennen schlechthin.

Dabei wird es freilich gut sein, wenn wir eine extremere und eine gemäßigtere Richtung des Pragmatismus unterscheiden, die bei James beide in ihren Ansätzen erkennbar sind. Für die eine gilt das eben Gesagte in vollem Umfang. Für sie muß der Wert einer Erkenntnis herausgerechnet werden als Resultate der logischen und aller möglichen anderen Gefühle, die damit direkt oder indirekt in Zusammenhang stehen. Dieser Auffassung steht James sehr nahe in seinen Ausführungen über den Wert der Annahme des Absoluten nach pragmatistischer Betrachtungsweise. Diese Annahme gewährt „religiösen Trost“, hat „diesen bestimmten Wert“, „verrichtet eine konkrete Funktion“. Sie muß „in dem Umfange“, in dem sie das tut, von einem guten Pragmatisten wahr genannt werden. Aber, führt James den Gedanken weiter, „mein Glaube an das Absolute, der gegründet ist auf das Gute, das er für mich hat, muß den Kampf mit allen meinen Überzeugungen aufnehmen. Zugegeben, er sei wahr, weil er mir moralische Ferien gewährt. Trotzdem aber — — gerät das Absolute, wie ich es auffasse, mit andern von meinen Wahrheiten in Konflikt, deren wohltuende Wirkungen ich um seinetwillen nicht aufgeben mag. Das Absolute hängt mit einer Art von Logik zusammen, von der ich ein Feind bin, es verwickelt mich, wie ich finde, in unannehmbare metaphysische Paradoxien. Aber ich habe genug Unannehmlichkeiten im Leben und will diese nicht noch dadurch vermehren, daß ich mich mit diesen logischen Inkonsequenzen belaste. So gebe denn ich persönlich das Absolute auf[6].“

So denkt der extreme Pragmatismus. Die logischen Wertschätzungen werden in eine Reihe gestellt mit allen möglichen anderen Bedürfnissen, und wenn eine These religiöse oder sonstige Bedürfnisse in beträchtlichem Umfang befriedigt, daneben aber logisches Unbehagen hervorruft, so wird sie nicht einfach wegen ihrer logischen Minderwertigkeit verworfen, sondern es gilt nun erst festzustellen, ob das logische Unbehagen den praktischen Wert kompensiert oder überkompensiert. Dabei ist natürlich zu berücksichtigen, wie aus der angeführten Überlegung von James deutlich hervorgeht, daß logische und andere Gefühle nicht in allen Individuen gleich stark hervortreten, daß also die Wertberechnung für verschiedene Menschen verschieden sich gestalten muß. Der Philosoph James verzichtet persönlich auf den Glauben an das Absolute, weil ihm das Unbehagen logischer Widersprüche unerträglicher ist als das Entbehren religiösen Trostes, den er sich übrigens, wie er andeutet, auf anderem Weg ohne so große Opfer logischer Werte doch glaubt verschaffen zu können. Mit demselben Recht muß aber von diesen Voraussetzungen aus ein anderer, der stärkere religiöse und schwächere logische Bedürfnisse hat, die entgegengesetzte Entscheidung treffen dürfen. Ja es ist nicht recht ersichtlich, ob James selbst einen logischen Unwert auch dann nicht auf sich nehmen würde, wenn ein wichtiger praktischer Wert nur auf diesem Wege sich gewinnen ließe.

Ein derartiger Pragmatismus verbindet sich offenbar leicht mit wissenschaftsfeindlichen reaktionären Bestrebungen. Er liefert die Begründung für die in der Praxis vielfach befolgte, aber der philosophischen Rechtfertigung bisher ermangelnde Maßregel, „gefährliche" Thesen als Unwahrheiten zu behandeln und löbliche Überzeugungen mit dem Prädikat tiefgründiger Wahrheiten zu schmücken. Daraus erklärt sich — zum Teil wenigstens — die leidenschaftliche Stellungnahme wahrheitsliebender Denker gegen den Pragmatismus, wenn auch keineswegs behauptet werden kann, daß die begeisterten Anhänger der praktischen Weisheit gegenwärtig schon alle oder auch nur zum größten Teil in den Reihen der Reaktionäre zu suchen seien.

Daß der extreme Pragmatismus eine ganz unmögliche Auffassung ist, das weiß man, bevor man die Gründe einsieht. Aber die Begründung ist nicht ganz leicht. Man wird natürlich darauf hinweisen, daß logisch Widerspruchsvolles einfach nicht gedacht werden kann, daß also alles Dekretieren: dies oder jenes soll aus diesen oder jenen Gründen Wahrheitsgeltung haben — erfolglos bleiben muß. Dieser Hinweis genügt, wenn Thesen als wahr betrachtet werden sollen, die in sich selbst widerspruchsvoll sind, und genügt selbst in diesem Fall eigentlich nur, solange die widerspruchsvollen Gedanken nicht durch

Formeln ersetzt sind, bei deren Gebrauch recht wenig überhaupt gedacht wird. Ist nicht der Begriff der Dreieinigkeit, der für viele Menschen Wahrheitswert gehabt hat, und für viele es heutigentags noch hat, ein in sich selbst widerspruchsvoller Begriff? Sein tatsächlicher Gebrauch widerlegt die Behauptung, es sei unmöglich, dem Widerspruchsvollen oder auch nur dem in sich selbst Widerspruchsvollen Wahrheitsgeltung zu verschaffen. Man darf sich die Sache nur nicht so denken, als ob ein Subjekt, das an einem als widerspruchsvoll erkannten Gedanken irgendwelche praktische Bedeutung entdeckt, nun nichts weiter zu tun brauchte, als zu sagen: Dies soll für mich Wahrheit sein. Die Entstehung des Glaubens ist ein Prozeß, der zum mindesten lange Zeit braucht, der gestört wird durch jeden Zweifel und noch mehr natürlich durch das Bewußtsein der Denkunmöglichkeit des Glaubensobjekts. Aber so schwierig in einem solchen Fall die Autosuggestion ist, so leicht ist unter Umständen die Fremdsuggestion. Der Entschluß: Dies soll für andere Wahrheit sein — ist von außerordentlicher Tragweite, sobald er von einer einflußreichen Persönlichkeit mit voller Entschiedenheit gefaßt wird, selbst wenn es sich um innerlich unhaltbare „Wahrheiten" handelt.

Aber davon wollen wir hier ganz absehen. Auch wenn der Grundsatz des extremen Pragmatismus praktisch sich als undurchführbar erwiese gegenüber den in sich selbst widerspruchsvollen Vorstellungs- und Gedankeninhalten, bliebe ihm noch ein weites Anwendungsgebiet im Bereich derjenigen Annahmen, die in sich selbst widerspruchslos sind und als logisch minderwertig sich nur dadurch erweisen, daß sie mit anderen „Wahrheiten" in Widerspruch geraten. „Leicht beieinander wohnen die Gedanken." Die Möglichkeit des Glaubens an etwas, was mit anderem Geglaubten kollidiert, ergibt sich schon daraus, daß von vornherein ja keineswegs feststeht, welche von zwei unverträglichen Überzeugungen aufgegeben werden muß. Wenn nun in einer Situation die eine, in einer anderen die andere sich als nützlicher erweist, warum soll man nicht seinen Glauben den Umständen anpassen? Gibt es nicht Menschen genug, die am Sonntag eine andere Weltanschauung haben als am Werktag und sich sehr wohl dabei fühlen?

Unser sittliches Gefühl empört sich gegen ein solches Verhalten. Aber unser sittliches Gefühl ist in der Schule des Glaubens an eine andere Wahrheit gebildet worden als wie sie der Pragmatismus auf den Schild erhebt. Gefühlsmäßige Abneigung gegen eine Lehre ist kein Argument gegen dieselbe, wenn wir nicht die pragmatistische Auffassung uns zunächst zu eigen machen wollen, um sie durch sich selbst zu widerlegen. Wenn wir extreme Pragmatisten sein und den außerlogischen Wert einer These als Kriterium ihrer Wahrheit gelten lassen wollen, dann müssen wir die These des extremen Pragmatismus verwerfen, weil sie unser sittliches Gefühl verletzt. Ist das vielleicht eine Widerlegung?

Wir wollen uns nicht in logische Spitzfindigkeiten verlieren. Eine Polemik, die das voraussetzt, was sie bekämpft, steht auf schwachen Füßen. Aber irgendwie müssen wir uns doch auf den Standpunkt des extremen Pragmatismus stellen, wenn wir ihn widerlegen wollen, ohne uns dem Vorwurf auszusetzen, wir kritisierten ihn auf Grund eben derjenigen Anschauungen, deren Berechtigung er bestreitet. Vielleicht geht es in folgender Weise: Der extreme Pragmatismus betont den praktischen Wert des Glaubens an gewisse „Wahrheiten", die entweder an sich selbst oder in ihren Konsequenzen sich als besonders brauchbar erweisen. Er muß also alles vermeiden, was dem Glauben überhaupt gefährlich werden kann, oder was die Möglichkeit, die Konsequenz einer Wahrheit von dem zu unterscheiden, was nicht dazu gehört, zu beeinträchtigen imstande ist. Nun haben wir gesehen, daß der Glaube um so fester wird, je weniger Veranlassung vorhanden ist, das Geglaubte anders zu denken oder vorzustellen, als es geglaubt wird. Ein Widerspruch einer Überzeugung in sich selbst oder mit einer andern desselben Subjekts oder auch nur mit einer solchen, die ein anderes Subjekt kundgibt, bedeutet aber immer eine Veranlassung, Geglaubtes anders zu denken, also eine Erschütterung des Glaubens. Nichtachtung der logischen Gefühle, wie sie betätigt wird, wenn ein logisches Unbehagen um eines außerlogischen Wertes willen ertragen werden soll, führt ferner zu einer logischen Anarchie, wodurch die Betätigung konsequenten Denkens eine schwere Beeinträchtigung erfährt. Das Verhalten des extremen Pragmatisten gleicht ein wenig dem Verfahren eines Menschen, der ein wichtiges Erwerbsmittel verkauft, um den damit erreichbaren Gewinn zu steigern. Damit dürfte unsere Ablehnung dieser Denkweise genügend begründet sein.

Der gemäßigte Pragmatismus entwickelt eine wesentlich ernster zu nehmende Theorie. Er betrachtet die logischen Gesetze als solche, denen unbedingt und ohne Rücksicht auf nützliche oder schädliche Folgen gehorcht werden muß. Aber er betont — mit vollem Recht, wie aus den bei unserer Besprechung des naiven Logismus angestellten Überlegungen hervorgeht —, daß die Befolgung der logischen Gesetze nicht genügt, eine für alle Menschen identische Wahrheit zu erarbeiten. Aus verschiedenen Voraussetzungen ergeben sich bei gleich folgerichtigem Denken verschiedene Behauptungen, und es fragt sich vielfach: Welche Voraussetzungen sollen gewählt werden? Auf diese Frage wird in der Regel geantwortet: Diejenigen, auf die uns die Erfahrung hinweist. Aber dabei vergißt man, wie der Pragmatismus richtig bemerkt, daß die Erfahrung viele Fragen unbeantwortet läßt, daß es viele Gebiete gibt, auf denen wir dies oder jenes glauben können, ohne mit der Erfahrung in Widerspruch zu geraten. Es ergeben sich vielleicht bei der einen oder der andern Annahme Widersprüche zu irgendwelchen Vorurteilen, die wir haben. Aber sollen wir uns durch Vorurteile bestimmen lassen?

Fassen wir einen konkreten Fall ins Auge! Die Existenz einer vom Gedacht- und Vorgestelltwerden (worunter wir auch das Wahrgenommenwerden begreifen) unabhängig und dauernd bestehenden realen Welt ist unbeweisbar. All unsere Wahrnehmungen, Erinnerungsvorstellungen und Gedanken mit Ausnahme der Realitätsgedanken könnten ebenso sein, wie sie sind, auch wenn nur ein substratloses psychisches Geschehen den Weltlauf darstellen würde. Alles Sein und Geschehen als Vorstellungs- und Denkobjekt sowie als Vorstellungs- und Denkverlauf mit eigentümlichen Zentralisationen (Subjektbildungen, Ichkonfigurationen oder wie man sie nennen will), beherrscht von eigenartigen Gesetzen, die uns als Gebundenheit der Wahrnehmungen an Zeit und Raum, als Abhängigkeit der Erinnerungen von primären Erlebnissen, als Abgeschlossenheit der verschiedenen Bewußtseinszentren gegeneinander und in anderen derartigen Tatsachen zum Bewußtsein kommen, — eine derartige Auffassung ist durchaus denkmöglich und widerstreitet nicht im geringsten unserer Erfahrung. Es hat scharfsinnige Denker gegeben, die ohne logisches Unbehagen ein solches Weltbild sich zu eigen gemacht haben. Ja man hat behauptet, daß die entgegengesetzte realistische Anschauung sich nicht widerspruchslos durchführen lasse. Diese Behauptung hat sich nun freilich als irrig erwiesen. Aber damit ist diejenige Form des Idealismus, die sich mit der Erfahrung verträgt, logisch nicht widerlegt. Sie und eine bestimmte Form des Realismus müssen als logisch gleich mögliche Arten der Weltbetrachtung gelten.

Welcher Gesichtspunkt soll also die Wahl zwischen ihnen bestimmen? Der Pragmatismus antwortet: Die Berücksichtigung des außerlogischen Wertes der beiden Weltbilder. Diese Auffassung hat Verf. selbst vertreten, bevor der Name Pragmatismus zum Kampfruf geworden ist, in einer ziemlich unbeachtet gebliebenen Schrift, die sich mit der Frage des Kriteriums der Wahrheit und mit der Rechtfertigung eines logisch möglichen, durch seinen außerlogischen Wert sich empfehlenden wissenschaftlichen und ethisch-metaphysischen Glaubens beschäftigt[7]). Im Sinne dieses gemäßigten Pragmatismus läßt sich ferner die Auffassung interpretieren, die James bereits in seiner früheren Schrift „Der Wille zum Glauben"[8]) entwickelt hat und die auch in dem Buch über den Pragmatismus trotz der oben angeführten radikal klingenden Wendungen erkennbar bleibt.

Was sich auch gegen den gemäßigten Pragmatismus einwenden läßt, ist etwa folgendes: Die Berücksichtigung des außerlogischen Wertes einer in sich widerspruchslos zu vollziehenden und mit der Erfahrung nicht in Widerspruch geratenden Auffassung als eines ihre Wahrheit begründenden Moments führt notwendig zu Willkürlichkeiten. Man denke nur an die vielen Lücken der historischen Forschung, deren Ausfüllung durch praktisch bedeutsame, um ihres außerlogischen Wertes willen als Wahrheiten proklamierte Annahmen die Grenze zwischen Dichtung und Wissenschaft vollständig verwischen müßte! Oder man bringe sich zum Bewußtsein, welch weites Feld sich der hypothesenbildenden Phantasie in den unserer Beobachtung unzugänglichen Tiefen des Weltraums eröffnet, und wie die Wissenschaft erdrückt werden müßte von willkürlichen Erdichtungen, wenn die Annehmlichkeit etwa des Gedankens an Engel oder Idealmenschen als Bewohner ferner Gestirne — eines Gedankens, der durch die Erfahrung kaum zu widerlegen ist — ohne weiteres als Grund seiner Wahrheitsgeltung angeführt werden dürfte!

Dabei ist freilich zu beachten, daß die Grenze des durch Erfahrung nicht zu Widerlegenden weiter und enger gezogen werden kann. Es gibt Unwahrscheinlichkeiten, die dadurch für uns unglaubhaft werden, daß sie zwar nicht mit direkten Beobachtungen in Widerspruch geraten, wohl aber mit dem, was wir auf Grund von Beobachtungen und auf Grund von

Annahmen über die prinzipielle Gleichartigkeit des Seins und Geschehens in verschiedenen Weltzeiten und Welträumen für wahr halten müssen. Nun ist die Annahme der prinzipiellen Gleichartigkeit des Seins und Geschehens in den uns näher und in den uns ferner liegenden Teilen der Welt für viele Arten des Seins und Geschehens (z. B. für die Stoffe, über die uns die Spektralanalyse Auskunft gibt, oder für die Prozesse des Lichts und der Gravitation) direkt bewiesen, für keine einzige Art des Seins oder Geschehens widerlegt, obwohl eine Widerlegung im Fall der Unrichtigkeit der Annahme nicht etwa unmöglich, sondern im Gegenteil sehr naheliegend wäre. Es handelt sich hier also um eine äußerst wahrscheinliche Hypothese, die sich außerdem für den Betrieb der Wissenschaft überaus fruchtbar erweist. Wahrscheinliche Annahmen, die noch dazu einen methodischen Wert besitzen, als irrig zu betrachten, dazu liegt aber nicht der geringste Grund vor — am allerwenigsten für denjenigen, der auf dem Standpunkt des Pragmatismus steht.

Was nun nicht in Widerspruch gerät mit dem auf Grund der wohlbegründeten Gleichförmigkeitshypothese und auf Grund unserer Erfahrung Anzunehmenden, was also „nach Analogie unserer Erfahrung" im Gebiete des als erfahrbar zu Denkenden, aber unserer Beobachtung gegenwärtig oder dauernd Entzogenen annehmbar ist, das ist logisch möglich in einem ganz anderen Sinn als beliebige unbegründete, nur mit der wirklichen Erfahrung nicht in Widerspruch geratende Hypothesen. Wenn wir das nach dieser strengeren Auffassung logisch Mögliche im Fall der Nachweisbarkeit eines damit zusammenhängenden außerlogischen Wertes für wahr halten wollen, so laufen wir kaum Gefahr, daß luftige Phantasiegebilde den festgefügten Bau der Wissenschaft überwuchern. Das wertvollste im Sinn der nichtlogischen Werte, das, was den „Bedürfnissen des Gemüts" am meisten entsprechen würde im Bereich einer solchen Ergänzung der Erfahrungswelt, die Annahme einer idealen Wirklichkeit, in die wir uns mit unsern Träumen retten könnten, wenn die Unvollkommenheiten des empirischen Daseins unser Gefühl verletzen, ist ja dann eben durch die Gebundenheit an Analogien der Erfahrung ausgeschlossen.

Gerade deshalb aber erhebt sich die Frage, was der Grundsatz des gemäßigten Pragmatismus dann noch für einen Sinn hat. Zur Aufstellung dieses Grundsatzes ist man gelangt

von der Erkenntnis aus, daß logisch möglich vieles sei, was
nicht ohne weiteres schon als wahr betrachtet werden dürfe,
daß man also im Gebiet des logisch Möglichen noch ein weiteres
Wertkriterium anwenden müsse, um die Wahrheit oder die in
besonderem Sinn wertvolle Erkenntnis vom Nichtwahren, bloß
logisch Möglichen zu unterscheiden. Nun sind wir jedoch zu der
Einsicht gelangt, daß das Gebiet des (im strengen Sinn) logisch
Möglichen ein außerordentlich enges Gebiet ist, daß also der
Pragmatismus, weit entfernt, die unentbehrlichen Fundamente
eines imposanten Tempels der Wahrheit zu errichten, bestenfalls einen kleinen Anbau dem ohne seine Mithilfe zustande-
kommenden Gebäude beizufügen vermag.

Ist es bei dieser Wendung des Gedankens ganz mit rechten
Dingen zugegangen? Das ist kaum möglich, und in der Tat
läßt sich ohne Schwierigkeit der Punkt bezeichnen, den wir
bei der Einschränkung des Gebietes, auf dem der pragmatistische Grundsatz anzuwenden ist, außer Betracht gelassen
haben. Das Bedürfnis nach einem außerlogischen Wahrheitskriterium, wie es der Pragmatismus im praktischen Wert
des logisch Möglichen sucht, besteht nämlich, wie oben angedeutet wurde, nicht für denjenigen, der die Wahrheit innerhalb der Erfahrung und dessen, was nach Analogie der Erfahrung zu denken ist, suchen will.

Handelt es sich um eine Entscheidung zwischen gleich möglichen und gleich wahrscheinlichen Hypothesen, so genügt in
diesem Fall der Gesichtspunkt der intellektuellen Zweckmäßigkeit, der Einfachheit und der Vertrautheit oder des Erklärungs-
wertes, wodurch sich eine Annahme vor der andern auszeichnet,
um die Wahl zu bestimmen. Der Pragmatismus rechnet zwar
diese theoretische Zweckmäßigkeit in der Regel mit zu dem
praktischen Wert, den er bei der Wertunterscheidung von Erkenntnissen ins Auge faßt. Aber eben dadurch verwickelt
er sich in die größten Schwierigkeiten. Man setze den Fall,
daß von zwei gleich möglichen Hypothesen die eine durch
Einfachheit, die andere durch einen religiöse oder sonstige Bedürfnisse besonders befriedigenden Inhalt, also durch eigentlich praktischen Wert sich auszeichnet. Welche ist dann zu
wählen? Der Positivismus würde sich für die einfachere Annahme entscheiden. Die wissenschaftlichen Vertreter des Pragmatismus würden sicherlich dieselbe Wahl treffen, sich dabei
aber wie James bei der Ablehnung der Lehre vom Absoluten
wohl auf den persönlichen Geschmack berufen.

Der gemäßigte Pragmatismus, der den logischen Werten eine Vorzugsstellung gegenüber den praktischen anweist, würde nur konsequent verfahren, wenn er auch das, was wir intellektuelle Zweckmäßigkeit genannt haben, was zwar nicht zum logischen Wert im engeren Sinne, dem Wert der Widerspruchs-losigkeit gehört, aber doch wohl zu unterscheiden ist von dem eigentlich praktischen Wert, besonders berücksichtigen würde.

Eine scharfe Unterscheidung zwischen logischem Wert im weitesten Sinne und praktischem Wert läßt sich nur durch-führen an der Hand einer Psychologie der logischen oder der Verlaufsgefühle und der ihrer Entstehungsweise nach davon zu trennenden Gefühle, die man Gegebenheitsgefühle nennen kann. Es würde uns hier jedoch zu weit führen, wollten wir diese gefühlspsychologische Fundierung der Wertlehre im ein-zelnen darlegen. Es mag daher genügen, wenn wir darauf hinweisen, daß unsere Zusammenfassung des logischen Wertes der intellektuellen Zweckmäßigkeit unter dem Begriff des logischen Wertes im weiteren Sinne und unsere Gegenüber-stellung dieses und des praktischen Wertes nicht grundlos geschieht.

Berücksichtigt nun der Pragmatismus (in seiner gemäßigten Form) zuerst den logischen Wert im engeren Sinn, dann den logischen Wert im weiteren Sinn und dann erst den prak-tischen Wert, so darf man wohl behaupten, daß der letzte Gesichtspunkt bei der Beurteilung der Erfahrungserkenntnis und dessen, was nach Analogie der Erfahrung zu denken ist, gar nicht zur Anwendung kommt, da in diesem Gebiet wohl stets ein logischer Wert im weiteren Sinne oder, wie wir ein für allemal diesen zur Unterscheidung vom logischen Wert im engeren Sinne nennen wollen, ein theoretischer Wert vor-handen ist.

Aber wie steht es mit der Lehre von einem Existierenden, einem vom Erkennen unabhängig Vorhandenen, einem im Erkennen als Objekt und Subjekt zum Bewußtsein Kommen-den, das anders gedacht werden muß als das vom Erkennen abhängige in den Wahrnehmungs-, Erinnerungs- und den damit zusammenfallenden Denkobjekten Gegebene? Nennen wir das letztere das Erfahrbare, das anders zu Denkende das Unerfahrbare, so lautet unsere Frage: Wie steht es mit dem Unerfahrbaren, das natürlich als solches nicht nach Analogie der Erfahrung zu denken ist? Werden wir in den Annahmen,

die darüber gemacht werden können, auch bis ans Ende von
Gesichtspunkten theoretischer Natur geleitet?

In der Beantwortung dieser Frage gehen die Meinungen
auseinander. Diejenigen, die der Ansicht sind, daß theoretischer Wert und Unwert im Gebiet des Unerfahrbaren eigentlich
keine Rolle mehr spielt, können sich auf eine Autorität wie
Kant berufen, der mit aller Entschiedenheit die Auffassung
vertreten hat, daß im Gebiete der Metaphysik nicht theoretische
sondern praktische Werte den Glauben zu bestimmen haben,
und der mit dieser Lehre in gewissem Sinne den Pragmatismus
vertreten hat, bevor man von dieser Richtung sprach.

Aber wenn auch vielfach behauptet wird, daß Kant die
theoretische Metaphysik, d. h. die von der Berücksichtigung
theoretischer Werte geleitete Spekulation über das Unerfahrbare, endgültig überwunden habe, so gibt es doch heute wie
zu allen Zeiten Philosophen, die mit rein theoretischen Bedürfnissen an die Bearbeitung der Metaphysik herantreten. Daß
es einem von ihnen bisher gelungen sei, auf metaphysischem
Gebiet sich mit Annahmen zu begnügen, die es auch nur
einigermaßen wahrscheinlich erscheinen lassen, daß sie bloß
aus theoretischen Bedürfnissen entstanden sind, das kann man
allerdings nicht behaupten. Aber ob es nicht in Zukunft einem
gelingen wird, wer kann das wissen? Sollte es einmal der
Fall sein, so wäre eben damit der Pragmatismus überwunden.
Die Wertentscheidung auf allen Erkenntnisgebieten könnte
dann ausschließlich von der Berücksichtigung logischer und
theoretischer Werte, sowie vom Zwang der Erfahrung abhängig
gemacht werden und müßte infolgedessen auch nur von solchen
Gesichtspunkten sich leiten lassen. Solange aber die Metaphysik Probleme enthält, die so oder anders gelöst werden können, ohne daß die eine oder andere Art der Lösung aus-
gesprochene theoretische Vorzüge aufzuweisen hat, solange
behält der gemäßigte Pragmatismus das Recht, jenseits der
Berücksichtigung der theoretischen Werte die Heranziehung
auch praktischer Werte bei Erkenntniswertbeurteilungen zu
verlangen.

l) Der Imperativismus.

Unter dem Imperativismus verstehen wir die Denkrichtung,
die neuerdings besonders von Windelband[1]), Rickert[2]) und
ihren Schülern vertreten wird, die aber im Grund genommen so

alt ist wie die Auffassung, wonach alle Wahrheit im Urteil zu suchen und als das Wesen des Urteils die Bejahung und Verneinung, d. h. eine Stellungnahme des Willens anzuerkennen sein soll. Den bereits in der Erkenntnistheorie der Stoiker deutlich hervortretenden Gedanken vom Zusammenhang zwischen Irrtum und Sünde haben wir besonders in unserer Betrachtung der kartesianischen Wahrheitslehre kennen zu lernen Gelegenheit gehabt. Wir haben gesehen, wie nach Descartes das tatsächliche Vorkommen des Irrtums mit der Existenz eines allmächtigen und wahrheitsliebenden Gottes nur deshalb vereinbar sein soll, weil der Mensch als sittliches Wesen die Möglichkeit haben muß, seine Zustimmung auch einer nicht genügend klar und deutlich erkannten Urteilsmaterie gegenüber zu betätigen.

Setzt man nun an Stelle der Lehre: Bejaht werden darf, was vollständig klar und deutlich erkannt ist — die Formel: Bejaht werden darf, was bejaht werden soll, so hat man den Grundsatz der imperativistischen Wahrheitslehre. Nun erhebt sich aber die Frage nach den Gründen, die zur Aufstellung eines so unbestimmt klingenden Satzes geführt haben mögen. Diese Gründe wollen wir uns zum Bewußtsein bringen an der Hand der Darstellung, die Rickert in seiner Schrift „Der Gegenstand der Erkenntnis“ von der imperativistischen Wahrheitslehre gegeben hat.

Rickert geht aus von dem naiven Wahrheitsbegriff. „Zum Begriff des Erkennens“, so beginnt er seine Betrachtungen über das Grundproblem der Erkenntnistheorie, „gehört außer einem Subjekt, das erkennt, ein Gegenstand, der erkannt wird. Unter ‚Gegenstand‘ darf man zunächst nichts anderes verstehen als das, was dem erkennenden Subjekt entgegensteht, und zwar in dem Sinne, daß das Erkennen sich danach zu richten hat, wenn es seinen Zweck erreichen will. Dieser Zweck besteht darin, wahr oder ‚objektiv‘ zu sein. Unsere Frage lautet: Was ist der Gegenstand der Erkenntnis, oder wodurch erhält das Erkennen seine Objektivität[3])?“

Rickert versteht, wie man sieht, unter dem Gegenstand des Erkennens nicht das vom Erkennen Abhängige, welches in jedem, auch dem imaginärsten Akt des Gegenstandsbewußtseins erfaßt wird, sondern das, was wir bei der Besprechung der Kantschen Gedankengänge den absoluten Gegenstand genannt haben. Nach diesem muß sich die Erkenntnis richten, wenn sie wahr sein will. „Der ‚naive‘ Mensch“, fährt Rickert fort, „sieht hier kein Problem. Gegenstände der Erkenntnis sind ihm Dinge der ‚Außenwelt‘, und wollte man von ihm eine Meinung darüber hören, worin ihre Erkenntnis besteht, so würde er sagen, daß es von diesen Dingen Vorstellungen gibt, und daß, wer mit den Dingen übereinstimmende oder sie abbildende Vorstellungen besitzt, die Dinge erkannt hat.

Auch von der Wissenschaftslehre ist diese ‚naive‘ Erkenntnistheorie nur zum Teil verlassen. Allerdings meint man wohl, daß die Vorstellungen die Dinge nicht genau so geben, wie sie wirklich sind, sondern ihnen nur ‚entsprechen‘ oder sie ‚bezeichnen‘, aber daran hält man doch fest, daß Gegenstände der Erkenntnis wirkliche oder seiende Dinge sind, nach denen der Erkennende sich mit seinen Vorstellungen richten muß, wenn er sie erkennen will. Auch die Lehre des Denkers, der die letzte große Umwandlung in den Ansichten über das Erkennen hervorgebracht hat, glaubt man so deuten zu können, daß nach Kant das erkennende Subjekt oder das ‚Bewußtsein‘ einer Welt an sich existierender Dinge gegenüberstehe, deren ‚Erscheinung‘ es in sich aufzunehmen habe, um zur Erkenntnis der Welt zu gelangen. Der der naiven Meinung vom Erkennen zugrunde liegende Gegensatz eines an sich vorhandenen Seins zu einem dieses Sein mit Hilfe der Vorstellungen erfassenden Bewußtsein bliebe hiernach auch durch Kant und somit überhaupt unangetastet [4].“

Gegen diese Auffassung wendet nun Rickert vor allem ein, daß „nicht nur die Erkennbarkeit, sondern auch die Existenz einer vom erkennenden Subjekt oder Bewußtsein unabhängigen Welt seiender Dinge in Frage gestellt werden kann“. Wer also die Möglichkeit einer Wahrheitserkenntnis abhängig denkt von dem Vorhandensein realer Objekte, der läuft Gefahr, mit dem Glauben an die Existenz der Dinge an sich auch den Glauben an die Wahrheit preisgeben zu müssen.

Von dieser Überlegung aus würde man nun etwa folgende Weiterführung des Rickertschen Gedankenganges erwarten: Weil der Wertunterschied zwischen Wahrheit und Irrtum zweifellos feststeht, die Annahme der Existenz realer Objekte aber eine dem Zweifel ausgesetzte Hypothese ist, so muß die Unterscheidung wahrer und nichtwahrer Erkenntnis ganz ohne Rücksicht auf die Frage der Existenz von Dingen an sich durchgeführt werden. Diese naheliegende Argumentation sucht man jedoch bei Rickert vergebens. Anstatt den Streit zwischen Realismus und Idealismus zunächst unentschieden zu lassen,

und die Wahrheitslehre des Erkennens von der Gegenstandslehre zu trennen, bemüht er sich in erster Linie um die Begründung eines eigenartigen Idealismus und bringt seine Wahrheitslehre zu diesem in eine Beziehung, die nicht eng genug
ist, um uns das Recht zu geben, unsere Stellungnahme gegenüber dem Imperativismus von vornherein von der im nächsten
Kapitel vorzunehmenden Beurteilung des Idealismus abhängig
zu machen, die aber auch nicht lose genug ist, um eine Berücksichtigung der imperativistischen Gedankengänge ohne Bezugnahme auf die idealistischen zu ermöglichen.

Nach der Auffassung, die Rickert die „naive" nennt, wird
das Subjekt bei seinem Erkennen bestimmt durch etwas, was
von ihm unabhängig ist, und zwar in der Weise bestimmt,
wie ein Reagens zu einer Reaktion veranlaßt wird. Rickert
will die Lehre vom Bestimmtwerden des erkennenden Subjekts
durch ein von ihm Unabhängiges beibehalten, aber die Auffassung vom Erkennen als einer Wechselwirkung zwischen
dem Erkennenden und dem zu Erkennenden als unmöglich
erweisen.

Das letztere gelingt ihm durch eine merkwürdige Fassung
des Begriffs vom erkennenden Subjekt. Rickert unterscheidet
nämlich zunächst einen dreifachen Subjekt-Objektgegensatz[5]).
Das inhaltreichste Ich oder das psychophysische Subjekt, der
Körper des einzelnen Menschen samt dem dazu gehörigen
Bewußtsein wird der räumlichen Außenwelt außerhalb des
Leibes, zu der auch die Leiber anderer Menschen samt den
innewohnenden Bewußtseinsfunktionen gehören, gegenübergestellt. Eingeschränkter ist schon das psychologische Subjekt, das individuelle Seelenleben, dem auch der zugehörige
körperliche Organismus bereits zur Außenwelt gehört. Ganz
inhaltlos endlich ist das erkenntnistheoretische Subjekt, das Bewußtsein, welches nicht mehr individuelles Bewußtsein, mein
oder eines anderen einzelnen Menschen Bewußtsein ist, dem
vielmehr alles inhaltlich Bestimmte, Physisches wie Psychisches,
als Objekt gegenübersteht. Von dem letzteren, dem erkenntnistheoretischen Subjekt, sagt Rickert, es sei überhaupt keine
Realität, sondern nur ein Begriff. Da wir unter einem Begriff
den psychischen Akt des Begreifens verstehen, so müssen wir
uns die Meinung Rickerts dadurch verständlich machen, daß
wir an Stelle des Wortes Begriff das Wort Abstraktum setzen.

Fragt man, welcher Gedankengang dazu führen kann,
das erkennende Subjekt mit einem Abstraktum zu identifi-

zieren, so stößt man etwa auf folgende Überlegung, die man allerdings ein wenig zwischen den Zeilen suchen muß: Alles Erkennbare tritt als Erkanntes in Beziehung zu einem Subjekt. Nicht alles Erkannte tritt dem psychophysischen Subjekt gegenüber; denn der eigene Leib des Erkennenden und sein Seelenleben gehören auch zu den Objekten des Erkennens. Nicht alles Erkannte tritt ferner dem psychologischen Subjekt gegenüber; denn das empirische Seelenleben gehört zu dem, was erkannt wird. Also bleibt nur das Bewußtsein überhaupt, das reine, inhaltlose Bewußtsein als das Subjekt übrig, dem alles als Objekt gegenübertritt.

Diese Argumentation operiert vor allem mit einer Zweideutigkeit des Begriffs „gegenüberstehen". Das Objekt steht einem Subjekt gegenüber — heißt: Das Objekt tritt in das einzigartige Verhältnis zum Subjekt, das wir als Erfaßtwerden oder als Beziehung zwischen Gegenstand und Gegenstandsbewußtsein bezeichnen. Diese Beziehung ist eine Verschiedenheitsbeziehung insofern, als der jeweils erfaßte Gegenstand und der ihn erfassende Akt des Gegenstandsbewußtseins nicht identisch und auch nicht gleich sind. Aber dabei ist gar keine Rede davon, daß mit dem Gegenüberstehen von Objekt und Subjekt eine solche Verschiedenheit beider gemeint sei, bei welcher die Begriffe Objekt und Subjekt ihrem ganzen Umfang nach auseinanderfallen[6]). Wenn Rickert übrigens konsequent weiterschließen würde, so dürfte er beim erkenntnistheoretischen Subjekt als dem allem Objektiven Gegenüberstehenden nicht Halt machen: Dem psychophysischen und psychologischen Subjekt soll im Sinn der obigen Betrachtung nicht alles Erkennbare gegenübergestellt werden können, weil ein großer Teil des psychophysischen und des psychologischen Subjekts zum Erkennbaren gehört. Aber gehört nicht auch das erkenntnistheoretische Subjekt, von dem Rickert spricht, zum Erkennbaren?

Rickert formuliert zuerst das Problem des Realismus, welches er das Problem der Transzendenz nennt, ganz richtig. Es handelt sich um das Verhältnis des psychologischen Subjekts zu seinen Gegenständen. Dabei ist jedoch zu berücksichtigen, daß der Begriff des Erkenntnisgegenstandes doppeldeutig ist. Man versteht darunter zunächst das, was in den Erkenntnisakten, wie in allen Vorgängen des Gegenstandsbewußtseins erfaßt wird. Es ist zur genaueren Charakterisierung dieser Bedeutung des Begriffs die Bezeichnung „intentionales Objekt“ vorgeschlagen worden[7]). Diese Wortverbindung hat aber eine gefährliche Nebenbedeutung, da man unter dem Intentionalen oft gerade das ungenügend Erreichbare, das im Gegebenen bloß Angedeutete versteht. Vielleicht wäre es am besten, wenn man den zu jedem Akt des Gegenstandsbewußtseins unablöslich gehörigen Gegenstand, der sich zu den psychischen Vorgängen des Vorstellens und Denkens verhält, wie die abhängig Variable zur unabhängig Variablen bei mathematischen Funktionszusammenhängen, wenn man also auch das vom Erkennen in diesem Sinn abhängige Objekt einfach den idealen Gegenstand nennen würde[8]).

Unter dem Gegenstand des Erkennens versteht man aber andererseits auch das vom Erkennen Unabhängige, welches durch das ideale Objekt erkannt werden soll. Im Gebiete der optischen Wahrnehmungen z. B. nennen wir das ideale Objekt das Gesichtsbild des Gegenstandes, den wir durch eine Reihe von Gesichtsbildern zu erkennen suchen. Man kann die Existenz eines von allen Gesichtsbildern verschiedenen Gegenstandes bestreiten, wenn man Gründe dafür hat. Aber zunächst muß man den Begriff dessen, was man als nichtexistierend glaubt erweisen zu können, klar und deutlich formulieren. Wir haben früher schon zur Bezeichnung dessen, was als zu Erkennendes vom Erkennen unabhängig gedacht wird, den Namen absoluter Gegenstand eingeführt und wollen ihn beibehalten.

Nun fragt es sich, wie die idealen und die absoluten Gegenstände sich zu dem verhalten, was Rickert immanente und transzendente Objekte nennt. Man möchte zunächst glauben, daß unsere Gegenüberstellung sich mit der Rickertschen decke, wenn er das Sein der Objekte außerhalb unseres Bewußtseins im Unterschied von ihrem Objektsein als das Transzendente bezeichnet, dessen Annahme hypothetisch sein soll. Aber wenn Rickert dann wieder sagt, das vom psychologischen Subjekt Unabhängige sei nicht auch vom erkenntnistheoretischen Subjekt unabhängig und sei deshalb als immanentes Objekt zu bezeichnen[9]), so müssen wir schließen, daß unser ideales Objekt und Rickerts immanentes Objekt doch nicht zusammenfallen.

Aber was heißt nun doch das: abhängig oder unabhängig vom erkenntnistheoretischen Subjekt, nachdem wir gesehen haben, daß das erkenntnistheoretische Subjekt nichts als ein Abstraktum ist. Es ist ja freilich ein merkwürdiges Abstraktum, von dem wir gelegentlich erfahren, daß es Vergangenheit, Gegenwart und Zukunft umfasse und so wenig entstehen oder vergehen könne wie das Sein, mit dem es insofern identisch ist, als es zusammenfallen soll mit dem Sein aller immanenten Objekte, mit dem, was allen immanenten Objekten gemeinsam ist[10]). Aber so wenig man sich auch unter diesem monströsen Begriff denken kann, das scheint doch klar zu sein, daß eine Abhängigkeit von dem, was damit gemeint ist, etwas ganz anderes bedeuten muß, als was man sonst Abhängigkeit nennt.

Wie gelingt es nun Rickert, zu zeigen, daß mit der Frage nach der Existenz transzendenter Gegenstände nicht nach dem Dasein irgendwelcher vom psychologischen Subjekt unabhängiger Dinge gefragt werde, sondern nach dem vom erkenntnistheoretischen Subjekt Unabhängigen? Wenn man diese Frage zu beantworten sucht, stößt man wieder auf eine so unhaltbare Argumentation, daß man schwer begreift, wie ein namhafter Denker sich damit zufrieden geben kann. Es wird nämlich hingewiesen auf den oben dargelegten Trugschluß, wonach das psychologische Subjekt deshalb, weil es größtenteils Objekt ist, seines Subjektcharakters verlustig gehen soll. Das psychologische Subjekt läßt sich „noch einmal in das Bewußtsein als das Subjekt und seinen Inhalt als das Objekt zerlegen“, und „es ist dies notwendig, da ja nicht nach der vom Bewußtseinsinhalt, dem Objekt, sondern nach der vom Bewußtsein, dem Subjekt, unabhängigen Welt gefragt wird[11]).“ Hier könnten wir uns eigentlich damit begnügen, zu erklären, daß wir mit der Frage nach der Existenz absoluter Gegenstände dies meinen, ob es irgendwelche von den Vorstellungen und Gedanken der Erkennenden, den wirklichen Bewußtseinsvorgängen, unabhängige, diese Bewußtseinsvorgänge selbst erst bewirkende Dinge gibt. Nennt man die wirklichen, nicht etwa die zu Gegenständen der psychologischen Betrachtung gemachten Bewußtseinsvorgänge Bewußtseinsinhalte, dann darf man weder die idealen noch die absoluten Objekte der Außenwelt mit dem gleichen Namen bezeichnen. Dann fragen wir nach der Existenz einer von unsern Bewußtseinsinhalten (in diesem Sinn des Wortes) unabhängigen Welt. Versteht man unter Bewußtseinsinhalten dagegen nicht die Vorgänge des Gegenstandsbewußtseins, sondern deren Gegenstände, und zwar zunächst die idealen Gegenstände, dann fragen wir nach der Existenz einer von den Bewußtseinsvorgängen, nicht von den Bewußtseinsinhalten (in der zweiten Bedeutung dieses Worts) unabhängigen Welt. Wir haben auch ein Interesse daran, zu erfahren, wieweit die absoluten Objekte, wenn sie existieren, mit den idealen Gegenständen, also mit den Bewußtseinsinhalten (in der zweiten Bedeutung des Worts) übereinstimmen, bezw. inwiefern eine solche Übereinstimmung überhaupt denkbar ist.

Mit diesen Fragen ist aber unser Interesse an den absoluten Objekten so ziemlich erschöpft. Ob etwas existiert, was von einem Abstraktum unabhängig ist, das ist für uns, weit entfernt, das tiefste Problem der Erkenntnistheorie darzustellen, eine völlig unsinnige Frage. Aber man tut so leicht einem Denker Unrecht, wenn man auf dem schwierigen Gebiet erkenntnistheoretischer Spekulation jede Entgleisung des Sprachgebrauchs als Denkfehler betrachtet. Vielleicht meint Rickert mit dem unglücklichen Begriff des vom abstrakten Bewußtsein Unabhängigen nichts als ein Sein, dem die Eigenschaft fehlt, Gegenstand eines Bewußtseins zu sein. Wir wollen einmal versuchen, sein Problem so vorurteilslos als möglich zu betrachten. Das Bewußtsein soll das allen immanenten Objekten Gemeinsame bedeuten. Dürfen wir es dann eine Eigenschaft aller immanenten Objekte nennen? Das Bewußtsein als Eigenschaft der Vorstellungen, Gedanken, Gefühle oder (in anderer Bedeutung des Wortes Bewußtsein) der Menschen und Tiere, dagegen läßt sich nicht viel einwenden. Aber das Bewußtsein als Eigenschaft der idealen Objekte? Davon kann gewiß keine Rede sein, am allerwenigsten nach Rickert; denn als Eigenschaft der Objekte würde ja das Bewußtsein auf die Objektseite hinüberrücken, von der es erst so sorgfältig geschieden worden ist.

Das was allen immanenten Objekten gemeinsam ist, kann nur eine Beziehung sein, die Subjektbeziehung nämlich, die sie zu Objekten macht. Das Rickertsche Transzendenzproblem kann also höchstens so formuliert werden: Gibt es etwas, dem diese Subjektbeziehung fehlt? Diese Frage hat entweder den Sinn: Gibt es etwas, was jetzt oder vielleicht auch für alle Zeit nicht vorgestellt oder gedacht wird? oder sie bedeutet: Existiert etwas, was nicht zum Gegenstand einer Vorstellung oder eines Gedankens gemacht werden, was nicht durch ein ideales Objekt symbolisiert werden kann. Auf die erstere Frage kann nur derjenige mit nein antworten, der einen allwissenden Gott annimmt. Daß es für die Menschen noch eine Fülle unentdeckten, nicht einmal geahnten Seins und Geschehens gibt und ver-

mutlich immer geben wird, das zu bestreiten, wird wohl keinem
einfallen. Auf die zweite Frage dagegen wird wohl niemand
eine verneinende Antwort geben. Daß es in der Natur irgend
eines Gegenstandes liege, nicht nur nicht vorgestellt, sondern
auch nicht gedacht, nicht irgendwie, wenn auch noch so inadäquat, bezeichnet zu werden, das ist ausgeschlossen[12]). Denkbar ist alles, wenn man unter der Denkbarkeit nicht die
logische Widerspruchslosigkeit, sondern nur die Möglichkeit
versteht, Gegenstand eines intentionalen Erfassens zu werden.

Wird nun aber dadurch, daß alles, was wir zum Gegenstand unseres Vorstellens und Denkens machen, wäre es auch
nur so, wie wir das noch Unentdeckte durch den Begriff des
noch Unentdeckten erfassen, in Beziehung zum erkennenden
Subjekt tritt, wird dadurch die Unabhängigkeit der absoluten
Gegenstände, wenn es solche gibt, vom Erkennen irgendwie
beeinträchtigt? Offenbar nicht im geringsten[13]).

Aber was besagt dann Rickerts Satz der Immanenz: Es
gibt kein Sein, das nicht ein Sein im Bewußtsein ist[14]). Wenn
nicht die Doppeldeutigkeit des Wortes Bewußtseinsinhalt wäre,
womit man bald die Gegenstände unseres Vorstellens und
Denkens, bald das Vorstellen und Denken und andere Bewußtseinsvorgänge selbst meinen kann, so wäre die Bedeutungslosigkeit des Immanenzprinzips auf den ersten Blick erkennbar.
Es würde zusammenfallen mit der tiefsinnigen Wahrheit: Es
gibt nichts, woran der Mensch nicht in irgendeiner, wenn auch
noch so inadäquaten Form denken könnte. Von diesem Satz
gilt dann allerdings die Rickertsche Behauptung, er sei „eine
unmittelbar evidente Wahrheit von viel größerer Gewißheit,
als irgendeine naturwissenschaftliche Theorie sie besitzt“[15]).

Es ist freilich kaum anzunehmen, daß Rickert geneigt ist,
sich mit einem solchen Immanenzprinzip zufrieden zu geben.
Das Sein im Bewußtsein soll eben doch nicht bloß im Sinn
des Gegenstand-Seins für ein Bewußtsein, sondern soll in der
andern Bedeutung des Wortes Bewußtseinsinhalt verstanden
werden. Dabei wird jedoch ausdrücklich erklärt, der Begriff
Bewußtseinsinhalt dürfe nicht mit dem Begriff psychisches Sein
verwechselt werden. „Der Begriff des Psychischen hat ebenso
wie der des Physischen nur in der Welt der Objekte einen
Sinn. Denn das Bewußtsein überhaupt als erkenntnistheore-
retische Voraussetzung alles Seins kann niemals unter den
Gesichtspunkt gestellt werden, ob es etwas Psychisches oder
Physisches ist. Die durch den ersten Schritt (sc. des Er-

kenntnistheoretikers, der alles Gegebene als Bestandteil seines individuellen Ich auffaßt) ‚vergeistigte‘ Welt zerfällt somit als ‚Bewußtseinsinhalt überhaupt‘ wieder wie vorher in psychische und physische Vorgänge"[16]).

Das paßt ganz genau auf die Bewußtseinsgegenstände, es paßt aber gar nicht auf die Bewußtseinsinhalte im Sinn der Bewußtseinsvorgänge. Im übrigen haben wir ja gesehen, wie bei Rickert aus dem ersten Schritt des idealistischen Erkenntnistheoretikers, wodurch die Welt in Abhängigkeitsbeziehung vom psychologischen Subjekt gebracht wird, der zweite Schritt hervorgeht, und wie die Annahme einer Abhängigkeitsbeziehung der Welt zum erkenntnistheoretischen Subjekt zu beurteilen ist. Es wird nicht der Schatten eines Beweises dafür erbracht, daß es Bewußtseinsinhalte gibt, die nicht Vorgänge des individuellen Bewußtseins und auch nicht einfach Gegenstände für ein Bewußtsein sind. Die einfache Behauptung, es gebe noch eine dritte Bedeutung des Wortes Bewußtseinsinhalt, für die man keine Bezeichnung habe, weil die Psychologie der Erkenntnistheorie vorausgehe, so daß die psychologische Terminologie der erkenntnistheoretischen den Platz versperre, und man müsse deshalb die Bewußtseinsinhalte und unter ihnen auch die solidesten Körper gelegentlich Vorstellungen nennen[17]), kann wohl auf ernsthafte Berücksichtigung keinen Anspruch erheben.

Auf die schillernde Bedeutung des Wortes Bewußtseinsinhalt gründet sich nun auch Rickerts ganzer Beweis gegen die Annahme der Existenz transzendenter Objekte. Er sucht ihn in der Weise zu führen, daß er zeigt, wie keiner der Schlüsse, die zur Annahme des Transzendenten führen, gültig sei. Das gelingt ihm aber schon dem ersten gegenüber, der das Transzendente als Ursache der immanenten Objekte einführt, nur dadurch, daß er unter den Bewußtseinsinhalten in diesem Zusammenhang die Gegenstände für ein Bewußtsein (im weitesten Sinn, inkl. der von uns sogenannten absoluten Objekte) versteht. So gewinnt er die billige Argumentation, Bewußtseinsinhalt oder immanentes Objekt sei die ganze Welt und die Frage nach einer Ursache der ganzen Welt dürfe der Erkenntnistheoretiker mit Recht ablehnen[18]).

Der Idealismus Rickerts bedarf nach alledem wohl keiner besonderen Erläuterung mehr. Aber wie kommt er nun von da aus zum Imperativismus? Das psychologische Subjekt mit seinen Vorstellungen und Gedanken, also mit seinen wirk-

lichen Erkenntnisakten, steht, wie ausdrücklich betont wird,
einer von ihm unabhängigen Welt gegenüber, von der es in
seinen Vorstellungen und Gedanken bestimmt wird. Das erkenntnistheoretische Subjekt ist ein Abstraktum, das durch
Imperative offenbar ebensowenig beeinflußt werden kann wie
durch transzendente Ursachen. Außerdem hat das erkenntnistheoretische Subjekt Gegenwart, Vergangenheit und Zukunft,
die ganze Welt in Zeit und Raum zu seinem Inhalt. In ihm
ist also doch wohl alles vollendet. Was sollen da noch
logische oder sonstige Normen?

Man wird in der Beantwortung dieser schwierigen Fragen
am besten tun, Rickerts eigene Worte anzuführen, um ihn nicht
mißzuverstehen. Er geht davon aus, daß alles Objektive durch
anderes Objektives als durch etwas von ihm Unabhängiges
bestimmt werden kann. Aber „das Ich läßt sich nicht so in
ein Objekt verwandeln, daß es auch als e r k e n n e n d e s Ich
einer in jeder Hinsicht von ihm unabhängigen Welt gegen-
überstände, die es zum M a ß s t a b seines Erkennens machen
könnte. Das erkennende Ich bleibt auch unter erkenntnistheoretischen .... Gesichtspunkten S u b j e k t, das zwar alles
Individuelle als Objekt erkennt, aber selbst niemals n u r als
erkanntes Objekt gedacht werden kann. Wenn also die Bewußtseinswelt dem wollenden, handelnden und fühlenden
Menschen genügt, so erscheint die Bedeutung des Erkennens
durch den unwiderlegten Zweifel an einer transzendenten
Welt völlig erschüttert. Man will, wenn man erkennt, immer
e t w a s erkennen, und zwar etwas, das auch vom rein theoretischen Subjekte unabhängig sein muß, um einen Maßstab
zu bilden, nach dem man sich mit seinen Vorstellungen richten
kann. Was sollen denn die Vorstellungen bezeichnen oder
abbilden, wenn es nichts außer den Vorstellungen gibt, wenn
also das Original fehlt, mit dem das Bild übereinstimmt[19]?“

Dieser Betrachtungsweise gegenüber, die weit entfernt ist,
auf unsere Fragen irgendwelche befriedigende Antwort zu
geben, sind wir zu neuen Fragen genötigt. Wir möchten
erstens gerne wissen, wie sich das erkennende Ich, von dem
hier die Rede ist, zu dem erkenntnistheoretischen Ich verhält, das früher mit dem Bewußtsein überhaupt identifiziert
und allem Objektiven gegenübergestellt wurde. Jetzt heißt
es von dem erkennenden Ich, daß es nicht n u r als erkanntes
Objekt gedacht werden könne.

Daraus ergibt sich zweitens die Frage, ob denn der wollende, handelnde und fühlende Mensch nur als Objekt soll gedacht werden können, da ihm die Bewußtseinswelt nach Rickert offenbar genügt.

Drittens wäre es wichtig, zu erfahren, warum der Gegenstand des Erkennens auch von dem rein theoretischen Subjekt unabhängig sein muß, warum er also nicht Bewußtseinsinhalt oder, wenn wir dem Wort Bewußtseinsinhalt seine eigentliche Bedeutung geben, warum er nicht Bewußtseinsgegenstand sein darf, um einen Maßstab des Erkennens bilden zu können. Es darf sich jedenfalls nicht um ein bloßes Spiel mit den Worten abhängig und unabhängig handeln. Wenn wir das von unserm Erkennen Abhängige nicht als erkenntnisbestimmend betrachten, so meinen wir das mit dem einzelnen Erkenntnisakt als ideales Objekt Gegebene. Dieses durch den Akt Bestimmte kann natürlich nicht seinerseits auf ihn bestimmend einwirken. Aber daraus folgt nicht einmal, daß nicht das ideale Objekt eines Erkenntnisaktes zur Bestimmung eines andern Erkenntnisaktes oder eines andern idealen Objektes dienen könne. Es folgt daraus auch nicht, daß nicht Bewußtseinsinhalte im Sinn von Bewußtseinsvorgängen das Bestimmende des Erkennens sein können (wie sie es für das psychologische Erkennen tatsächlich sind), und es folgt erst recht nicht daraus, daß nicht das, was wir absolute Gegenstände des Erkennens genannt haben und was, wie oben gezeigt wurde, mit unter den Rickertschen Begriff des Bewußtseinsinhaltes fällt, die Funktion der Erkenntnisbestimmung ausüben könne. Wenn die „voraussetzungslose" Erkenntnistheorie den Satz, der Gegenstand des Erkennens müsse „unabhängig" vom erkennenden Subjekt sein, unanalysiert von der populären Auffassung übernimmt und obendrein dem gewöhnlichen Sinn des Begriffs „erkennendes Subjekt" das „Bewußtsein überhaupt" unterschiebt, so ist es um ihre Voraussetzungslosigkeit schlimm bestellt.

Aber wir sind mit unsern Bedenken noch nicht zu Ende. Wir fragen viertens nach dem Sinn des Satzes: Was sollen denn die Vorstellungen bezeichnen oder abbilden, wenn es nichts außer den Vorstellungen gibt? Rickert hat ausdrücklich gesagt, daß mit dem Wort Vorstellung ein doppelter Sinn zu verbinden sei, ein psychologischer und ein erkenntnistheoretischer. Nun liegt doch hier die Frage wirklich sehr nahe, welcher Sinn eigentlich gemeint ist. Wenn Rickert unter Vorstellungen Häuser, Felsen und Bäume, kurz, die soliden Dinge der Körperwelt versteht, so brauchen diese Vorstellungen nach seiner eigenen Auffassung offenbar nichts zu bezeichnen oder abzubilden. Soll mit dem Wort Vorstellungen dagegen das gemeint sein, was man sonst darunter versteht, so fehlt es diesen Vorstellungen keineswegs an zu bezeichnenden oder abzubildenden Objekten, wenn man annimmt, daß die Dinge der Außenwelt dem psychophysischen und dem psychologischen Subjekt unabhängig und als wirksame Ursachen der in ihm stattfindenden psychophysischen bezw. psychischen Prozesse gegenüberstehen.

Angesichts dieser Unklarheiten wird man kaum behaupten dürfen, daß der Beweis für die Notwendigkeit der Annahme eines Transzendenten, das nicht in seienden Dingen oder wirklichen (nicht bloß gedachten oder vorgestellten) Geschehnissen bestünde, irgendwie überzeugend geführt sei. Aber es wäre ja noch immer möglich, daß wirklich vorhandene, nur nicht genügend hervorgehobene Schwierigkeiten der gewöhnlichen Auffassung Rickerts imperativistische Wahrheitslehre berechtigt erscheinen ließen. Wir müssen uns daher mit dieser selbst noch auseinandersetzen, bevor wir unsere Beurteilung zum Abschluß bringen können.

Dabei gelangen wir nun freilich auch nicht zu einem günstigeren Resultat. Wir müssen nämlich vor allem die Erkenntnispsychologie beanstanden, die der imperativistischen Wahrheitslehre zugrunde gelegt wird. Von dem Satz ausgehend, daß Wahrheit nur im Urteil zu finden sei, und von der Überzeugung durchdrungen, daß Urteilen etwas ganz anderes sei als Vorstellen, daß insbesondere die Urteile nicht nur in einer Verknüpfung oder Zerlegung von Vorstellungen bestehen, kommt man durch Gleichsetzung des Bejahens und Verneinens mit dem Anerkennen und Verwerfen zu dem Resultat, alles Erkennen sei ein Anerkennen, ein Stellungnehmen zu einem Werte.

„Solange Vorstellungen nur vorgestellt werden, kommen und gehen sie, ohne daß wir uns um sie kümmern. Aber, wie wir sie als angenehm oder unangenehm fühlen, wie wir sie begehren oder verabscheuen, wenn wir wollen, so stimmen wir ihnen zu oder weisen sie ab, wenn wir urteilen." „Es liegt auch im vollentwickelten Urteil, und zwar als das für seinen logischen Sinn Wesentliche, ein ‚praktisches' Verhalten vor, das in der Bejahung etwas billigt oder anerkennt, in der Verneinung etwas verwirft[20]."

An dieser Auffassung ist nur so viel zweifellos richtig, daß alles planmäßige Erkennen eine Willensleistung ist. Dabei verstehen wir aber unter einer Willensleistung nicht ein Gefühl der Lust und Unlust, ein Billigen oder Mißbilligen, ein Anerkennen oder Verwerfen, kurz nicht eine besondere einzelne Regung des Seelenlebens, sondern eine bestimmte Form der seelischen Funktionszusammenhänge[21]). Wenn wir etwas beobachten, also willkürlich beachten und so wahrnehmend erkennen, wenn wir uns auf etwas besinnen oder über etwas nachdenken, so vollziehen wir stets innere Willenshandlungen. Hier ist das Wollen die Ursache der Erkenntnisleistung. Es handelt sich also durchaus nicht um das, was der imperativistische Erkenntnistheoretiker meint, wenn er das Wollen (nicht als die Ursache, sondern eher als den Abschluß, jedenfalls) als das Wesen des Erkennens bezeichnet. Wir mußten unsere Ansicht vom willkürlichen Erkennen hier nur deshalb anführen, weil Rickert eine neue Einteilung der psychischen Vorgänge vorschlagen zu können glaubt, „während .... die geläufige Ansicht im Denken und Erkennen das Vorstellen und Urteilen als zusammengehörig faßt und dem Fühlen und Wollen gegenüberstellt". Demgegenüber ist darauf hinzuweisen, daß in der wissenschaftlichen Psychologie der Gegenwart von dieser „geläufigen Ansicht" wenig mehr zu finden ist, und daß es gut wäre, wenn diejenigen Philosophen, die über die Psychologie urteilen wollen, erst einmal mit dem Fortschritt der psychologischen Forschung Schritt halten würden[22]).

Nach wie vor unterscheidet freilich die wissenschaftliche Psychologie zwischen dem Urteil und der Beurteilung, zwischen dem Erkennen und dem Wertschätzen, wenn sie auch keineswegs verkennt, daß ebenso wie alles mögliche andere auch Erkenntnisse wertgeschätzt werden können. Mit unserer Behandlung der Wahrheitslehre als der Wertlehre des Erkennens haben wir uns von Anfang an auf den Standpunkt gestellt, von dem aus Erkenntnisse als der Wertbeurteilung unterworfen erscheinen. Aber damit sind wir trotzdem weit entfernt von der Auffassung, wonach Erkenntnisse Wertbeurteilungen sein sollen. Nun sind freilich Definitionen willkürlich zu wählen. Wenn es daher einem Denker einfallen sollte, unter der Erkenntnis nur das zu·verstehen, was andere die wahre und als wahr erkannte Erkenntnis nennen, so könnte er mit einem gewissen Recht behaupten, zwar nicht, daß jede Erkenntnis eine Wert-

schätzung sei, aber daß jede Erkenntnis eine Wertschätzung
einschließe.

Rickert sagt aber ausdrücklich: „Das Wort Urteil gebrauchen wir natürlich für alle Denkgebilde, auf welche die
Prädikate wahr oder falsch angewendet werden können, und
zugleich n u r für solche[23].“ Damit nimmt er sich jede Möglichkeit, in allen Urteilen Beurteilungen zu suchen, geschweige
denn alle Urteile mit Beurteilungen gleichzusetzen. Ein falsches
Urteil, das trotz des Bewußtseins seiner Falschheit nicht verneint wird, mag man vielleicht noch als ein innerlich beurteiltes
und verurteiltes betrachten, wodurch es natürlich nicht zu
einer Beurteilung und Verurteilung einer Vorstellungsverbin-
dung wird, sondern als Urteil ein Erfassen von Beziehungen
zwischen begrifflich erfaßten Gegenständen bleibt, das
höchstens den Gegenstand der Beurteilung bildet. Aber wieviel
Urteile fällen wir ohne das Bewußtsein ihrer Richtigkeit oder
Falschheit!

Es ist allerdings ein aussichtsloser Kampf, den wir gegen
die Behauptung, jedes Urteil sei eine Beurteilung[24], führen,
wenn einfach erklärt wird, es handle sich nicht darum, ob eine
Beurteilung zum psychischen Sein, sondern darum, ob sie zum
logischen Sinne des Urteils gehöre. „Es könnte der Erkenntnistheorie gleichgültig sein,“ sagt Rickert, „wenn alle Menschen erklärten, daß sie auf Grund ihrer Beobachtungen beim
Urteilen von einem Bejahen oder Verneinen nichts bemerken.
Wir stellen, ganz unbekümmert darum, fest, daß ein Urteil
dann allein eine Bedeutung für die Erkenntnis besitzt, wenn
sein Sinn in einer Bejahung oder Verneinung besteht, und
damit können wir uns begnügen, denn nur dieser Sinn und
die Berechtigung des Urteilenden, Bejahungen oder Ver-
neinungen mit dem Anspruch auf Objektivität zu vollziehen,
ist unser Problem[25].“

Gegen ein solches Verfahren, Probleme zu diktieren und
zu entscheiden, gibt es nur ein Kampfmittel, die Benützung der
gleichen Waffen. Es kann uns ganz gleichgültig sein, sagen
wir, was ein Erkenntnistheoretiker, ohne Rücksicht auf die
Ergebnisse von Tatsachenwissenschaften, aus dem Begriff des
idealen Urteils heraus entwickelt. Wir stellen ganz unbekümmert darum fest, daß die Verneinung gar nichts anderes
ist als der sprachliche Ausdruck des Verschiedenheitsbewußtseins, daß „nicht rot“ gar nichts weiter heißt als „von Rot
verschieden“, daß eine Bejahung nicht deshalb in den nicht

negierten Sätzen keinen eigenen sprachlichen Ausdruck findet,
obwohl sie das Wesen des Urteils ausmachen soll, weil die
Tendenz, wahr zu sein, selbstverständlich ist, sondern deshalb,
weil sie die Rolle, die ihr von einigen Erkenntnistheoretikern
zugeschrieben wird, in dem naiven sprachbildenden Bewußtsein einfach nicht spielt.

Wenn wir z. B. sagen: Es regnet nicht oft in dieser
Gegend, so heißt das nicht: Wir verabscheuen die Vorstellungs-
verbindung, die wir mit den Worten: Es regnet in dieser
Gegend oft — ausdrücken, sondern es heißt: Der Tatbestand,
den wir durch Beobachtung oder sonstige Mittel der
Erkenntnis festgestellt haben, ist ein anderer als der, den
wir mit den Worten: Es regnet usw. — bezeichnen. An dieser
Auffassung halten wir fest allen Urteilstheorien gegenüber,
die im Verneinen ein Verwerfen sehen wollen, um im Bejahen ein Anerkennen sehen zu dürfen. Aber so gewiß es
ist, daß die Frage nach dem Wesen des Urteils nicht entschieden werden kann durch Spekulationen darüber, wie sich
das Urteilen wohl vollziehen könnte, wenn der wirkliche Verlauf des psychischen Lebens mehr Rücksicht nehmen wollte
auf diese oder jene erkenntnistheoretische Theorie, so wenig
haben wir gegen die Behauptung einzuwenden, daß „nein“
gelegentlich auch heißen könne: „Ich mag nicht“, und daß
eine ausdrückliche Bejahung nicht selten eine Billigung bedeutet.

Wenn nun jemand sagt, alle wahren Urteile sollten bejaht
und alle falschen verneint werden, so ist das wiederum einer
von jenen über allen Zweifel erhabenen Sätzen, die ebenso
richtig wie bedeutungslos sind, deren Bedeutungslosigkeit jedoch vom Erkenntnistheoretiker durch das Hineingeheim-
nissen eines tieferen Sinnes geschickt behoben wird, während
die Richtigkeit — scheinbar — erhalten bleibt und den darauf
gegründeten Spekulationen etwas Vertrauenerweckendes gibt.
Ist es nicht erlaubt, aus dem Satz, alle wahren Urteile sollten
bejaht werden, den Satz abzuleiten: Wahr sind diejenigen
Urteile, die bejaht werden sollten? Gegen den Wortlaut läßt
sich gewiß nichts einwenden, der Sinn aber ist gänzlich ver-
schoben. Mit dem ersteren Satz verbindet sich die Meinung,
daß die Wahrheit der Urteile erkannt werden könne, und
daß an diesen Akt die Billigung sich anschließen solle. Der
letztere Satz suggeriert gerade das Umgekehrte, daß zunächst
ein Akt der Billigung auftrete, aus dem die Überzeugung von

der Wahrheit sich ergibt. „Im Herzen kündet es tief sich an!"
Damit ist die alte einschmeichelnde Weisheit vom Zusammenhang der tiefsten Wurzeln unseres Seins mit einer geistigen
Welt gewonnen, die in den Regungen unseres Gemüts zu uns
spricht. Der Glaube als Folge innersten Ergriffenseins des
Menschen, so haben es religiös gestimmte Gemüter von jeher
gewollt.

Wenn ein Tatbestand, den ein Satz bezeichnet, mit dem
Tatbestand übereinstimmt, den wir in einer Beobachtung oder
sonstwie erfassen, so erweckt die Erkenntnis dieser Überein-
einstimmung eine innere Zustimmung, ein Bewußtsein der
Richtigkeit, vielleicht ein leises Lustgefühl. Bei dieser Konstatierung ist die Bedingung des Zustimmungsaktes klar und
deutlich angegeben. Nun braucht man bloß diese Bedingung
zu verschweigen, braucht bloß den Anschein zu erwecken, daß
das Bejahungserlebnis primär auftrete, so hat man entweder
den Begriff einer unbedingten Anerkennung gewonnen oder
man darf die Bedingung im Transzendenten suchen, in einem
„transzendenten Sollen", das gebieterisch Anerkennung
heischt.

Nun darf man nicht glauben, daß der imperativistische
Erkenntnistheoretiker in so einfacher Weise zum Ziel gelangt.
Er ist ja von der Richtigkeit seiner Lehre vollkommen über-
zeugt. Diese Überzeugung stammt zwar in der Regel nicht
aus den Überlegungen, die er anstellt, um andern die gleiche
Auffassung beizubringen. Aber gerade dadurch gewinnen
die Gedankengänge, in denen er seine Lehre entwickelt, etwas
Unübersichtliches.

Wir wollen nun, um keine Pflicht kritischer Objektivität
zu versäumen, diese verwickelten Gedankengänge noch schnell
durchwandern, um zu sehen, ob wir dabei nicht noch auf
ein Argument stoßen, das Berücksichtigung verdient. „In jeder
Erkenntnis", sagt Rickert, „wird ein Wert anerkannt." „Wie
unterscheiden wir diesen Wert von den andern Werten, denen
gegenüber wir uns zustimmend verhalten?" „Wir konstatieren
hier", d. h. bei dem Wert, den wir im Urteil anerkennen,
„auch etwas, das wir nicht anders beschreiben können, als
dadurch, daß wir es ein Gefühl nennen, ein Lustgefühl, in dem
der Trieb nach Erkenntnis zur Ruhe kommt, und wir nennen
dies Gefühl Gewißheit". Wenn nun aber der Bewußtseinsinhalt, der dies Lustgefühl der Gewißheit mit sich führt, auch
ein ganz vorübergehender ist, so legen wir doch dem Gefühle,

das uns zu einer Bejahung oder Verneinung bestimmt, eine
ganz andere Bedeutung als andern Gefühlen bei." „Wir sind
fest davon überzeugt, daß das Urteil, zu dem wir veranlaßt
worden sind, überall und für alle Zeit gefällt werden soll."
„Daraus ergibt sich für unser Problem eine sehr wichtige Folgerung. Der in jedem Urteil anerkannte Wert ist, weil zeitlos,
unabhängig von jedem individuellen Bewußtseinsinhalte, den
wir vorstellen, und der als zeitliches Gebilde einen Anfang und
ein Ende haben muß. Ja, wir können noch mehr sagen. Wir
legen dem Gefühle, dem wir im Urteil zustimmen, nicht nur
eine von uns unabhängige Bedeutung bei, sondern wir erleben darin etwas, wovon wir abhängig sind[26]."

Hier sei einen Augenblick Halt gemacht, um diese Ge-
dankenführung kritisch zu betrachten! Zuerst wird richtig
darauf hingewiesen, daß durch das Gefühl der Billigung —
auf das „Gefühl der Gewißheit" wollen wir hier nicht weiter
eingehen — ein ganz vorübergehender Bewußtseinsinhalt, der
dies Gefühl mit sich führt, zum Werte wird. Wenigstens
kann man so interpretieren; denn tatsächlich ist der Wertbegriff nicht so klar herausgearbeitet. Es wird vielmehr bald von
der Bedeutung des Urteils, bald von der Bedeutung des Gefühls, das uns zu einer Bejahung oder Verneinung bestimmt,
gesprochen. Jedenfalls aber kommt als Wert zunächst irgendwie ein Bewußtseinsvorgang in Frage. Dann wird hingewiesen
auf die zeitlose Gültigkeit des Urteils. Unter dieser zeitlosen
Gültigkeit versteht man sonst die Unveränderlichkeit des
im Urteil erfaßten Gegenstandes. Hier ist jedoch die
Rede von einem Urteil, das überall und für alle Zeit gefällt
werden soll. Ein solches Urteil ist nun selbstverständlich nichts
weniger als ein zeitloses Urteil. Wie man glauben kann,
durch den Hinweis auf das überall und für alle Zeit zu
fällende Urteil einen wertvollen Denkakt in einen zeitlosen
Wert umzuwandeln, ist schlechterdings nicht zu begreifen.
Unerlaubt ist ferner die Folgerung der Unabhängigkeit von
jedem individuellen Bewußtseinsinhalt aus der Zeitlosigkeit,
die nur möglich wird dadurch, daß weder der Begriff der Unabhängigkeit noch der des individuellen Bewußtseinsinhaltes noch der der Zeitlosigkeit irgendwelche
schärfere Bestimmung erfährt. Wenn auf diesem Wege
schließlich der Satz gewonnen wird, daß wir in den
logischen Gefühlen etwas erleben, wovon wir abhängig
sind, und wenn dieses Etwas eine „überindividuelle Macht"

genannt wird, die von niemandem geleugnet werden könne,
„der zugibt, daß es niemals gleichgültig ist, ob er auf eine
eindeutige Frage mit nein oder mit ja antwortet, daß er
vielmehr entweder bejahen oder verneinen soll," so darf man
wohl sagen, daß der Gedankengang, durch den der imperativistische Erkenntnistheoretiker zur Lehre vom „Sollen als
Gegenstand" der Erkenntnis gelangt, zwar länger, aber nicht
besser ist, als der oben beschriebene Irrweg, der von der
Forderung der Anerkennung aller wahren Urteile zu der
Lehre von den Gefühlsoffenbarungen führt.

Aber um das Sollen als transzendenten Gegenstand zu erweisen, genügt es ja für Rickert noch nicht, wenn er zeigt,
daß das Sollen vom individuellen, vom psychologischen Subjekt unabhängig ist. Er muß auch seine Unabhängigkeit
vom erkenntnistheoretischen Subjekt dartun. Dabei entwickelt
er wieder eine Gedankenreihe, die mit einleuchtenden Überlegungen beginnend ganz unvermittelt in die absurdesten Konsequenzen ausartet. Wir wollen sie zum Abschluß noch anführen. „Durch den Nachweis," sagt Rickert mit wohltuender
Selbstkritik, „daß das Erkennen in der Anerkennung eines
Sollens besteht, scheint nur die ‚Subjektivität‘ des Erkennens
in noch höherem Maße hervorzutreten als früher. Das Billigen und Mißbilligen, das mit dem Wollen und Fühlen zu-
sammengebracht wird, ist nicht nur, wie das vorstellende Erkennen, in die Grenzen der Bewußtseinswelt eingeschlossen,
sondern in noch ganz anderem Sinne vom Subjekte abhängig."
„Ist das durch die Urteilsnotwendigkeit verkündete Sollen
als fester, richtunggebender Gegenstand der Erkenntnis von
größerer logischer Dignität als das Reich der Dinge an sich?"
„Auf die Beantwortung dieser Frage kommt, sobald es sich
um die Begründung der Objektivität handelt, in der Tat alles
an. Wir kennen den neuen Erkenntnisbegriff bis jetzt nur
nach der einen Seite hin als Anerkennung des Sollens." „Jetzt
müssen wir unsern Erkenntnisbegriff auch gewissermaßen nach
der andern Seite hin betrachten und nach dem Sollen der Anerkennung fragen. Hat diese Anerkennung im Urteile wirklich
einen absoluten Wert, der von jeder faktischen Anerkennung
unabhängig gilt?" Um darauf eine Antwort zu gewinnen, wird,
ohne daß freilich der Zusammenhang klar ersichtlich wäre,
die andere Frage aufgeworfen: „Ist es möglich, daran zu
zweifeln, daß das Sollen, welches wir im Urteile anerkennen,
eine über den Bewußtseinsinhalt hinausgehende, also trans-

zendente Bedeutung hat und notwendig anerkannt werden soll?" An Stelle dieser Frage tritt abermals eine etwas andere, nämlich die, ob es möglich sei, die Urteile, die ein Sollen anerkennen, „so umzuwandeln, daß sie nicht mehr die Anerkennung eines vom Subjekt unabhängigen Sollens enthalten". Darauf erfolgt nun endlich die verblüffende Antwort: „Offenbar nicht, da wir nachgewiesen haben, daß jedes Urteil in der Anerkennung der Urteilsnotwendigkeit besteht, und daß diese Notwendigkeit immer als ein Sollen auftritt, von dem das erkennende Subjekt abhängig ist[27])."

Nun übersehe man einmal diesen Gedankengang! Die nüchterne Frage, ob durch die Auffassung des Erkennens als der Anerkennung eines Sollens das Erkennen nicht zu etwas noch Subjektiverem werde als durch die sonst übliche Auffassung, bleibt unbeantwortet. Während man noch auf die Anführung eines Grundes wartet, warum ein Wert nicht noch subjektiver sei als ein vom psychologischen Subjekt unabhängiges Ding, wird schon die Frage aufgeworfen, ob das durch Urteilsnotwendigkeit verkündete Sollen von größerer logischer Dignität sei als das Reich der Dinge an sich. Auf diese Frage erwarten wir eine Antwort, die etwa besagt, daß ein subjektloses Sollen denkbar sei, während ein Ding ohne Relation zu einem Subjekt nicht gedacht werden könne, d. h. eine solche Antwort entspricht nicht etwa unserer Auffassung, aber sie müßte von demjenigen gegeben werden, der den Satz der Immanenz in bezug auf die Dinge aufstellt und die Transzendenz des Sollens oder des Wertes behauptet. Wiederum wird unsere Erwartung enttäuscht, und wir werden mit einer neuen Frage beglückt. Hat nicht nur das Urteil einen vom psychologischen Subjekt unabhängigen Wert, der in der Anerkennung anerkannt wird, hat vielmehr auch die Anerkennung einen von ihrem faktischen Vollzug unabhängigen Wert? Wir sehen zwar nicht ein, was es für einen Sinn haben soll, zu fragen, ob etwas einen von eben diesem Etwas unabhängigen Wert habe, wir begreifen nicht, was es mit der Subjektlosigkeit des Sollens zu tun hat, wenn vom Sollen der Anerkennung statt von der Anerkennung des Sollens geredet wird. Aber wir wären schon dankbar, wenn endlich einmal eine Antwort erfolgte. Aber nichts dergleichen geschieht. Neue Fragen treten auf. Wir wollen gar nicht wissen, ob es möglich ist, daran zu zweifeln, daß das im Urteil anerkannte Sollen eine auch vom erkennenden Subjekt unabhängige Bedeutung hat. Wir wären zunächst zufrieden, wenn überhaupt einmal ein Grund für diese Annahme angeführt würde, selbst wenn die Möglichkeit des Zweifels ihm gegenüber noch in weitem Umfang bestünde. Nachdem aber die Frage aufgeworfen ist, ob es möglich sei, an der gänzlich unbewiesenen Rickertschen Theorie zu zweifeln, würden wir gern mit einem befreienden Ja antworten. Aber Rickert fragt und fragt, als ob die Aneinanderreihung unbeantworteter und ungenügend zusammenhängender Fragen der einzige Weg zur Klarheit und Wahrheit wäre. Die Frage nach der Möglichkeit des Zweifels an der transzendenten, auch vom erkenntnistheoretischen Subjekt unabhängigen Bedeutung des Sollens wird umgeformt in die Frage: Lassen sich die ein Sollen anerkennenden Urteile so umwandeln, daß sie nicht mehr die Anerkennung eines vom Subjekt unabhängigen Sollens enthalten? Demgegenüber fragen nun allerdings wir, was diese Frage für einen Sinn hat. Wenn die nicht umgewandelten Urteile die Anerkennung eines nicht nur vom psychologischen, sondern vom erkenntnistheoretischen Subjekt unabhängigen Sollens enthalten, dann braucht Rickert nichts mehr, um von seinem Standpunkt aus die Transzendenz des Sollens zu behaupten. Wenn die Urteile dagegen diese Anerkennung nicht enthalten, dann ist die Frage, ob sie so umgewandelt werden können, daß sie dieselbe nicht mehr enthalten, sinnlos. Vergebens haben wir bisher auf den Beweis gewartet dafür, daß in den Urteilen ein transzendentes Sollen anerkannt wird, und nun erhalten wir zum Schluß auf die Frage, ob die Urteile so umgewandelt werden könnten, daß sie diese Anerkennung nicht mehr enthalten, die Antwort, eine solche Umwandlung sei deshalb nicht möglich, weil nachgewiesen sei, daß jedes Urteil die Anerkennung eines Sollens enthalte, von dem das erkennende Subjekt abhängig sei. Ein Sollen, von dem das erkennende Subjekt abhängig ist, das also seinerseits vom erkennenden, nicht nur vom psychologischen Subjekt unabhängig sein muß, ist offenbar das transzendente Sollen, das Rickert sucht, und wenn er den Nachweis wirklich geführt hätte, daß ein solches in jedem Urteil anerkannt werde, so hätte er nicht eine Frage an die andere zu reihen brauchen, ohne zu einer Antwort zu kommen, wie wir ihn haben tun sehen.

Nun dürfen wir uns wohl das Recht nehmen, den Rickertschen Beweis für die imperativistische Wahrheitslehre als gänzlich verunglückt zu bezeichnen. Wie unbefriedigend diese

Lehre an sich ist, erkennt man besonders dann, wenn man fragt, was denn ein Sollen, eine Denknotwendigkeit als Maßstab, nach dem sich das Erkennen zu richten hat, dem Erkennenden für Dienste leisten kann, wenn in wahren wie in falschen Urteilen, sofern die letzteren nur für wahr gehalten werden, kurz in jedem mit Überzeugung gefällten Urteil dieses Sollen anerkannt wird. Ein Kriterium der Wahrheit müßte doch eine Unterscheidung der wahren von den nichtwahren Erkenntnissen ermöglichen. Mit dem Satz: Wahr ist ein Urteil, in dem die Urteilsnotwendigkeit anerkannt wird, läßt sich also schon einfach deshalb nichts anfangen, weil nach der Ansicht des imperativistischen Erkenntnistheoretikers die Urteilsnotwendigkeit in jedem Urteil Anerkennung findet.

So bleibt zum Schluß höchstens noch die Frage übrig, was denn einer so ungenügend begründeten und logisch so wenig befriedigenden Lehre überhaupt für Vorzüge innewohnen, die es verständlich erscheinen lassen, daß diese Lehre Schule gemacht hat. In der Beantwortung dieser Frage sehen wir davon ab, auf die historischen Anknüpfungspunkte näher einzugehen, durch die der Windelband-Rickert'sche Idealismus, besonders die Lehre vom Primat der Werte, mit der Kant'schen und namentlich mit der Fichte'schen Philosophie zusammenhängt. Auch demjenigen, der nicht auf Autoritäten schwört, kann die Lehre von den transzendenten absoluten Werten imponieren, besonders dann, wenn dem Mangel an psychologischem Interesse ein starkes Bedürfnis nach dem Bedeutungsvollen gegenübersteht, und wenn die überindividuellen Notwendigkeiten, die mit den transzendenten Werten identifiziert werden, an dem Beispiel der Naturgesetze eine dem naturwissenschaftlichen Denken unserer Zeit entgegenkommende Interpretation erfahren. Sind es nicht Gesetze, nach denen jede Wissenschaft sucht, die also den eigentlichen Gegenstand des Erkennens bilden? Sind Gesetze nicht notwendig? Gelten sie nicht unabhängig von Göttern und Menschen? Fordern sie nicht Anerkennung? All diese Fragen scheinen so selbstverständlich bejaht werden zu müssen, daß man eine auf ihre Bejahung gegründete Philosophie wohl für gut fundiert halten mag.

Man vergißt dabei nur, daß Naturgesetze mit Werten gar nichts zu tun haben, daß der Unterschied zwischen Naturnotwendigkeit und Denknotwendigkeit nicht genügend charakterisiert ist, wenn man die erstere ein Müssen, die letztere ein Sollen nennt, daß die Begriffe der unabhängigen Geltung

und des Anerkennung Forderns unklare, mehrdeutige Begriffe
sind, und daß Gesetze als Willensäußerungen und Gesetze
als Allgemeinbegriffe von Veränderungen wohl auseinanderzuhalten sind.

Windelband hat in einem auf dem dritten internationalen Kongreß für Philosophie gehaltenen Vertrag, der unter
dem Titel „Zum Begriff des Gesetzes“ im Druck erschienen
ist, während der ursprüngliche Titel mit dem Hinweis auf die
Realität der Naturgesetze fallen gelassen wurde, eine außerordentlich vorsichtige Darstellung seiner gegenwärtigen Auffassung gegeben. Aber auch hier ist das „begrifflich Gemeinsame“ „in den beiden analogischen Vorstellungsweisen vom
Gesetz“ von entscheidender Bedeutung. „Dies ist,“ sagt Windelband, „soweit ich sehe, schließlich nichts anderes als die
reale Abhängigkeit des Besonderen und Einzelnen von einer
allgemeinen Bestimmung[28].“ Gerade das bestreiten wir aufs
Entschiedenste. Ein Gesetz als Imperativ, als Willensnorm
braucht gar nichts von Allgemeinheit zu enthalten, und ein
Naturgesetz ist abstrakter Gegenstand eines Allgemeinbegriffes,
von dem eine reale Abhängigkeit des Besonderen und
Einzelnen gewiß nicht behauptet werden darf.

Wir glauben in den Naturgesetzen ebenso wie in den
Naturobjekten etwas von uns Unabhängiges, das heißt etwas
nicht bloß Gedachtes oder Vorgestelltes zu erfassen, ja
wir glauben etwas zu erfassen, von dem wir selbst abhängig,
das heißt als psychophysische Wesen kausal bestimmbar, sind.
Aber daraus folgt nicht, daß die idealen Gegenstände, die
wir Naturgesetze nennen, selbst etwas Reales sind, und es folgt
noch weniger daraus, daß wir oder irgend welche anderen individuellen psychophysischen oder physischen Wesen real abhängig seien von allgemeinen Bestimmungen. Wenn wir an
einem physischen Objekt eine Abstraktion vollziehen, etwa
seine Gestalt oder Größe für sich erfassen, so ist der
Gegenstand unseres Erfassens ein Abstraktum, nicht etwas
Physisches, obwohl er übereinstimmt mit etwas am Physischen.
Nehmen wir nun an, die physischen Objekte, so wie wir sie
vorstellen und denken, stimmten nicht überein mit den absoluten Objekten, mit den realen Dingen, deren Existenz wir
hier einmal voraussetzen wollen, etwas an den physischen
Objekten aber, z. B. ihre Ordnung nach Gleichzeitigkeit und
Sukzession, verhalte sich zum Realen so, wie das Abstraktum
Gestalt zum physischen Objekt, so werden wir wohl von einer

zeitlichen Ordnung des Realen, nicht aber von einer Realität
der Zeit oder der zeitlichen Ordnung sprechen. So mag man
auch von Naturgesetzen als von Gesetzen des Realen, nicht
aber von einer Realität der Gesetze sprechen. Damit wollen
wir aber die Lehre von den absoluten Normen, den Imperativismus, endlich verlassen[29]).

Zusammenfassender Rückblick auf die Wertlehre des Erkennens.

Was ergibt sich nun aus diesen Betrachtungen für ein
Resultat bezüglich des Wahrheitswertes der Erkenntnis? Wir
haben gesehen, daß die Wahrheit nicht gesucht werden kann
in der Übereinstimmung der Erkenntnis mit ihrem Gegenstand.
Auch wenn wir zwischen den idealen und den absoluten
Gegeständen des Erkennens unterscheiden und sagen wollten,
Übereinstimmung der Erkenntnis mit ihrem Gegenstand heiße
nichts anderes als Übereinstimmung der idealen mit den absoluten Erkenntnisgegenständen, auch dann wäre diese Auffassung, zwar nicht ganz so unhaltbar wie die des naiven Realismus, eine unmögliche. Nicht nur würden eine Reihe wertvoller Erkenntnisse, wie z. B. fast alle Bestandteile der sinnlichen Wahrnehmungen, danach außerhalb des Bereichs der
Wahrheit fallen: Es wäre damit überhaupt die Entscheidung
der Frage nach der Möglichkeit der Wahrheitserkenntnis von
der Beantwortung einer weit schwierigeren Frage abhängig
gemacht. Ob es absolute Gegenstände überhaupt gibt, das
sollte bei einer Bestimmung des Wahrheitswertes der Erkenntnis ganz unberücksichtigt bleiben.

Die Beachtung der logischen Normen verbürgt immanente
Richtigkeit des Denkens. Aber nicht alles Erkennen ist ein
nach logischen Gesetzen verlaufendes Denken und nicht alles
logisch richtige Denken verbürgt den maximalen Wert des
Erkennens, als welchen wir den Wahrheitswert betrachten.

Der Versuch des Rationalismus, aus einigen oder gar
nur aus einem unbezweifelbaren Satze nach logischen Normen
das Ganze der wahren Erkenntnis zu entwickeln, scheitert
nicht nur an der Irrationalität eines großen Teiles unserer
wertvollen Erkenntnis, sondern auch an der Unmöglichkeit,
einen unbezweifelbaren Satz von genügender Fruchtbarkeit
zu finden. Wenn man einsieht, daß man auf logischem Weg
aus einer Erkenntnis nur das herausholen kann, was bereits

in ihr enthalten ist, dann muß man von der Möglichkeit einer Universalwissenschaft in einem Satz überzeugt sein, wenn man das rationalistische Ideal für realisierbar halten will.

Der Empirismus gerät bei dem Versuch, nur das Erfahrbare als wirklich oder als berechtigten Gegenstand der Erkenntnis gelten zu lassen, in Abhängigkeit von einer negativen Metaphysik. Er betont mit Recht, daß zunächst in der Wahrnehmung, nicht im Denken, die Wurzel der Wahrheit zu suchen ist. Aber er vermag nicht zu zeigen, warum nicht alle Wahrnehmung Wahrheit, ja mehr als Wahrheit, Sein des Erkannten selbst ist.

Auch der Kritizismus vergißt über seinem Bemühen, zu zeigen, wie die wertvollste Erkenntnis durch Zusammenwirken der Funktionen von Sinnlichkeit und Verstand ermöglicht wird, ganz und gar, innerhalb der Erfahrungserkenntnis Wahrheit und Irrtum zu unterscheiden, und auch er behauptet bezüglich der Unmöglichkeit, Dinge an sich zu erkennen, mehr als er zu beweisen imstande ist.

Der Positivismus gerät mit sich selbst in Widerspruch, indem er das Ideal der wahren als das der am meisten ökonomischen Erkenntnis zwar formuliert, aber selbst nicht zu realisieren bestrebt ist.

Der Pragmatismus hat in seiner gemäßigten Form insofern eine gewisse Berechtigung, als außerlogische und außertheoretische Werte dem Erkennen, das nicht durch logischen und theoretischen Wert vor seinem Gegenteil sich genügend auszeichnet, eine Vorzugsbedeutung geben können. Im übrigen wirkt aber die Gleichsetzung der logischen und der theoretischen Werte mit den praktischen nur verwirrend und trägt nicht dazu bei, das Wesen jener besser erkennen zu lassen.

Der Imperativismus endlich vermag weder das Vorhandensein noch die Wirksamkeit von absoluten Normen zu erweisen und ist gar nicht imstande, eine Unterscheidung zwischen Wahrheit und Nichtwahrheit mit Bezugnahme auf diese Normen durchzuführen. Er belastet sich mit einer negativen und mit einer positiven Metaphysik und gerät auch dadurch in eine ganz unhaltbare Position.

Welche Erkenntnis besitzt also Wahrheitswert? Darauf antworten wir zunächst: Nicht nur die unanschauliche des Denkens, sondern auch die anschauliche des Vorstellens, aber auch weder diese noch jene in vollem Umfang. Es gibt Methoden der Anschauung, Beobachtungsmethoden, ebenso wie es Methoden des Denkens gibt, und so gut wie die letzteren sind auch die ersteren bei der Bestimmung der wahren Erkenntnis zu berücksichtigen. Wir können demgemäß den Satz aufstellen: Wahr sind diejenigen Wahrnehmungsergebnisse, die durch keinen Fortschritt der Beobachtungstechnik mehr verändert werden können, sowie diejenigen Vorstellungen und Gedanken, die logisch einwandfrei aus solchen unerschütterlichen Wahrnehmungsergebnissen abgeleitet oder abzuleiten sind.

Unter den Wahrnehmungsergebnissen verstehen wir die Resultate innerer und äußerer Wahrnehmungen, und zwar denken wir bei den letzteren nicht nur an vollständige Vorstellungen, sondern auch an Abstraktionen, die bereits in der Wahrnehmung vollzogen werden. Einwandfrei abgeleitete Vorstellungen und Gedanken nennen wir vor allem die Erinnerungen, die den primären Erlebnissen nicht widersprechen und in den primären Erlebnissen (samt den zugehörigen inneren Wahrnehmungen) ihrem ganzen Inhalt nach enthalten sind. Einwandfrei abgeleitete Gedanken sind ferner alle nach den Regeln der Syllogistik aus primären Urteilen abgeleiteten Schlußfolgerungen, sowie alle in einer gegebenen Erkenntnis enthaltenen und widerspruchslos aus ihr entwickelten Partialerkenntnisse. Einwandfrei abgeleitete Gedanken sind endlich alle begründeten und mit der Gesamtheit der unerschütterlichen Wahrnehmungsergebnisse widerspruchslos zusammenstimmenden Hypothesen. Begründet und widerspruchslos stimmend zu allem Feststehenden muß also das Abgeleitete sein. Nur darf man bei dieser knappen Zusammenfassung nicht vergessen, daß es verschiedene Arten des Begründens gibt. Wenn uns z. B. Vorstellungsobjekte gegeben sind, die auftreten und verschwinden mit dem Öffnen und Schließen unserer Augen, und wenn wir deshalb annehmen, daß eine Ursache vorhanden sei, die bei geöffneten Augen unsere Gesichtsvorstellung mit ihrem idealen Objekt erzeuge, so ist der Gedanke an diese Ursache nicht in der Wahrnehmung des mit dem Öffnen und Schließen der Augen kommenden und gehenden Vorstellungsobjekts enthalten, ist also nicht so begründet wie das Urteil: Hier ist ein Körper — bei der Wahrnehmung etwa eines Tisches.

Bei weiterem Nachdenken erkennt man dann freilich, daß der Schluß auf das Vorhandensein einer Ursache bei der Wahrnehmung einer Wirkung nicht durch diese Wahrnehmung begründet ist, daß vielmehr der Satz: Jede Wirkung hat eine

Ursache —· aus der unaufhörlichen Wahrnehmung der Kontinuität des Geschehens, also des beständig zu konstatierenden Zusammenhanges bestimmter Ursachen mit bestimmten Wirkungen gewonnen ist. Dieser bereits begründete Satz und die Wahrnehmung einer Wirkung, zu der uns die Ursache nicht gegeben ist, zusammen begründen den Schluß auf das Dasein einer Ursache, und diese Begründung ist durchaus die der weniger umfassenden Erkenntnis durch die umfassendere.

Nun wendet man vielleicht ein: Ja, ist denn der Satz: Jede Ursache hat eine Wirkung oder jede Wirkung hat eine Ursache — nicht eine umfassendere Erkenntnis als die Wahrnehmung noch so vieler Zusammenhänge zwischen bestimmten Wirkungen und bestimmten Ursachen. Man weist damit hin auf die alte Schwierigkeit im Problem der Induktion[1]). Aber diese Schwierigkeit scheint doch in der Regel etwas überschätzt zu werden. Man muß nur bedenken, daß das natürliche Abstraktionsprodukt aus der Wahrnehmung des Zusammenhangs bestimmter Ursachen und bestimmter Wirkungen nicht durch den Satz bezeichnet wird: Alle Wirkungen haben Ursachen, daß vielmehr die adäquate Bezeichnung die wäre: Wirkungen haben Ursachen. Diese unbestimmte Erkenntnis wird durch die bestimmte begründet, wie jede nach Inhalt oder Umfang in einer umfassenderen enthaltene durch die umfassendere. Hätten wir irgend einen Grund, zu denken, daß Wirkungen ohne Ursachen auftreten, d. h. gäben irgendwelche Wahrnehmungen Veranlassung zur Bildung des Gedankens: Wirkungen haben keine Ursachen, so wäre ein Zweifel an der Gültigkeit des Kausalprinzips „begründet“. Aber man muß bedenken, daß wir das ohne wahrnehmbare oder sonst erkennbare Ursache Vorhandene oder Geschehende gar nicht Wirkung nennen, daß es beispielsweise dem naiven Menschen gar nicht einleuchten will, inwiefern seine Willensentschlüsse Wirkungen sein sollen, und daß infolgedessen gar keine Veranlassung gedacht werden kann zur Bildung des Satzes Wirkungen haben keine Ursachen. Wenn die Wissenschaft dann zu der Erkenntnis kommt, daß alles Geschehen als Wirkung aufzufassen sei, so geht sie freilich über das in der Erfahrung des naiven Menschen begründete Kausalprinzip hinaus. Aber ihr weitergehendes Kausalgesetz ist begründet durch all die erfolgreichen Versuche, da wo eine Ursache eines Geschehens nicht wahrzunehmen ist, diese Ursache doch vorstellend oder denkend hinzufügen, während keine Beobachtung die Erkenntnis begründen kann, es sei in irgendeinem Fall unmöglich, eine Ursache zu einem Geschehen auch nur denkend zu erfassen.

Freilich kann man nun fragen, ob in dem Hinzudenken von Ursachen zu allein gegebenen Wirkungen nicht bereits ein ungenügend begründetes Kausalgesetz angewandt werde, so daß die nachträgliche Begründung durch das beständige Gelingen dieses Hinzudenkens bedeutungslos sei. Demgegenüber ist zuzugeben, daß die Wissenschaft nicht nur mit genügend begründeten Erkenntnissen, das heißt mit solchen, die einfach aus umfassenderen gesicherten Erkenntnissen als weniger umfassende herausgeholt werden können, sondern auch mit Hypothesen arbeitet[2]). Hypothesen werden in der Weise legitim begründet, daß eine Wahrnehmungserkenntnis oder eine bereits begründete Erkenntnis Veranlassung gibt, mehrere Annahmen zu machen, von denen eine wahr sein muß. Wenn man z. B. einen zusammengesetzten Körper hat, von dem eine bestimmte Wirkung hervorgebracht wird, so kann man jede seiner Komponenten oder jede mögliche Kombination derselben für die Wirkung verantwortlich machen. Jede von diesen Annahmen ist als Hypothese begründet und eine muß mit allem Erfahrbaren, d. h. mit allen gesicherten Wahrnehmungsergebnissen widerspruchslos zusammenstimmen, also wahr sein. Deshalb haben wir oben darauf hingewiesen, daß es nicht nur eine Begründung im Sinne der gesicherten Ableitung, sondern auch eine solche im Sinne der hypothetischen Ableitung gibt. Aber auch die begründete Hypothese, die widerspruchslos zum gesicherten Wissen stimmt, gilt uns als wahr.

Auf die Frage, warum wir das Gebiet der Wahrheit in dieser Weise umgrenzen, antworten wir durch ein näheres Eingehen auf den Wertcharakter der wahren Erkenntnis. Logische Unlustgefühle werden vor allem hervorgerufen durch den Widerspruch und durch den Zweifel. Die maximal wertvolle Erkenntnis ist also die widerspruchslose und die gewisse Erkenntnis. Nun gibt es eine absolut widerspruchslose Erkenntnis überhaupt nicht. Aber es macht einen großen Unterschied aus, ob eine Erkenntnis mit gewissen oder bloß mit ungewissen anderen Erkenntnissen in Widerspruch gerät. Im ersteren Falle ruft ihr Festhalten ein starkes logisches Unbehagen hervor, im letzteren Fall kommt uns der Widerspruch gar nicht unangenehm zum Bewußtsein, da die schwankende Meinung eben durch den Widerspruch ohne weiteres verdrängt wird.

Nun können alle möglichen Akte des Gegenstandsbewußtseins durch die Methoden der Glaubensbeeinflussung den Charakter der Gewißheit gewinnen. Einige aber gelangen zur Beschaffenheit gewisser Erkenntnisse ohne künstliche Beeinflussung, nämlich diejenigen, die uns durch den Zwang der Wahrnehmung und durch den die Wahrnehmungen weiter verarbeitenden Mechanismus des Seelenlebens stets in gleicher Weise geliefert werden. Will man nun gefährliche Widersprüche vermeiden und die gewisse Erkenntnis zur unter sich widerspruchslosen Erkenntnis machen, so soll man es unterlassen, Erkenntnisse, die mit diesen notwendig (d. h. mit psychologischer Notwendigkeit) sich erzeugenden und vor Erschütterungen ihrer Natur nach gesicherten Einsichten nicht zusammenhängen und ebendadurch der Kollisionsgefahr ausgesetzt sind, und erst recht Erkenntnisse, die mit diesen sich aufdrängenden in Widerspruch sich befinden, zu subjektiver Gewißheit gelangen zu lassen. Wirklich ihrer Natur nach vor Erschütterungen gesichert sind aber nicht alle Wahrnehmungsergebnisse und alle daraus logisch einwandfrei abgeleiteten Folgerungen, sondern nur die durch Fortschritte der Beobachtungstechnik nicht mehr zu verändernden und die aus ihnen abgeleiteten Vorstellungen und Gedanken. Man soll also nur diese glauben, und wahr ist im Sinne der logischen Werttheorie, was man glauben soll. Unbegründete Hypothesen, die nicht mit dem aufgezwungenen oder begründeten Wissen in Widerspruch geraten, sind doch immer der Gefahr des Zweifels ausgesetzt und insofern minderwertig. Begründete Hypothesen dagegen sind besser als ein Verzicht auf solche, weil das, was zu ihrer Aufstellung veranlaßt, bei nicht getroffener Entscheidung ein Schwanken der Meinung und damit einen logisch minderwertigen Zustand zur Folge hat.

In dieser Weise etwa läßt sich unsere Wertlehre des Erkennens bei gänzlichem Verzicht auf die Entscheidung der Frage nach der Berechtigung der Annahme absoluter Gegenstände begründen. Man könnte nun noch die Frage aufwerfen, ob unsere Bestimmung der Wahrheit denn nun eigentlich eine solche sei, die uns instand setze, einem Erkenntnisakt es gewissermaßen anzusehen, ob er wahr sei oder nicht. Auf diese Frage ist natürlich mit nein zu antworten. In langsamer methodischer Arbeit gewinnt die wissenschaftliche Forschung die Überzeugung, wo die Wahrheit zu finden, oder auch nur, in welcher Richtung sie zu suchen ist. Es wäre eine maßlose Selbstüberhebung des Erkenntnistheoretikers, wollte er behaupten, er besitze statt einer bloß formalen Bestimmung des Bereichs der wahren Erkenntnis einen Schlüssel, der ihm im Tempel der Wahrheit alle Türen öffnet.

3. Kapitel.

Die Gegenstandslehre des Erkennens.

Wahrheit, sagten wir, läßt sich definieren als das maximal wertvolle Erkennen oder als das Ideal der Wissenschaft. Was das Erkennen ist und welches Erkennen als maximal wertvoll bezeichnet werden kann, haben wir in der Psychologie und in der Wertlehre des Erkennens untersucht. Nun handelt es sich um die Beantwortung der Frage, wie sich die einzelnen Wissenschaften zum Ideal der Wissenschaft verhalten.

Da haben wir zunächst zu konstatieren, daß jede Wissenschaft ihr eigenes Ideal hat. Jede sucht innerhalb ihres Gebietes eine immer vollständigere, richtigere und gewissere Erkenntnis zu gewinnen. Jede ist bemüht, das zunächst vielfach zusammenhanglose Nebeneinander von einzelnen Tatsachen und umfassenderen Theorien und Hypothesen in ein logisch geschlossenes System zu verwandeln.

Aber nach diesem Ideal fragen wir hier nicht, sondern nach dem, das allen Wissenschaften gemein ist, dem die eine vielleicht näher kommt als die andere, zu dem aber alle irgendwie in Beziehung stehen. Alles Erkennen hat, wie uns bereits unsere psychologischen Betrachtungen gezeigt haben, einen Gegenstand. Jede Wissenschaft ist, subjektiv betrachtet, ein Ganzes von Erkenntnisakten, die Gegenstände erfassen, objektiv betrachtet, ein System von Zeichen, wodurch Gegenstände bezeichnet werden.

Diese Gegenstände, die in der Wissenschaft erfaßt bezw. bezeichnet werden, sind zunächst sämtlich ideale Gegenstände[1]). Solche idealen Gegenstände werden aber auch in jeder Dichtung erfaßt und bezeichnet. Wodurch unterscheiden wir also Wissenschaft und Dichtung? Darauf antwortet man vielleicht zunächst: Jene beschäftigt sich mit der Wirklichkeit, während es diese mit Fiktionen zu tun hat. Aber ist das richtig? Dürfen wir die Beschäftigung etwa der Mathematik mit Figuren und Zahlen ohne weiteres eine Beschäftigung mit der Wirklichkeit nennen?

Es geht auch nicht an, zu sagen, der Dichter arbeite mit der Phantasie, der wissenschaftliche Forscher dagegen bediene sich der Wahrnehmungs-, Erinnerungs- und Denkfunktionen. Wahrnehmung, Erinnerung und Denken spielt vielmehr auch beim Zustandekommen von Dichtungen eine große Rolle, und der Phantasie bedarf vielfach auch der Mann der Wissenschaft. Im übrigen haben wir zwar die Phantasievorstellungen aus der Gesamtheit derjenigen Akte des Gegenstandsbewußtseins ausgeschlossen, die ohne weiteres als Erkenntnisfunktionen anzusprechen sind, sofern sich mit den Phantasievorstellungen nicht die Meinung verbindet, daß in ihnen etwas von unserm Vorstellen Unabhängiges erfaßt werde. Aber die Frage, ob es überhaupt etwas nicht nur vermeintlich, sondern wirklich von unserm Vorstellen und Denken Unabhängiges gebe, haben wir bisher weder gestellt noch beantwortet.

Nun genügt zwar zu einer Abgrenzung des mit ausdrücklichem Fiktionsbewußtsein verbundenen Phantasierens und des — vermeintlich — auf einen absoluten Gegenstand gerichteten Erkennens die rein phänomenologische Unterscheidung. Aber sie versagt schon gegenüber denjenigen Bewußtseinsvorgängen, die von ihrem Träger zunächst für Erkenntnisse eines unabhängig davon Bestehenden gehalten, von anderen dagegen und nachträglich vielleicht auch vom Subjekt selbst für Fiktionen erklärt werden. Die Träume z. B. erscheinen vom Standpunkt des Wachbewußtseins aus als Phantasieleistungen, sie werden aber vom Träumenden erlebt mit allen Merkmalen von Erkenntnisakten. Da wir nun selbst dann, wenn es anginge, Wissenschaft und Dichtung als Produkt des Erkennens und des Phantasierens einander gegenüberzustellen, mit dem Versuch einer haltbaren Bestimmung des Begriffs der Phantasieleistung in Schwierigkeit geraten, so werden wir auch deshalb gut daran tun, diese Gegenüberstellung aufzugeben.

Eine Möglichkeit, Wissenschaft und Dichtung grundsätzlich gegeneinander abzugrenzen, könnte darin gefunden werden, daß man hinwiese auf das Streben nach Wahrheit, das die wissenschaftliche Arbeit jedenfalls in ganz anderem Sinne als die Betätigung des Künstlers beherrscht, selbst wenn man mit dem Schlagwort der Naturwahrheit ein Wahrheitsideal auch auf dem Gebiete der Kunst in den Vordergrund zu rücken sich bemüht. Damit sähen wir uns bei der Bestimmung des Ideals der Wissenschaft zurückgewiesen auf die Ergebnisse der Wertlehre des Erkennens.

Aber wenn wir nun mit dem Bedürfnis, womöglich den Rangstreit der Wissenschaften durch Bestimmung ihres Verhältnisses zum Ideal der Wissenschaft zu schlichten, den im vorigen Kapitel gewonnenen Wahrheitsbegriff betrachten, so erkennen wir leicht, daß er dem Zweck, den wir hier im Auge haben, nicht entspricht. Wir haben festgestellt: Wahr sind die durch keinen Fortschritt der Beobachtungstechnik mehr zu verändernden Wahrnehmungsergebnisse und die in solchen begründeten und widerspruchslos zu ihnen allen stimmenden Vorstellungen und Gedanken. Von Wertunterschieden innerhalb des Wahren, die doch möglicherweise bestehen, ist in dieser Bestimmung nicht die Rede.

Außerdem handelt es sich dabei offenbar nur um eine vorläufige Bestimmung; denn die Frage nach der Berechtigung der Annahme absoluter Gegenstände, die wir bisher zurückgestellt haben, läßt sich auf die Dauer nicht unterdrücken. Wir haben darauf hingewiesen, daß in den Wahrnehmungen uns gewisse Erkenntnisse aufgedrängt werden, und haben auf die Tatsache dieses Zwanges in der Wertlehre bestimmte Folgerungen gegründet. Nun wäre es wenig philosophisch, wollten wir uns mit dem Begriff des Wahrnehmungszwanges ein für allemal zufrieden geben und uns dem Problem, ob nicht doch wenigstnes ein Teil der wahren Erkenntnisse die vom naiven Menschen vorausgesetzte Beziehung auf ein vom Erkennen Unabhängiges und das Erkennen selbst Bestimmendes habe, nach wie vor verschließen, während doch gerade in der Lösung dieses Problems die Aussicht sich zu eröffnen scheint, innerhalb der wahren Erkenntnisse noch einmal gewisse Rangunterschiede[2]) entsprechend der Stellung zu den absoluten Erkenntnisgegenständen, wenn es solche gibt, feststellen zu können.

Als Grundproblem der Gegenstandslehre des Erkennens bezeichnen wir also die Frage: Gibt es etwas vom Erkennen Unabhängiges[3])? Von Abhängigkeit und Unabhängigkeit kann in kausalem und funktionellem Sinn gesprochen werden. Die Wirkung ist abhängig von der Ursache, während diese unabhängig ist von jener, und die abhängig Variable in einem mathematischen Funktionszusammenhang ist, wie schon der Name sagt, von der unabhängig Variablen abhängig, d. h.

jede Veränderung der letzteren bedeutet auch eine solche der ersteren, während die Veränderungen jener nicht durch Veränderungen dieser, sondern auf anderem Weg, also unabhängig davon hervorgebracht werden. Da der Kausalbegriff vielen Erkenntnistheoretikern nicht voraussetzungslos genug erscheint, wollen wir zunächst nur das Funktionsverhältnis ins Auge fassen.

Vom Erkennen abhängig sind nun zweifellos die idealen Gegenstände des Erkennens. Wir können nicht von einer Sukzession sprechen, die zwischen der Entstehung eines Erkenntnisaktes und dem Auftreten des in ihm erfaßten Gegenstandes stattfände. Mit jeder Farbenwahrnehmung ist eine ganz bestimmte Farbe als Gegenstand, mit jedem Akt des Raumbewußtseins ein Punkt des Raumes, kurz mit jedem Vorgang des Erkennens das darin Erfaßte so gegeben, wie mit einem bestimmten Verhältnis der Seiten eines Dreiecks ein ganz bestimmtes Verhältnis der Winkel funktionell verknüpft ist. Aber während wir uns beim Dreieck ebensowohl die Seiten als das Bestimmende und die Winkel als das Bestimmte denken können, wie wir das Umgekehrte anzunehmen imstande sind, ist es ganz unmöglich, das Erkennen von seinen idealen Gegenständen abhängig zu denken. Gehen wir den Gründen dieser Unmöglichkeit weiter nach, so finden wir, daß die idealen Gegenstände n u r abhängig sind von den Erkenntnisfunktionen[4]), während die letzteren noch in anderen Funktionsbeziehungen stehen. Wenn uns z. B. Empfindungen des Gesichts- oder Tastsinns mit bestimmten Lokalzeichen gegeben sind, so vollziehen wir unweigerlich bestimmte Akte der Raumauffassung, mit denen der zugehörige ideale Raumgegenstand gegeben ist. Wir bringen also die Vorgänge des Raumbewußtseins in Abhängigkeitsbeziehung zu Empfindungsvorgängen, wir denken in irgendeiner Weise alle Erkenntnisprozesse wie überhaupt alle psychischen Geschehnisse abhängig von anderen Geschehnissen, nehmen also an, daß ihre Veränderungen auf anderem Weg als infolge einer Veränderung der idealen Gegenstände, mithin unabhängig von dieser sich vollziehen.

Demgegenüber wendet man nun vielleicht ein: Ja, so denkt es sich der naive Mensch oder der „unphilosophische" Psycholog. Aber der philosophische Erkenntnistheoretiker weiß es besser. Er sieht, daß die psychischen Vorgänge dem Erkennenden ebenfalls nur als ideale Gegenstände gegeben sind und wenn eine Abhängigkeit der vorgestellten oder gedachten Objekte von den Vorstellungen und Gedanken angenommen wird, so ist damit bereits eine zwischen idealen Objekten bestehende Abhängigkeitsbeziehung zugegeben. Zu dieser einen Abhängigkeitsbeziehung zwischen idealen Objekten treten andere, beispielsweise die Abhängigkeit der von einem fallenden Körper erreichten Endgeschwindigkeit von Dauer und Ort seines Falles und von seiner Anfangsgeschwindigkeit oder irgend eine von den zahlreichen Abhängigkeiten, wie sie von der Mathematik oder von der Physik und anderen Naturwissenschaften konstatiert werden. Daraus folgt, daß es verkehrt ist, zu behaupten, die idealen Gegenstände seien nur von den Funktionen des Erkennens abhängig, während diese letzteren in anderweitigen Abhängigkeitsbeziehungen stehen, und daraus zu folgern, daß das Erkennen von seinen idealen Gegenständen unabhängig sei.

Diesem Einwand liegt die richtige Einsicht zugrunde, daß mit der Frage nach der Abhängigkeitsbeziehung zwischen dem Erkennen und seinen idealen Gegenständen bereits die Annahme eines vom Erkennen unabhängigen, also nach unserer Terminologie eines absoluten Gegenstandes, nämlich der Erkenntnisfunktionen selbst, gemacht ist. Dagegen ist durchaus falsch die Ansicht, daß von den Erkenntnisakten als idealen Gegenständen das Vorgestellte und Gedachte abhängig sei. Keineswegs ist uns immer, wenn etwas vorgestellt und gedacht wird, unzertrennlich damit eine ganz bestimmte Vorstellung oder ein ganz bestimmter Gedanke als idealer Gegenstand (der nach psychologischer Auffassung von einem Akt der Selbstwahrnehmung erfaßt werden müßte, von dem wir hier natürlich absehen) gegeben. Die Behauptung, es sei dies der Fall, wäre gleichbedeutend mit der psychologischen Behauptung, es gebe kein Erfassen eines äußeren Gegenstandes ohne gleichzeitige Selbstwahrnehmung. So gewiß diese unrichtig ist, so gewiß ist es auch jene.

Grundfalsch ist aber auch die Meinung, die von Mathematik und Naturwissenschaft zwischen abstrakten Gegenständen erfaßten Abhängigkeitsbeziehungen seien solche zwischen idealen Gegenständen, wenn man unter idealen Gegenständen dasselbe versteht wie wir. Wenn ein Körper mit bestimmter Geschwindigkeit sich bewegend vorgestellt oder gedacht wird, so ist die unabänderliche Folge nicht die, daß er im nächsten Augenblick mit einer ganz bestimmten andern Geschwindigkeit sich bewegend als idealer Gegenstand mir gegeben ist. Die idealen Gegenstände als solche weisen gar keine Regelmäßigkeit der Simultaneität oder Sukzession auf, und wenn sich einer von ihnen verändert, verändert sich nicht unvermeidlich auch ein anderer. Man kann hier nicht einmal hinweisen auf solche Zusammenhänge, wie sie zwischen Ausdehnung und sichtbarer Qualität oder zwischen Richtung und Geschwindigkeit einer Bewegung bestehen; denn gedacht werden, d. h. als Gegenstand des Denkens, also als idealer Gegenstand gegeben sein kann Ausdehnung ohne Farbe und Geschwindigkeit ohne Richtung. Was würde es denn sonst heißen, wenn wir die Begriffe dieser Abstraktionsprodukte zu haben behaupten?

Gibt es nun zwischen den idealen Gegenständen gar keine Funktions- und Kausalzusammenhänge[5]), so folgt daraus, daß alle Abhängigkeitsbeziehungen, die von der Psychologie, der Naturwissenschaft und der Mathematik, die überhaupt von irgendwelchen Wissenschaften festgestellt werden, nichtideale, also absolute Gegenstände irgendwie voraussetzen. Wenn man die Wissenschaft überhaupt preisgeben will, so darf man auch die Annahme absoluter Gegenstände preisgeben. Vom Standpunkt der Wissenschaft aus ist ein Zweifel an der Berechtigung dieser Annahme sinnlos.

Aber wenn die Behauptung, es gebe überhaupt keine absoluten Gegenstände, sich als gänzlich unhaltbar erweist, so behaupten sich mit um so größerer Zähigkeit Lehren, die den Umkreis der notwendig anzunehmenden absoluten Gegenstände irgendwie einzuschränken suchen. Mit ihnen haben wir uns nun auseinanderzusetzen.

1. Der psychologische Idealismus.

Wir beginnen mit derjenigen, die man in der Regel einfach Idealismus nennt, die wir aus Pietät gegen die herkömmliche Bezeichnung und um Verwechslungen mit einer anderen Richtung gleichen Namens zu vermeiden, psychologischen Idealismus nennen wollen, die man aber viel richtiger Psychismus nennen würde. Danach werden als absolute Gegenstände nur die psychischen Vorgänge anerkannt und zwar entweder nur diejenigen, die ein einziges individuelles Bewußtsein konstituieren — wir bezeichnen diese Auffassung als subjektiven psychologischen Idealismus oder als Solipsismus — oder außer denen, die im Verband eines individuellen Bewußtseins auftreten, auch noch andere, wie der objektive psychologische

Idealismus lehrt. Wir wollen im Folgenden übrigens, wenn wir vom objektiven und subjektiven psychologischen Idealismus sprechen, das Beiwort psychologisch zur Vermeidung allzu großer Schwerfälligkeit des Ausdrucks weglassen.

Der subjektive Idealismus betrachtet alles außer den psychischen Erlebnissen des erkennenden Subjekts als ideale Gegenstände[1]). Nicht nur die Häuser, Felsen und Bäume, die Berge und Seen, die mich umgeben, sondern auch die Menschen, mit denen ich in Verkehr trete, sind nur meine Vorstellungen. So lautet die Lehre des Solipsismus in der ziemlich eingebürgerten mangelhaften Terminologie, die nicht zwischen Vorstellung und Vorstellungsobjekt unterscheidet. Wir formulieren dieselbe Auffassung korrekter, indem wir sagen, daß ihr zufolge alles, die unbelebte und die belebte Natur nur ideales Objekt des Vorstellens und Denkens sei.

Von dieser merkwürdigen Lehre hat man behauptet, sie sei theoretisch unwiderleglich, aber wer sie vertrete, gehöre ins Irrenhaus[2]). Wir wollen daher sehen, was es mit ihr für eine Bewandtnis hat. Zunächst wird es gut sein, wenn wir uns über den Grund klar zu werden suchen, aus dem sie überhaupt aufgestellt worden ist. Da machen wir die von vornherein wenig vertrauenerweckende Entdeckung, daß dieser Grund in einem fundamentalen Irrtum besteht. Der subjektive Idealist glaubt nämlich in der Regel, seine Bewußtseinsvorgänge seien ihm „unmittelbar gegeben“, und er meint damit, daß ihr vom Erfassen unabhängiges Dasein nicht in einem besonderen, sie zum idealen Gegenstand machenden Akt des Vorstellens öder Denkens erfaßt, sondern einfach erlebt werde. Diese irrige Auffassung findet ihre Widerlegung in den Betrachtungen, die wir im psychologischen Teile der Erkenntnislehre, besonders bei Besprechung der inneren Wahrnehmung angestellt haben. Alles Erkennen ist ein gegenständliches Erfassen. Auch von unsern psychischen Vorgängen gewinnen wir nur dadurch Kunde, ihr Dasein kommt uns nur dadurch zum Bewußtsein, daß wir sie in den Akten des psychologischen Erfassens zunächst als ideale Gegenstände vor uns haben. Daß wir glauben, in den Gegenständen der Selbstwahrnehmung etwas vom Akt der Wahrnehmung Unabhängiges, also einen absoluten Gegenstand zu erfassen, bedeutet ebenso ein Hinausgehen über das unmittelbar Gegebene[3]), wie wenn wir durch die idealen Objekte der äußeren Wahrnehmung absolute Gegenstände erkennen wollen.

Aber kennen wir denn nicht die psychischen Vorgänge so, wie sie als absolute Gegenstände, als wirkliche, nicht bloß gedachte oder vorgestellte Vorgänge beschaffen sind, während wir von den idealen Objekten der äußeren Wahrnehmung ganz genau wissen, daß sie, selbst wenn sie Erscheinungen von Dingen an sich sein sollten, mit ihren absoluten Gegenständen sicher nicht übereinstimmen? Wenn man glaubt, diese Frage selbstverständlich bejahen zu müssen, so ist das wieder nichts als ein Vorurteil[4]). Wenn wir die Erkenntnisakte erleben, so sind uns erkennbar — nicht etwa sie selbst, sondern — ihre idealen Gegenstände[5]). Gegeben ist uns in der Farbenwahrnehmung der farbige Gegenstand, in jeder Sinneswahrnehmung die sinnliche Qualität, in jedem Akt des Erkennens das Erfaßte, nicht die Beschaffenheit des Erfassens. Machen wir das Erfassen aber selbst zum Gegenstand einer (psychologischen) Erkenntnis, ist es uns also als idealer Gegenstand gegeben, was erkennen wir dann eigentlich von ihm? Wenn wir uns an die Tatsachen und nicht an geläufige Vorurteile halten wollen, so müssen wir sagen: Der ideale Gegenstand des psychologischen Erfassens zeigt erstens überhaupt sehr wenig qualitative Bestimmtheit, und was uns in ihm gegeben ist, kann zum großen Teil durchaus nicht übereinstimmen mit dem absoluten Gegenstand, dem wirklichen psychischen Vorgang, den wir durch das Objekt unseres psychologischen Erfassens zu erkennen glauben[6]). Betrachten wir z. B. das Anhören einer zeitlich ausgedehnten Melodie! Ist der ideale Gegenstand der Selbstwahrnehmung, wenn wir die Melodieauffassung psychologisch betrachten, wirklich ein zeitlich ausgedehnter, so daß wir sagen können, er sei in seiner zeitlichen Beschaffenheit so, wie wir den wirklichen Vorgang des Melodieanhörens denken müssen? Keineswegs. Das zeitlich ausgedehnte seelische Erleben schrumpft als Gegenstand des psychologischen Erfassens ganz merkwürdig zusammen. Wir substituieren nur meistens dem eigentlichen idealen Gegenstand der Selbstwahrnehmung den wirklichen Gegenstand, so wie wir ihn uns denken, ganz ähnlich wie das nicht malerisch geschulte Auge den Schein der Dinge übersieht, so daß die meisten Menschen nicht die eigentlichen idealen Gegenstände der äußeren wie der inneren Wahrnehmung, sondern statt ihrer das vor ihrem Bewußtsein stehen haben, was sie über die absoluten Gegenstände zu wissen glauben[7]). Diese „gewußten" Objekte sind natürlich nach unserer Auffassung

immer noch ideale (wenn auch auf absolute bezogene) Gegenstände, und wir lassen es vorläufig ganz dahingestellt, ob sie
mit den absoluten Objekten tatsächlich besser übereinstimmen,
als diejenigen idealen Gegenstände, die dem zur Unbefangen-
heit zurückgebildeten Bewußtsein gegeben sind.

Die idealen Objekte der unbefangenen Selbstwahrnehmung
wollen wir die Erscheinungen der wirklichen psychischen Vorgänge nennen[8]). Das Umdenken dieser Erscheinungen entspringt dem Bedürfnis, die wirklichen psychischen Vorgänge
so zu denken, wie sie gedacht werden müssen, wenn sie geeignet sein sollen zum Erfassen der in ihnen uns gegebenen
Gegenstände. Auch in der wissenschaftlichen Psychologie zeigt
sich vielfach neben dem Bestreben, die psychischen Vorgänge
so zu beschreiben, wie sie als ideale Gegenstände der psychologischen Betrachtung sich präsentieren, die Tendenz, aus der
Beschaffenheit der idealen Außenweltsobjekte auf diejenige
der erfassenden Bewußtseinsprozesse zurückzuschließen[9]). So
sprechen wir z. B. von Qualität und Intensität und Sättigung
der Farbenempfindungen eigentlich nur deshalb, weil wir an
den Farben diese dreifache Variabilität beobachten, oder wir
erschließen Eigentümlichkeiten des Raumbewußtseins aus der
Beschaffenheit des phänomenalen Raumes usw.

Wenn man nun einsieht, daß uns die psychischen Vorgänge weder unmittelbar gegeben sind, noch daß sie in den
idealen Gegenständen der psychologischen Betrachtung von
vornherein getreuer abgebildet werden, als absolute Naturobjekte, wenn es solche gibt, in den idealen Objekten der äußeren Wahrnehmung, dann fällt jeder Grund fort, den Gegenständen der Psychologie in der Weise eine Vorzugsstellung
vor den Gegenständen der Naturwissenschaft einzuräumen,
daß man nur in jenen, nicht auch in diesen die Darstellung
absoluter Wirklichkeit zu sehen glaubt.

Oder sollte vielleicht doch noch ein Grund sich finden
lassen für eine solche Bevorzugung des Psychischen? Vielleicht
weist man noch darauf hin, daß die Annahme von idealen
Gegenständen überhaupt, der sich doch kein Mensch entziehen
könne, die Anerkennung erfassender Akte notwendig mache,
da es doch ohne Gegenstandsbewußtsein überhaupt keine
idealen Gegenstände geben könne. Aber demgegenüber ist zu
betonen, daß man für die zunächst allein gegebenen Gegenstände ja nicht die auf ein erfassendes Bewußtsein bereits hin-
weisende Bezeichnung „ideale Gegenstände" zu wählen braucht.

Es gibt Philosophen wie die Vertreter der immanenten Philosophie oder des Empiriokritizismus, die sich einfach mit dem „Gegebenen“ begnügen wollen, die das Gegebene, d. h. nach unserer Terminologie die idealen Objekte des äußeren und inneren Erfassens, für das Wirkliche halten und es ausdrücklich verwerfen, daß noch etwas angenommen werde, was dem Naturobjekt als Akt der äußeren Wahrnehmung oder dem Gegebenen der inneren Erfahrung als besondere Funktion psychologischen Betrachtens gegenüberzustellen ist[10]). Avenarius hat in seiner berühmt gewordenen Lehre von der Introjektion sich bemüht, die psychologischen Wurzeln dieses nach seiner Ansicht verkehrten Verhaltens darzulegen[11]), und wenn man ihm auch nicht zugeben wird, daß er die Gegenüberstellung von Erkennen und Erkanntem als unberechtigt erwiesen habe, so darf man doch gewiß nicht behaupten, er habe einfach übersehen, daß zu jedem Erkannten, zu jedem Gegebenen notwendig ein Akt des Erkennens gehöre.

Die Widerlegung der immanenten Philosophie[12]) und des Empiriokritizismus ergibt sich aus der Erkenntnis von der absoluten Gesetzlosigkeit im Kommen und Gehen der idealen Objekte[13]). Wenn man auf Wissenschaft überhaupt verzichtet, wenn man jede Überschreitung des Gegebenenen grundlos verwirft, dann darf man zwar nicht behaupten, es existiere nichts außer den idealen Objekten, aber die Behauptung, der an das Gegebene sich bindende Philosoph dürfe nichts anderes anerkennen, ist unwiderlegbar.

Fordert man aber unter Hinweis auf den Wert der Wissenschaft das Recht der Überschreitung des Gegebenen, also das Recht, außer den idealen Gegenständen da, wo es nötig ist, wenn wir das Kommen und Gehen der idealen Gegenstände selbst wissenschaftlich verstehen wollen, absolute Gegenstände anzunehmen, dann wird man, wie wir im Folgenden noch zu zeigen haben, nicht nur zur Annahme wirklicher psychischer, die idealen Gegenstände erfassender und durch ihr Kommen und Gehen das Auftreten und Verschwinden der Vorstellungs- und Denkobjekte bedingender Vorgänge, sondern auch zur Anerkennung absoluter Außenweltsobjekte geführt.

Wir sehen also: Würde der subjektive Idealismus zu der richtigen Erkenntnis kommen, daß die Annahme wirklicher, die idealen Außenwelts- und die idealen Innenweltsobjekte erfassender psychischer Vorgänge nur auf demselben Wege zu beweisen ist, auf dem auch die Anerkennung absoluter

Außenweltsobjekte begründet werden kann, und würde er die falsche Ansicht von dem unmittelbaren Gegebensein oder von dem adäquaten Erfassen der seelischen Prozesse aufgeben, dann fiele jeder Grund hinweg, die idealistische Lehre überhaupt aufzustellen.

Nun ist freilich damit, daß eine Lehre als grundlos erwiesen wird, diese Lehre nicht widerlegt. Wir haben nun erst zu zeigen, daß der subjektive Idealismus durch seine eigenen Voraussetzungen über sich hinausgeführt wird. Nehmen wir einmal an, wir wollten vom Standpunkt dieser Auffassung aus ein wissenschaftliches Verständnis des Gegebenen gewinnen! Da würde uns das Kommen und Gehen vieler Vorstellungs- und Gedankenobjekte erklärlich werden durch das Grundgesetz, welches den Verlauf unserer Vorstellungen und Gedanken beherrscht, durch das Gesetz der Assoziation. Wenn zwei Bewußtseinsvorgänge, die wir mit den Buchstaben a und b bezeichnen wollen, einmal zusammen abgelaufen sind, so hat eben dadurch jede von ihnen die Fähigkeit gewonnen, die andere zu beeinflussen. Tritt a wieder auf, ohne daß b bereits durch anderweitige Bedingungen herbeigeführt ist, so hat a die Möglichkeit, seinerseits b herbeizuführen, d. h. zu reproduzieren. Trifft dagegen a im Bewußtsein mit dem bereits anderweitig angeregten b zusammen, so beeinflußt es b in dem Sinn, daß b sozusagen eine Steigerung seiner Energie erfährt. Wir sagen dann, der Bewußtseinsvorgang b gewinne durch a einen höheren Bewußtseinsgrad, oder der durch b erfaßte ideale Gegenstand werde auf Veranlassung von a beachtet[14]). Infolgedessen heißt a in diesem Fall Beachtungsmotiv, während es Reproduktionsmotiv genannt wird, wenn es Veranlassung ist zur Reproduktion von b.

Nun ist a natürlich nicht nur mit b, sondern noch mit einer sehr großen Zahl anderer Bewußtseinsvorgänge einmal gleichzeitig abgelaufen. Es besitzt also die Fähigkeit, zu beeinflussen und beeinflußt zu werden, noch einer ganzen Menge anderer psychischer Prozesse gegenüber, die wir durch die Buchstaben c, d, e, f usw. bezeichnen wollen. Jeder von diesen kann also als Reproduktions- und als Beachtungsmotiv in Bezug auf a fungieren, und a kann für jeden von ihnen Reproduktions- und Beachtungsmotiv werden. Nehmen wir nun einmal an, a sei durch e oder f herbeigeführt worden. Wird es nun seinerseits b oder c oder einen andern der Vorgänge, mit denen es einmal gleichzeitig war, oder wird es alle zusammen reproduzieren? Darauf lautet die Antwort: Keineswegs alle zusammen, sondern einen oder einige und zwar diejenigen, mit denen es am öftesten oder ganz vor kurzem erst oder unter ganz besonderen Umständen gleichzeitig war. Kurz es gibt eine ganze Reihe strikter Reproduktionsgesetze, die zugleich Gesetze sind für die Erregung von Beachtung oder, wie man statt Beachtung auch sagt, von Aufmerksamkeit, und wir begreifen nach psychologischen Gesetzen in weitem Umfang, warum jetzt dieser, jetzt jener ideale Gegenstand vorgestellt oder gedacht, jetzt diesem und jetzt jenem die Aufmerksamkeit zugewendet wird.

Aber wenn vieles in dieser Hinsicht psychologisch verständlich wird, so doch keineswegs alles. Daß ich jetzt ein Bild des blauen Langensees vor mir habe, ist mir erklärlich dadurch, daß eben vom sonnigen Süden gesprochen wurde, und dadurch, daß dieser Begriff für mich ganz besonders fest mit jenem Bild verknüpft ist. Ich verstehe auch, wie im Anschluß an das Bild des schönen Sees eine ganze Anzahl Menschen vor meinem Bewußtsein auftauchen, die ich in jener Gegend gesehen und kennen gelernt habe. Aber während meine Gedanken noch wandern, dringt plötzlich ein schriller Pfiff der Lokomotive an mein Ohr, die eben in dem nahegelegenen Bahnhof einfährt[15]). Der Pfiff hat mir ihr Bild wachgerufen. Er sagt mir, daß der Abendzug eben eintrifft. Aber wie erklärt sich das plötzliche Auftreten des Pfiffes, der mich in einer so ganz andersartigen Vorstellungsreihe gestört hat. Kein Reproduktions- oder Beachtungsmotiv ist ihm vorausgegangen und doch ist er viel aufdringlicher als die meisten Gegenstände von reproduzierten Vorstellungen, auf welche die Aufmerksamkeit durch ganz bestimmte Motive hingelenkt wird. Da ich die Vorstellungen mit so aufdringlichen Objekten Wahrnehmungsvorstellungen zu nennen pflege, spreche ich von einer Wahrnehmung des Pfiffes. Wodurch mag sie wohl veranlaßt sein?

Ich muß als subjektiver Idealist annehmen, daß sie ursachlos zustande gekommen ist. Aber damit wird ja die wissenschaftliche Grundvoraussetzung, daß es kein ursachloses Geschehen geben könne, preisgegeben. Wer das nicht will, der muß schon hier den Standpunkt des subjektiven Idealismus verlassen und muß, wenn er im Subjektiven, d. h. in den zum Bewußtsein seines Ich gehörigen psychischen Prozessen, die Ursache der Wahrnehmung nicht finden kann, außersubjektive Geschehnisse annehmen. Da wir jedoch vorläufig nur mit dem Begriff des Funktionszusammenhanges und noch gar nicht mit dem der Kausalbeziehung operieren wollen, so geben wir den Standpunkt des subjektiven Idealismus nicht so schnell preis.

Die Wahrnehmungen sind doch offenbar an Raum und Zeit gebunden. Ich kann an ganz bestimmtem Ort und zu ganz bestimmter Zeit ganz bestimmte Wahrnehmungen machen. Sollte man also nicht einen Funktionszusammenhang der Wahrnehmungen mit den einzelnen Punkten des Raumes und der Zeit annehmen können? Dieser Gedanke hat im ersten Augenblick etwas Bestechendes. Aber dann erhebt sich die Frage, ob er nicht auf einer unvorsichtigen Verallgemeinerung beruht, unser Bedürfnis nach gesetzmäßigem Zusammenhang im Grunde unbefriedigt läßt und obendrein, selbst wenn wir uns mit ihm zufrieden geben würden, über den subjektiven Idealismus hinausführt[16]).

Können wir wirklich von einer funktionellen Zuordnung bestimmter Wahrnehmungen und bestimmter Punkte des Raumes und der Zeit sprechen? Man sagt etwa in der Sprache des gewöhnlichen Lebens: Abends um 6 Uhr hört man in der Nähe des Bahnhofes den Lokomotivenpfiff. Aber nicht selten ist der Pfiff zu dieser Zeit an dem angegebenen Ort nicht zu hören, weil der Zug Verspätung hat, wie der naive Mensch sagt, der subjektive Idealist aber nicht sagen darf. Wird das hörende Subjekt taub, ein Vorgang, der für den subjektiven Idealisten freilich wiederum ganz unfaßbar ist, obwohl er für ihn dieselben Konsequenzen zu haben pflegt wie für den realistisch denkenden naiven Menschen, so fällt die betreffende Wahrnehmung ein für allemal aus. Was würde man nun zu einem Mathematiker sagen, der deshalb, weil einige Vierecke rechtwinklig sind, einen Funktionszusammenhang zwischen Viereckigkeit und Rechtwinkligkeit konstatieren wollte, obwohl er oft genug auf Vierecke stößt, die nicht rechtwinklig sind? Ganz so, wie ein derartiger Mathematiker verfährt aber der subjektive Idealist, wenn er einen Funktionszusammenhang bestimmter Wahrnehmungen mit bestimmten Punkten des Raumes und der Zeit annimmt, obwohl das angeblich funktionell Zusammengehörige so und so oft nicht zusammenfällt.

Im übrigen erweckt die Behauptung, bestimmte Wahrnehmungen seien bestimmten Punkten des Raumes und der

Zeit zugeordnet, nur den Anschein, als werde damit unserm Gesetzmäßigkeits- und Ordnungsbedürfnis wirklich einigermaßen Rechnung getragen. Man übersicht nämlich dabei, daß kein Punkt der Zeit ein zweites Mal wiederkehrt. Man kann sagen: Die an diesem Ort und zu dieser Zeit stattgehabte Wahrnehmung ist diesem bestimmten Raum- und Zeitpunkt funktionell zugeordnet. Aber daraus folgt nicht, daß man die betreffende Wahrnehmung irgend wann einmal wieder erwarten darf; denn jeder spätere Zeitpunkt ist ja ein anderer als derjenige, dem wir sie funktionell zugeordnet haben. Ich kann also als subjektiver Idealist eigentlich nur fatalistisch erwarten, daß mir jeder Zeitpunkt eine ihm zugehörige Wahrnehmung oder vielmehr einen Komplex von solchen bringen wird. Vorausberechnungen der Zukunft, wie sie jede fruchtbare Wissenschaft anzustellen sucht, sind auf diesem Standpunkt unmöglich.

Und obendrein ist bereits mit der Annahme einer Zeit, die alle Wahrnehmungserlebnisse bringt, der subjektive Idealismus überwunden; denn diese Zeit ist ja nicht das in jedem Augenblick stattfindende Denken und Vorstellen, sondern sie muß als etwas Außersubjektives und vom Erkennen Unabhängiges gedacht werden, wenn die Behauptung, jeder Augenblick bringe seinen Wahrnehmungsinhalt, nicht von vornherein in sich zusammenfallen soll. Niemand wird doch sagen wollen, daß er beständig die Zeit vorstelle oder denke, so daß von jedem Teilchen dieses idealen Zeitgegenstandes ein Wahrnehmungserlebnis funktionell abhängig gedacht werden könnte. Und wollte man die Zeit mit dem Ablauf des Bewußtseinslebens zusammenfallen lassen, so würde die These, jedes Wahrnehmungserlebnis sei funktionell einem bestimmten Zeitpunkt zugeordnet, für diejenigen Phasen des Seelenlebens, in denen nichts als Wahrnehmungsinhalte gegeben sind, zusammenfallen mit der Behauptung, diese Wahrnehmungsinhalte seien sich selbst funktionell zugeordnet.

Kurz, von einer funktionellen Zuordnung der Wahrnehmungen zu den einzelnen Zeit- und Raumpunkten kann überhaupt nicht in irgendwie fruchtbarer Weise und am wenigsten vom Standpunkt des subjektiven Idealismus aus die Rede sein. Es bleibt nun bloß noch die Möglichkeit, daß der subjektive Idealist seine Wahrnehmungen von idealen Gegenständen funktionell abhängig denke, natürlich nicht von ihren eigenen idealen Gegenständen, die von ihnen selbst, sondern

von solchen, die von anderen psychischen Vorgängen abhängig sind.

Dieser Versuch wird in der Tat gemacht. Man deutet die
Grundgedanken der physiologischen Psychologie in idealisti-
schem Sinne um und glaubt dadurch, einen durchgehenden
gesetzmäßigen Zusammenhang im Bereich des psychischen Geschehens und seiner idealen Gegenstände gewinnen zu können.
Die physiologische Psychologie denkt bekanntlich jeden psychischen Vorgang funktionell zugeordnet zu einem ganz bestimmten Gehirnprozeß, der seinerseits in Abhängigkeitsbeziehung gebracht wird zu anderen Hirnprozessen oder zu
den durch die äußeren Reize hervorgerufenen nervösen Geschehnissen. Nun bezeichnet der subjektive Idealismus die
Hirnprozesse sowie die Vorgänge der Erregung im Sinnesorgan und im sensiblen Nerven als ideale Gegenstände oder
— in seiner unklaren Terminologie — als Bewußtseinsinhalte.
Dann ergibt sich scheinbar in der einfachsten Weise der Satz,
die Wahrnehmungen und die mit ihnen gegebenen idealen
Gegenstände seien von Bewußtseinsinhalten, nämlich den als
Gegenstände der Vorstellungen und Gedanken des Anatomen
und Physiologen zu denkenden Nervenprozessen, abhängig.

Es fragt sich nur, ob diese Nervenprozesse stets wirklich
und zwar von dem wahrnehmenden Subjekt selbst vorgestellt
oder gedacht werden, wenn die ihnen funktionell zugehörigen
Wahrnehmungen auftreten. Ist das nicht der Fall, so kann
von einer Bedingtheit der Wahrnehmungen durch ideale Gegenstände oder „Bewußtseinsinhalte" offenbar keine Rede sein.
Nun wird aber niemand behaupten wollen, daß er sich überhaupt nur vorstellen oder denken könne, welche ganz bestimmten Nervenprozesse ganz bestimmten Wahrnehmungen
entsprechen, geschweige daß wirklich die Vorstellungen und
Gedanken an die betreffenden Prozesse stets in unauflöslicher
Verbindung mit den angeblich dadurch als durch ideale Gegenstände bedingten Wahrnehmungen gegeben seien. Und selbst
wenn man diese unerhörte Behauptung wagen wollte, so stände
man nur vor einer neuen Schwierigkeit, indem nun gefragt
würde, ob denn die Nervenprozeßvorstellungen jeweils durch
assoziative Gesetzmäßigkeit herbeigeführt werden oder wie,
da das offenbar nicht der Fall ist, ihre Entstehung zu erklären sei.

Der subjektive Idealist wagt es natürlich nicht, das wirkliche Vorgestellt- und Gedachtwerden der die Wahrnehmungen

bedingenden Nervenprozesse zu behaupten. Er nimmt seine Zuflucht vielmehr zu dem berüchtigten Begriff der Vorstellungsmöglichkeit[17]). Die Nervenprozesse, die doch als „Bewußtseinsinhalte" gedacht werden sollen, werden zwar in der Regel nicht wirklich vorgestellt, aber sie sind immer vorstellbar und insofern ideale Gegenstände. Der Unsinn, der in dieser Wendung liegt, ist schon so eingehend von manchem Gegner des Idealismus bekämpft worden, daß wir uns kurz fassen können. Möglich ist das, wofür Bedingungen vorhanden sind. Vorstellungsmöglichkeiten sind Bedingungen für das Entstehen von Vorstellungen. Wenn diese Bedingungen nicht in Reproduktionsmotiven oder in sonstigen psychischen Prozessen zu finden sind, so sind sie, falls ihr Vorhandensein behauptet wird, im Außersubjektiven zu suchen. Damit ist der Standpunkt des subjektiven Idealismus verlassen. Wären aber die Bedingungen in psychischen Prozessen zu finden, so hätte man ja in diesen etwas stets im Bedarfsfall Vorhandenes, wovon man das Auftreten der Wahrnehmungen funktionell abhängig denken könnte, und man brauchte dann nicht die bloß mögliche und fast nie wirkliche Vorstellung von Nervenprozessen als Bedingung der wirklichen Wahrnehmungen zu bezeichnen.

Der subjektive Idealismus vermag also — dies ist das Resultat unserer Betrachtungen — weder unter den psychischen Prozessen des individuellen Bewußtseins, noch unter den idealen Gegenständen die Bedingungen der Wahrnehmungen zu finden. Will man also nicht sowohl die kausale als auch die funktionale Bedingtheit der Wahrnehmungen und damit die gesetzmäßige Ordnung des größten Teils der Erkenntnisgegenstände und sonach den größten Teil der Wissenschaft preisgeben, so muß man Bedingungen annehmen, die jenseits der psychischen Prozesse des individuellen Bewußtseins und jenseits der idealen Gegenstände gelegen sind. In dieser Erkenntnis gehen wir hinaus über den Standpunkt des subjektiven Idealismus.

Was die Beschaffenheit der anzunehmenden außersubjektiven Wahrnehmungsbedingungen anlangt, so haben wir darüber noch gar nichts ausgemacht. Bezüglich dieser Beschaffenheit behauptet nun der objektive Idealismus, sie sei nach Analogie der im Subjekt unmittelbar gegebenen psychischen Wirklichkeit zu denken[18]).

Demgegenüber weisen wir zunächst wieder darauf hin,

daß die Ansicht von der unmittelbaren Gegebenheit der psychischen Vorgänge sich nicht halten läßt. Wenn also alle absoluten Gegenstände als seelische Prozesse gedacht werden sollen, so darf man diese Forderung nicht damit begründen, daß die Geschehnisse des Seelenlebens besser erkennbar seien als andersartige absolute Gegenstände. Ein Grund für die Lehre des objektiven Idealismus kann vielmehr höchstens darin gefunden werden, daß die Erklärungsprinzipien nicht ohne Not vervielfacht werden sollen. Wenn man mit der Annahme der psychischen Wirklichkeit ausreicht, so hat man in der Tat keinen Grund, noch eine andersartige Wirklichkeit anzunehmen.

Es fragt sich also, ob man alle im Subjekt gegebenen psychischen Vorgänge und alle von solchen erfaßten idealen Gegenstände in einen gesetzmäßigen Zusammenhang bringen kann, wenn man außer den im individuellen Bewußtsein enthaltenen seelischen Geschehnissen noch außersubjektive (oder objektive) Prozesse gleicher Art annimmt. Dabei muß man natürlich auch das Auftreten und den Verlauf dieser objektiven Bewußtseinsvorgänge zu erklären imstande sein, wenn der ganze Erklärungsversuch irgendwelchen wissenschaftlichen Wert besitzen soll. Es ist zwecklos, zu behaupten: Diese Wahrnehmung, die eben in meinem Bewußtsein auftritt, und die ich nicht als durch meine sonstigen Bewußtseinsvorgänge und durch die von mir erfaßten idealen Gegenstände bedingt denken, die ich also vom Standpunkt des subjektiven Idealismus auch nicht erklären kann, ist bedingt zu denken, ist also erklärbar durch einen außersubjektiven Bewußtseinsvorgang, der seinerseits unerklärbar ist.

Einen Versuch, das objektive psychische Geschehen zu erklären, macht nun der objektive Idealismus in der Regel nicht und zwar glaubt er ihn deshalb nicht machen zu müssen, weil er den Zusammenhang des objektiven psychischen Geschehens einfach mit den durch die Naturwissenschaft festgestellten Ereigniszusammenhängen identifiziert. Die Naturwissenschaft konstatiert z. B.: Ein leuchtender Körper sendet Lichtwellen aus, die mein Auge treffen, in meiner Netzhaut einen photochemischen Prozeß anregen, dadurch eine Reizung des Sehnerven bewirken und so schließlich im Zusammenhang mit der Auslösung eines Geschehnisses im Zentralorgan eine Gesichtswahrnehmung herbeiführen. Der objektive Idealist interpretiert: Das Leuchten des lichtaussendenden Körpers ist ein außersubjektiver psychischer Vorgang, von dessen genauerer Beschaffenheit ich im übrigen nichts weiß. Es ruft einen anderen seiner Beschaffenheit nach mir ebenfalls unbekannten außersubjektiven psychischen Vorgang hervor und zwar nicht etwa so, wie ein Reproduktionsmotiv eine Reproduktion herbeiführt oder nach irgendeiner in meinem eigenen Bewußtsein auch herrschenden Gesetzmäßigkeit, sondern nach einem Gesetz, von dem ich nur behaupte, daß es auch ein psychologisches sei, weil die Vorgänge, für die es gilt, von mir als psychische bezeichnet werden. An diesen zweiten außersubjektiven psychischen Vorgang schließt sich ein dritter in gleich unbekannter Weise an usw., bis schließlich meine Wahrnehmung herbeigeführt wird.

In dieser Darstellung der Lehre des objektiven Idealismus sieht man leicht, daß es sich eigentlich um ein recht unnützes Spiel mit Worten handelt. In den von überzeugten Idealisten selbst phantasiemäßig ausgestalteten Systemen dieser Richtung tritt das nicht so deutlich hervor. So täuscht z. B. Schopenhauer mit seiner Behauptung, das Naturgeschehen sei im Grunde Willensleben, manchen Leser über die psychologische Unerklärtheit des von ihm vorausgesetzten außersubjektiven psychischen Geschehens hinweg[19]). Anziehen und Abstoßen, die nach der physikalischen Auffassung im Naturgeschehen eine so große Rolle spielen, scheinen sich ja ohne Schwierigkeit im Sinne von Lieben und Hassen interpretieren zu lassen. Wie wenig dadurch erklärt wird, sieht man erst, wenn man sich fragt, wie am Ende einer Reihe von derartigen Willensprozessen das letzte Glied seinen Doppelcharakter gewinnt, so daß es einerseits als Abschluß desjenigen objektiven psychischen Geschehens sich darstellt, das vom Standpunkt der Naturwissenschaft aus unter den Begriff der physikalischen Reiz- und der physiologischen Erregungsvorgänge fällt, während es andererseits als Wahrnehmung dem subjektiven psychischen Geschehen zugehört. Man wende nicht ein, daß auch nach der nichtidealistischen Auffassung die Beziehung von Gehirnprozessen und von Bewußtseinsvorgängen schwer verständlich sei! Wenn wir im Sinne des psychophysischen Parallelismus eine funktionelle Zugehörigkeit des Bewußtseinsgeschehens im Subjekt zu nichtpsychischen und unabhängig vom Erkennen ablaufenden, im Bild der Gehirnprozesse zu denkenden Vorgängen annehmen, dann betrachten wir zwei verschiedenartige Funktionen, von denen nur die eine Gegenstand der inneren Wahrnehmung werden kann, als miteinander verbunden und brauchen uns über die Art dieser Verbindung ebensowenig Gedanken zu machen wie über den Zusammenhang der Seiten und Winkel im Dreieck. Wenn wir aber behaupten, das im Bild der Hirnprozesse gedachte Geschehen sei auch psychisches Geschehen und zwar eine Art Gefühl oder Willensregung, so erhebt sich die Frage, warum die daran gebunden zu denkende Wahrnehmung nicht so damit verbunden sei, wie sonst Gefühle und Vorstellungen verbunden zu sein pflegen, d. h. wie wir sie auf Grund unseres Erfassens in der inneren Wahrnehmung — einander durchdringend — denken müssen.

Was die Psychologie über den Zusammenhang von Vorstellungen, seien es Erinnerungs-, Phantasie- oder Wahrnehmungsvorstellungen, mit Gefühlen und Willenshandlungen lehrt, ist vor allem dies, daß durch Vorstellungen Gefühle und Wollungen ausgelöst werden. Die Vorstellungen fungieren dabei als „Produktions-“ oder Reproduktionsmotive. Was nach dem Schopenhauerschen objektiven Idealismus über das Verhältnis des Vorstellungslebens zum Gefühls- und Willensleben angenommen werden muß, ist das gerade Entgegengesetzte. Die Willens- und Gefühlsregungen produzieren danach die Vorstellungen. Daß eine derartige Hypothese wissenschaftlich nicht gerade befriedigend ist, die sich bei ihren Annahmen über einen Teil der absoluten Objekte durch Analogie zu dem leiten lassen will, was über einen andern Teil der absoluten Objekte aus guten Gründen angenommen wird, und die dabei veranlaßt wird, die sonst bekannten Gesetze des Geschehens direkt auf den Kopf zu stellen, das leuchtet wohl ohne weiteres ein [20]).

Aber auch Darstellungen des objektiven Idealismus wie etwa die von Fechner [21]) oder neuerdings von Heymans [22]) gegebene, die sehr viel weniger phantasievoll und sehr viel wissenschaftlicher gehalten sind als die Schopenhauersche Lehre, und die im Gegensatz zu dem voluntaristischen — das objektive psychische Geschehen nach Analogie der Willensvorgänge denkenden — einen mehr intellektualistischen [23]) — das objektive psychische Geschehen hauptsächlich nach Art der Vorstellungsmechanik interpretierenden — Idealismus auf den Schild erheben, können der kritischen Prüfung nicht stand halten.

Die Haupteinwände gegen den objektiven Idealismus lassen sich übrigens formulieren, ohne daß man jede einzelne besondere Gestaltung dieser Lehre ins Auge zu fassen braucht.

Wir wollen einmal ganz davon absehen, daß es dem objektiven Idealisten nicht gelingen will, die Gesetzmäßigkeit des außersubjektiven absoluten Geschehens psychologisch zu interpretieren. Wenn auch die angestrebte Reduktion der Erklärungsprinzipien gegenüber der gewöhnlichen nichtidealistischen Auffassung dadurch ziemlich illusorisch wird, wollen wir es als Vorzug der idealistischen Lehre einmal gelten lassen, daß sie — zwar nicht mit einer Art von gesetzmäßigen Zusammenhängen, aber doch — mit einer Art von Elementen der Wirklichkeit auszureichen scheint.

Es fragt sich nur, ob dadurch wirklich alles Erklärungsbedürftige erklärt wird. Die Dualität der idealen Gegenstände z. B. ist doch eine Tatsache. Wir haben äußere und innere Wahrnehmungen, von denen jene Naturobjekte, diese psychische Erscheinungen zu Gegenständen haben. Das bestreitet auch der Idealist nicht, obwohl er behauptet, daß die inneren Wahrnehmungen nicht mehr und nicht andersartig psychisch bedingt seien als die äußeren. Nun liegt aber doch die Frage nahe, wie bei der angenommenen Gleichartigkeit der Bedingungen die Ungleichartigkeit der Folgen zu erklären sei. Warum haben wir nicht nur innere, warum haben wir überhaupt äußere Wahrnehmungen, wenn der objektive Idealismus recht hat und wenn im ganzen Bereich der Wirklichkeit überall nur durch psychisches Geschehen anderes psychisches Geschehen bedingt ist? Diese Frage vermag der Idealist nicht befriedigend zu beantworten. Die Redensarten von der Außen- und Innenansicht gehen gar zu leicht über die eigentliche Schwierigkeit hinweg. Wenn Fechner die innere und die äußere Wahrnehmung mit verschiedenem, aber auf dasselbe absolute Objekt bezogenem idealen Gegenstand der Betrachtung eines Kreises von innen, wo man nur die konkave Wölbung sieht, und von außen, wo sich die konvexe Seite zeigt [24]), als etwas ganz analog zu Denkendes gegenüberstellt, so bleibt dabei unberücksichtigt, daß der Kreis eine Außen- und eine Innenseite hat, während nicht recht verständlich ist, was man sich unter der Außen- und Innenseite eines psychischen Prozesses denken soll.

Nun kann man freilich derartige, das Verständnis mehr beeinträchtigende als fördernde Veranschaulichungen ganz beiseite lassen und einfach sagen: Die äußere Wahrnehmung ist zwar nicht ein anders als psychisch bedingter, aber natürlich ein andersartiger und daher auch ein anderes ideales Objekt

erfassender Vorgang wie die innere Wahrnehmung. So gut
in den psychisch bedingten Gefühlen etwas anderes uns zum
Bewußtsein kommt als in den ebenfalls psychisch bedingten
Vorstellungen, so gut kann in den psychisch bedingten Prozessen, die wir äußere Wahrnehmungen nennen, ein anderer
idealer Gegenstand erfaßt werden als in den wiederum psychisch
bedingten inneren Wahrnehmungen. Man braucht nur die
Annahme aufzugeben, daß jeder psychische Prozeß seine eigene
Bedingung unter dem Bild des in ihm erfaßten idealen Gegenstandes erkenne, man braucht nur den zu jedem Akt des Erfassens gehörigen idealen Gegenstand konsequent von der Beschaffenheit des Aktes und nicht von der Art der Herbeiführung desselben abhängig zu denken, so verschwindet manche
Schwierigkeit. Da es für das Verständnis der ganzen Gegenstandslehre des Erkennens von größter Wichtigkeit ist, daß
man sich völlig von den Vorurteilen frei mache, in denen der
naive Mensch durch seine Nichtunterscheidung des idealen
und des absoluten Gegenstandes befangen bleibt, so müssen
wir bei diesem Punkt etwas länger verweilen.

Wir wollen einmal das, was die physiologische Psychologie
den Reizvorgang, den Vorgang der Sinneserregung, den Prozeß der Nervenleitung und schließlich den für das Zustandekommen einer Sinneswahrnehmung notwendigen Prozeß im
Gehirn nennt, als vier einfache sich aneinanderschließende Geschehnisse denken und mit den Buchstaben a, b, c, d bezeichnen. Diese Vorgänge gehören zu dem, was der objektive
Idealist außersubjektives psychisches Geschehen nennt und zur
Erklärung der Wahrnehmungen, die durch das innersubjektive
psychische Geschehen und durch die idealen Gegenstände nicht
erklärt werden können, annimmt. Wenn wir uns die Sache
recht anschaulich machen wollen, können wir z. B. annehmen,
a sei das Aufleuchten eines Blitzes (und der Vorgang der Licht-
übertragung bis zur Netzhaut des Auges), b die Netzhaut-
erregung, c der Prozeß der Erregungsfortleitung im Sehnerven
und d ein Gehirnvorgang im Sehzenrtum. Dann wird auf dem
Standpunkt, den wir hier einnehmen, a nicht etwa deshalb für
wirklich gehalten, weil das wahrnehmende Subjekt a sieht,
b, c und d nicht deshalb, weil ein Physiolog sie in ihrem Ablauf
beobachten könnte. a ist nach der Ansicht des objektiven
Idealisten gar nicht so beschaffen wie der Blitz, den das wahrnehmende Subjekt sieht, oder der nach unserer Terminologie
idealer Gegenstand der Wahrnehmung des Subjekts ist. a ist

vielmehr nach dieser Auffassung selbst ein psychisches Geschehen ähnlich wie die Wahrnehmung (nach voluntaristischer Auffassung ähnlich einem Willensvorgang) und hat wie anderes psychisches Geschehen offenbar seinen eigenen idealen Gegenstand.

Wollten wir der populären Auffassung entgegenkommen, so könnten wir diesen Gedanken etwa so verdeutlichen: Dort, wo wir es blitzen sehen, dort findet kein unbewußtes Aufleuchten (das zwar dem sehenden Menschen bewußt wird, das aber kein Bewußtsein in sich selbst hat) statt, wie man in der Regel glaubt, sondern dort vollzieht sich ein Erleben und zwar nicht ein Erleben von mir, der ich den Blitz sehe, sondern ein Erleben eines andern Subjekts, für mich also ein außersubjektives Erleben. Ein frommer idealistischer Philosoph wie der englische Bischof Berkeley[25]) nennt das Subjekt dieses außersubjektiven psychischen Geschehens Gott und könnte also sagen: Dort, wo ich den Blitz sehe, dort vollzieht sich ein Gedanke Gottes.

Wir wollen nun erstens das Subjekt des objektiven psychischen Geschehens unbestimmt lassen und zweitens der populären Auffassung nicht so weit entgegenkommen, wie es der objektive Idealismus meistens tut, wenn er sagt: Dort, wo ich jetzt dies zu sehen glaube, vollzieht sich eigentlich jenes. Das ist zwar die Meinung Fechners und anderer bedeutender Philosophen, die den Blitz, den ich wahrnehme, für die Erscheinung oder für die Außenansicht dessen erklären, was ihrer philosophischen Spekulation und dem Subjekt des objektiven psychischen Geschehens als Bewußtseinsvorgang sich darstellt, was also „von innen gesehen" Bewußtseinsvorgang sein soll. Aber eben mit dieser Ansicht verstricken sie sich in Schwierigkeiten, indem sie die Frage nicht beantworten können, warum denn ein Bewußtseinsgeschehen, das zum Subjekt S gehört, in dem von ihm angeregten und zu einem andern Subjekt F gehörenden Bewußtseinsgeschehen als etwas so ganz anderes erfaßt wird, während F sich doch ganz gut psychisches Geschehen in S denken kann. Es ist auch gar nicht begreiflich, warum der gesehene Blitz als Erscheinung von a bezeichnet wird und nicht als Erscheinung von b, c oder d, die dann, wenn sie als objektive psychische Vorgänge gedacht werden, nicht mehr und nicht weniger von dem idealen Gegenstand der Blitzwahrnehmung verschieden sind wie a und im übrigen als Bedingungen der Blitzwahrnehmung

dieser näher stehen wie das in der Reihe der Bedingungen
entferntere a.

Versuchen wir also das Vorurteil von der „Erscheinung"[26]
des objektiven psychischen Geschehens im idealen Gegenstand
der äußeren Wahrnehmung und von der „Erscheinung" des
subjektiven psychischen Geschehens im idealen Gegenstand
der Selbstwahrnehmung, so gut es geht, fernzuhalten! Dann
haben wir a, b, c und d als außersubjektive psychische Prozesse
zu betrachten, die überhaupt nicht „erscheinen", sondern als
Bedingungen der Blitzwahrnehmung einfach erschlossen werden. Die Blitzwahrnehmung wollen wir mit w und ihren idealen
Gegenstand mit A, das zusammengehörige Ganze also mit w-A
bezeichnen. Wir haben also eine Reihe funktionell abhängiger
Geschehnisse, die mit a beginnt und mit w-A endigt.

Wird nun w-A in einem Akt psychologischer Betrachtung
erfaßt, oder, wie wir lieber sagen wollen, da auch w-A als
wirklicher psychischer Vorgang uns nur als etwas Erschlosse-
nes, nicht als etwas Erscheinendes gilt, wird von w-A ein
Akt sogenannter Selbstwahrnehmung ausgelöst, so haben wir
an die Reihe der Geschehnisse noch ein weiteres Glied an-
zufügen. Wir bezeichnen diesen letzteren Akt und den zugehörigen idealen Gegenstand mit s-W und betonen nochmals
ausdrücklich, daß W als idealer Gegenstand der Selbstwahrnehmung, als das, was auch wir unter dem Zwang des Sprachgebrauchs die in der psychologischen Betrachtung erfaßte
Blitzwahrnehmung nennen müssen, mit der nicht als idealer
Gegenstand der Selbstwahrnehmung gegebenen, sondern als
wirklicher Vorgang zur Erklärung des Gegebenseins von A
angenommenen Wahrnehmung w-A vorläufig nichts zu tun
haben soll.

Wir haben also nun folgende zusammenhängende Ereig-
nisreihe: a, b, c, d, w-A, s-W. Auf die Frage, warum A und W
so ganz verschieden sich präsentieren, lautet nun die einfache
Antwort: Weil w und s zwar beide psychische Vorgänge, aber
ganz verschiedenartige psychische Vorgänge sind. Soweit ist
also alles ganz begreiflich.

Aber nun erhebt sich die Frage, warum denn eine ganze
Reihe von Prozessen, a, b, c und d als Bedingung von w-A angenommen wird und warum man sich nicht mit einem Prozeß,
z. B. mit d begnügt. Auf diese Frage antwortet der objektive
Idealist, der an der Ansicht vom „Erscheinen" der objektiven
psychischen Vorgänge festhält: Weil a, b und c ebenso wie d

in ihren Erscheinungen erfaßt werden. Wenn z. B. ein Physiolog die Vorgänge in der Netzhaut bei der Lichterregung beobachtet (wir denken uns eine solche Beobachtung, was ja nicht prinzipiell ausgeschlossen ist, einmal am lebenden Organismus angestellt), dann erlebt er Wahrnehmungen. In diesen Wahrnehmungen bezw. in ihren idealen Gegenständen erscheint dem Physiologen nach der Meinung der meisten objektiven Idealisten der objektiv psychische Vorgang b ebenso, wie dem blitzwahrnehmenden Subjekt in w-A bezw. in A der objektiv psychische Vorgang a erscheint.

Da wir nun die Auffassung vom Erscheinen der absoluten Gegenstände einstweilen aufgegeben haben, so können wir uns mit dieser Begründung der Annahme einer Mehrheit von Bedingungen für w-A nicht zufrieden geben. Aber andere Gründe bieten sich ohne weiteres dar. Man braucht nur darauf hinzuweisen, daß, wenn d als Bedingung von w-A erschlossen wird, für d selbst wieder eine Bedingung angenommen werden muß usw. Außerdem muß man bedenken, daß ich nicht nur jetzt eine Wahrnehmung w-A habe, sondern vorher eine andere und vorher wieder andere usf. Bezeichnet man diese früheren Wahrnehmungen als w_1, w_2, w_3 usw. und ihre unmittelbaren Bedingungen als d_1, d_2, d_3 usw., so könnte man ja zunächst daran denken, d_2 funktionell abhängig von d_3, d_1 abhängig von d_2 und d von d_1 abhängig anzunehmen. Aber dann müßte ja immer auf d_3 das davon abhängige d_2 sowie darauf d_1 und d folgen und dieser Abfolge müßte die Folge der Wahrnehmungen w_3, w_2, w_1, w entsprechen. Wenn eine solche zu konstatieren wäre, so könnte man die Wahrnehmungen unter sich selbst in feste Funktionszusammenhänge bringen und brauchte überhaupt nicht über die Annahme innersubjektiven psychischen Geschehens hinauszugehen. Aber das ist eben nicht der Fall. Also muß man die Glieder d-Reihe von Funktionen außerhalb derselben abhängig denken.

Aber wenn wir die Glieder der d-Reihe die unmittelbaren Bedingungen der Wahrnehmungen nennen und ihnen mittelbare Bedingungen gegenüberstellen, so hat ja jeder Funktionszusammenhang zwischen mittelbaren Bedingungen verschiedener Wahrnehmungen einen Funktionszusammenhang der Wahrnehmungen zur Folge, kann also ebensowenig angenommen werden wie ein Funktionszusammenhang in der d-Reihe. Suchen wir uns dies noch etwas zu verdeutlichen: Wenn

a, b, c, d die Reihe der Bedingungen für eine Wahrnehmung
und a_1, b_1, c_1, d_1 eine analoge Reihe für eine andere Wahrnehmung darstellt, so ist es ganz gleich, ob zwischen d und d_1
oder zwischen c und c_1 oder zwischen d und c_1 oder zwischen
irgendeinem Glied der einen und irgendeinem der andern Bedingungsreihe Funktionszusammenhang angenommen wird.
Stets folgt daraus, daß auch die Endglieder der beiden Bedingungsreihen, also die Wahrnehmungen, vielleicht nicht
gleichzeitig und nicht in unmittelbarer Aufeinanderfolge, aber
in einem ganz bestimmten Zeitverhältnis auftreten müssen,
wenn ein Glied der einen Bedingungsreihe stets ein ganz bestimmtes der andern unabänderlich mit sich führt.

Da ein konstantes Zusammenauftreten bestimmter Wahrnehmungen oder eine Sukzession von solchen in bestimmtem
Zeitintervall hinreichend gesetzmäßigen Zusammenhang des
Gegebenen (der idealen Gegenstände) gewährleisten würde, so
folgt aus dem Nichtbestehen solch gesetzmäßigen Zusammenhangs im Gegebenen, d. h. gerade aus der Tatsache, die uns
zur Annahme außersubjektiver Bedingungen der Wahrnehmungen veranlaßt hat, daß diese außersubjektiven Bedingungen
unter sich keinen gesetzmäßigen Zusammenhang besitzen
können oder daß sie nicht bloß in Vorgängen zu suchen sind,
deren Funktionszusammenhang ein unabänderliches Aneinandergebundensein bedeutet.

Wenn in den oben angeführten Bedingungsreihen ein Glied
der einen Reihe, z. B. a, mit einem der andern, z. B. a_1, einen
Funktionszusammenhang besitzt, so muß beim Auftreten von a
immer auch a_1 sich einstellen. Soll das angenommen und mit
der Tatsache in Einklang gebracht werden, daß w, das Endglied der mit a beginnenden, und w_1, das Endglied der mit a_1
beginnenden Reihe, in ihrem Auftreten nicht aneinander gebunden sind, so sieht man sich zu der weiteren Annahme gedrängt, daß entweder a gelegentlich auftreten könne, ohne daß
b, c, d sich anschließt oder daß a_1 ohne b_1, c_1, d_1 oder daß
beide zuweilen ohne ihr Gefolge vorhanden sein können.
Damit wird aber der Funktionszusammenhang zwischen a
und b, zwischen a_1 und b_1 aufgehoben, wenn a und a_1 nur
daraufhin betrachtet werden, ob sie die zureichenden Bedingungen für b und b_1 seien.

Nun kann man jedoch ohne Schwierigkeit annehmen, daß
a und a_1 Teilbedingungen von b und b_1 seien, die beim Erfülltsein anderer davon unabhängiger Teilbedingungen mit

Notwendigkeit b und b_1 herbeiführen, beim Fehlen dieser andern Teilbedingungen aber ohne b und b_1 auftreten müssen. Nur mit Hilfe dieser Annahme läßt sich die Behauptung der durchgehenden Gesetzmäßigkeit alles Geschehens mit der Tatsache der Regellosigkeit im Auftreten der idealen Wahrnehmungsgegenstände in Einklang bringen.

Nennen wir die Teilbedingungen, die vorhanden sein müssen, wenn beim Auftreten einer mittelbaren Wahrnehmungsbedingung die unmittelbare Bedingung und die Wahrnehmung selbst sich einstellen soll, Dispositionen des Subjekts, so entsteht für den objektiven Idealismus die Frage, ob diese Dispositionen in psychischen Vorgängen bestehen können. Nun haben wir gesehen, daß es schon eine arge Willkürlichkeit ist, Vorgänge, die nur als Bedingungen von Wahrnehmungen erschlossen werden und über deren Beschaffenheit man weiter zunächst gar nichts weiß, psychische Prozesse zu nennen. Aber man kann bei dieser Benennung wenigstens nicht den Einwand erheben, die als Bedingungen der Wahrnehmungen erschlossenen Vorgänge würden ohne weiteres mit ganz anderen Eigentümlichkeiten gedacht als die psychischen Prozesse.

Gerade das aber muß von den Dispositionen gesagt werden. Wir erleben oft stundenlang Wahrnehmungen, deren Konstanz ganz unbegreiflich wäre, wenn ihre Entstehung abhängig gedacht werden müßte von dem Zusammentreffen eines flüchtigen Prozesses mit einem andern flüchtigen Prozeß. Im übrigen wird man bei vorurteilsloser Betrachtung zu der Ansicht kommen, daß nicht nur die Dispositionen, sondern überhaupt ein sehr großer Teil der mittelbaren Wahrnehmungsbedingungen durchaus nicht die Flüchtigkeit und Veränderlichkeit besitzen können, die wir den subjektiven psychischen Prozessen (mit Ausnahme der eben durch die besondere Natur ihrer Bedingungen beeinflußten Wahrnehmungen) zuschreiben müssen.

Daß dadurch die Lehre des objektiven Idealismus nicht gerade an Wahrscheinlichkeit gewinnt, wenn die objektiven absoluten Gegenstände, für deren psychische Natur auch nicht ein einziger stichhaltiger Grund angeführt wird, von den subjektiven und nicht objektiv bedingten Geschehnissen in der einzigen bisher erschlossenen Eigentümlichkeit, in ihrer zeitlichen Beschaffenheit, so wesentlich differieren, das leuchtet wohl ohne weiteres ein.

In ganz besonders schwierige Position gerät der objektive Idealismus ferner dadurch, daß er das psychische Geschehen in andern dem Ich des Vertreters dieser Lehre ähnlichen Subjekten zu dem objektiven psychischen Geschehen in Beziehung bringen muß. Wir wollen hier nicht weiter auf die Gründe eingehen, die auch den Nichtidealisten zwingen, Bewußtseinsleben, das nicht zu dem eigenen Ich gehört, Bewußtseinsleben „in andern Menschen und Tieren" anzunehmen. Der Idealist hat natürlich erst recht keine Gründe, dieses Bewußtseinsgeschehen in Abrede zu stellen. Für ihn gehört das psychische Geschehen in anderen Subjekten, das nicht bloß als Bedingung der Wahrnehmung erschlossen, sondern auf Grund anderer Überlegungen für wirklich und für psychisch zu halten ist, in dieselbe Kategorie des objektiven Psychischen wie die erschlossenen Wahrnehmungsbedingungen. Wenn nun das auch vom Nichtidealisten angenommene Seelenleben in andern Subjekten eine Bedingung für die Wahrnehmung der Menschen und Tiere wäre, so würde der objektive Idealismus darin eine starke Stütze finden. Aber trotz der von idealistischer Seite immer wieder aufgestellten Behauptung, der menschliche und tierische Leib sei die Erscheinung des menschlichen und tierischen Seelenlebens[27]), kann von einer Bedingtheit unserer Wahrnehmung sowohl des eigenen als auch jedes fremden Organismus durch das Seelenleben des betreffenden Subjekts gar keine Rede sein. Wenn ein Mensch gestorben ist, wenn also der Nichtidealist guten Grund hat, ein völliges Aufhören des Bewußtseinslebens in ihm anzunehmen und wenn auch der denkende Idealist höchstens ein ganz andersartiges psychisches Geschehen als fortdauernde Bedingung der Wahrnehmung des toten Körpers erschließen kann, wird die Wahrnehmung, die den Leib des Gestorbenen, und auch die, die sein Gehirn zum (idealen) Gegenstand hat, keineswegs aufgehoben oder auch nur so verändert, wie es der Fall sein müßte, wenn das bewußte Seelenleben als Wahrnehmungsbedingung die ihm zugeschriebene Rolle wirklich spielen würde.

Während also das, was wir als Bedingung äußerer Wahrnehmungen erschließen, gar keine Eigenschaft erkennen läßt, die uns veranlassen könnte, ihm psychische Natur zuzuschreiben, ist dasjenige Objektive, von dessen psychischer Beschaffenheit wir überzeugt sein dürfen, gar keine Wahrnehmungsbedingung. Damit wird die Position des objektiven Idealismus offenbar ganz und gar hinfällig.

2. Der Spiritualismus.

Die spiritualistische Lehre ist meist durch Personalunion mit der idealistischen verknüpft. Die meisten psychologischen Idealisten — man denke nur an Philosophen wie Leibniz und Berkeley — sind auch Spiritualisten oder sind eigentlich Spiritualisten[1]. Wir haben gesehen, wie der objektive Idealismus zu der Annahme von Dispositionen gedrängt wird. Der Spiritualist erschließt diese Dispositionen meist nicht auf dem von uns eingeschlagenen Weg, sondern setzt sie einfach voraus, wobei ausgesprochen oder unausgesprochen die Meinung eine Rolle spielt, es könnten Geschehnisse ohne Substrat gar nicht gedacht werden und es bedeute schon die Subjektzugehörigkeit der psychischen Vorgänge ein Inhärieren derselben in einer Substanz.

Demgegenüber behaupten die Vertreter einer reinen Aktualitätstheorie[2], wie z. B. in der Gegenwart Wundt, ein substratloses Geschehen sei sehr wohl denkbar und seit Hume ist vielen Philosophen die Ansicht geläufig, eine Substanz sei eigentlich nicht denkbar. Die letztere Auffassung hat nun freilich ihre Wurzeln in einem ganz unhaltbaren Sensualismus, der das Denkbare mit dem Empfindbaren gleichsetzt und deshalb die Undenkbarkeit der Substanz behauptet, weil es keine besondere Empfindung gibt, in welcher die Substanz erfaßt wird. Wir wissen, daß der Substanzbegriff hervorwächst aus der Identitätsauffassung und daß ein mit sich Identisches, ein Beharrendes ebenso gut gedacht, d. h. durch Objektivitätsfunktionen erfaßt, wenn auch nicht empfunden werden kann, wie eine Veränderung.

Die Vertreter der Aktualitätstheorie haben darin ganz sicher recht, daß der Begriff des reinen Geschehens ebenso wie der Begriff irgendeines andern Abstraktums gebildet werden kann. Aber daß man sich eine Veränderung ohne den Identisch-Bleibendes, ein Geschehen ohne Substrat als wirklich sich vollziehend denken könne, wird wohl ebensowenig behauptet werden dürfen wie die Realität irgendeines Abstraktums. Ein Abstraktum ist seiner Natur nach ein von einem andern abhängiger Gegenstand. Die Rolle eines selbständigen Gegenstandes kann ihm also ohne Widerspruch nicht zuerteilt werden.

Auf die Frage, was die Substanz ihrem Wesen nach eigentlich sei, können wir freilich nur antworten: Die beharrende Partialbedingung alles Geschehens oder das, was als vorhanden und als in wechselnde Beziehungen tretend angenommen werden muß, wenn erklärt werden soll, wie durchgehender gesetzmäßiger Zusammenhang des Wirklichen möglich ist, ohne daß auf einen Vorgang a, der als Bedingung von b zu betrachten ist, stets ganz unabänderlich auch b sich einstellt. Wir lassen es vorläufig ganz unentschieden, was für Beziehungen zweier beharrender Partialbedingungen oder Partialbedingungskomplexe irgendwelches Geschehens angenommen werden müssen, wenn auf einen Vorgang a, der die vergängliche Teilbedingung von b ist, b wirklich folgen soll. Unter dem Wirklichen verstehen wir ein für allemal nichts anderes als die beharrenden oder vergänglichen Teilbedingungen für das Auftreten absoluter Gegenstände. In diesem Sinne behaupten wir also die Wirklichkeit der Substanzen.

Vielfach nennt man nun auch die Wirklichkeit der Substanzen Realität, wobei man also das Wort Realität nicht gleichbedeutend mit dem Wort Wirklichkeit gebraucht, sondern eine besondere Art von Wirklichkeit darunter versteht. Dann bezeichnet man diejenige erkenntistheoretische Richtung, die eine solche Realität annimmt, als Realismus[3]). So ergibt sich der Gegensatz des Realismus gegenüber dem Idealismus, obwohl ja, wie wir gesehen haben, auch der Idealismus absolute Gegenstände und damit eine Wirklichkeit annimmt. Der Spiritualismus als besondere Gestaltung der realistischen Auffassung gerät dadurch in Gegensatz zum Idealismus, und deshalb mußten wir oben die Wendung, viele Idealisten seien auch Spiritualisten, dahin verbessern, daß viele Idealisten eigentlich Spiritualisten (also Realisten) seien.

Aus dem Gesagten ergibt sich, daß wir dem Spiritualismus insofern beistimmen müssen, als er Realismus ist. Zu diskutieren ist nur noch die besondere Ausgestaltung der realistischen Lehre, die er vornimmt. Er behauptet nämlich, es gebe nur psychische Geschehnisse und infolgedessen auch nur beharrende Bedingungen psychischer Geschehnisse. Dagegen lassen sich nun offenbar die meisten der Einwände erheben, die wir gegen den objektiven Idealismus ins Feld geführt haben. Wir dürfen deshalb wohl, ohne diese Argumente hier zu wiederholen, den Spiritualismus, sofern er außerpsychische Geschehnisse nicht anerkennt, für unhaltbar erklären.

Nun kann man aber dem Spiritualismus auch noch eine

andere Wendung geben. Man kann nämlich die Frage aufwerfen, ob für den Fall, daß außerpsychisches Geschehen angenommen werden muß, besondere beharrende Teilbedingungen für dieses außerpsychische Geschehen, das man zur Unterscheidung vom psychischen das physische nennen kann, ob
es also besondere physische Substanzen gebe. Nennt man
die Substrate der psychischen Vorgänge, die Dispositionen für
die Bewußtseinsprozesse, kurzweg Seelen, so behauptet der
Spiritualismus, wie er hier verstanden wird, alle Substanzen
seien Seelen.

Diese These ist aber nicht ganz eindeutig. Es kann damit
nämlich erstens dies gemeint sein, daß alle Substanzen beständig Träger psychischen Geschehens sind, oder dies, daß
alle Substanzen als beharrende Teilbedingungen psychischen
Geschehens zwar gelegentlich Substrat wirklichen psychischen
Lebens werden, aber auch lange Zeit ohne seelische Prozesse
dasein und dann nur als Bedingungen physischen Geschehens
in Funktion treten können. Daß die letztere Behauptung
durchaus berechtigt ist, werden wir bei der Besprechung des
„Dualismus der Substanzen" noch genauer zu zeigen haben.
Mit einem Spiritualismus in dieser Form können wir uns
durchaus einverstanden erklären. Es fragt sich nur, ob es
gerade angebracht ist, alle Substanzen deshalb, weil sie alle
als Bedingungen psychischen Geschehens fungieren können,
ohne weiteres Seelen zu nennen, obwohl sie doch sämtlich auch
als Bedingungen physischen Geschehens nicht nur fungieren
können, sondern tatsächlich beständig fungieren. Diese Frage
ist übrigens gar nicht so leicht zu entscheiden, wie man im
ersten Augenblick glauben möchte. Es wird wohl manchen
geben, der da meint, es wäre doch viel vernünftiger, alle Substanzen Körper zu nennen, wenn alle die Funktionen des physischen Geschehens beständig ausübten und als Träger des
Seelenlebens nur gelegentlich fungierten. Aber der Begriff des
Körpers hat einen festbestimmten Sinn dadurch, daß wir die
idealen Gegenstände[4]) der äußeren Wahrnehmung Körper zu
nennen pflegen, und es fragt sich, ob die beharrenden Teilbedingungen des physischen Geschehens, die physischen Substanzen, mit den idealen Gegenständen der äußeren Wahrnehmung irgendwelche Ähnlichkeit besitzen. Wenn diese Frage
nicht in positivem Sinn entschieden werden kann, wird man
gut tun, die Substanzen nicht Körper zu nennen. Will man sich
dann nicht mit dem neutralen Begriff der Substanz oder des

Realen begnügen, so mag man immerhin lieber von Seelen als von Körpern sprechen.

Wenn wir nun aber in dieser Weise uns mit dem Spiritualismus wohl verständigen können, müssen wir die Behauptung des beständig in allen Substanzen verwirklichten Seelenlebens als eine durchaus unbegründete Hypothese ablehnen. Wir sind gezwungen, im Leben unseres substantiellen Ich, derjenigen Substanz, die uns als Substrat von Bewußtseinsvorgängen am nächsten steht und am besten beglaubigt ist, Perioden der Bewußtlosigkeit anzunehmen. Warum sollten wir da in denjenigen Substanzen, die wir nur als Bedingungen eines Geschehens erschließen, das unsern Betrachtungen über den objektiven Idealismus zufolge nicht als psychisches zu denken ist, ganz unnötigerweise noch ein beständiges Bewußtseinsgeschehen annehmen?

3. Der naive Realismus.

Wir haben bisher gesehen, warum absolute Gegenstände psychischer und außerpsychischer Art und warum beharrende Teilbedingungen des Geschehens, Dispositionen oder Substanzen angenommen werden müssen, wenn man sich auf den Standpunkt der Wissenschaft stellt. Der naive Mensch nimmt auch psychische und physische Vorgänge in etwa dem Sinne, in dem wir von absoluten Gegenständen sprechen, sowie außer Geschehnissen Dinge, die in wechselnde Beziehungen treten, und an denen sich alle Prozesse abspielen, also Analoga zu unsern „Substanzen" an. Zu dieser Annahme gelangt er nicht auf dem Weg erkenntnistheoretischer Überlegungen und auch nicht auf demjenigen „unbewußter Schlüsse". Der Realismus des naiven Menschen beruht vielmehr einfach auf einer Verkennung des Wesens der idealen Gegenstände, die er ohne weiteres mit den dauernd existierenden Dingen und mit den an ihnen sich vollziehenden Vorgängen identifiziert. Dies darf übrigens nicht so verstanden werden, als ob der naive Mensch ein deutliches Bewußtsein von den idealen Gegenständen hätte und jedem Scheinbild dauerhafte Existenz zuschriebe. Er sieht z. B. nicht einen Menschen in größerer Entfernung als einen Zwerg, obwohl der ideale Gegenstand seiner Wahrnehmung in diesem Fall eigentlich ein Zwergbild ist, er sieht nicht die perspektivische Verzerrung, in der sich ein regelmäßiger Körper unter Umständen dem Beobachter präsentiert, und er nimmt nicht an, daß der Körper so verzerrt und der

betreffende Mensch so klein sei. An die Stelle des wirklich
gesehenen Bildes tritt vielmehr der ideale Gegenstand reproduzierter Vorstellungen. Das „Wissen", d. h. Vorstellungen,
die sich in besonderer Bereitschaft befinden, die besonders
häufig oder von ausgezeichneten Standpunkten aus gewonnen
worden sind, überwuchern die in einem bestimmten Fall durch
periphere Sinnesreize bedingten Teile der Wahrnehmungsvor-
stellung. Wir können hier nicht weiter ausführen, wie die
psychologischen Gesetze der Reproduktion und der Aufmerksamkeit vollkommen ausreichen, in Verbindung mit der Lehre
von den Objektivitätsfunktionen die tatsächliche Auffassung
des naiven Menschen zu erklären. Es mag also der Hinweis
darauf genügen, daß diese Auffassung erklärbar ist ohne die
unsinnige Annahme unbewußter Schlüsse und ohne daß man
dem naiven Menschen erkenntnistheoretische Überlegungen zu-
muten müßte.

Im übrigen konstatieren wir, daß der naive Mensch die
Körperwelt, so wie er sie durch den „Schein" perspektivischer
Verzerrungen, Vergrößerungen, Verkleinerungen, Verdunklun-
gen, Aufhellungen und Umfärbungen, Verdeckungen usw. hindurch wahrzunehmen glaubt, für den wichtigsten Teil der Welt
der absoluten Gegenstände hält, daß er auch die Seele für
körperlich, für einen Schatten oder einen Lufthauch, zu halten
pflegt, und daß er für die psychischen Prozesse wenig Interesse
und Verständnis zeigt.

Wenn nun auch diese Auffassung ihrer Entstehungsweise
nach wenig Vertrauenerweckendes hat, so darf man doch nicht
glauben, daß eine nicht aus erkenntnistheoretischen Überlegungen erwachsene Ansicht ohne weiteres verkehrt sei. Wir
haben einstweilen sogar schon einen Teil der naiv realistischen
Weltanschauung, nämlich den realistischen Grundgedanken als
erkenntnistheoretisch durchaus berechtigt erkannt und müssen
nun doch die Frage aufwerfen, ob die Berechtigung des naiv
realistischen Glaubens nicht noch weiter geht.

Ist anzunehmen, daß die Substanzen und Prozesse, die
wir als Bedingungen der Wahrnehmung erschlossen haben,
ihrer Beschaffenheit nach übereinstimmen mit den farbigen,
kalten oder warmen, harten oder weichen, lauten oder leisen,
kurz mit allen möglichen Sinnesqualitäten behafteten Körpern
und mit den an ihnen zu beobachtenden Geschehnissen? Auf
diese Frage ist nun allerdings strikt mit nein zu antworten[1]). Man
braucht nur einzusehen, wie wechselnd die Größe des idealen

Gegenstandes einer Reihe von äußeren Wahrnehmungen, die
wir durch ein wechselndes Verhältnis derselben Außenweltsubstanz zu unserer Ichsubstanz bedingt denken, tatsächlich ist,
so muß man erkennen, daß gar keine bestimmte Größe des
idealen Gegenstandes angegeben werden kann, mit der diejenige des absoluten Objekts gleichzusetzen wäre.

Dagegen könnte man freilich hinweisen auf die relativen
Maßbestimmungen der Wissenschaft, welche die Größe eines
bestimmten Körpers als Einheit annimmt und alle andern damit
vergleicht. Aber damit gibt es die Wissenschaft ja gerade auf,
eine absolute Größe erkennen zu wollen, und es wäre keine
Rechtfertigung des naiven Realismus, wenn man behaupten
dürfte, die Größe der Substanz, die eine ausgezeichnete Bedingung unserer Wahrnehmung dieses Berges sei, betrage
wirklich so und so viel Meter, d. h. sei wirklich so und so viel
mal so groß als diejenige der Substanz, die eine gleich ausgezeichnete Bedingung unserer Wahrnehmung des Metermaßes
ist. Im übrigen lassen wir es an dieser Stelle dahingestellt,
ob man ein Recht hat, den Substanzen überhaupt räumliche
Größe zuzuschreiben.

Bezüglich einer Reihe von Sinnesqualitäten können wir
dagegen hier schon noch einen Schritt weitergehen und nicht
nur feststellen, daß sie nicht nur nicht so, wie sie in den
idealen Gegenständen jeweils erfaßt werden, daß sie vielmehr
überhaupt nicht den absoluten Gegenständen zukommen
können. Was z. B. ein Ton mit der Qualität des idealen
Gegenstandes einer Gehörswahrnehmung als Bedingung eben
dieser Gehörswahrnehmung für eine Bedeutung haben sollte,
ist schlechterdings nicht einzusehen. Man kann fragen, ob
die betreffende Bedingung der Tonwahrnehmung die Eigenschaften hat, welche die Naturwissenschaft ihr zuerkennt, wenn
sie die Schwingungen der tönenden Körper und der Luft für
die adäquaten Reize des Gehörssinnes erklärt, man kann überhaupt daran zweifeln, ob die Substanzen so qualitätslos, so
lediglich quantitativ bestimmbar seien, wie die mechanistische
Physik uns glauben machen will. Aber damit wird die Erkenntnis der Naturwissenschaft, daß Töne von der Art der
idealen Gegenstände unserer Tonwahrnehmungen nicht die
absoluten Gegenstände sein können, die der Tonwahrnehmung
gegenüber als Bedingungen fungieren, keineswegs aufgehoben.
Daß die Bedingung der Tonwahrnehmung nichts Einfaches
ist, wie der gehörte Ton, sondern etwas sehr Zusammen-

gesetztes, das kann nur der leugnen, der das Verhältnis der Philosophie zu den Einzelwissenschaften vollständig verkennt. Die Einzelwissenschaften werden bei dem in unermüdlicher Arbeit von ihnen durchgeführten Versuch, das Gegebene zu erklären, d. h. die Bedingungen für das Auftreten unserer Wahrnehmungen und für das Gegebensein der idealen Gegenstände in gesetzmäßigen Zusammenhang zu bringen, zu bestimmten wohlbegründeten Annahmen über die Beschaffenheit dieser Bedingungen und über die zwischen ihnen bestehenden Abhängigkeitsbeziehungen geführt. Da sich die Einzelwissenschaften dabei der möglichsten Zurückhaltung befleißigen, so kann die Philosophie wohl gelegentlich über sie hinausgehen, aber sie darf nicht hinter ihnen zurückbleiben.

Wenn also die Naturwissenschaft die Entstehung unserer Sinneswahrnehmungen abhängig denkt von einer Fülle von Elementarprozessen und sich damit vom Gegebenen, den idealen Gegenständen mit ihrer soviel einfacheren Struktur, beträchtlich entfernt, so kann die Philosophie in Hypothesen über die Beschaffenheit der Elementarprozesse unter Umständen noch etwas weiter gehen. Wenn sie Gründe hat, die qualitätslose Welt der Naturwissenschaft nicht für die endgültig erkannte absolute Gegenstandswelt zu halten, so kann sie versuchen, mit der Annahme qualitativ bestimmter Elemente weiter zu kommen[2]). Aber die Elemente leugnen und die Substanzen, deren komplizierte Natur anzuerkennen die Einzelwissenschaft sich gezwungen sieht, wieder als Verbände weniger einfacher Qualitäten betrachten entsprechend den idealen Gegenstäänden unserer Wahrnehmungen, das kann sie nicht. Die Lehre von der Subjektivität der Sinnesqualitäten, die wir lieber als Lehre von der bloß idealen Natur der Sinnesqualitäten bezeichnen würden, diese so früh errungene Einsicht wissenschaftlicher Forschung, genügt auch heute noch, den naiven Realismus zu überwinden.

4. Der Materialismus.

Unter dem Begriff des Materialismus werden die verschiedenartigsten Richtungen zusammengefaßt, so daß man sich nicht wundern darf, wenn das mit diesem Wort Bezeichnete bald als die wissenschaftliche Weltanschauung schlechthin gepriesen, bald als eine der größten Verirrungen menschlichen

Denkens gebrandmarkt wird[1]). Das Verwerfungsurteil über den Materialismus ist durchaus berechtigt, wenn darunter die Richtung verstanden wird, die nur den physischen Prozessen und Substanzen den Charakter absoluter Gegenstände zuerkennen will. Der Materialismus, der die Behauptung aufstellt, alle Wirklichkeit erschöpfe sich in den Körpern und ihren Bewegungen[2]), übersieht nicht nur vollkommen kritiklos die Bedenken, die gegen die Annahme der Räumlichkeit als einer Eigenschaft der physischen Substanzen erhoben worden sind, und mit denen man sich wenigstens auseinandersetzen muß, selbst wenn man sie ablehnen zu dürfen glaubt, sondern er begreift auch nicht die Natur des Gegebenen, d. h. der idealen Gegenstände, über die man überhaupt nicht hinauskommen kann, wenn man nicht als absolute Gegenstände in allererster Linie die psychischen Prozesse annimmt, in denen die idealen Gegenstände erfaßt werden, und als deren Bedingung dann weiterhin auch physische absolute Gegenstände erschlossen werden können.

Der naive Realismus ist noch eine verständigere Richtung als diese Art von Materialismus, wonach man nicht die soliden, mit allen möglichen Sinnesqualitäten behafteten Körper so wie sie gegeben sind, sondern ein Gewirr von Atomen, die an sich qualitätslos sein und bloß quantitative Unterschiede aufweisen sollen, als Wirklichkeit zu betrachten hat, und wonach es bei der Leugnung der psychischen Wirklichkeit ganz unerklärt bleibt, wie es die Atomwelt anfängt, den „Schein" der qualitativ bestimmten Gegenstandswelt zu erzeugen.

Diese Schwierigkeit fällt natürlich sofort weg, wenn der Materialismus nicht mehr als „mechanischer", sondern als psychophysischer Materialismus auftritt, d. h. wenn er außer der Wirklichkeit der physischen Substanzen und Prozesse auch die der psychischen Vorgänge anerkennt[3]). Dann kann er behaupten, in funktioneller Zugehörigkeit zu bestimmten erschlossenen, nicht direkt gegebenen materiellen Geschehnissen stellten sich die Bewußtseinsprozesse ein und als idealer Gegenstand dieser Bewußtseinsvorgänge sei der „Schein" der qualitativ bestimmten Körperwelt gegeben.

Fragt man, warum diese Auffassung überhaupt Materialismus genannt wird, so lautet die Antwort: Weil danach die Qualität oder, wenn man bei der herkömmlichen Gegenüberstellung des Qualitativen und des bloß quantitativ Bestimmten den Namen Qualität für das bloß quantitativ Bestimmte vermeiden will, weil danach die Beschaffenheit der physischen absoluten Gegenstände erkennbar sein und mit dem Gegenstand des naturwissenschaftlichen Begriffs der Materie zusammenfallen soll.

Hat der Materialismus recht, wenn er das behauptet? Der auf dem Standpunkt der Kantschen Philosophie stehende Erkenntnistheoretiker wird von vornherein sagen: Nein. Die Dinge an sich sind ja der Ansicht Kants zufolge unerkennbar. Räumliche und zeitliche Eigenschaften kommen ebenso wie die Sinnesqualitäten nur den idealen Gegenständen, 'den „Erscheinungen" zu. Wenn die Naturwissenschaft auch nicht bei den unmittelbar gegebenen Erscheinungen stehen bleibt, sondern dieselben weiter bearbeitet, um gesetzmäßigen Zusammenhang in das Ganze der Erscheinungswelt zu bringen, so sind doch auch die Gegenstände ihrer kunstvollsten Begriffe wieder nichts anderes als Erscheinungen. Der Begriff des Dinges an sich als der Bedingung des Materials unserer Sinnesempfindungen ist ein Grenzbegriff. Sein Gegenstand muß angenommen, kann aber nicht weiter bestimmt werden. So können wir vielleicht die Grundgedanken der Kant'schen Lehre von Erscheinung und Ding an sich in unserer Terminologie wiedergeben.

Vielleicht wendet man gegen diese Darstellung ein, daß die „Erscheinungen" Kants nicht das seien, was wir ideale Gegenstände nennen, da sie dem Erkennen in einer gewissen Unabhängigkeit gegenüberständen. Darin liegt etwas Berechtigtes. Genau genommen müßte man etwa sagen: Die Erscheinungen Kants sind die den Funktionen unserer Sinnlichkeit entsprechend geformten und nach den Gesetzen unseres Verstandes gedachten Bedingungen physischen und psychischen Geschehens. Sie stimmen als Glieder von Kausal- und Funktionszusammenhängen sowie teilweise hinsichtlich ihrer Dauerhaftigkeit, überhaupt wegen ihrer ausdrücklichen Unterschiedenheit von den Vorstellungen (den Vorstellungsobjekten nach unserer Terminologie), in denen der Idealismus alle Naturwirklichkeit beschlossen findet, mit unsern absoluten Gegenständen überein, während sie nach ihrer Bedingtheit durch die Anschauungs- und Denkformen doch wieder als ideale Gegenstände aufzufassen sind. Vielleicht würde man sie am besten als die natürlichen Symbole der absoluten Objekte bezeichnen.

Doch wie dem auch sein mag: Sicher ist, daß das, was wir absolute Gegenstände nennen, nach Kant der Beschaffenheit nach nicht erkennbar ist, und daß der Materialismus mit seiner Behauptung von der Materialität der Substanzen zu der Kant'schen Auffassung in Widerspruch tritt. Hat er damit recht oder unrecht? Das ist eine der schwierigsten und meistumstrittenen Fragen. Ein überzeugender Beweis ist bisher noch von niemand geführt worden dafür, daß räumliche und zeitliche Eigenschaften, die freilich in die idealen Gegenstände durch unsere Auffassung hineingetragen werden, nicht auch den Dingen an sich selbst und den unser Erkennen bedingenden Geschehnissen, also nicht auch den absoluten Gegenständen zukommen können. So wenig es als Argument für die räumlich-zeitliche Ordnung der Dinge an sich gelten kann, daß wir die Bedingungen des physischen und des psychischen Geschehens nicht anders als in solcher Ordnung zu denken vermögen, so wenig darf man in dieser Tatsache ein Gegenargument zu finden glauben.

Die Argumente Kants beweisen höchstens, daß Raum und Zeit nicht von außen als etwas an unabhängig von uns bestehenden Gegenständen Vorhandenes mit diesen einfach in unser Bewußtsein hinüberwandern, sondern daß die räumliche und zeitliche Erscheinungswelt vom erkennenden Subjekt nach den Gesetzen seiner geistigen Organisation aufgebaut wird. Aber wenn der Raum Anschauungsform (Gegenstand einer apriorischen Anschauung?, notwendige Eigenschaft aller idealen Gegenstände der äußeren Wahrnehmung? Objekt einer nicht empfindungsartigen psychischen Funktion?) ist, so folgt daraus doch nicht, daß er nur dies ist. Die unglückliche Terminologie, die zwischen den Vorgängen des Erkennens und den Dispositionen dazu, sowie zwischen jenen und ihren idealen Gegenständen nicht unterscheidet, macht es freilich fast unmöglich, über die eigentliche Meinung Kants völlig ins klare zu kommen. Die Hauptrolle bei der ganzen Argumentation scheint aber doch eine regelrechte Verwechslung zwischen Raum und Raumanschauung zu spielen. Besonders wichtig für die Entscheidung dieser Frage scheint jene Stelle der Kritik der reinen Vernunft, wo gesagt wird, daß „die, die absolute Realität des Raumes und der Zeit behaupten, sie mögen sie nun als subsistierend oder nur inhärierend annehmen, mit den Prinzipien der Erfahrung selbst uneinig sein müssen. Denn, entschließen sie sich zum ersteren (welches gemeiniglich

die Partei der mathematischen Naturforscher ist), so müssen
sie zwei ewige und unendliche für sich bestehende Undinge
(Raum und Zeit) annehmen, welche da sind (ohne daß doch
etwas Wirkliches ist), nur um alles Wirkliche in sich zu be-
fassen. Nehmen sie die zweite Partei (von der einige metaphysische Naturlehrer sind), und Raum und Zeit gelten ihnen
als von der Erfahrung abstrahierte, ob zwar in der Absonde-
rung verworren vorgestellte Verhältnisse der Erscheinungen
(neben- oder nacheinander), so müssen sie den mathematischen
Lehren a priori in Ansehung wirklicher Dinge (z. E. im Raume)
ihre Gültigkeit, wenistens die apodiktische Gewißheit bestreiten, indem diese a posteriori gar nicht stattfindet, und die
Begriffe a priori von Raum und Zeit dieser Meinung nach, nur
Geschöpfe der Einbildungskraft sind, deren Quell wirklich in
der Erfahrung gesucht werden muß, aus deren abstrahierten
Verhältnissen die Einbildung etwas gemacht hat, was zwar
das Allgemeine derselben enthält, aber ohne die Restriktionen,
welche die Natur mit denselben verknüpft hat, nicht stattfinden kann[4])."

Wenn Kant hier die Ansicht der mathematischen Naturforscher von der Realität des Raumes und der Zeit ablehnt,
so werden wir ihm ohne weiteres beistimmen, dabei aber
ausdrücklich bemerken, daß mit der Ablehnung der Behauptung der Realität des Raumes nicht die Behauptung der Räumlichkeit des Realen abgelehnt ist. Wenn Kant dagegen meint,
man könne die Inhärenz des Raumes am Realen nicht annehmen, ohne dadurch die mathematischen Urteile zu aposteriorischen Urteilen zu degradieren, so identifiziert er offenbar
Raum und Raumerfahrung, betrachtet an der Erfahrung die
Empfindungsbestandteile als von den Dingen (und dem ihnen
Inhärierenden) bestimmt und meint, daß unsere Raumauffassung, da ihr eine solche empirische Bestimmtheit nicht zukommen könne, zu den aposteriorischen Elementen der Erfahrung nicht gerechnet und der Raum deshalb nicht als den
Dingen an sich inhärierend aufgefaßt werden dürfe. Und ganz
Analoges gilt von Kants Betrachtung der Zeit.

Mit dieser Argumentation können wir uns nun aber durchaus nicht einverstanden erklären. Ganz abgesehen davon, daß
wir über die Bedingungen apodiktischer Gewißheit von Urteilen anders denken als Kant, ganz abgesehen davon, daß wir
die Raumbegriffe, mit denen die Mathematik operiert, für Abstraktionen halten, obwohl wir der Meinung sind, daß die

Raumauffassung nicht zu den Empfindungsbestandteilen der Erfahrung gehört, ganz abgesehen davon endlich, daß wir den Raum als das in der Raumauffassung Erfaßte weder eine Anschauung, noch einen Begriff, sondern einen Gegenstand (sei es von Wahrnehmungen oder von Begriffen) nennen: Wir halten vor allem mit der Entscheidung der Frage, ob die räumliche Beschaffenheit der idealen Gegenstände durch die Natur der Sinnesreizung oder durch a priori im Subjekt bereitliegende Anschauungsformen bestimmt werde, die andere Frage nicht für entschieden, ob den absoluten Gegenständen Räumlichkeit zugeschrieben werden darf oder nicht. Das Gleiche gilt natürlich auch von der Zeit.

Wichtiger ist uns ein anderer Gedankengang Kants, den man erst in der zweiten Auflage der Kritik der reinen Vernunft findet, und der auch einen gewissen Beitrag liefert zur Entscheidung der Frage, wie sich Kants Begriff der Erscheinungen zu unserm Begriff der idealen Gegenstände verhält. Wir zitieren zunächst Kants eigene Worte: „Zur Bestätigung dieser Theorie von der Idealität des äußeren sowohl als inneren Sinnes, mithin aller Objekte der Sinne, als bloßer Erscheinungen, kann vorzüglich die Bemerkung dienen: daß alles, was in unserem Erkenntnis zur Anschauung gehört (also Gefühle der Lust und Unlust, und den Willen, die gar nicht Erkenntnisse sind, ausgenommen), nichts als bloße Verhältnisse enthalte, der Örter in einer Anschauung (Ausdehnung), Veränderung der Örter (Bewegung), und Gesetze, nach denen diese Veränderung bestimmt wird (bewegende Kräfte). Was aber in dem Orte gegenwärtig sei, oder was es außer der Ortsveränderung in den Dingen selbst wirkt, wird dadurch nicht gegeben. Nun wird durch bloße Verhältnisse doch nicht eine Sache an sich erkannt: Also ist wohl zu urteilen, daß, da uns durch den äußeren Sinn nichts als bloße Verhältnisvorstellungen gegeben werden, dieser auch nur das Verhältnis eines Gegenstandes auf das Subjekt in seiner Vorstellung enthalten könne, und nicht das Innere, was dem Objekte an sich zukommt. Mit der inneren Anschauung ist es ebenso bewandt[5]."

Hier wird also gesagt, daß durch bloße Verhältnisse eine Sache an sich nicht erkannt werde. Dieser Satz ist unwiderlegbar. wenn man das Für-sich-sein dem Für-andere-sein gegenüberstellt. Da wir die absoluten Gegenstände nur als Bedingungen des Gegebenen erschließen, so führen wir sie von vornherein als Glieder von Relationen ein und könnten mit demselben Recht, mit dem Kant hier die Unerkennbarkeit der Dinge an sich behauptet, den absoluten Gegenständen den Charakter der Absolutheit bestreiten, unter Hinweis darauf, daß das Absolute das Gegenteil des Relativen sei. Alle Maßbestimmungen der Wissenschaft sind Vergleichungen. Absolute Raum- oder Zeitgrößen, absolute Bewegungen, Absolutes überhaupt im Gegensatz zum Relativen ist uns schlechterdings unerkennbar. Aber wir nennen absolute Gegenstände nicht diejenigen, die wir außerhalb jeder Relation erfassen, sondern diejenigen, die unabhängig sind von unserm Erkennen. Ebenso ist für uns der Begriff des Dinges an sich nicht der Gegensatz des Begriffs von Dingen, die untereinander in Abhängigkeitsbeziehungen stehen, die also füreinander da sind, sondern der Gegensatz des Begriffs von bloß vorgestellten oder bloß gedachten Dingen. Wenn wir daher wissen wollen, ob Dinge an sich erkennbar sind, so interessiert uns nicht dies, ob dieselben anders als durch Vergleichung erkannt werden können, was ungefähr gleichbedeutend wäre mit der Frage, ob sich etwas anders als durch das Erkennen erkennen lasse, sondern es handelt sich darum, zu entscheiden, ob etwas Ähnliches wie das, was wir eine richtige Beschreibung der Erscheinungen nennen, auch von den absoluten Gegenständen gegeben werden könne.

Wird durch das bloße Denken an etwas das, woran wir denken, auch das, was ausdrücklich als unabhängig von unserm Erkennen bestehend gedacht wird, so gefärbt, daß wir gewissermaßen immer nur durch die Brille unseres Denkens sehen, oder können die absoluten Gegenstände gedacht werden, ohne durch das Denken an sie ihrer Unabhängigkeit vom Denken verlustig zu gehen[6])? Diese Frage muß vor allem beantwortet werden, wenn wir über die Erkennbarkeit oder Unerkennbarkeit der Dinge an sich ins reine kommen wollen. Nun bedeutet das Denken offenbar überhaupt nicht ein Hinzufügen, sondern ein Wegnehmen, ein Abstrahieren von Qualitäten und von Sonstigem, was die Vorstellungsobjekte, denen gegenüber das Denken in Fluß kommt, an sich haben. Wie weit die Abstraktion gehen kann, sieht man, wenn man den Begriff des Etwas, des Gegenstandes schlechthin, analysiert. Man wird nicht behaupten wollen, daß in dem Gegenstand dieses Begriffs noch etwas enthalten sei, was als „Gefärbtsein“ durch das Erkennen bezeichnet werden könnte. Wenn wir nun im

Denken des Gegenstandes schlechthin von allen Eigentümlichkeiten der idealen, durch unser Erkennen bestimmten Objekte
(mit Ausnahme des Objekt-Seins) abstrahieren können, so beweist das doch, wie wenig wir alles durch eine bestimmte
Brille sehen müssen. Daß wir also dem Gegenstand des
Ding-an-sich-Begriffs mehr Bestimmtheit zuschreiben als dem
Objekt des allgemeinsten Gegenstandsbegriffs, das geschieht
trotz unserer Fähigkeit, von dem durch die Form unseres
Erkennens Bestimmten loszukommen.

Freilich können wir keine Bestimmtheit denken, die wir
nicht von den idealen Objekten her kennen. Wenn wir also
annehmen müssen, daß die absoluten Gegenstände in nichts
mit den idealen Objekten übereinstimmen, dann sind die absoluten Gegenstände für uns schlechterdings unerkennbar. Daß
die Sinnesqualitäten, wie wir sie an den Erscheinungen der
äußeren Wahrnehmung finden, den Dingen an sich nicht
zukommen, steht außer Zweifel. Daß wir an den idealen
Gegenständen der inneren Wahrnehmung keine Qualitäten erfassen, die wir den absoluten Objekten zuschreiben könnten,
übersieht nur der, dem das Dogma vom unmittelbaren Gegebensein der Bewußtseinsvorgänge den Blick trübt. Im
übrigen dürften wir, selbst wenn wir die psychischen Prozesse
(als wirkliche Geschehnisse, Bedingungen für das Auftreten
der idealen Gegenstände, nicht als ideale Objekte der Selbstwahrnehmung) anschaulicher zu erkennen glaubten, als es
tatsächlich der Fall ist, nicht meinen, mit dieser Erkenntnis
flüchtiger Prozesse eine solche beharrender Substanzen gewonnen zu haben.

Für die Erkenntnis der Dinge an sich, wenn wir darunter
Substanzen in der oben von uns bestimmten Bedeutung des
Wortes verstehen, und der nichtpsychischen absoluten Geschehnisse kommen also nur diejenigen Bestandteile der idealen
Gegenstände äußerer Wahrnehmung in Betracht, die außer
den Sinnesqualitäten sich vorfinden. Wenn darunter nichts
ist, worin die absoluten mit den idealen Gegenständen wahrscheinlich oder gewiß übereinstimmen, dann sind die Dinge
an sich unerkennbar. Der Materialismus behauptet nun, die
Räumlichkeit sei etwas derartiges, und die Frage, ob er recht
hat, kann nicht als durch die Kant'sche Philosophie ein für
allemal entschieden betrachtet werden.

Bei vorurteilsloser Prüfung ist zunächst doch offenbar die
Behauptung wahrscheinlicher, daß die Bedingungen unserer

Wahrnehmung einer räumlich ausgedehnten Erscheinungswelt selbst räumlich angeordnet seien, als daß man sie für ein unräumliches Ineinander zu halten habe. Erst wenn die Wissenschaft mit der Annahme von räumlich außer einander befindlichen Realen in Schwierigkeiten gerät, hat man Grund, diese Annahme fallen zu lassen. Solche Schwierigkeiten ergeben sich nun allerdings in nicht geringer Zahl, und der Naturforscher sieht sich dadurch genötigt, den Begriff der Materie immer wieder umzudenken.

Aber alle Schwierigkeiten, die bisher dem Materialismus (in der gegenwärtig in Rede stehenden Bedeutung des Wortes) erwachsen sind, haben ihren Grund nicht eigentlich in der bloßen Annahme außereinander befindlicher Realelemente, die sämtlich in beständiger Zustandsänderung begriffen sind und deren Zustandsänderungen untereinander die Funktionszusammenhänge aufweisen, die von der Wissenschaft als Naturgesetze festgestellt werden, wobei ein Geschehen an einem Element ein anderes Geschehen an einem andern zur Folge hat, wenn das Auseinandersein der beiden Elemente sich ändert, während die Änderungen des Auseinanderseins eben durch die in funktionellem Zusammenhang stehenden Geschehnisse herbeigeführt wird. Drückt man bei dieser Annahme noch das Sein der Elemente durch die Funktionen aus, zu denen es die beharrende Teilbedingung darstellt, so gelangt man zu einer Formulierung des Materialismus, die wohl recht abweicht von der alten Atomlehre, die aber nicht, wie man zuweilen glaubt, aufhört, Materialismus zu sein. Die energetische Weltanschauung[7]), wie man diese Entwicklungsphase der Lehre von der Materie, diese vorsichtigste Gestaltung der materialistischen Auffassung zu nennen pflegt, vermeidet all die Ungereimtheiten, in die man gerät, wenn man der Substanz eine unveränderliche Ausdehnung und den Substanzelementen eine nicht zu vermehrende und nicht zu vermindernde Größe zuschreibt.

Man sagt nun vielleicht: Schon durch die Behauptung des Auseinanderseins der Realelemente wird die Entfernung zwischen ihnen als wirklich bestehend angenommen. Es wird also doch, um mit Kant zu sprechen, die Realität eines Undings, nicht bloß die Räumlichkeit des Realen gelehrt. Aber in diesem Einwand scheinen bestimmte Vorurteile sich zu verbergen. Wir haben als Wirklichkeit alles das bezeichnet, was Bedingung für das Auftreten und die Veränderung absoluter Gegenstände (und natürlich auch selbst absoluter Gegenstand) ist. Nun sind zwei in bestimmter Entfernung befindliche Realelemente sicherlich dieser Definition zufolge etwas Wirkliches. Aber die Entfernung selbst kann nicht als Teilbedingung eines Geschehens betrachtet werden; denn sie ist nicht etwas, was den übrigen Teilbedingungen des Geschehens auch fehlen kann und erst durch sein Hinzutreten die Summe derselben vollständig macht. Sie ist auch nicht etwas, was da sein kann, wenn die übrigen Bedingungen des Geschehens fehlen; denn das Dasein der absoluten Gegenstände ist eben ein Wirklichsein, ein Bedingungsein für wirkliches Geschehen. Von der Wirklichkeit des leeren Raumes zu reden, hat also gar keinen Sinn, wenn man sich bei dem Wort Wirklichkeit etwas Bestimmtes zu denken bemüht. Man müßte dann auch von der Wirklichkeit der Gleichheit oder der Verschiedenheit sprechen, sobald man zu der Überzeugung kommt, daß die absoluten Gegenstände untereinander teils gleich, teils verschieden sind.

Versteht man freilich unter der Wirklichkeit nur das Gegebensein im Sinne der idealen Gegenstände, dann ist der leere Raum ebenso wie Gleichheit und Verschiedenheit wirklich. Aber dann müßte auch Kant die Wirklichkeit dieses „Undings" behaupten. Die Beantwortung der Frage nach der Wirklichkeit des Raumes und alle Schwierigkeiten, die mit der Beantwortung dieser Frage zusammenhängen, sind also ganz unabhängig davon, ob man den Realelementen ein räumliches Auseinandersein zuschreibt oder nicht. Analoges gilt von der leeren Zeit und der Behauptung, daß alle Geschehnisse teils gleichzeitig sind, also zeitlich zusammenfallen, teils wirklich in zeitlichem Auseinandersein, sei es in unmittelbarer Sukzession, sei es in verschieden großen zeitlichen Intervallen verlaufen. Analoges gilt endlich auch, wie schon angedeutet, von Gleichheit und Verschiedenheit der absoluten Gegenstände, sowie von der Identität der Substanzen.

Geschehnisse, gesetzmäßigen Zusammenhang, beharrende Teilbedingungen oder überhaupt Bedingungen des Geschehens kann man in der Welt der absoluten Gegenstände bloß suchen, wenn man annimmt, daß die absoluten Gegenstände in räumlichen und zeitlichen, sowie sonstigen Gleichheits- und Verschiedenheits- und auch in Identitätsbeziehungen stehen. Das zeigt mit besonderer Eindringlichkeit der geistreiche Versuch Lotzes in seinem „Mikrokosmos", die Welt des Realen ohne räumliche und zeitliche Beziehungen zu denken. Das Scheitern dieses Versuchs erkennt man vor allem dann, wenn man mit den früheren Gedankengängen des „Mikrokosmus" die späteren der „Metaphysik" über dieselben Gegenstände vergleicht. Da ergibt sich zunächst, daß Lotzes philosophische Entwicklung ihn selbst in einer wahrhaft erlösenden Weise über die unglücklichen Spekulationen hinausgeführt hat, durch die er ursprünglich die Unzeitlichkeit des Realen dartun wollte. Aber auch hinsichtlich der Annahme der Unräumlichkeit, die nicht aufgegeben wird, wirken die Lotze'schen Ausführungen weniger positiv als negativ überzeugend, wenn man sieht, wie er dazu gedrängt wird, an Stelle der räumlichen andere Beziehungen der Realelemente anzunehmen, in welche Schwierigkeiten er sich dadurch verwickelt und wie der Grund seiner Abneigung gegen die Hypothese räumlicher Beziehungen der Realelemente eigentlich nur darin besteht, daß er die Behauptung jener „unbestimmbaren Art der Wirklichkeit, welche die gewöhnliche Ansicht dem leeren Raume zuschreibt"[8]), für unzertrennlich verknüpft hält mit jener Hypothese.

Da wir der Ansicht sind, die Welt der absoluten Gegenstände lasse sich nur erschließen als Summe der Bedingungen für das Auftreten der idealen Gegenstände und weiter als das, was angenommen werden muß, wenn alles Gegebene und alles Wirkliche als Glied eines gesetzmäßigen Zusammenhanges begriffen werden soll, so dürfen wir absolute Gegenstände entweder überhaupt nicht oder wir müssen sie so annehmen, wie sie zu denken sind, wenn sie ihrem Erklärungszweck am besten entsprechen sollen. In diesem Sinne halten wir fest an der These einer räumlichen und zeitlichen Ordnung der absoluten Objekte und betrachten den Materialismus, sofern er nicht die Wirklichkeit des psychischen Geschehens leugnet und sich nicht in die Schwierigkeiten der atomistischen Auffassung verliert, sofern er also psychophysischer und energetischer Materialismus ist, für eine durchaus haltbare Weltanschauung.

Der Materialismus ist übrigens außer in der Form der Atomtheorie und der Energetik auch in Gestalt der Kontinuitätshypothese und der dynamischen Auffassung vertreten worden. Die Kontinuitätshypothese, die dadurch der Annahme des leeren Raumes entgehen will, daß sie Materie und Ausdehnung gleichsetzt, und die man in einer besonders charakteristischen Formulierung bei Descartes finden kann[9]), gerät, wie

man leicht sieht, in eine noch viel schlimmere Situation als der
Atomismus, da sie recht eigentlich die Realität des Raumes
behaupten muß und nicht einmal die Möglichkeit der Bewegung befriedigend erklären kann, geschweige, daß sie sich
mit den Ergebnissen der Physik, die gegen eine konstante
räumliche Größe der Substanzen sprechen, in Einklang bringen
ließe. Der dynamische Begriff der Materie, wie ihn etwa
Leibniz und Kant (in seiner vorkritischen Periode) aufgestellt
haben, kommt dem energetischen so nahe, daß für einen nicht
naturphilosophischen, sondern erkenntnistheoretischen Gedankengang, wie wir ihn hier verfolgen, eine besondere Berücksichtigung desselben kaum nötig ist.

Als Bezeichnung für diejenige Lehre, der gegenüber wir
den psychophysischen und energetischen Materialismus bisher
verteidigt haben, verwendet man meist den Namen Phänomenalismus. Aber auch dieses Wort ist mehrdeutig. Man versteht nämlich darunter nicht nur die Auffassung, wonach die
Dinge an sich unerkennbar sind, sondern auch die, wonach
die Dinge an sich in den idealen Gegenständen erscheinen und
durch diese Erscheinungen erfaßt werden können. Obwohl
man diese beiden Bedeutungen meist nicht auseinanderhält,
sollte man doch streng zwischen ihnen unterscheiden. Wenn
nämlich, wie Kant gelegentlich behauptet, das Ding an sich
in dem Sinne unerkennbar ist, daß keine von den Verstandes-
kategorien darauf angewandt werden darf[10]), wenn auch Raum
und Zeit im Reiche der Dinge an sich nicht angenommen
werden dürfen, dann sind diese Dinge an sich auch nicht
mehr als Bedingungen irgendwelchen Geschehens zu denken
und von einem Erscheinen derselben kann dann keine Rede
mehr sein. Diese Lehre sollte man dann lieber, wie dies schon
gelegentlich geschieht, als Agnostizismus statt als Phänomenalismus bezeichnen. Sie haben wir in unsern Betrachtungen über
den psychophysischen und energetischen Materialismus als
übermäßig zurückhaltend abgelehnt.

Der richtige Phänomenalismus dagegen behauptet in gewissem Sinne die Möglichkeit einer weitergehenden Erkenntnis der absoluten Gegenstände, als wir bisher angenommen
haben, nachdem von uns bis jetzt ausdrücklich vermieden
wurde, die idealen Gegenstände als Erscheinungen der Dinge
an sich aufzufassen. Wir betonen: Wenn es möglich wäre,
die Welt der absoluten Objekte beliebig zu analysieren und
jeden durch solchen Analyse gefundenen Bestandteil zu be-

zeichnen durch den idealen Gegenstand, den die von ihm
veranlaßte Wahrnehmung erfaßt, dann würde unser Erkenntnisbedürfnis weit besser befriedigt werden als dies tatsächlich
der Fall ist.

Wenn dies möglich sein sollte, dann müßte aber auch jeder
Bestandteil der Welt der absoluten Gegenstände für sich erscheinen, d. h. für sich Bedingung und zwar zureichende Bedingung für eine Wahrnehmung und damit für das Auftreten
eines idealen Gegenstandes oder eines Bestandteils der Welt
der idealen Gegenstände werden können. Leider ist davon
gar keine Rede. Wir müssen annehmen, daß bei jeder Wahrnehmung eine Reihe von Bedingungen zusammenwirken und
wir können den in der Wahrnehmung erfaßten idealen Gegenstand als Erscheinung zunächst nur auf die ganze Reihe beziehen[11]). Betrachten wir, um uns dies zu verdeutlichen, ein
einzelnes Beispiel, etwa eine Klangwahrnehmung, wobei wir
die Bedingungen derselben der Übersichtlichkeit halber einmal
mit den geläufigen naturwissenschaftlichen Terminis bezeichnen wollen. Eine Glocke gerät in Schwingungen, die ihrerseits Longitudinalschwingungen der Luft anregen, wodurch ein
menschliches Trommelfell in Bewegung versetzt wird usw., bis
schließlich ein Reizhaar des Cortischen Organs den Schnecken-
nerv erregt, in dem nun vermutlich chemische Zersetzungs-
prozesse die Fortleitung besorgen und einen Gehirnprozeß
herbeiführen. Nun tritt die Klangwahrnehmung auf. Was
„erscheint“ also in dem idealen Gegenstand dieser Klangwahrnehmung, in dem wahrgenommenen Klang? Das reale
Geschehen, das der Naturwissenschaftler als Gehirnprozeß be-
bezeichnet, und das bei der Betrachtung mit einem idealen
Mikroskop offenbar auch, aber dann ganz anders erscheinen
würde? Oder der Nervenprozeß? Oder die Vorgänge im
Corti'schen Organ oder die Luftschwingungen oder die Bewegungen der Glocke? Alle diese Phasen des realen Geschehens
können als anders erscheinend wenigstens gedacht werden,
wenn man sie als gesehen denkt? Aber was erscheint in
dem idealen Gegenstand, den man naiverweise als Gesichtsbild
von ihnen bezeichnet? Wirklich sie selbst oder die von ihnen
modifizierten Ätherschwingungen oder die photochemischen
Prozesse in der Netzhaut des sehenden Subjekts oder die Seh-
nervenleitung oder der Gehirnprozeß im Sehzentrum? Und
wenn wir uns bloß an das reale Geschehen im Sehzentrum
halten, worin findet dieses seine Erscheinung, in dem idealen

Gegenstand der Gesichtswahrnehmung, die nach dem Prinzip des psychophysischen Parallelismus damit verknüpft ist, oder in dem idealen Gegenstand der Wahrnehmung, die man machen könnte, wenn man das betreffende Gehirngeschehen durchs Mikroskop betrachten würde?

Auf die letztere Frage wird man sicherlich antworten: In dem idealen Gegenstand der Mikroskopwahrnehmung. Von da aus wird man vielleicht weitergehen und wird sagen, es seien immer die entfernteren Glieder der Bedingungsreihe, die im idealen Gegenstand der Wahrnehmung zur Erscheinung kämen. Aber wenn wir zunächst einmal ganz davon absehen, eine genaue Antwort auf die Frage zu verlangen, welches entferntere Glied es denn jeweils sei, so müssen wir doch von vornherein konstatieren, daß die näher gelegenen Glieder auf die Erscheinung einen sehr modifizierenden Einfluß ausüben können. Mit einem rotermüdeten Auge z. B. wird ein rötlich gefärbter Gegenstand grau oder vielleicht sogar grünlich gesehen. Man mag behaupten, daß nicht die Netzhautprozesse, sondern der lichtaussendende bzw. lichtreflektierende Körper in dem idealen Gegenstand der Gesichtswahrnehmung „erscheine“, aber man kann nicht leugnen, daß er anders erscheinen würde, wenn die Zwischenbedingungen seiner Wahrnehmung andere wären. Wenn man also den Ehrgeiz ganz aufgegeben hat, wissen zu wollen, wie die Dinge an sich beschaffen sind, wenn man nur noch den Ehrgeiz hat, festzustellen, wie sie an sich, d. h. unmodifiziert durch Zwischenbedingungen, erscheinen würden, so geht man in seinem Erkenntnisbedürfnis immer noch zu weit. Man scheint sich damit begnügen zu müssen, für die entferntesten Wahrnehmungsbedingungen festzustellen, wie sie bei bestimmten, „normalen“ Zwischenbedingungen erscheinen. So gibt es für die sichtbaren Substanzen eine normale Beleuchtung mit farblosem, alle homogenen Lichtarten in sich vereinigendem Licht, ein normales Medium, eine normale Adaption des Auges usw. Ähnlich muß bei den schallgebenden Substanzen die Art der Schallerzeugung und das schallübertragende Medium berücksichtigt werden. Bei den in Geschmäcken, Gerüchen und Temperaturen erscheinenden Substanzen ist vor allem eine normale Stimmung des Sinnesorgans sehr wichtig. Am wenigsten durch Zwischenbedingungen modifiziert und modifizierbar ist die Erscheinung der tastbaren, schweren und Widerstand leistenden Substanzen. Von den idealen Gegenständen der Druck-, Zug- und Widerstandswahrnehmungen kann es deshalb der naive Mensch am wenigsten glauben, daß sie nicht direkt die absoluten Gegenstände selbst sind. Trotzdem haben wir es auch hier mit Erscheinungen und auch hier nicht mit ganz unvermittelten Erscheinungen zu tun.

Neue Schwierigkeiten ergeben sich, wenn man den Begriff der entferntesten Wahrnehmungsbedingungen schärfer ins Auge faßt. Die Schwingungen einer Glocke sind gewiß entferntere Bedingungen der Klangwahrnehmung als die dadurch veranlaßten Luftbewegungen oder die Vorgänge im Gehörorgan. Aber ist nicht eine noch entferntere Bedingung der Vorgang, der die Glocke in Schwingungen versetzt? Warum sagen wir nicht von ihm, er erscheine in dem idealen Gegenstand der Klangwahrnehmung?

In der Beantwortung dieser Frage stoßen wir auf eine wichtige Tatsache. Nehmen wir einmal an, es sei ein brausender Sturmwind, der die Glocke bewegt. Dann hören wir doch nicht nur die Glockentöne, sondern auch das Brausen des Sturms. Eine noch entferntere Bedingung der Klangwahrnehmung als die Glockenschwingungen würde also in diesem Fall, wenn wir den idealen Gegenstand der Klangwahrnehmung für ihre Erscheinung hielten, zwei ganz verschiedene Erscheinungen haben, die zu demselben Sinnesgebiet gehören. Das würde einen Widerspruch bedeuten. Die dazu führende Annahme ist also unmöglich.

Hieraus scheint sich der Satz zu ergeben: Eine Erscheinung betrachten wir als zugehörig zu derjenigen entferntesten Wahrnehmungsbedingung, die in idealen Gegenständen desselben Sinnesgebiets nicht auch noch anders erscheinen kann. Aber wie ist es, wenn die Glocke durch lautloses Ziehen an einem Seil in Bewegung versetzt wird? Da diese Bedingung nicht in dem idealen Gegenstand einer andern Schallwahrnehmung erscheint, so folgt aus dem eben formulierten Satz nicht, daß sie nicht als die in der Klangwahrnehmung erscheinende betrachtet werden darf.

Aber, ruft man hier vielleicht, ungeduldig über all diese Subtilitäten: Wir sehen doch, daß das Ziehen des Seils und das Anschlagen des Klöppels an die Glocke etwas anderes ist, als die Glockenschwingungen und wir wissen doch, daß das Ziehen des Seils beim Vorhandensein der nötigen Bedingungen für das Zustandekommen einer Gehörswahrnehmung keine solche herbeiführt, wenn die Glocke nicht da ist, die ihrerseits doch durchaus nicht zu den unentbehrlichen Zwischenbedingungen der Gehörswahrnehmungen gehört, da z. B. das Brausen des Sturmes auch ohne Glocke gehört wird! In diesem naiven Einwand sind eine Reihe von Gedanken zusammengefaßt, die bei erkenntnistheoretischer Formulierung nichts weniger als einfach sich darstellen, die aber in der Tat eine gewisse Lösung der uns hier beschäftigenden Schwierigkeiten herbeiführen können.

Zunächst ist äußerst wichtig, daß die Summe der Bedingungen, die als notwendig zusammengehörig angenommen werden müssen zur Veranlassung der Wahrnehmung in einem Sinnesgebiet, nicht dieselbe ist für die Wahrnehmung in einem andern Sinnesgebiet. Wenn Glockenschwingung, Luftbewegung, Reizung der Gehörorgane usw. ebenso zusammengehörige Teilbedingungen einer Gesichtswahrnehmung wären, in deren idealem Gegenstand der ganze Komplex seine optische Erscheinung ebenso fände, wie er im idealen Objekt der Klangwahrnehmung akustisch erscheint, dann würde eine Sonderung dieser Teilbedingungen und die Beziehung der Klangerscheinung auf eine von ihnen wohl nie stattfinden. Die Möglichkeit der Analyse der Teilbedingungen verdanken wir also vor allem dem Umstand, daß dieselbe Teilbedingung in Verbindung mit verschiedenen Komplexen anderer Teilbedingungen verschiedenen Sinnen erscheint, und, wie wir gleich hinzufügen wollen, dem andern Umstand, daß Teilbedingungen, die nicht zur Bedingungsreihe einer Wahrnehmung gehören, unter sich in Abhängigkeitsbeziehungen stehen, so daß die meisten Teilbedingungen nicht nur selbst mit idealen Gegenständen in verschiedenen Sinnesgebieten in das Verhältnis des Bezeichneten zum Zeichen gebracht werden können, sondern auch in irgendwelchen von ihnen abhängigen Funktionen wieder zur Erscheinung kommen.

So bezeichnen wir diejenige Teilbedingung, die der Gesichtswahrnehmung einer schwingenden Glocke und der Wahrnehmung des Glockenklangs gemeinsam ist, als schwingende Glocke, diejenige, die in der Reihe der Klangwahrnehmungsbedingungen sich findet und eine Kerze zum Flackern bringt (also in der Erscheinung einer von ihr hervorgebrachten Wirkung zur optischen Erscheinung kommt), als Luftschwingung usw. Damit kommt die nötige Eindeutigkeit in die Bezeichnung der absoluten Gegenstände durch ihre Erscheinungen; denn wenn z. B. die Teilbedingung einer Klangwahrnehmung recht Verschiedenes sein könnte, so ist diejenige Teilbedingung derselben, die zugleich Teilbedingung meiner Gesichtswahrnehmung der an dieser Stelle des Sehraums lokalisierten schwingenden Glocke ist, etwas ganz Bestimmtes.

Sind in dieser Weise die Teilbedingungen der Wahrnehmungen bestimmbar, so ist es nicht mehr schwer, diejenigen, die notwendige Bedingungen aller Wahrnehmungen eines Sinnesgebietes sind, und diejenigen, die beim Vorhandensein dieser notwendigen nicht auftreten können, ohne daß die Wahrnehmung herbeigeführt wird, von denen zu unterscheiden, die beim Vorhandensein der notwendigen Wahrnehmungsbedingungen ohne jedesmal eintretenden Wahrnehmungseffekt vorhanden sein können. Daß die letzteren nicht als die im idealen Gegenstand der Wahrnehmung erscheinenden betrachtet werden, ist von hier aus in der Tat durchaus begreiflich.

Bezüglich der beim Vorhandensein der notwendigen Zwischenbedingungen zureichenden Wahrnehmungsbedingungen dagegen ist es nicht selten zweifelhaft, welche von ihnen als in dem idealen Objekt der Wahrnehmung eigentlich erscheinend anzunehmen ist. Wir sagen z. B. einmal: Es liegt uns ein Klang im Ohr. Ein andermal gebrauchen wir die Wendung: Es ist ein Klingen in der Luft. Und wieder bei einer andern Gelegenheit sagen wir: Wir hören Glockenklang. Würde uns jemand fragen, ob wir gewiß seien, in diesen drei Fällen die gleichartigen Erscheinungen auf drei verschiedene Glieder der Bedingungsreihe beziehen zu dürfen, so würden wir wohl in Zweifel geraten. Nur wenn wir gleichzeitig mit der Klangwahrnehmung eine schwingende Glocke sehen, oder wenn wir uns überzeugen, daß eigenartige Luftschwingungen ohne optisch wahrnehmbare Ursache vorhanden sind, während wir das Klingen hören, oder wenn wir feststellen können, daß keine Reaktion das Vorhandensein von Luftschwingungen anzeigt, wissen wir bestimmt, worauf wir die Erscheinung zu beziehen haben. Aber merkwürdigerweise sind wir in dem zuletzt betrachteten Fall, wenn wir sicher wissen, daß uns der Klang „nur im Ohre liegt“, nicht geneigt, den idealen Gegenstand der Klangwahrnehmung tatsächlich als Erscheinung des realen Geschehens im Nervensystem zu bezeichnen. Wir sprechen vielmehr dann überhaupt nicht von einer Klangwahrnehmung, sondern von der Erinnerungs- oder Phantasievorstellung eines Klanges und meinen, daß uns im idealen Gegenstand derselben überhaupt nichts erscheine. Daraus geht hervor, wie sehr wir daran gewöhnt sind, die idealen Gegenstände der Wahrnehmungen auf die entfernteren Bedingungen derselben zu beziehen. Wir finden es ganz in der Ordnung, wenn die Glockenschwingungen oder die Luftwellen als hörbar bezeichnet werden. Aber merkwürdig klingt uns die Frage, ob die Vorgänge im Gehörorgan oder im Hörzentrum hörbar seien. Wer nicht von vornherein diese Frage verneint, der denkt vielleicht an ein leichtes Knistern, das für ein ganz feines Ohr hörbar sein könnte, welches die Hörprozesse in den nervösen Organen selbst zu belauschen imstande wäre. Daß diese Prozesse hörbar seien wie Glockentöne, das wird kaum jemand behaupten wollen. Der Begriff hörbar hat eben den Sinn „die Hörprozesse anregend", und zu den Hörprozessen rechnet man alle physiologischen und psychologischen Vorgänge von der Erregung des Sinnesorgans an bis zum eigentlichen Wahrnehmungsakt.

Ganz Analoges gilt vom Begriff der Sichtbarkeit, wobei nur der Unterschied besteht, daß jedermann die Vorgänge in der Netzhaut usw. ohne Bedenken als sichtbar bezeichnen wird. Auch für sie gilt jedoch dies, daß, wenn man sie als gesehen denkt, ihre Erscheinung eine ganz andere, obwohl zu demselben Sinnesgebiet gehörige, ist als die Erscheinung dessen, für dessen optische Wahrnehmung sie Zwischenbedingungen sind. Was die Bedingungen der Gesichtswahrnehmungen anlangt, so können wir uns übrigens auch die Ätherschwingungen als sichtbar denken in dem Sinn, daß sie Ausgangs-, nicht Zwischenglieder in der Reihe der Bedingungen sind, die zu einer Gesichtswahrnehmung führen, und auch sie würden als Ausgangsglieder anders erscheinen wie als Zwischenglieder. Wenn wir also im Gebiet der Gesichtswahrnehmungen den Satz aufstellen, daß die idealen Gegenstände dieser Wahrnehmungen auf diejenigen Bedingungen bezogen werden, die nicht auch als Ausgangsglieder irgendwelcher zu andern optischen Wahrnehmungen führenden Bedingungsreihen (mit nur notwendigen Zwischengliedern) fungieren können, dann bleibt durch diese Bestimmung nur noch unentschieden, ob in einem einzelnen Fall eine lichtaussendende bzw. lichtreflektierende Substanz oder ihr Spiegelbild im idealen Gegenstand einer Gesichtswahrnehmung erscheint, und auch diese Frage ist leicht zu entscheiden, wenn man die Erscheinungen der Wirkungen mit heranzieht, die andere sind, wenn sie von einer Substanz, als wenn sie von ihrem Spiegelbild ausgehen.

Dies mag genügen, zu zeigen, daß wir dem Phänomenalismus insofern recht geben dürfen, als es möglich ist, jeden nichtpsychischen absoluten Gegenstand (und, wie wir nicht weiter ausführen wollen, auch jedes psychische Geschehen) einer ganz bestimmten Erscheinung zuzuordnen. Wenn die Erscheinungen daher auch keine direkten, sondern sehr vermittelte sind, so daß man aus ihnen noch viel weniger, als man gewöhnlich glaubt, Schlüsse auf das eigentliche Wesen der absoluten Gegenstände ziehen kann, so haben sie doch als natürliche Zeichen für unsere Orientierung im Gebiet der absoluten Gegenstände eine große Bedeutung, und auch wir werden nach dieser Rechtfertigung des Phänomenalismus zu dem bequemen Sprachgebrauch zurückkehren, von Erscheinungen der absoluten Gegenstände zu sprechen, und werden, was wir bisher der Einfachheit halber ungerechtfertigterweise schon mehrfach getan haben, nun mit dem Bewußtsein voller Berechtigung fortsetzen, indem wir die absoluten Gegenstände auch fernerhin mit den Namen der idealen Objekte bezeichnen, in denen sie uns erscheinen. Wir haben damit also die erkenntnistheoretische Interpretation für den Sprachgebrauch der Naturwissenschaft gewonnen, die auch dann, wenn sie beispielsweise von Luftschwingungen als Bedingungen der Gehörswahrnehmungen spricht, unter den Luftschwingungen nicht die freilich ebenso genannten idealen Gegenstände einer (gedachten) Gesichtswahrnehmung versteht, sondern die absoluten Gegenstände, die als in den idealen Objekten einer solchen optischen Wahrnehmung erscheinend gedacht werden.

Wenn wir also in der Begründung des psychophysischen und energetischen Materialismus den Phänomenalismus im Sinn des Agnostizismus abzulehnen Grund hatten, so sind wir andererseits zu einer Anerkennung des eigentlichen Phänomenalismus gelangt, den wir mit unserm psychophysischen und energetischen Materialismus verbinden.

Der Materialismus, den wir bisher als Gegensatz der Richtung, welche die Wirklichkeit des Psychischen anerkennt, abzulehnen, und als Gegensatz des Agnostizismus anzuerkennen, uns genötigt sahen, steht aber noch in einem dritten und vierten Gegensatz, im Gegensatz nämlich zum Dualismus und zum Spiritualismus. Während der Dualismus (als Dualismus der Substanzen, wie wir ihn hier allein betrachten) die Behauptung aufstellt, die beharrenden Teilbedingungen für psychisches und für nichtpsychisches Geschehen, die psychischen und die physischen Substanzen, seien verschiedenartig, behauptet der Materialismus die Gleichartigkeit derselben, und in dieser These geben wir ihm, wie in der Besprechung des Dualismus der Substanzen noch genauer zu begründen sein wird, unbedingt recht.

Dem Spiritualismus haben wir schon teilweise recht gegeben, und genau so weit wie ihm müssen wir auch dem Materialismus unsere Anerkennung zuteil werden lassen. Damit ist aber ohne weiteres gesagt, daß beide in gewissem Sinne auch unrecht haben. Während der Spiritualismus die Substanzen einseitig als beharrende Teilbedingungen psychischen Geschehens betrachtet, bringt sie der Materialismus meist ebenso einseitig zum nichtpsychischen Geschehen in Beziehung. Der Begriff der Materie würde freilich zunächst keineswegs ausschließen, daß die damit gemeinten Substanzen zugleich Träger seelischer Funktionen sein können, wenn dieser Begriff nur auf Substanzen angewandt würde, ebensowenig wie der Begriff Seele als Bezeichnung für die Substanz etwas Bedenkliches hätte. Aber dem Substantiv Materie entspricht das Adjektiv materiell, das stets im Sinne von physisch gebraucht wird, und ebenso denken wir bei dem Begriff Seele meist auch an das Seelische, das für uns gleichbedeutend ist mit dem Psychischen. Wie daher der Materialismus als Gegensatz des Spiritualismus immer wieder die Tendenz hat, das Psychische in Materielles aufzulösen, so ist der Spiritualismus immer wieder geneigt, sich mit dem Idealismus zu verbinden. Deshalb wäre es besser, wenn die Begriffe Materialismus (als Gegensatz des Spiritualismus) und Spiritualismus (als Glied desselben Gegensatzpaares) ganz verschwinden und in den Begriff Monismus zusammenfließen würden. Der Begriff Monismus drückt schon durch den Namen die Ansicht aus, daß es nur einerlei Substanzen gebe, und bringt diese Substanz weder zum psychischen, noch zum physischen Geschehen in eine einseitige Beziehung, während er durchaus nichts behauptet, was mit dem psychophysischen und energetischen Materialismus in Widerspruch geriete. [12])

5. Der Dualismus der Substanzen.

Man versteht unter dem Dualismus gewöhnlich die Lehre der Wesensverschiedenheit von Leib und Seele. Als aus-

gedehnte und denkende Substanz werden dieselben beispielsweise von Descartes einander gegenübergestellt[1]). In der Fortentwicklung der kartesianischen Lehre bei Spinoza wird aus
dem Dualismus der Substanzen ein Dualismus der Attribute[2]),
indem Ausdehnung und Denken als die zwei dem Menschen
bekannten Attribute der einen in ihnen keineswegs sich er-
schöpfenden Substanz betrachtet werden. Auch die Bewun-
derer seines Systems haben die Grundgedanken desselben
nicht unverändert übernommen. An Stelle des Dualismus
der Attribute ist bei denjenigen späteren Denkern, die mit
einem gewissen Recht Spinozisten genannt werden dürfen,
der Dualismus der Funktionen getreten[3]). Physisches und psychisches Geschehen als Zustandsänderung der zugleich materiellen und seelischen Substanz, die man eben deswegen
weder Materie noch Seele nennen sollte, aufzufassen, ist dem
modernen Monisten[4]) durchaus geläufig. Auch wir werden
diese Ansicht des Monismus oder des Dualismus der Funktionen zu der unsrigen machen und als die bestbegründete
im Folgenden noch zu erweisen haben.

Hier soll uns jedoch zunächst der Dualismus der Substanzen beschäftigen, wie er auch in der Gegenwart noch vertreten wird. Bei der großen Verschiedenheit des physischen
und des psychischen Geschehens, die in der Ablehnung des
psychologischen Idealismus von uns ausdrücklich hervorgehoben wurde, scheint die Annahme von vornherein überaus
nahezuliegen, die so verschiedene Prozesse an verschiedene
Substrate gebunden denkt. Die Einwände, die in der Regel
gegen diese Annahme erhoben werden, sind auch durchaus
nicht stichhaltig. Nach Külpe hält man den Dualismus (der
Substanzen) „im allgemeinen gegenwärtig für widerlegt, weil
er an dem Problem der Wechselwirkung, der psychophysischen Kausalität, und an dem Einheitsbedürfnis unseres Denkens scheitere[5]).“

Diese Auffassung weist Külpe mit Recht zurück. Er
zeigt, daß nach Preisgabe des mittelalterlichen, noch von
Descartes und Spinoza vertretenen Kausalbegriffs die Forderung nicht mehr aufgestellt werden darf, Ursache und Wirkung müßten gleichartig sein, daß man also nicht deshalb
die Möglichkeit einer Wechselwirkung zwischen Physischem
und Psychischem bestreiten kann, weil zwischen so Verschiedenem ein Kausalverhältnis undenkbar sei[6]). Er zeigt ferner,
daß der Einwand, der auf die Geschlossenheit der Natur-

kausalität hinweist und die Annahme einer psychophysischen
Wechselwirkung für unzulässig erklärt, da sie Durchbrechun-
gen der geschlossenen Naturkausalität fordert, deshalb unberechtigt ist, weil die Biologie noch gar nicht den Beweis
geliefert habe, daß sie durch bloß physische Bedingungen
wirklich alle Tatsachen des Lebens erklären könne[7]). Weiter
bekämpft er den Einwand, der sich auf den Satz von der
Erhaltung der Energie stützt und dahin geht, daß mit der
Annahme einer psychophysischen Wechselwirkung die Behauptung der Konstanz der physischen Energie unvereinbar
sei. Daß dieser Einwand nicht so leicht abzutun ist, wie
man vor wenigen Jahren noch glauben durfte, ist nach den
Versuchen Rubners[8]) und Atwaters[9]), welche die Gültigkeit des
physikalischen Konstanzprinzips auch für den lebenden tierischen und menschlichen Organismus erwiesen haben, kaum
mehr zweifelhaft[10]). Wie trotzdem, wenn auch mit einigen
Schwierigkeiten die Annahme einer psychophysischen Wechselwirkung aufrecht erhalten werden kann, hat in einer interessanten Untersuchung vor kurzem Becher[11]) dargetan. Endlich zeigt
Külpe, daß der Einwand, der dem Dualismus vorwirft, er
lasse das Einheitsbedürfnis des menschlichen Geistes unbefriedigt, „entweder von einer falschen Interpretation des Ein-
heitsbedürfnisses oder von einer unrichtigen Ansicht über den
Dualismus"[12]) ausgeht.

So kommt er zu dem Resultat: „Nach alledem wird man
den Dualismus als eine mögliche, ja wahrscheinliche metaphysische Richtung ansehen dürfen. Denn mit der Naturwissenschaft und der Psychologie verträgt er sich offenbar
besser, als der Materialismus und der Spiritualismus. Er
wird nicht nur der tatsächlichen Verschiedenartigkeit von
Körper und Seele gerecht, sondern auch den zwischen beiden
erfahrungsgemäß bestehenden Abhängigkeitsbeziehungen. Er
entspricht zugleich den Bestrebungen der modernen Biologie,
die einseitig mechanistische Auffassung der Lebensvorgänge,
die sich zur Deutung derselben nicht als ausreichend erweist,
zu überwinden, und vermag die Bewußtseinserscheinungen als
ein notwendiges Glied in der Entwicklung der Lebewesen zu
begreifen. Nicht minder befindet er sich im Einklang mit der
Erkenntnistheorie, die das Subjektive und das Objektive
als die beiden phänomenalen Faktoren der vollen Erfahrung
nachweist, und hält er sich von der willkürlichen Ausdehnung
des Psychischen frei. Auch verliert sich der strenge Charakter

des Gegensatzes zwischen seinen beiden Realitäten, wenn man sich vergegenwärtigt, daß innerhalb einer jeden von ihnen ganz erhebliche Unterschiede tatsächlich bestehen. — Die eigentlichen Schwierigkeiten des Dualismus bestehen nicht in dem allgemeinen Standpunkt, sondern in der speziellen Ausgestaltung seiner Lehre und hängen teils mit der Frage nach dem Wesen der Seele, teils mit den genaueren Vorstellungen über die Natur der psychophysischen Kausalität zusammen[13]."

Wie haben nun wir uns im Zusammenhang unserer Betrachtungen zu dieser Auffassung zu stellen? Es ist bereits gesagt worden, daß wir mit der Ablehnung der landläufigen Einwände gegen den Dualismus (der Substanzen) durchaus einverstanden sind.

Bezüglich der Frage, ob der Dualismus oder der Monismus (wie wir statt Materialismus und Spiritualismus in diesem Zusammenhang sagen müssen) mit der Naturwissenschaft und der Psychologie sich besser verträgt, kann man verschiedener Meinung sein. Die Verschiedenartigkeit von Körper und Seele, wenn man darunter Substanzen versteht, ist ja gerade fraglich und darf kaum als durch Naturwissenschaft und Psychologie erwiesen betrachtet werden. Die Differenz des physischen und des psychischen Geschehens aber wird auch vom Monismus durchaus anerkannt, und die Abhängigkeitsbeziehungen zwischen den beiden Reihen des Geschehens werden vom Monismus im Prinzip des psychophysischen Parallelismus mindestens ebenso korrekt festgestellt wie vom Dualismus im Prinzip der psychophysischen Wechselwirkung[14]. Die Bestrebungen moderner vitalistischer Biologen[15]) finden nicht bei allen Naturforschern und Philosophen die gleiche Würdigung, und wenn man auf dem Standpunkt des Monismus nicht die Bewußtseinserscheinungen als kausale Zwischenglieder im Prozeß der Entwicklung der Lebewesen anerkennt, so betrachtet man als solche Zwischenglieder die psychophysischen Prozesse mit ihrer eigenartigen Gesetzmäßigkeit, die, wie man am Beispiel des Assoziationsgesetzes besonders deutlich zeigen kann[16]), mit der Gesetzmäßigkeit des psychischen Lebens durchaus übereinstimmt. Nur dadurch, daß die mechanistischen Biologen nicht bloß die Bewußtseinsvorgänge, sondern auch die nervösen Prozesse und nervösen Dispositionen bei der Erklärung der Lebenserscheinungen manchmal außer Betracht lassen, setzen sie sich in Nachteil gegenüber ihren vitalistischen Kollegen[17]).

Einen Vorzug zugunsten des Dualismus gegenüber dem Monismus haben wir also bisher nicht entdecken können. Wohl aber finden wir nun, wenn wir die eigentlich erkenntnistheoretischen Probleme ins Auge fassen, entschiedene Nachteile am Dualismus. Wir haben die Substanzen eingeführt als beharrende Teilbedingungen psychischen und physischen Geschehens. Kann man nun aber zwischen den Bedingungen physischen und denen psychischen Geschehens überhaupt unterscheiden? Wir haben das Physische zunächst als Bedingung der durch psychologische Gesetze nicht erklärbaren psychischen Prozesse, der Wahrnehmungen, erschlossen, haben aber auch gefunden, daß das Physische unter sich in Funktionsbeziehungen stehen muß. Das Physische ist also gewiß gleichzeitig Bedingung des physischen und des psychischen Geschehens.

Das wirkliche psychische Geschehen haben wir erschlossen als Bedingung für das Auftreten idealer Gegenstände. Eine Reihe von psychischen Vorgängen, nämlich alle Reproduktionen (mit Ausnahme der wenigen, welche die Psychologie als freisteigende bezeichnet, wenn es überhaupt solche gibt), alle Produktionen und die meisten Aufmerksamkeitsprozesse, haben wir zu andern psychischen Vorgängen, den Reproduktions-, Produktions- und Beachtungsmotiven, in Funktionsbeziehung gebracht. Das als Motiv fungierende Psychische ist also Bedingung psychischen Geschehens. Die Psychologie selbst sieht sich jedoch veranlaßt, bei der Erklärung der psychisch bedingten Geschehnisse das Gebiet des psychischen Geschehens zu überschreiten, d. h. die Motive nicht als zureichende, sondern nur als Teilbedingungen der von ihnen abhängigen Prozesse zu betrachten. Es ruft ja z. B. keineswegs dasselbe Reproduktionsmotiv oder dieselbe Kombination von Reproduktionsmotiven stets dieselbe Reproduktion hervor. Wenn vor kurzem etwa von Frankfurt die Rede war, und es spricht jetzt jemand den Namen Goethe aus, so wird die Mehrzahl der gebildeten Deutschen zunächst an die Geburtsstadt des Dichters denken. Hört man jedoch den Namen Goethe ohne irgendwelchen andern Zusammenhang, nachdem kurz zuvor von Italien die Rede war, so werden meist Goethes Beziehungen zu Italien in den Vordergrund des Bewußtseins treten. Dasselbe Reproduktionsmotiv, das Wort Goethe, reproduziert einmal die Vorstellung von Frankfurt, das andere Mal die von Italien. Wenn man den Lebensnerv der Wissenschaft, das Kausalprinzip oder das Prinzip gesetzmäßigen Funktionszusammenhangs, nicht preis-

geben will, muß man annehmen, daß das, was als in beiden
Fällen gleiche Bedingung verschiedene Konsequenzen hat, nicht
zureichende Bedingung ist, sondern durch andere, in beiden
Fällen verschiedene Teilbedingungen erst zur zureichenden
Bedingung ergänzt wird. Man wird also sagen: Der Umstand,
daß im einen Fall kurz vorher Frankfurt, im andern kurz
zuvor die Vorstellung Italien da war, wirkt mit bei der Herbeiführung der verschiedenen Reproduktionen. Nun sind aber
diese vorher dagewesenen Vorstellungen beim Auftreten des
Reproduktionsmotivs bereits vergangen, und eine Funktionsbeziehung derselben zur Reproduktion über zeitliche Distanz
hinweg anzunehmen, ist schon deshalb unmöglich, weil das
zeitliche Intervall zwischen ihrem Auftreten und der Reproduktion ein in sehr weiten Grenzen variables ist. Man wird
also durch diese ebenso wie auch durch ganz andere Überlegungen dazu gedrängt, etwas namhaft zu machen, was nach
dem Verschwinden der Vorstellungen (oder der Gedanken)
übrig bleibt. Wir bezeichnen diese beharrende Teilbedingung
unserer Terminologie entsprechend als Disposition. Die Disposition speziell zu Reproduktionen heißt in der Psychologie
Reproduktionsgrundlage.

Die Reproduktionsgrundlagen kann man als psychisch
bedingt und als Bedingungen von Psychischem betrachten. Aber
die Gehirnpathologie zeigt, daß physische Einflüsse die Reproduktionsgrundlagen zerstören können, daß diese Reproduktionsgrundlagen also doch auch in den physischen Funktionsverband aufgenommen sind, und wer, wie der Dualist, eine
Wechselwirkung des Physischen und des Psychischen annimmt,
muß die Reproduktionsgrundlagen auch als Bedingungen von
Physischem betrachten. Das Physische ist also, wenigstens
nach der Meinung des Dualisten, nicht nur physisch, sondern
vielfach auch psychisch bedingt und Physisches und Psychisches bedingend, und von den Reproduktionsgrundlagen
(und allen andern Dispositionen, wie zu zeigen wäre) gilt das
gleiche. Welcher Grund besteht also, zwischen physischen
Substanzen und psychischen Dispositionen zu unterscheiden?

Solange man noch im Sinne des kartesianischen Dualismus
die Seele als unausgedehnte und einfache Substanz der ausgedehnten und teilbaren Körperwelt gegenüberstellte, solange
mochte man die Unterscheidung für begründet halten. Wenn
man aber im Sinne eines modernen Materialismus für alle
Substanzen, auch für die (fälschlicherweise) einseitig zu dem

physischen Geschehen in Beziehung gebrachten, nur das Außereinandersein im Raum, nicht eine konstante Ausdehnung, in
Anspruch nimmt, wenn man einsieht, daß das Auseinandersein
im Raum, wie die Lokalisationsversuche Descartes' und seiner
Nachfolger beweisen [18]), auch von den Dualisten für ihre Seelensubstanzen angenommen werden muß, wenn man weiß, daß
die wissenschaftliche Psychologie sich wohl vielfach zur Anerkennung der mannigfachsten sich verbindenden und trennenden Dispositionen, keineswegs aber zur Annahme einer einfachen, unteilbaren Seelensubstanz veranlaßt sieht, und wenn
man endlich zugibt, daß Dispositionen wie die Reproduktionsgrundlagen weder als Bedingung noch als Bedingtes aus-
schließlicher zum Psychischen in Beziehung gebracht werden
können als irgendwelche anderen Substanzen, dann wird man
kaum Grund finden, am Substanzendualismus festzuhalten.

Dabei haben wir uns bisher auf den Standpunkt derjenigen
Lehre gestellt, die dem Dualismus noch am weitesten ent-
gegenkommt, indem sie psychische Bedingungen und psychisch Bedingtes in ihrer Welterklärung eine große Rolle
spielen läßt. Diesen Standpunkt müssen wir nun verlassen,
wenn wir dem Prinzip möglichster Sparsamkeit in der Wahl
der Erklärungsprinzipien Rechnung tragen wollen. Auch der
Dualist gibt nämlich zu, wofern er vertraut und einverstanden
ist mit den Ergebnissen der wissenschaftlichen Psychologie,
daß das uns bekannte Psychische durchaus an das Vorhandensein derjenigen Substanz und derjenigen Prozesse gebunden
ist, die in der Hirnrinde und dem dort stattfindenden Geschehen dem Naturforscher erscheinen. Er nimmt nicht an,
wie der monistische Vertreter der Lehre vom psychophysischen
Parallelismus, daß unmittelbar an gewisse als Rindenprozesse
erscheinende physische Vorgänge psychisches Geschehen geknüpft ist. Aber er bestreitet nicht, daß ohne diese Hirnprozesse das psychische Geschehen „in der Seelensubstanz"
nicht ausgelöst würde. Bedingung im Sinne der unabhängig
Variablen (wenn auch ihrerseits vielleicht durch anderes
Psychisches Bedingten) sind also auch nach der Ansicht
des Dualisten ganz bestimmte Gehirnprozesse für ganz bestimmte psychische Vorgänge [19]). Nur soll die darin zu findende
Bedingung keine zureichende sein, sondern stets noch einer
beharrenden Teilbedingung, der Seelensubstanz, zur Ergänzung
bedürfen. Fragt man nun aber nach dem Grund der Annahme
dieser ergänzenden beharrenden Teilbedingung, so lautet die

Antwort nicht etwa, es könnten die betreffenden Prozesse in einem lebenden Gehirn gelegentlich gegeben sein, ohne daß die psychischen Vorgänge sich einstellten, und deshalb müsse man eine gelegentlich auch abwesende Seele annehmen, die dann, wenn sie vorhanden sei, mit den betreffenden Gehirnprozessen zusammen das Ganze der Bedingungen für das Entstehen der psychischen Vorgänge darstelle. Wenn man diesen Grund anführen könnte, so wäre gegen den Dualismus der Substanzen kaum mehr etwas einzuwenden. Der Unterschied der Seelen von den andern Substanzen bestände dann in der merkwürdigen Fähigkeit jener, zu kommen und zu gehen, ohne gesehen zu werden, so wie sich's tatsächlich der naive Mensch vielfach denkt.

Aber ein aufgeklärter Dualist und Vertreter der wissenschaftlichen Psychologie will mit dieser Auffassung gewiß nichts zu tun haben. Die Seele ist für ihn mit dem lebenden Gehirn dauernd verbunden und wenn die nötigen Gehirnprozesse auftreten, dann stellen sich, wie er wohl ohne weiteres zugibt, auch die psychischen Vorgänge ein. Damit wird aber die Annahme einer stets vorhandenen beharrenden Teilbedingung, die zu jedem nach der Ansicht des Monisten unmittelbar von einem Bewußtseinsvorgang begleiteten Gehirnprozeß noch hinzutreten muß, damit das psychische Geschehen eintreten kann, durchaus überflüssig.

Bezeichnen wir nun der Einfachheit halber einmal die Gehirnprozesse, die als Bedingungen psychischer Vorgänge in Betracht kommen, mit der Buchstabenreihe a, b, c, d usw., die bedingten psychischen Geschehnisse mit den entsprechenden großen Buchstaben, und nehmen wir einmal an, a sei die Bedingung von A, A diejenige von b, und b diejenige von B — im Sinne des Dualismus. Dann muß beim Auftreten von a auch nach der Ansicht des Dualisten b herbeigeführt werden, obwohl b nicht direkt durch a, sondern „psychisch" bedingt sein soll. Könnte a gelegentlich auch ohne A auftreten, dann wäre die Behauptung, b sei nicht durch a, sondern durch A bedingt, von großer Tragweite. Das ist aber, wie wir gesehen haben, nicht der Fall. Die konstante Folge des Bedingten, das mit dem Dasein einer Bedingung immer gegeben ist, kann jederzeit auch als konstante Folge dieser Bedingung betrachtet werden. Man kann also die Erklärung für das Auftreten eines C oder c wesentlich vereinfachen, wenn man statt a-A-b-B nur a-b oder A-B als Bedingung berücksichtigt. Ob

man a-b oder A-B wählen solle, scheint zunächst Geschmacks-
sache zu sein. Aber wenn man bedenkt, daß dem A immer
ein a als unabhängige Variable zugeordnet ist, gewinnt die
Bedingungsreihe a-b-c doch eine übergeordnete Bedeutung.
Wenn alle physischen Prozesse bekannt und in ihren Funktionszusammenhängen durchsichtig wären und wenn man von jedem
psychischen Vorgang wüßte, welchem physischen er als abhängige Variable zugeordnet ist, dann könnten und müßten
nach dem Prinzip möglichster Sparsamkeit mit Erklärungsprinzipien die Begriffe der psychischen Bedingung und des
psychisch Bedingten aus unserer · Weltanschauung verschwinden.

Damit würde aber dem Dualismus der Substanzen erst
recht aller Boden entzogen und die Annahme der Gleichartigkeit aller Substanzen als der beharrenden Teilbedingungen
für psychisches und physisches Geschehen noch wahrscheinlicher gemacht. Zur Vermeidung von Mißverständnissen sei
übrigens ausdrücklich bemerkt, daß wir mit der Behauptung
der Gleichartigkeit aller Substanzen nicht die zahlreichen Unterschiede zwischen ihnen leugnen wollen, die wir aus den Differenzen der idealen Gegenstände, in denen sie uns erscheinen,
erschließen müssen. Auch der Dualist nimmt ja außer der
Gattungsverschiedenheit der Materie und der Seele noch Artunterschiede innerhalb des Gebietes sowohl der materiellen
als auch der seelischen Substanzen an. Nur der Gattungs-
unterschied, nicht die Artunterschiede werden vom Monismus
bestritten.

Ein weiterer, in der Popularphilosophie noch vielfach für
besonders triftig gehaltener Einwand gegen den Dualismus
der Substanzen betont, daß noch niemand eine Seelensubstanz
gesehen habe, und daß es deshalb bei ihrer Annahme sich nur
um eine Erdichtung handeln könne. Dieser Einwand ist, wenn
wir von seiner naiven Formulierung absehen, durchaus nicht
zu unterschätzen, wenn man sich andererseits auch vor einer
Überschätzung desselben hüten muß. So wie er meist vor-
gebracht wird, verrät er freilich eine ganz unphilosophische naiv
realistische Denkweise, die ohne Bedenken das und nur das
für wirklich hält, was sich sehen und mit Händen greifen läßt.
Aber die Fassung läßt sich leicht ändern, und dann kommt ein
ganz bemerkenswerter Gedanke zum Ausdruck. Statt des
Satzes: Seelen gibt es nicht, weil sie nirgends zu sehen sind,
kann der Philosoph die These aufstellen: Die Annahme von

Seelensubstanzen ist unwahrscheinlich, weil diese nicht erscheinen.

Man wendet dagegen vielleicht ein, es gebe nicht nur ein Erscheinen in idealen Gegenständen der äußeren, sondern auch in solchen der inneren Wahrnehmung, und wenn die Seele nicht als ein Objekt der Körperwelt erscheine, so offenbare sie sich als Substrat des Seelenlebens. Aber dieser Einwand verbindet Richtiges mit Unrichtigem und steckt voller Unklarheit. Selbstverständlich erkennen wir nicht nur die idealen Gegenstände der äußeren, sondern auch die der inneren Wahrnehmung als Erscheinungen an, und daß wir beharrende Teilbedingungen des psychischen Geschehens (Substrate des Seelenlebens) annehmen müssen, wurde oben ausdrücklich hervorgehoben. Aber wir müssen unterscheiden zwischen den Erscheinungen physischen Geschehens, den Erscheinungen psychischen Geschehens und den Erscheinungen von Substanzen.

Was uns in den idealen Gegenständen der Selbstwahrnehmung erscheint, sind die psychischen Geschehnisse, sind nicht Substanzen. Was uns in den idealen Gegenständen der äußeren Wahrnehmung erscheint, sind physische Geschehnisse und Substanzen. Der Gegenstand einer einzelnen äußeren Wahrnehmung ist zwar, wie wir gesehen haben, die Wirkung und damit die Erscheinung einer ganzen Reihe von Teilbedingungen, Prozessen und Substanzen, die nicht gesondert werden könnten, wenn es nur eine Art von äußeren Wahrnehmungen gäbe. Aber durch die Wahrnehmungen der verschiedenen Sinnesgebiete wird es, wie oben gezeigt wurde, möglich, die Teilbedingungen der äußeren Wahrnehmung zu analysieren, und den verschiedenen Teilbedingungen verschiedene Erscheinungen zuzuordnen. Daß wir auch das psychische Geschehen zu analysieren imstande sind, wird niemand bestreiten. Wir schließen aus dem Auftreten und den Veränderungen aller idealen Gegenstände auf die Entstehung und den Ablauf der sie erfassenden psychischen Prozesse und bringen die Resultate, die wir dabei gewinnen, in Beziehung zu den idealen Gegenständen der Selbstwahrnehmung, die wir als Erscheinungen der wirklichen psychischen Prozesse betrachten. Aber wenn wir in psychologischer Betrachtung Gefühle, Vorstellungen aller Art, Gedanken und andere von uns erfaßte Gegenstände unterscheiden können und wenn wir überzeugt sein dürfen, daß durch die phänomeno-

logische Analyse absolute Objekte in ihre wirklichen Elemente
zerlegt werden, so müssen wir behaupten, daß die psychische
Wirklichkeit nur in einem Geschehen besteht oder daß doch
wenigstens Prozesse alles sind, was uns von ihr erscheint.

Man sagt vielleicht, die Einheit des Bewußtseins oder das
Ich, das mit jedem besonderen Gegenstand der inneren Wahrnehmung stets zusammen erfaßt wird, sei die Erscheinung
der besonderen Seelensubstanz. Aber welches Recht haben wir,
diese Erscheinung von den stets damit verbundenen Erscheinungen zu sondern? Wenn wir in der äußeren Natur immer
nur Veränderungen wahrnehmen würden, wenn mit dem Aufhören von Veränderungswahrnehmungen alle Wahrnehmungen
überhaupt aufhören würden, dann wäre der Begriff der Substanz
wohl nie gebildet worden. Aber nicht nur bewegte, sondern
auch ruhende Körper sind uns als ideale Objekte der äußeren
Wahrnehmung gegeben. Freilich könnte eine Substanz, in
der sich gar kein Geschehen vollzieht, eine beharrende Teilbedingung, die nicht, durch hinzutretende Teilbedingungen
ergänzt, wirkliche Prozesse bedingt und letzten Endes psychische Vorgänge zur Folge hat, überhaupt nicht erscheinen.
Aber wir haben ja ausdrücklich betont, daß die Erscheinungen,
die wir einzelnen Teilbedingungen zuordnen, niemals bloß durch
diese Teilbedingungen hervorgebracht sind. Wir stellen daher
auch nicht die unsinnige Forderung auf, daß eine Seelensubstanz, in der sich gerade gar kein Geschehen vollzieht, trotzdem
einen Prozeß der inneren Wahrnehmung anrege, um im idealen
Gegenstand derselben unvermischt mit andern absoluten Objekten zu erscheinen. Aber wie wir das Bild des ruhenden
von dem des bewegten Körpers sondern können, obgleich absolut regungslose Materie niemals eine Wahrnehmung herbeizuführen imstande wäre, so müßten wir auch ein Subjekt ohne
Vorstellungen, Gedanken, Gefühle, kurz ohne alle psychischen
Regungen erfassen können, wenn die Behauptung von der Erscheinung der Seelensubstanz in dem Ich unserer Selbstwahrnehmung eine einigermaßen haltbare Begründung finden sollte.
Da das Ichbewußtsein mit dem Bewußtsein psychischen Geschehens aufs unzertrennlichste verknüpft ist, kann man mindestens mit demselben Recht wie jene Behauptung den Satz
aufstellen, es werde durch das stets auf die idealen Gegenstände
der Selbstwahrnehmung passende Attribut „mein“ in Wendungen wie mein Gedanke, mein Gefühl, meine Vorstellung
eine allen psychischen Prozessen gemeinsame Eigentümlichkeit

(die in einer gleichartigen Beschaffenheit der idealen Gegenstände der Selbstwahrnehmung zur Erscheinung kommt), also nichts weniger wie eine Substanz bezeichnet.

Die beharrenden Teilbedingungen psychischen Geschehens, also das, was wir nach unserer Terminologie mit Recht als das Substrat des Seelenlebens betrachten dürfen, die Seelensubstanz, wie sie der Psycholog anzunehmen sich gezwungen sieht, erscheint dem Naturforscher als Teil der Großhirnrinde. Eine andere Seelensubstanz erscheint überhaupt nicht. Wir sind nun weit entfernt, aus dem Nichterscheinen auf die Nichtexistenz zu schließen. Wir haben ja die Annahme absoluter Gegenstände keineswegs begründet durch den Hinweis auf die idealen Gegenstände, in denen sie erscheinen, sondern durch den Nachweis, daß sie angenommen werden müssen, wenn man das Auftreten und Verschwinden der idealen Gegenstände wissenschaftlich erklären, wenn man also überhaupt Wissenschaft treiben will. Man muß viele absolute Gegenstände als wirklich annehmen, die wohl niemals in dem idealen Gegenstand der Wahrnehmung eines lebenden Wesens zur Erscheinung kommen, wie z. B. das Erdinnere oder unsichtbare Sterne, die nur als Bedingungen für anderes Erscheinendes oder sonstwie notwendig Anzunehmendes erschlossen werden. Deshalb haben wir betont, daß das Argument von der Unsichtbarkeit einer besonderen Seelensubstanz auch in seiner philosophischen Fassung nicht überschätzt werden dürfe.

Wenn irgendein Grund bestände für die Annahme einer besonderen Seelensubstanz, so würden wir uns dazu bekennen, ohne den Nachweis abzuwarten, daß sie irgendwo erscheine. Aber ein solcher Grund scheint nach unsern bisherigen Betrachtungen eben nicht vorzuliegen. Deshalb wird uns die Ablehnung des Substanzendualismus durch das Fehlen einer besonderen Erscheinung, die mit einiger Wahrscheinlichkeit als Ausdruck der Verschiedenheit zwischen seelischen und andern Substanzen gedeutet werden könnte, allerdings erleichtert.

Wenn man nur wenigstens bei der Behauptung der Verschiedenheit von seelischen und andern Substanzen sich irgend etwas Bestimmtes denken könnte[20])! Man kann doch nicht einfach sagen: Sie sind verschieden. Es läßt sich zwar nicht angeben, worin die Verschiedenheit besteht, weil die Substanzen überhaupt unerkennbar sind. Es zeigt sich auch keine Verschiedenheit in den Erscheinungen, die auf irgendeine Differenz der beiden Arten von Substanzen hindern könnte, weil die eine

Art oder weil vielleicht auch beide Arten überhaupt nicht
erscheinen. Aber trotz alledem sind sie verschieden. Mit einer
solchen Lösung würde sich gewiß niemand zufrieden geben.

Aber immer und immer wieder tauchen Scheingründe
auf. Vielleicht macht uns jemand trotz all unsrer bisherigen
Ausführungen noch den Einwand: Ja, ist denn die Verschiedenheit des Physischen und des Psychischen nicht groß genug,
um auf eine Verschiedenheit der physischen und der psychischen Substanz schließen zu lassen? Ist denn nicht innerhalb eines Seelenlebens alles, was darin enthalten ist, viel
aufgeschlossener gegeneinander wie irgendwo die Elemente
der Körperwelt und ist zwischen dem Seelenleben verschiedener
Subjekte nicht eine viel tiefere Kluft, als wir sie irgendwo
in der Körperwelt finden?

Darauf antworten wir mit der nochmaligen ausdrücklichen
Feststellung, daß Physisches und Psychisches nicht Erscheinungen von Substanzen dind. Physische und psychische Geschehnisse sind selbst absolute Gegenstände, die in den idealen
Objekten der äußeren und der inneren Wahrnehmungen erscheinen, und ihrer Verschiedenheit entspricht die Verschiedenheit ihrer Erscheinungen, die wir in vollem Umfang anerkennen.
Substanzen werden erschlossen als beharrende Teilbedingungen
von Geschehnissen, physischen sowohl als psychischen, und wir
haben zu zeigen versucht, daß man zwischen den beharrenden
Teilbedingungen des physischen und des psychischen Geschehens, zwischen physischen und psychischen Substanzen, zunächst deshalb nicht unterscheiden könne, weil alle Substanzen
Bedingungen von beiden Arten des Geschehens sind. Wenn wir
Erscheinungen von Substanzen überhaupt annehmen dürfen
(eine Frage, die wir mit möglichster Zurückhaltung behandeln
möchten), dann sind es die idealen Gegenstände unserer Wahrnehmungen von ruhenden unverändert bleibenden Körpern, die
wir allein als solche ansprechen können. Was endlich das innere
Verhältnis der Substanzelemente anlangt, so wissen wir darüber
ebensowenig bei den Substanzen, die der Dualist als Materie, wie
bei denen, die er als Seele bezeichnet. Von einer Kluft zwischen
den Seelen verschiedener Individuen zu sprechen und das
Fehlen einer solchen Kluft in der Seele eines einzelnen Subjekts
zu betonen, mag jedem unbenommen bleiben, der Freude an
bildlichen Redensarten hat. Aber dann muß man auch sagen,
daß bei einem nicht auseinandergeschnittenen Stück Holz die
Bestandteile nicht durch die Kluft getrennt sind, die zwischen

zwei Stücken Holz sich auftut. Die Auffassung von der Diskontinuität der Materie vertritt nur der von uns preisgegebene
atomistische Materialismus in einer Form, die Veranlassung
geben könnte, der Seelensubstanz ein etwas anderes Gefüge
zuzuschreiben. Wir halten zwar fest an der Lehre vom Außereinander der Realelemente. Aber der Funktionszusammenhang,
den wir konstatieren, hat nichts von Diskontinuität an sich.
Und wenn wir konstatieren, daß mit der Änderung des Außereinanderseins der Substanzelemente der Funktionszusammenhang der durch sie bedingten Geschehnisse sich ändert, so
gilt das ebenso für die Dispositionen, die der Psycholog erschließt, wie für die Realelemente der leblosen Natur. Bei den
mit psychischem Leben begabten Organismen, die so in zwei
Teile geteilt werden können, daß beide Teile weiter leben,
ist eine Teilung der Seele durch eine geeignete Teilung des
Leibes durchaus nicht ausgeschlossen.

Verwechselt man also nicht die Erscheinungen des wirklichen seelischen Geschehens mit den Erscheinungen der Seelensubstanz und hält man sich gegenwärtig, was von den Substanzen überhaupt mit Bestimmtheit oder auch nur mit Wahrscheinlichkeit ausgesagt werden kann, läßt man sich auch
nicht durch unklare bildliche Redewendungen ein Wissen
vortäuschen, das nicht vorhanden ist, so kann man als Grund
für die Wesensverschiedenheit von Materie und Seele höchstens
noch bestimmte Gemütsbedürfnisse geltend machen. Die Seele
soll nicht Materie sein, weil die Materie etwas Unreines, das
Prinzip des Bösen, und überdies etwas ungemein Veränder-
liches, in den komplizierteren Bildungen Vergängliches ist.
Das sind Gedanken, die durch jahrhundertelange Glaubens-
gewöhnungen im Volksbewußtsein tief eingewurzelt sind.

Nun behaupten auch wir keineswegs, daß die Seele Materie
ist, ebensowenig wie wir der umgekehrten Behauptung beistimmen, die Materie sei Seele. Wir verstehen unter dem
Begriff Substanz nichts anderes als die beharrenden Teilbedingungen physischen und psychischen Geschehens und konstatieren, daß die Bedingungen des physischen von denen des
psychischen Geschehens überhaupt nicht getrennt werden
können. Wir nennen die Substanz daher nur Substanz und
sagen höchstens, daß sie zugleich Materie und Seele sei. Das
schließt nicht aus, daß wir die Substanz, soweit wir sie in
gewissen Erscheinungen, wie z. B. der Großhirnrinde, zu erfassen glauben, in engere Beziehung zum psychischen Ge-

schehen bringen als die Substanz, die uns etwa in der Erscheinung eines Felsblocks entgegentritt. Im Interesse der Bequemlichkeit des Sprachgebrauchs kann es zuweilen wünschenswert sein, daß unter dem Begriff Seele im engeren Sinn nur die Dispositionen verstanden werden, die der Psycholog als die dem Bewußtseinsleben zunächststehenden beharrenden Bedingungen des psychischen Geschehens erschließt. Der mit Redewendungen der Popularphilosophie operierende Philosoph würde demgemäß vielleicht sagen: Unter Seele verstehe ich die Substanz, an oder in der das psychische Geschehen sich abspielt, während ich diejenigen Substanzen, die nur äußere, mehr oder weniger entfernte beharrende Teilbedingungen des psychischen Geschehens sind, Nicht-Seelen nenne. Sollte man an einer derartigen Definition Gefallen finden, so wäre unser Standpunkt dahin zu präzisieren, daß bei Anwendung dieser Terminologie von jeder Seele behauptet werden müßte, daß sie auch Materie sei, während von der Nicht-Seele gelten würde, daß sie nur Materie sei.

Der Chemiker findet im Nervensystem und auch im zentralsten Teil desselben, der Großhirnrinde, keine andern als die auch in der unbelebten Natur vorhandenen Elemente. Es liegt daher die Annahme nahe, daß als Seelen im Sinn der zuletzt erwähnten Auffassung nur besonders komplizierte Bildungen der Materie in Betracht kommen. Daß diese Bildungen vergänglich sind, kann nicht geleugnet werden, und man begreift zunächst wohl die Abneigung eines ewigkeitsbedürftigen Gemüts gegen eine Lehre, die der Seele keine endlose Dauer zu garantieren vermag. Aber gerade deshalb sollte man erwarten, daß dem Scharfsinn so vieler mit ihren vitalsten Interessen an der Rechtfertigung des Dualismus beteiligter Denker kein Argument entgehe, das zugunsten des gefährdeten Unsterblichkeitsglaubens ins Feld geführt werden könnte. Die Schwäche der Begründung des Dualismus wird daher doppelt verhängnisvoll für ihn. Daran wird aber doch wohl kein Philosoph denken, einfach die Unwillkommenheit einer Lehre als Argument gegen dieselbe auszuspielen!

Im übrigen kann es nichts schaden, wenn wir den sogenannten Gemütsbedürfnissen der Unsterblichkeitsgläubigen noch ein wenig nachgehen, und einerseits vom rein ethischen Standpunkt aus feststellen, was daran sittlich berechtigt ist, andererseits prüfen, wieviel von diesen berechtigten Bedürfnissen durch den Dualismus eigentlich tatsächlich befriedigt würden, wenn er erkenntnistheoretisch haltbar wäre. Was uns an einem Menschen sittlich wertvoll ist, sind seine wissenschaftlichen, religiösen, künstlerischen, technischen, geselligen oder sonst für die Bereicherung des Menschenlebens in Betracht kommenden Fähigkeiten, seine Sympathien und Antipathien, wenn sie den Gegenständen so zugeteilt werden, wie wir glauben, daß diese es verdienen, sein Wollen und Handeln, wenn es aus guten Beweggründen hervorwächst, kurz gewisse psychische Regungen und die Bedingungen solcher, sofern sie nicht bloß unergänzte und deshalb unwirksame Teilbedingungen bleiben, sondern in Funktion treten. Wenn also ein Gemütsbedürfnis des Unsterblichkeitsgläubigen sittlich berechtigt ist, so ist es der Wunsch, das sittlich wertvolle psychische Leben eines Subjekts möge nach dem Zerfall seines Leibes noch fortdauern. Kann nun der Dualist diesem Wunsch Gewährung verheißen? Offenbar nur dann, wenn er annimmt, daß in der vom Leib befreiten Seele Bewußtseinsvorgänge stattfinden, die nicht mehr an die Bedingungen gebunden sind, von denen die uns bekannten psychischen Prozesse abhängen. Die Seele, die der Dualist höchstens als eine zu den Gehirndispositionen noch hinzutretende beharrende Teilbedingung des Bewußtseinslebens im Funktionsverband der Realelemente des lebenden Organismus erschließen kann — daß er es tatsächlich nicht kann, haben wir oben gesehen — müßte, losgelöst von der Materie, zureichende Bedingung des psychischen Geschehens werden oder in ganz anderen Teilbedingungen die notwendige Ergänzung finden. Konkreter, wenn auch weniger korrekt, können wir diesen Gedanken folgendermaßen formulieren: Während im lebenden Organismus die Fähigkeiten zu psychischem Leben und zu allen möglichen bedeutsamen Leistungen an die Verbindung einer komplizierten materiellen Substanz mit einer einfachen Seele (nach der Ansicht des wissenschaftlich orientierten Dualisten) gebunden sein sollen, müßte, wenn der Dualismus dem gläubigen Gemüt wirklich Befriedigung gewähren soll, angenommen werden, daß nach dem Tod alle Fähigkeiten aus dem ganzen Verband auf die einfache Seele übergehen. Daß dies wirklich der Fall sei, das folgt weder aus den Grundgedanken des Dualismus, noch deutet sonst irgendetwas darauf hin. Wenn man aber trotzdem eine so kühn aus der Luft gegriffene Hypothese aufzustellen wagt, dann kann man sich den Umweg über den Dualismus getrost ersparen. Mit solchen Mitteln läßt sich auch auf dem Boden des Monismus ein Gedankengebäude errichten, das allen Herzenswünschen des anspruchsvollsten Gemüts Rechnung zu tragen vermag.

6. Der Idealismus der Beziehungen (Idealrealismus).

Das unserm Erkennen unmittelbar gegebene sind, wie wir gesehen haben, die idealen Gegenstände. Wenn sie hinsichtlich ihres Auftretens und Verschwindens und ihrer Veränderungen in einen durchgehenden gesetzmäßigen Zusammenhang gebracht werden könnten, dann hätte die Wissenschaft gar keine Veranlassung, über sie hinauszugehen. Das ist aber nach dem früher Gesagten nicht der Fall. Absolute Gegenstände müssen als Bedingungen für das Auftreten der idealen Objekte angenommen werden. Bezeichnen wir diese absoluten Gegenstände im Gegensatz zu den idealen als „vom Erkennen unabhängig", so können wir es als das Ideal der Wissenschaft betrachten, das vom Erkennen Unabhängige zu finden und zu bestimmen.

Aber ist nicht etwas vom Erkennen Unabhängiges auch in den idealen Gegenständen zu finden? Sehen wir zu! Daß jetzt ein mit roten Strichen gezeichnetes Dreieck vor meinem Bewußtsein steht, das ist bedingt durch meine Vorstellung. Würde sich diese Vorstellung ändern, würden etwa die darin enthaltenen Rotempfindungen in Grauempfindungen übergehen, so müßte sich damit die Beschaffenheit des idealen Gegenstandes derselben unvermeidlich ebenfalls ändern. Die Seiten des Dreiecks würden eine graue Farbe annehmen. Durch alle möglichen Bedingungen können alle möglichen Modifikationen meiner Vorstellung herbeigeführt werden und stets erweist sich der ideale Gegenstand als abhängig variable Funktion dieser Umgestaltungen. Ich kann jetzt ein rechtwinkliges, jetzt ein spitzwinkliges, jetzt ein stumpfwinkliges Dreieck vorstellen, und wie ich es vorstelle, so steht es vor mir. Aber kann ich mir auch ein Dreieck mit zwei rechten Winkeln vorstellen? Keineswegs. Sobald ich mir eine gerade Linie vorstelle, auf der sich zwei Senkrechte erheben, wollen sich diese nicht mehr gegeneinander neigen, um den dritten Dreieckswinkel zu bilden. Ich fühle mich gebunden an eine Gesetzmäßigkeit des idealen Objekts.

Es scheint also in den mathematischen Beziehungen der idealen Gegenstände etwas von meinem Erkennen Unabhängiges vorzuliegen. Und was von den Größen- und Zahlen-

beziehungen gilt, das gilt auch von allen möglichen andern
Beziehungen. So wenig ich mir ein Dreieck mit zwei rechten
Winkeln oder eine Quadratwurzel aus 4, die größer oder
kleiner wäre als 2, denken kann, so wenig kann ich mir Gleichheit zwischen den Farben gelb und blau oder etwas ähnliches
denken. Das ist eine der Überlegungen, die Veranlassung gegeben haben zur Entstehung derjenigen erkenntnistheoretischen
Richtung, die wir als Idealismus der Beziehungen[1]) oder als
Idealrealismus[2]) bezeichnen.

Dazu kommen nun noch andere Gedankengänge. Wenn
wir uns fragen, was wir eigentlich von den absoluten Gegenständen wissen, von denen bisher die Rede war, von den
psychischen und physischen Geschehnissen und von den Substanzen, so müssen wir sagen: Nichts anderes, als daß sie
in bestimmten Funktionszusammenhängen untereinander und
mit ihren Erscheinungen bzw. überhaupt mit den idealen Gegenständen sehen. Von den Substanzen haben wir außerdem
angenommen, daß sie in wechselnde räumliche Beziehungen
zueinander gebracht werden. Substanzen und Geschehnisse
haben wir dadurch unterschieden, daß wir jene beharrende,
diese vergängliche Teilbedingungen von Veränderungen genannt haben. All unser Erkennen von den absoluten Gegenständen verläuft also in Verhältnisbegriffen[3]). Also sind die
Objekte dieses Erkennens nichts anderes als Verhältnisse. Das
ist ein zweiter Gedankengang, der mit Notwendigkeit zum
Idealrealismus zu führen scheint.

Wir haben ferner konstatiert, daß dem Forscher bei
seiner Arbeit das Ideal eines durchgehenden gesetzmäßigen
Zusammenhangs vorschwebt. Dieses Ideal scheint doch etwas
von seinem Erkennen Unabhängiges zu sein; denn es bestimmt
ja sein Erkennen. Die Beziehungen, die wir in der Wissenschaft statuieren, entstehen erst durch das Werk des Geistes.
Aber das, was uns zwingt, sie so und nicht anders anzunehmen,
ist unabhängig von uns vorhanden. Da wir mit dem Begriff
des Dinges an sich keinen Sinn verbinden können, da er sich
auflöst in Beziehungsbegriffe, und da Beziehungen als Abstrakta doch nicht die eigentliche Realität sein können, so
müssen wir die Realität in der Norm suchen, die sich in unserm
Wertbewußtsein ankündigt. Die Welt des Seins, die nicht
nur als Gegenstand unserer Wahrnehmung, sondern auch in
ihrer Umformung durch die Wissenschaft das Produkt unserer
Erkenntnisfunktion bleibt, hat zum Hintergrund das Reich

der Werte, unter dem man sich viel zu wenig vorstellen und denken kann, als daß man fürchten müßte, auch in ihm nur ein Vorstellungs- und Gedankenobjekt vor sich zu haben. Das ist der dritte von den Grundgedanken der Richtung, mit der wir uns hier auseinandersetzen müssen.

Daß wir auch in den idealen Gegenständen etwas vom Erkennen Unabhängiges finden können, wer wollte das leugnen? Jeder ideale Gegenstand ist von allen andern Erkenntnisakten unabhängig und abhängig nur von dem, in dem er erfaßt wird. Wenn wir einen idealen Gegenstand zu beschreiben unternehmen, so wird unsere geistige Tätigkeit bestimmt durch ihn. Darf man zur Wissenschaft alle Versuche rechnen, ein vom Erkennen Unabhängiges zu erfassen und zu bezeichnen, so wird freilich das Gebiet der Wissenschaft sehr erweitert; denn auch der Künstler, der ein Gebilde seiner Phantasie darzustellen sich bemüht, erfaßt und bezeichnet der Reihe nach die einzelnen Bestandteile des zunächst geschauten und dann seine Darstellung bestimmenden idealen Objekts, das abhängig ist von der ursprünglichen Konzeption, das aber unabhängig und richtunggebend der weiteren künstlerischen Tätigkeit gegenübersteht. Der Dichter benützt sogar dieselben Zeichen wie der Gelehrte bei seiner Darstellung und zwischen Dichtung und phänomenologischer Wissenschaft ist eine Grenze vielfach in der Tat kaum zu ziehen[4]), wenn man nicht die verschiedene Kompliziertheit der Gegenstände und die verschieden weit gehende Analyse betonen und darauf hinweisen will, daß der Dichter gegen Verschiebungen seines Phantasieobjekts während der Darstellung prinzipiell nichts einzuwenden hat, während der Gelehrte, der z. B. ein mythologisches Fabelwesen beschreibt, diesen idealen Gegenstand unverändert festhalten muß.

Aber sind mathematische und logische Gesetze nicht noch in anderer Weise vom Erkennen unabhängig wie alle idealen Gegenstände, die nur den Erkenntnisakten gegenüber als unabhängig bezeichnet werden können, denen nicht sie selbst ihr Dasein verdanken? Man sollte es offenbar erwarten. Nehmen wir einmal an, alle absoluten Objekte kämen zur Erscheinung für einen universalen Geist, der allen äußeren Bedingungen der Wahrnehmung gleich nahe stünde. Dann müßten in der Erscheinungswelt eines solchen Geistes alle Funktionszusammenhänge der absoluten Gegenstände zur Darstellung kommen als Zusammenhänge zwischen vorgestellten und gedachten Objekten. Diese Zusammenhänge wären nicht bloß vorgestellt und gedacht, ja sie wären vielleicht zum großen Teil überhaupt nicht vorgestellt und gedacht, denn das Bestehen von Beziehungen und das Erfassen derselben muß wohl unterschieden werden. Sie wären bedingt durch die Bedingungen, die unabhängig vom Erkennen sind und das Erkennen selbst bedingen, und müßten eben deshalb als unabhängig vom Erkennen bezeichnet werden.

Da nun aber die absoluten Gegenstände uns nur sehr teilweise erscheinen, treten die zwischen ihnen bestehenden Zusammenhänge äußerst unvollständig zwischen den idealen Objekten, die uns gegeben sind, zutage. Nur soweit Bestandteile der absoluten Objekte so miteinander verbunden sind, daß sie nicht ohne einander erscheinen können, sind ideale Gegenstände in ihrem Auftreten aneinander gebunden, und Beziehungen der absoluten Objekte, die mit der Zeit nichts zu tun haben, müssen in Beziehungen der ihnen entsprechenden idealen Gegenstände sich darstellen, wenn wir diese zusammen vorstellen oder denken. Damit sind die Eigentümlichkeiten und Grenzen derjenigen Wissenschaften einigermaßen bestimmt, die gesetzmäßige Abhängigkeitsbeziehungen verschiedener Klassen von idealen Gegenständen erforschen, die wir deshalb phänomenologische Gesetzeswissenschaften oder erklärende Idealwissenschaften nennen können, und die etwa mit dem zusammenzufallen scheinen, was Meinong und seine ꞌSchüler neuerdings als „Gegenstandstheorie" in den Vordergrund des philosophischen Interesses zu rücken suchen [5]).

Das von uns Unabhängige in der Welt der idealen Gegenstände erkennen wir also in vollem Umfang an. Aber wie steht es nun mit der These, wir könnten auch im Gebiete der absoluten Gegenstände kein Sein und kein Geschehen, sondern nur Beziehungen erfassen, müßten also schließlich allen Wissenschaften den Charakter von Idealwissenschaften zuerkennen? Dieser Behauptung, der eigentlichen Voraussetzung des Idealismus, den wir nicht psychologischen Idealismus nennen dürfen, sondern Idealismus der Beziehungen [6]) nennen müssen, treten wir aufs entschiedenste entgegen. Wir stellen sie in eine Linie mit dem Satz, unsere Begriffe könnten nur Abstrakta erfassen, da sie sämtlich Abstraktionen seien. Diesen Satz haben wir verworfen unter Hinweis darauf, daß wir jeweils ganz genau wissen, ob wir mit einem Allgemeinbegriff die

Gesamtheit der konkreten Individuen oder das ihnen allen Gemeinsame, also ein Abstraktum, meinen. Und wie wir zwischen konkreten und abstrakten Gegenständen unserer Allgemeinbegriffe unterscheiden, so machen wir auch einen Unterschied zwischen etwas, was mit sich identisch ist, und der Identität, zwischen Objekten, die voneinander verschieden oder einander gleich sind, und der Verschiedenheit bzw. Gleichheit, zwischen Realelementen, die in räumlichen Beziehungen stehen, und den räumlichen Beziehungen, zwischen zeitlich verlaufendem Geschehen und der Zeit, kurz zwischen dem Sein und Geschehen einerseits und den Beziehungen andererseits.

Nun fragt man vielleicht: Ja, was ist denn das Etwas, das als in Beziehungen stehend gedacht werden soll? Ist es denn nicht etwas Undenkbares? Darauf antworten wir: Wenn Denkbarkeit gleichgesetzt wird mit Abbildbarkeit, dann ist es natürlich nicht denkbar. Wenn wir in der Bildung unserer Begriffe von allen Empfindungsbestandteilen der Vorstellungen abstrahieren und nur noch die unanschauenden Objektivitätsfunktionen übrig behalten, dann kann man doch nicht verlangen, daß durch sie der Gegenstand recht eigentlich angeschaut werde. Wenn unsere Vorstellungsobjekte Bilder genannt werden wegen ihrer Anschaulichkeit, dann sind die Gegenstände unserer Begriffe eben wegen ihrer Unanschaulichkeit keine Bilder. Aber so wenig wir die idealen Vorstellungsgegenstände als Photographien der absoluten Objekte betrachten, so wenig und noch viel weniger wenden wir diese Betrachtungsweise an gegenüber den idealen Denkgegenständen. Es muß eben als eine letzte Tatsache anerkannt werden, daß nicht nur die idealen Gegenstände Gegenstand unseres Erfassens sind, daß vielmehr durch sie wie durch Symbole auch etwas (nicht Abgebildetes, sondern nur) Bezeichnetes sich erfassen läßt. Der ideale Gegenstand des Begriffs Mensch ist offenbar immer derselbe. Zuweilen meinen wir nur diesen idealen Gegenstand, wenn wir das Wort Mensch aussprechen; meist aber meinen wir durch ihn die Summe aller einzelnen Menschen. Dabei wissen wir ganz genau, daß die Gesamtheit aller Menschen (auch wenn darunter nur die idealen Objekte unserer Vorstellungen von Menschen verstanden werden) etwas anderes ist als der ideale Gegenstand des Begriffes Mensch. Wenn wir nun durch den idealen Gegenstand eines Begriffes ideale Vorstellungsobjekte meinen können, die ihm nicht gleichen, warum sollen wir nicht auch absolute Objekte zu erfassen imstande sein, die ihm auch nicht zu gleichen brauchen oder die ihm ebenfalls nicht gleichen können?

Wir erfassen absolute Gegenstände keineswegs bloß durch Begriffe. Wenn das der Fall wäre, so müßte man behaupten, daß z. B. Kinder in den ersten Lebensjahren keine absoluten Objekte zu erfassen imstande seien. Eine solche Behauptung wäre aber ganz verkehrt, wie man leicht einsieht, wenn man bedenkt, daß kein Kind glaubt, die Dinge der Umgebung hörten auf, dazusein, wenn etwa seine Gesichtsbilder von ihnen durch Schließen der Augen verschwinden. Die Auffassung des naiven Realismus, die wir durchweg beim unentwickelten Menschen finden, widerspricht nicht der Behauptung vom Dasein der absoluten Objekte, sondern verkennt höchstens das Wesen der idealen Gegenstände und nimmt Eigenschaften der absoluten Gegenstände an, die diesen nicht zukommen können. Formuliert werden kann die Weltanschauung des naiven Realismus natürlich nicht vor der Entwicklung des begrifflichen Denkens, und wenn man unter dem Erfassen der absoluten Objekte das Bezeichnen ihres Unterschieds von den idealen versteht, dann ist ein solches Erfassen nur durch Begriffe möglich.

Als denkbar bezeichnen wir, was sich in symbolisierendem Erfassen von anderem Erfaßbaren unterscheiden läßt. In diesem Sinn ist ein Sein und ein Geschehen ebenso gut denkbar wie Beziehungen. Auf die Frage, wie sich ein Etwas, das in Beziehungen steht, von den Beziehungen unterscheidet, antworten wir: So wie etwa die Farbe rot und die Farbe grün von der zwischen ihnen bestehenden Verschiedenheit oder allgemeiner so wie die Eigenschaften der idealen Objekte von den zwischen ihnen zu erfassenden Beziehungen. In den idealen Gegenständen sind uns Beziehungen und ist uns noch anderes als Beziehungen gegeben. Wenn wir dieses andere auch nicht so, wie es uns gegeben ist, den absoluten Objekten zuschreiben dürfen, so haben wir doch ein Recht, die Bedingungen für das Erfassen dieses andern von den Beziehungen zu unterscheiden, die nicht einmal diejenige Selbständigkeit besitzen, die den sie tragenden idealen Gegenständen zukommt, geschweige daß sie als zureichende Bedingungen für das Auftreten aller idealen Gegenstände betrachtet werden dürfen.

Sehr schwer zu beantworten ist freilich die Frage, wie sich die Beziehungen, von denen wir annehmen, daß sie zwischen den absoluten Gegenständen bestehen, zur Wirk-

lichkeit verhalten. Sie sind unabhängig vom Erkennen,
d. h., sie bestehen auch, wenn sie nicht erfaßt werden.
Sie sind Teilbedingungen des Geschehens; denn wir haben
beispielsweise hervorgehoben, daß mit einer Änderung des
Außereinanderseins zweier Realelemente das durch diese
als durch beharrende Teilbedingungen bedingte Geschehen
sich ändert. Aber dürfen wir ihnen Wirklichkeit zuschreiben?
Wir haben gesagt: Als wirklich bezeichnen wir diejenigen
absoluten Gegenstände, die beharrende oder vorübergehende
Teilbedingungen für das Auftreten idealer Gegenstände sind.
Nach dieser Definition müßte auch den Beziehungen Wirklichkeit zugeschrieben werden. Aber eben deshalb regen sich
Bedenken, ob unsere Begriffsbestimmung nicht zu weit sei.

Wenn wir unsere Denkgewohnheiten analysieren, so finden
wir, daß wir den Begriff der Wirklichkeit mit dem der Selbständigkeit in engste Verbindung zu bringen pflegen, und die
Selbständigkeit scheint den Beziehungen ganz und gar zu
fehlen. Nun sind unsere Denkgewohnheiten freilich vielfach
reformbedürftig und gerade der Begriff der Selbständigkeit ist
nichts weniger als wohldefiniert. Aber der Gedanke, der sich
gewöhnlich mit dem Wort Wirklichkeit verbindet, verdient doch
wenigstens klar hervorgehoben zu werden. Zeigt sich dann,
daß er nicht haltbar ist, so dürfen und müssen wir ihn preisgeben. Versuchen wir es einmal, zu bestimmen, was unter
Selbständigkeit verstanden werden soll: Selbständig ist, was
für sich existieren kann. Das scheint die nächstliegende Definition zu sein. Aber in ihr haben wir den Begriff der Existenz, also der Wirklichkeit als bekannt vorausgesetzt, und
es geht natürlich nicht an, erst Selbständigkeit durch Wirklichkeit und dann Wirklichkeit durch Selbständigkeit zu bestimmen.

Wir definieren daher: Selbständig nennen wir eine Teilbedingung eines Geschehens, die auch fehlen kann, wenn die
übrigen Teilbedingungen des betreffenden Geschehens vorhanden sind, oder die wenigstens als fehlend gedacht werden
kann, wenn die übrigen Teilbedingungen als vorhanden angenommen werden. Wenn man diese Definition akzeptiert,
so sieht man leicht, daß nach ihr die Beziehungen nicht als
etwas Selbständiges betrachtet werden können. Das wird ganz
besonders deutlich, wenn man bedenkt, daß wir als Beziehungen
nur die Gleichheit, Verschiedenheit und Identität gelten lassen.
Räumliche Beziehungen sind räumliche Gleichheiten, Ver-

schiedenheiten oder lokale Identitäten, unter zeitlichen Beziehungen verstehen wir Gleichheit, Verschiedenheit, Identität von etwas, was nicht Gleichheit, Verschiedenheit, Identität ist, und unter qualitativen Beziehungen verstehen wir wiederum nichts anderes als Gleichheit, Verschiedenheit, Identität von etwas. Wenn wir die räumlichen Beziehungen der absoluten Gegenstände leugnen würden, so hieße dies: Diejenigen absoluten Gegenstände, die qualitativ und zeitlich gleich und zugleich erscheinen, weisen keine Verschiedenheit mehr auf oder diejenigen, deren Erscheinungen nach Qualität, Dauer und Zeitpunkt ihres Auftretens verschieden sind, können nichts Übereinstimmendes mehr haben.

Die räumliche Bestimmtheit der absoluten Gegenstände ist also das, was außer der zeitlichen und der in der Qualität der Erscheinungen sich offenbarenden Bestimmtheit noch Träger von Gleichheiten, Unterschieden und Identitäten, kurz von Beziehungen ist. Analoges gilt von der zeitlichen Bestimmtheit. Wenn wir nun auch die räumliche und zeitliche Bestimmtheit nur durch Relationen, durch die Resultate von Vergleichung und Unterscheidung bezeichnen können, wie wir überhaupt einen Gegenstand dadurch bestimmen, daß wir ihn von andern unterscheiden, so dürfen wir doch als wirklich nicht die Gleichheit oder Verschiedenheit betrachten, die unablösbar vorhanden ist, wo die räumlichen, zeitlichen und sonstigen Bestimmtheiten vorhanden sind, wenn wir das Gebiet des Wirklichen nicht weiter ausdehnen wollen, als auf die selbständigen Teilbedingungen für das Auftreten und die Veränderung der idealen Gegenstände, und wenn wir als selbständig nur die Teilbedingungen gelten lassen, die auch fehlen können, wenn die übrigen vorhanden sind[7]). Eine Substanz muß nicht immer mit derselben Art des Geschehens verbunden gedacht werden, räumliche, zeitliche und sonstige Bestimmtheiten können sich ändern, ohne daß die Änderung der einen unablösbar an die Änderung der andern geknüpft ist. Aber wenn zwei räumliche, zeitliche oder sonstige Bestimmtheiten vorhanden sind, dann ist die Beziehung zwischen ihnen nicht mehr variabel. Insofern scheinen die Beziehungen hinsichtlich der Selbständigkeit in der Tat eine Ausnahmestellung unter den Teilbedingungen des Geschehens einzunehmen. Aber warum nennen wir sie dann überhaupt noch Teilbedingungen?

Wir würden ohne weiteres von der Bedingung a eines Geschehens b sprechen, wenn mit dem Auftreten von a stets auch b auftreten würde. Wir sprechen von Teilbedingungen a, x, y des Geschehens b, weil a oder a und x gegeben sein kann, ohne daß b sich einstellt. Wenn mit a stets x und y auftreten und a, x, y stets b herbeiführen würden, dann würde auch a nie ohne das Gefolge b sich einstellen können. Wir hätten dann also gar keinen Grund, x und y als Teilbedingungen überhaupt namhaft zu machen. Die Beziehungen sind also, da sie mit den Bestimmtheiten unlösbar verknüpft sind, in der Tat gar nicht als Teilbedingungen des Geschehens zu betrachten. Der Schein, als seien sie solche Teilbedingungen, ist nur dadurch entstanden, daß wir die Bestimmtheiten, besonders die räumlichen und zeitlichen, mit den Beziehungen verwechselt haben, und diese Verwechslung wird dadurch nahegelegt, daß alles Bestimmen ein Vergleichen und Unterscheiden ist. Unsere Untersuchung über das Wesen der Selbständigkeit hat uns zur Erkenntnis dieses Irrtums gebracht, und wenn wir nicht der größeren Deutlichkeit halber bei der Definition, wirklich seien die selbständigen Teilbedingungen für das Auftreten und die Veränderung der idealen Gegenstände, bleiben wollen, können wir ruhig zu unserer früheren, mit Unrecht für zu weit gehaltenen Bestimmung der Wirklichkeit zurückkehren.

Oder sollte diese Rückkehr sich doch nicht empfehlen? Können nicht auch ideale Gegenstände Teilbedingungen für das Auftreten anderer idealer Gegenstände sein und haben wir nicht dieser Möglichkeit in der früheren Definition der Wirklichkeit dadurch Rechnung zu tragen versucht, daß wir nur diejenigen Teilbedingungen zur Wirklichkeit gerechnet haben, die selbst absolute Gegenstände sind, ohne dabei zu bedenken, daß im Begriff des absoluten Gegenstandes wieder das ganze Problem der Wirklichkeit steckt? Das Bedenken, das durch diese Frage angedeutet wird, läßt sich leicht beseitigen. Man sagt wohl, die drei gleichen Seiten eines Dreiecks seien Bedingung für die drei gleichen Winkel, und man spricht in ähnlicher Weise oft von idealen Gegenständen als von den Bedingungen anderer idealer Objekte. Aber wenn man einmal die absoluten Gegenstände als Bedingungen des Auftretens und der Veränderung der idealen Objekte eingeführt hat, werden die in den idealen Gegenständen zu findenden Bedingungen für die Gestaltung anderer idealer Objekte überflüssig. Wenn man z. B. feststellt, daß der ideale Gegenstand der Dreiecksvorstellung zureichend bedingt ist durch die Vorstellung und daß die Vorstellung herbeigeführt wird durch absolute Gegenstände mit besonderen räumlichen Bestimmtheiten in Verbindung mit anderen Teilbedingungen, so verliert die Konstatierung des Zusammenhangs zwischen den Seiten und den Winkeln des Dreiecks zwar keineswegs ihr wissenschaftliches Interesse. Sie gewinnt vielmehr an Bedeutung, indem sich mit ihr die Überzeugung verbindet, daß an besondere räumliche Bestimmtheiten absoluter Gegenstände andere räumliche Bestimmtheiten derselben und anderer absoluter Objekte gebunden sind, d. h. daß das mathematische Gesetz auch im Gebiet der Wirklichkeit gilt. Aber als Erklärung für das Auftreten und die Veränderung idealer Gegenstände wird man ein derartiges mathematisches Gesetz dann gewiß nicht mehr betrachten, wenn man in den absoluten Gegenständen die zureichenden Bedingungen für das Auftreten und die Veränderung der idealen Objekte erkannt hat.

Wir können also darauf verzichten, in der Definition der Wirklichkeit zu sagen, wirklich seien die absoluten Gegenstände, die Teilbedingungen für das Auftreten und die Veränderung der idealen Objekte sind, wenn wir definieren, wirklich seien die notwendigen Teilbedingungen für das Auftreten und die Veränderung der idealen Objekte. Im übrigen ist aber auch keineswegs etwas einzuwenden gegen die Bestimmung, wirklich seien die selbständigen Teilbedingungen für das Auftreten und die Veränderung der idealen Objekte, sobald der Begriff „selbständig" wie oben definiert wird.

Oder sollte doch in dieser letzteren Bestimmung noch eine unüberwindliche Schwierigkeit enthalten sein? Ist denn nicht auch eine Wirkung unablösbar gegeben, wenn die zureichenden Bedingungen vorhanden sind? Ermangelt sonach nicht jede Wirkung der Selbständigkeit, also nach der in Rede stehenden Bestimmung der Wirklichkeit? Wenn die letztere Frage bejaht werden müßte, dann könnten wir unsere Definition nicht aufrecht erhalten; denn bei dem durchgehenden Funktionszusammenhang ist das, was einerseits notwendige Folge ist, andererseits meist wieder Bedingung, und wir müßten einer Reihe wichtiger Bedingungen die Wirklichkeit absprechen, wenn wir alle Wirkungen gegenüber ihren zureichenden Bedingungen als unselbständig und deshalb als nicht wirklich betrachten müßten. Aber man muß bedenken, daß das, was in der einen Bedingungsreihe nur die Funktion eines von andern Teilbedingungen zureichend bedingten Durchgangsgliedes hat, in andern

Bedingungsreihen den dort vorhandenen Teilbedingungen als
durchaus selbständiges Ergänzungsglied zur Seite treten kann.
Dasjenige Bedingte, das nur Bedingtes oder nur Durchgangs-
glied, niemals auch selbständige Teilbedingung ist, läßt sich
kaum anderswo finden als in den idealen Gegenständen, und
diese bezeichnen wir in der Tat als unwirklich.

Ein Bedenken scheint freilich immer noch übrig zu bleiben
bezüglich der Stellung des Psychischen. Wir haben darauf
hingewiesen, daß die psychischen Prozesse nach der Auffassung
des psychophysischen Parallelismus stets abhängig Variable bestimmter physischer Prozesse sind, und daß die Begriffe der
psychischen Bedingung und des psychisch Bedingten aus
unserer Weltanschauung verschwinden könnten, wenn erst der
physische Funktionszusammenhang und die psychophysischen
Zusammengehörigkeiten in vollem Umfang bekannt wären.
Damit scheint doch die Selbständigkeit des Psychischen arg
gefährdet und Grund genug vorhanden zu sein, ihm die Wirklichkeit abzusprechen. Andererseits muß es uns absurd an-
muten, wenn diejenigen Bedingungen, ohne die überhaupt
keine idealen Objekte uns gegeben sein könnten, als unwirklich bezeichnet werden von einer Lehre, die alle Wirklichkeit aus dem Auftreten und den Veränderungen der
idealen Gegenstände erschließt. Die Lösung dieses Dilemmas
ergibt sich aus der vorsichtigeren Definition der Selbständigkeit, die wir oben schon der radikaleren an die Seite gesetzt haben. Wir sagten: Selbständig nennen wir eine Teilbedingung, die beim Gegebensein der übrigen Teilbedingungen
auch fehlen oder als fehlend wenigstens gedacht werden kann. Die vorsichtigere Wendung von dem „als fehlend
wenigstens gedacht werden können“ haben wir oben aufgenommen, um unsere Definition unabhängig zu machen von dem
Fortschritt der Spezialwissenschaften, die vielleicht noch von
manchen zunächst durchaus ohne einander zu denkenden Teilbedingungen erkennen, daß sie tatsächlich aufs Unzerreißbarste
aneinander gebunden sind. Auf Grund dieser vorsichtigeren
Definition können wir nun aber auch die Wirklichkeit des
Psychischen ohne Schwierigkeit anerkennen. Denn während
man beim Gegebensein zweier gleicher Objekte die zwischen
ihnen bestehende Gleichheit durchaus nicht als fehlend sich
denken kann oder während man mit dem Gegebensein dreier
gleicher Seiten eines Dreiecks die Annahme fehlender Gleichheit der Winkel nicht zu vereinigen imstande ist, kann man

sich die physischen Prozesse, die von der physiologischen Psychologie vielleicht einmal ganz genau als die zureichenden Bedingungen bestimmter psychischer Vorgänge erkannt werden, auch nach dem Gewinn dieser Erkenntnis ohne Schwierigkeit losgelöst von ihren psychischen Begleitern denken. Die Selbständigkeit des Psychischen im Sinne der vorsichtigeren Fassung unserer Definition steht also ganz außer Zweifel.

Damit wollen wir diese Betrachtungen über das Wesen der Wirklichkeit abschließen. Wir sprechen auf Grund unseres Wirklichkeitsbegriffs, wonach wir zur Wirklichkeit nicht alles rechnen, was am Wirklichen unabhängig vom Erkennen besteht (wie die wirkliche Gleichheit oder wirkliche Verschiedenheit des gewöhnlichen Sprachgebrauchs), den Beziehungen den Wirklichkeitscharakter ab und haben zu zeigen versucht, daß man durch beziehendes Denken auch etwas erkennen könne, was nicht Beziehung ist, ebenso wie man durch Begriffe, die samt und sonders Abstraktionen sind, nicht bloß Abstraktes, sondern auch Konkretes erfassen kann.

Daß der Idealismus der Beziehungen mit seiner Behauptung von der Alleinwirklichkeit der von uns als abstrakt und unwirklich erkannten Gegenstände unsere Anerkennung nicht finden kann, bedarf nach dem Gesagten wohl keiner weiteren Ausführung mehr. Nur mit ein paar Worten sei noch auf den Versuch eingegangen, das Reich des Seins in ein Reich der Werte aufzulösen[8]). Als Werte bezeichnen wir bestimmte Bedingungen für die Entstehung positiver Gefühle. Die unmittelbaren Bedingungen für das Auftreten von Gefühlen überhaupt sind psychophysische Prozesse, deren psychische Komponente in Akten des Gegenstandsbewußtseins besteht. Da aber die Gefühle stets erlebt werden im Hinblick auf die Gegenstände, die in diesen Akten erfaßt werden, so kann man auch diese Gegenstände als Werte bezeichnen. Die meisten Werte bestehen dann in idealen Gegenständen[9]), obwohl es auch nicht selten vorkommt, daß im Erfassen absoluter Objekte Wertgefühle erlebt werden.

'Wie man nun den Begriff des Wertes auch fassen mag, stets ist es unmöglich, das Gebiet der Wirklichkeit mit dem Reich der Werte zu identifizieren. Entweder werden dadurch ideale Gegenstände gänzlich unmotivierter Weise mit dem Charakter der Wirklichkeit ausgestattet oder es wird ein Teil der von uns als Bedingungen für das Auftreten und die Veränderung idealer Objekte erschlossenen absoluten Gegenstände für die Gesamtheit des Wirklichen ausgegeben, derjenige Teil nämlich, der Veranlassung wird für das Entstehen nicht indifferenter, sondern gefühlsstarker Vorstellungen und Gedanken. Weder zu jener Verkennung noch zu dieser Einschränkung des Gebietes der Wirklichkeit liegt irgendwelcher Grund vor. Wir lehnen also auch den Idealismus der Werte und Normen oder, wie man ihn vielleicht besser nennen würde, den Realismus der Ideale, den Idealrealismus, den wir bei Besprechung der Rickert'schen Wahrheitslehre schon von einigen seiner schwachen Seiten kennen gelernt haben, nunmehr in ganzem Umfang ab.

Eine besondere Art von Idealismus, die Mitte haltend zwischen dem psychologischen Idealismus und dem Idealrealismus, ergibt sich endlich bei denjenigen Philosophen, die Denken und Sein identifizieren, das Denken aber in schroffsten Gegensatz bringen zu allem Anschauen und es zum schöpferischen Prinzip in des Wortes kühnster Bedeutung machen. Diese Auffassung, deren Wurzeln zurückreichen bis in die Anfänge der griechischen Spekulation, wo Parmenides die Identität von Denken und Sein gelehrt hat[10]), die in der Hypostasierung der Zahlbegriffe bei den Pythagoräern[11]) offenbar eine wichtige Rolle spielt, und die ihre schärfste Ausprägung in der nach ihr genannten Identitätsphilosophie Schellings[12]) und Hegels[13]) gefunden hat, gilt auch heutzutage noch manchen als die einzige des Philosophen würdige Denkart.

Ein feierlicher Kultus der „Wissenschaft"[14]), tiefsinnige Verkündigungen von einer selbständigen Geisteswelt[15]), die wohl unterschieden wird von einer Geisterwelt und von einem Reich der psychischen Wirklichkeit, ein Schwelgen in Gedanken an die Spontaneität und die konstruktive Kraft des „reinen" Denkens[16]), ein gewaltiges Ringen mit selbstgeschaffenen Problemen[17]) und im Zusammenhang damit bedeutende Unklarheit — das sind die am meisten charakteristischen Züge dieser Philosophie.

Die Logik ist die Grundlage des Systems der Philosophie[18]). So lehrt einer der Vorkämpfer der Identitätslehre in der Gegenwart. Die Logik aber ist die Lehre von der Erkenntnis[19]) und das Wort Erkenntnis hat vier Bedeutungen, wenn nicht mehr. „Die Erkenntnis bedeutet erstens den einzelnen Erwerb der Forschung[20])," „bedeutet zweitens im Unterschiede vom Einzelnen das Allgemeine des Wissens[21]),"

„bedeutet drittens das Erkennen[22])“ und bedeutet viertens die reine Erkenntnis[23]).“ Man sieht hier schon: diejenige Logik, die klare Begriffe und korrekte Definitionen fordert, kommt als Grundlage dieser Philosophie nicht in Betracht.

Aber was denn für eine andere? Darauf erhalten wir die dunkle Antwort: Die Logik des Ursprungs[24])! Wenn wir diesem Rätselwort weiter nachgehen, so entdecken wir, daß „Ursprung“ nur die Verdeutschung von „Prinzip“ ist[25]). Logik als Prinzipienlehre zur Grundlage der Philosophie zu machen, ist offenbar ein Unternehmen, gegen das sich kaum etwas einwenden läßt, wenn man nicht an der ungewöhnlichen Namengebung Anstoß nimmt. Aber ist die „Logik des Ursprungs“ nun auch wirklich das, was man unter einer „Prinzipienlehre“ versteht? Ja und nein. Es werden zwar alle möglichen Grundbegriffe wie z. B. diejenigen der Realität[26]), der Substanz[27]), der Kausalität[28]), des Gesetzes[29]) usw. behandelt, und man könnte meinen, ein regelrechtes System der Metaphysik (wie man diese Art von Prinzipienlehre gewöhnlich nennt) vor sich zu haben. Aber die Art, wie diese Grundbegriffe behandelt werden, paßt doch wieder gar nicht zu dem, was man sonst unter Metaphysik versteht. Im Anschluß an das Verfahren Kants, der die Tafel der Kategorien im Hinblick auf die verschiedenen Urteilsarten entworfen hat, soll auch hier aus dem Wesen verschiedenartiger Urteile das Wesen des Denkens und demgemäß die Konstitution des Seins begriffen werden.

Dabei werden einander gegenübergestellt die Urteile der traditionellen formalen Logik, die Urteile der Mathematik, die Urteile der mathematischen Naturwissenschaft und die Urteile der Methodik[30]). Während wir der Meinung sind, daß die verschiedenen Arten der Urteile durchaus nichts Ursprüngliches darstellen, behauptet der Vertreter der Logik des Ursprungs, es „erzeuge jede Art des Urteils ein Element der reinen Erkenntnis“[31]). Diese zunächst vollkommen unverständliche Behauptung gewinnt einen Sinn überhaupt nur, wenn man Beispiele ins Auge faßt. Nehmen wir das „Element der reinen Erkenntnis“, das als „Kategorie der Substanz“ bezeichnet wird! Was ist der Substanzgedanke? Antwort: Der Gedanke an den Träger von Eigenschaften. Also entsteht er, indem durch ein Urteil einem Subjekt Eigenschaften zuerkannt werden[32]). So „entsteht“ auch der Gedanke an eine Linie, indem ein Punkt in Bewegung gesetzt gedacht wird usw.

Nun braucht man bloß noch den Gedanken an die Substanz mit der Substanz, den Begriff der Linie mit dem Gegenstand dieses Begriffs zu identifizieren, so gewinnt man die berückende Erkenntnis, daß unser Denken, wie es sich im Urteilen betätigt, nicht nur Linien, Flächen, Körper, sondern auch Substanz, Kausalität und andere schöne Dinge erzeugt. Daß alles wissenschaftliche Konstruieren ein Operieren mit Produkten der Begriffsanalyse ist, also ein Nachkonstruieren, kein ursprünglich schöpferisches Erzeugen selbst für denjenigen bedeuten muß, der die idealen Objekte der Wahrnehmung als eine freie Schöpfung des Geistes betrachtet, dieser naheliegende Gedanke wird einfach beiseite geschoben[33]).

Wir verstehen unter der Prinzipienlehre eine Lehre von den Prinzipien, d. h. von den allgemeinsten Begriffen oder Grundsätzen bzw. von den letzten Ursachen oder den konstituierenden Elementen der Wirklichkeit. Am besten läßt sich Prinzip vielleicht definieren als „das nicht weiter Zurückführbare“. Nicht weiter zurückführbar ist das Allgemeine, das den logischen Grund für alles Besondere darstellt, sind letzte Ursachen, sofern es solche gibt, und sind die Elemente, die der ferneren Analyse widerstehen. Die „Logik des Ursprungs“ erkennt aber keine Vielheit des nicht weiter Zurückführbaren an. Sie will, ähnlich wie es schon der Traum Hegel'scher Dialektik war, alles herausspinnen aus dem reinen Denken. Nach den Ursachen oder (bei Beschränkung auf das Funktionsprinzip) nach den Bedingungen des reinen Denkens zu fragen, wird prinzipiell vermieden. Das reine Denken ist auch wesenlos genug, um seine Wirklichkeitsansprüche nicht allzu aufdringlich werden zu lassen. Es tritt als psychisches Geschehen zurück und läßt seine Begriffswelt wie ein Schattenspiel vor uns sich entwickeln[34]). So gestaltet sich dieser Idealismus zu einem Realismus des Abstrakten, der sich vom platonischen Begriffsrealismus[35]) nur dadurch unterscheidet, daß das Reich des abstrakten Seins in ein Reich abstrakter Bewegung und abstrakten Werdens aufgegangen ist. Unsere Stellungnahme dazu dürfte aus dem bisher Gesagten deutlich genug sich ergeben[36]).

7. Der Monismus (Dualismus der Funktionen).

Wir haben in unserer Kritik der verschiedenen in der Bestimmung der absoluten Gegenstände und des Wirklichen mannigfach auseinandergehenden erkenntnistheoretischen Richtungen bereits den Monismus, der nur eine Gattung von (der Art nach) vielfach sich unterscheidenden Substanzen als beharrenden Teilbedingungen des physischen und des psychischen Geschehens annimmt, der für diese Substanzen weder den Begriff Materie noch den Begriff Seele durchgehend verwendet, der aber das Physische und das Psychische als zwei durchaus verschiedene Reihen des Geschehens trotz seiner Annahme einer nicht zwiespältigen Natur des Seins wohl auseinanderhält, als die bestbegründete und in sich widerspruchsloseste Auffassung kennen gelernt. Wir haben auch schon die mit dem Monismus sich verbindende Lehre des psychophysischen Parallelismus erwähnt, die einen ganz bestimmten psychischen Vorgang als fest gebunden betrachtet an einen ganz bestimmten physischen Prozeß.

Von dieser Lehre des psychophysischen Parallelismus gibt es nun verschiedene Modifikationen, von denen wir die zwei wichtigsten hier einander gegenüberstellen und hinsichtlich ihrer Brauchbarkeit gegeneinander abwägen müssen. Wir nennen sie den partiellen und den universalen psychophysischen Parallelismus. Während jener nur von jedem psychischen Prozeß behauptet, daß er mit einem physischen unzertrennlich verbunden sei, nimmt dieser an, daß auch kein physischer ohne einen begleitenden psychischen Vorgang stattfinden könne.

Wie man sieht, widerstreitet der universale Parallelismus[1] aufs entschiedenste den Denkgewohnheiten des naiven Menschen und des wissenschaftlichen Spezialforschers, nach denen nicht einmal allen Lebewesen, sondern nur den Tieren und Menschen, ja vielleicht nicht einmal allen Tieren psychische Regungen zugeschrieben werden, während die physiologischen Vorgänge in den Pflanzen und alles Geschehen in der unbelebten Natur ohne Begleitung von Psychischem ablaufen sollen. Auch von den Vorgängen in Tieren und Menschen sind es übrigens nach der Ansicht des naiven Menschen und des Spezialforschers nur ganz wenige, die als psychophysisch bezeichnet werden dürfen, nämlich bei den mit einem Großhirn ausgestatteten Tieren und Menschen nur bestimmte Prozesse der Großhirnrinde, bei den Tieren mit einem unvollkommen entwickelten oder gar keinem Nervensystem andere Vorgänge, deren Umgrenzung bisher freilich nicht gelungen ist.

Gerade darin besteht nun die Hauptschwierigkeit, die dem

partiellen psychophysischen Parallelismus erwächst, daß die
physischen Vorgänge, die allein von Bewußtseinsprozessen unmittelbar begleitet sein sollen, von den andern — den „unbewußt verlaufenden", wie man sie nach einer höchst unglücklichen Terminologie zuweilen nennt — nicht ein für allemal
sich unterscheiden lassen. Wenn man freilich den Tieren
ohne Nervensystem Bewußtseinsleben zuerkennt, dann muß
man schließen, daß psychische Vorgänge, die beim Menschen
an Prozesse der Großhirnrinde gebunden sind, auch an ganz
andere physische Geschehnisse gebunden sein können, und
dann scheint die Erweiterung des partiellen zum universalen
Parallelismus die einzig konsequente Folgerung zu sein[2]). Wenn
man dann gar noch alle Reizbarkeitserscheinungen bei Pflanzen wegen der Analogie mit tierischen Reflexbewegungen und
ohne Berücksichtigung des Umstands, daß tierische Reflexbewegungen ganz ohne begleitende Bewußtseinsvorgänge verlaufen können, als Äußerungen psychischen Lebens deutet[3]),
dann tut man besser, das psychische Leben als Begleitvorgang
alles physischen Geschehens zu betrachten, statt mit der unzu-
reichend begründeten Annahme einer ungewöhnlichen Ausdehnung des Psychischen die Annahme einer bestimmten und
doch nicht scharf zu bestimmenden Grenze desselben zu verbinden.

Aber wenn man von dem poetischen Reiz der Allbeseelungs-
hypothese absieht, wenn man sich zum Bewußtsein bringt,
daß Sinnesorgane im Sinn von Aufnahmeapparaten für Licht-
reize, mechanische Berührungen usw. und von Apparaten zur
Fortleitung solch feiner Erregungsvorgänge und zur Auslösung
von Bewegungsreaktionen, kurz daß die Reflexmechanismen,
die man an Pflanzen gefunden hat, durchaus nicht auf das
Dasein psychischen Lebens hindeuten und daß es im schroffsten
Gegensatz zur sonstigen Zweckmäßigkeit der Natur stehen
würde, wenn Geschöpfe, die weder zur Flucht, noch zum Angriff ausgerüstet sind, die nicht einmal ein Organ haben, um
auszudrücken, was sie leiden, mit Empfindungen und Gefühlen
begabt, den Mißhandlungen ausgesetzt wären, denen die
Pflanzen ausgesetzt sind[4]), dann wird man die Ansicht vom
Seelenleben der Pflanzen kaum aufrecht erhalten wollen. Bedenkt man dann ferner, daß die am wenigsten entwickelten
pflanzlichen und tierischen Organismen sich mit Sicherheit
nicht unterscheiden lassen, daß also die Annahme eines ge-
meinsamen Ausgangspunktes für die Entwicklung der Tier-

reihe und des Pflanzenreiches durchaus wahrscheinlich ist,
nimmt man dementsprechend keine prinzipielle Verschiedenheit der Tiere und Pflanzen schon in ihren einfachsten Formen
an, und unterscheidet man auch bei den Tieren zwischen
Reflexmechanismen und Apparaten zur Vermittlung und zum
Ausdruck von Bewußtseinsvorgängen, dann dürfte kaum ein
Grund zu finden sein, der die Annahme psychischen Lebens
in den Tieren ohne Nervensystem notwendig machen würde[5]).

Was dann die Tiere mit Nervensystem anlangt, deren
Verhalten gegenüber Reizen, die bei uns angenehme und un-
angenehme Empfindungen auslösen, mit unserm eigenen Verhalten so augenfällige Analogien aufweist, daß die Annahme psychischen Lebens in ihnen nicht mehr eine unbegründete Hypothese genannt werden kann, so kommt es
natürlich nicht darauf an, wo die Zentralorgane liegen, deren
Funktionen als psychophysische zu betrachten sind, sondern
welcher Funktionen sie fähig sind. Wenn wir annehmen
müssen, daß beim Menschen die Erregung des Rückenmarks
ohne Erregung der Großhirnrinde keinen Bewußtseinsvorgang
zur Folge hat, während bei gewissen Tieren mit der Erregung
derjenigen Zentralorgane, die anatomisch dem menschlichen
Rückenmark entsprechen, unmittelbar psychische Regungen
verbunden sind, dann fragt es sich, ob die Beschaffenheit
der Rückenmarksprozesse des betreffenden Tieres und der
Substanz, an der sie sich abspielen, nicht viel größere Ähnlichkeit mit den Großhirnrindenprozessen des Menschen aufweisen als diese mit den menschlichen Rückenmarkserregungen.
Diese Frage ist bei dem gegenwärtigen Stand des nerven-
physiologischen Wissens freilich nicht zu beantworten. Aber
solange sie nicht negativ entschieden ist, darf man es wohl
für wahrscheinlicher halten, daß gleichartige psychische Vorgänge an gleichartige physische Prozesse gebunden sind und
daß physisches Geschehen, welches einmal „unbewußt verläuft", ein andermal bei vollständig gleicher Beschaffenheit
auch nicht von Bewußtseinsvorgängen unmittelbar begleitet ist.

Nun sind nach der Lehre des universalen Parallelismus
allerdings auch die nervösen Prozesse im menschlichen Rückenmark und in den subkortikalen Hirnzentren psychophysische
Vorgänge. Der Vertreter dieser Lehre setzt eben die Gleichartigkeit der nervösen Geschehnisse in niederen Zentren bei
den Organismen, die nur diese haben, und bei denen, die zu
der Unterscheidung niederer und höherer Zentren überhaupt

erst Veranlassung geben, unbedenklich voraus. Er vermag
dabei die Frage jedoch nicht befriedigend zu beantworten,
warum die psychischen Prozesse, die seiner Meinung nach mit
den nervösen Vorgängen in den subkortikalen Zentren unmittelbar verbunden sind, nicht in die Einheit des Bewußtseinslebens ihres Trägers eingehen. Im Grunde genommen handelt
es sich also bei der Lehre des universalen Parallelismus um
einen Schluß vom Unbekannten auf Unbekanntes, das eigentlich bekannt sein sollte, auf Grund zweifelhafter Analogien,
wenn zunächst wegen der Ähnlichkeit der Ausdrucksbewegungen bei Tieren mit unentwickeltem Großhirn und beim Menschen auf das Seelenleben jener Tiere und dann wegen der
Analogie der nervösen Zentren bei ihnen und der niederen
Zentren beim Menschen auf das Vorhandensein psychischer
Prozesse geschlossen wird, die das Geschehen in den niederen
Zentren des Menschen begleiten sollen. Demgegenüber halten
wir für viel berechtigter folgenden Gedankengang: Wenn
es erwiesen wäre, daß die nervösen Zentren bei Tieren mit
unentwickeltem Großhirn nach Struktur und Funktion völlig
übereinstimmen mit den subkortikalen Zentren des Menschen,
dann müßten wir deshalb, weil Prozesse, die sich nur in den
subkortikalen Zentren abspielen, für uns „unbewußt verlaufen“,
annehmen, daß Tiere, die bloß diese Zentren haben, ein Seelenleben nicht besitzen; denn die oberflächliche Ähnlichkeit von
Bewegungen, die wir bei fernstehenden Tieren beobachten,
mit Bewegungen, die wir bei uns als bedingt durch psychophysische Prozesse betrachten, ist weit weniger triftiger Grund
für die Annahme psychischer Regungen in jenen Tieren als
die nachgewiesene Gleichheit von Struktur und Funktion
der nervösen Organe bei den betreffenden Tieren mit den
ohne psychische Parallelerscheinung funktionierenden menschlichen Zentren triftiger Grund gegen eine solche Annahme
sein würde. Auf Grund der bloß angenommenen Gleichheit
von Struktur und Funktion der nervösen Organe wenig ent-
wickelter Tiere mit den niederen Zentren des Menschen hat
man freilich kein Recht, jenen Tieren psychisches Leben abzusprechen, noch weniger aber ein Recht, psychische Regungen
als unmittelbare Begleitvorgänge der Geschehnisse in den
subkortikalen Zentren des Menschen anzunehmen. Vielmehr
muß die Annahme jener Gleichheit als gänzlich unwahrscheinlich abgelehnt werden, wenn man Grund hat, den Tieren mit
wenig entwickeltem Nervensystem Bewußtseinsleben zuzu-

schreiben, gerade deshalb, weil wir keine psychischen Prozesse als unmittelbare Begleitvorgänge der Geschehnisse in den subkortikalen Zentren des Menschen zu entdecken vermögen.

Der partielle psychophysische Parallelismus, so wie wir ihn verstehen, gerät also nicht in die Schwierigkeit, das Gebiet der psychophysischen Prozesse für begrenzt halten zu müssen und doch nicht bestimmt abgrenzen zu können. Er stellt den Satz auf: Psychische Regungen sind anzunehmen als unmittelbare Begleitvorgänge bestimmter Großhirnrindenprozesse des Menschen und aller derjenigen nervösen Geschehnisse, die mit diesen der Beschaffenheit und der Struktur des Substrats nach gleichartig sind. Dabei ist freilich zuzugeben, daß wir über die Beschaffenheit dieser bestimmten Großhirnrindenprozesse gegenwärtig noch so gut wie gar nichts Näheres wissen, daß wir sie nicht einmal von den „unbewußt verlaufenden" Innervationsprozessen, die sich ebenfalls in der Großhirnrinde abspielen, zu unterscheiden vermögen. Insofern ist eine physikalisch-chemische Umgrenzung des Gebiets der psychophysischen Vorgänge gegenwärtig in der Tat unmöglich. Aber deswegen hat man doch gewiß kein Recht, dieses Gebiet für unbegrenzt zu halten.

Der erste bisher ins Auge gefaßte Grund für die Annahme des universalen Parallelismus erweist sich somit nicht als stichhaltig. Sehen wir zu, ob es mit andern Gründen besser steht! Da wird vor allem von den Vertretern dieser Lehre und von manchen Gegnern des Parallelismus, die ihn durch seine Konsequenzen ad absurdum führen wollen, behauptet, der partielle Parallelismus müsse mit innerer Notwendigkeit in den universalen übergehen. Aber diese Behauptung ist gänzlich unhaltbar, wenn man nicht mit Voraussetzungen operiert, die wir bestreiten. Wenn man freilich in den physischen und in den psychischen Geschehnissen zwei Kausalreihen sehen will, von denen jede nur auf Grund innerer Gesetzmäßigkeit verläuft, wenn man also der Ansicht ist, daß Psychisches nur psychische Bedingungen haben könne, dann folgt daraus, daß die nicht in Gehirnprozessen bestehenden Bedingungen für psychophysisches Geschehen, wie wir sie beispielsweise zur Erklärung der Wahrnehmungen annehmen, wenn sie nicht, wie der objektive Idealismus behauptet, psychische Vorgänge sind, mindestens eine psychische Komponente haben müssen; denn sonst würde ja der psychische Prozeß der Wahrnehmung entstehen, ohne daß ihm ein anderer psychischer Prozeß, in dem seine Bedingung gefunden werden könnte, vorausgegangen wäre.

Wenn man aber, wie wir, den psychophysischen Parallelismus so versteht, daß dadurch bestimmte psychische Vorgänge zu bestimmten physischen in die innigste Funktionsbeziehung gebracht werden, so folgt daraus nichts anderes, als daß mit der Herbeiführung der betreffenden physischen Prozesse notwendig auch die psychischen herbeigeführt werden, während die psychischen Geschehnisse ausbleiben, solange ihre physischen Bedingungen nicht vorhanden sind. Man wende nicht ein, von physischen Bedingungen des psychischen zu sprechen, sei Sache des Dualisten, der die Annahme einer Wechselwirkung zwischen Physischem und Psychischem vertritt, sei aber ganz unmöglich für den Parallelisten. Von Wechselwirkung zwischen Geschehnissen kann überhaupt keine Rede sein, sondern nur von Wechselwirkung zwischen Substanzen. Wir nehmen also keine Wechselwirkung zwischen Physischem und Psychischem an, wie der Dualist, der unter dem Physischen und dem Psychischen nicht nur Geschehnisse, sondern auch Substanzen versteht, sondern eine Gebundenheit oder wenn man will Bedingtheit im Sinne funktionaler Zugehörigkeit, eine e i n s e i t i g e Abhängigkeit der psychischen Vorgänge von ganz bestimmten physischen. Daß man mit dieser Auffassung den partiellen Parallelismus vertreten kann, ohne gezwungen zu sein, seine Position aus rein logischen Gründen zugunsten des universalen Parallelismus aufzugeben, das steht außer Zweifel.

Aber vielleicht gibt es andere Gründe, die gegen den partiellen Parallelismus sprechen? Man hört z. B. nicht selten die Behauptung, es sei nicht denkbar, wie die komplizierten Gebilde, die unsere Großhirnrinde konstituieren, und die Geschehnisse in ihnen die Fähigkeit gewinnen sollen, psychische Regungen zu fundieren, wenn die Elemente und die Elementarprozesse diese Fähigkeit nicht schon besitzen. Diese Behauptung hat für viele etwas Bestechendes, was sich einfach daraus erklärt, daß sie einen richtigen Gedanken in Gegensatz bringt zu einer Auffassung, die ihm scheinbar widerspricht. Tatsächlich besteht jedoch gar kein Widerspruch zwischen der Lehre des partiellen Parallelismus und dem Satz, die F ä h i g k e i t zur Fundierung psychischen Lebens müsse in den Elementen und den Elementarprozessen bereits vorhanden sein. Man darf nur nicht glauben, wo die Fähigkeit zur Fundierung psychischen Geschehens vorhanden sei, könnten auch die psychischen Prozesse selbst nicht fehlen. Wenn jedes Element, das in die komplizierten nervösen Gebilde eingeht, eine Teilbedingung psychischen Geschehens darstellt, so braucht das wirkliche psychische Leben trotzdem nicht eher aufzutreten, als bis alle zu seiner Fundierung nötigen Teilbedingungen in der richtigen Weise kombiniert sind. Wir vertreten also den partiellen Parallelismus und sind deswegen doch keineswegs der Meinung, daß irgendwelche Fähigkeiten auf rätselhafte Weise plötzlich aus Nichts entstehen könnten.

So erweisen sich bei genauerem Zusehen alle Gründe, die für den universalen Parallelismus ins Feld geführt werden können, als nicht stichhaltig. Man darf wohl überhaupt daran zweifeln, ob es im letzten Grund nicht wieder bloß Gemütsbedürfnisse sind, die Veranlassung gegeben haben, daß soviel Scharfsinn — vergeblich — zur Begründung des universalen Parallelismus aufgewendet worden ist. Die Möglichkeit der Annahme einer Weltseele, die Möglichkeit, geistiges Leben anfangs- und endlos zu denken, anstatt es mit dem organischen Leben auf der Erde auftreten und verschwinden zu lassen, scheint vielen daran geknüpft zu sein, daß jedem Element ein eigenes Seelenleben zugesprochen werde. Aber auch hier ist wieder darauf hinzuweisen, daß Gemütsbedürfnisse keine Argumente sind, und daß die Unfähigkeit, die willkommenere Lehre zureichend zu begründen, doppelt mißtrauisch gegen dieselbe machen muß. Im übrigen kann auch hier wieder darauf hingewiesen werden, daß der universale Parallelismus keineswegs imstande ist, die richtig verstandenen Gemütsbedürfnisse wirklich zu befriedigen.

Mit der Annahme unzähliger Elementarseelen hat man noch lange nicht den Glauben an die Weltseele gerettet, und was das Seelenleben der Elemente an Unverwüstlichkeit gegenüber dem Seelenleben hochentwickelter Organismen gewinnt, das büßt es an all den Eigenschaften ein, die das uns bekannte Seelenleben wertvoll machen. Wenn wir die Elemente als Teilbedingungen psychischen Lebens gelten lassen und annehmen, daß sie erst in ihrer Kombination imstande sind, seelische Regungen wirklich zu fundieren, so schließt das die Annahme einer Weltseele für den Metaphysiker viel weniger aus als die Lehre von den „Atomseelen“; denn im Weltganzen sind ja alle Teilbedingungen beisammen, wie wenigstens derjenige annehmen kann, der an umfassendere Kombinationen als die in den nervösen Gebilden gegebenen glaubt. Im übrigen gewinnt für uns das Weltgeschehen erst dadurch einen metaphysischen Sinn, daß nicht das vor aller Entwicklung vorhandene Nebeneinander der Elemente den Idealzustand repräsentiert, zu dem der Metaphysiker seine Zuflucht aus der Bedrängnis des Lebens nehmen müßte, daß vielmehr die Kombinationen der Elemente, wie sie der Weltlauf entstehen läßt, das Bedeutungsvolle sind. Statt über das Schicksal von „Atomseelen" nachzugrübeln, sollte der Metaphysiker seinen Blick in die Zukunft richten und über Entwicklungsmöglichkeiten nachdenken. Daß er dabei an der Tatsache der Endlichkeit des organischen Lebens auf der Erde eine unüberwindliche Schranke seiner Spekulation finden müsse, wenn er nicht zur Lehre von der Allbeseelung greife, ist nichts als ein Vorurteil. Solange die Teilbedingungen geistigen Lebens erhalten bleiben, solange gibt es für einen phantasievollen Metaphysiker keine Unmöglichkeit, Kombinationen zu ersinnen, die in der Richtung der Entwicklung des Weltgeschehens liegen und wirklich psychisches Geschehen zu fundieren imstande sind. Die Befriedigung von Glaubensbedürfnissen gelingt auf der Basis jeder wissenschaftlich haltbaren Theorie besser, als wenn man sich in voreiliger Berücksichtigung solcher Bedürfnisse von vornherein zu unwahrscheinlichen Theorien bekennt.

Das wollen wir im Auge behalten, wenn wir uns nun noch ganz kurz mit einem Einwand beschäftigen, der nicht gegen den partiellen Parallelismus zugunsten des universalen, sondern gegen den Parallelismus im Sinne der Lehre von der einseitigen Abhängigkeit des psychischen von physischem Geschehen überhaupt erhoben zu werden pflegt. Es handelt sich nämlich auch bei diesem Einwand um ein sogenanntes Gemütsbedürfnis. Man bezeichnet die parallelistische Auffassung, wie wir sie vertreten, als „Automatentheorie" und glaubt ihr im Grunde genommen schon durch diese Bezeichnung die Existenzberechtigung abgesprochen zu haben. Höchstens bemüht man sich noch, die angebliche Unsinnigkeit der sogenannten Automatentheorie an irgendeinem ganz besonders imponierenden Beispiel dem gesunden Menschenverstand recht eindringlich darzutun. Man sagt z. B., es sei nach dieser Theorie für jede Bewegung und für jede Bewegungskombination, die ein denkender und wollender Mensch ausführt, ganz gleichgültig, ob die Gedanken und Willensregungen, die nach der Ansicht des psychophysischen Parallelismus mit bestimmten Gehirnprozessen unvermeidlich gegeben sind, wirklich im Bewußtsein des betreffenden Menschen auftreten oder nicht. Die Kritik der reinen Vernunft oder ein anderes nach der landläufigen Ansicht bedeutende Denkarbeit voraussetzendes Buch könne daher nach der Automatentheorie auch von einem bewußtlosen Verfasser geschrieben werden. Wem nun die Absurdität dieser Ansicht nicht einleuchte, dem sei überhaupt nicht mehr zu helfen.

Gegen eine derartige Argumentation ist Folgendes zu erwidern: Es ist nicht ganz klar einzusehen, wogegen sich ihre Spitze hauptsächlich richtet, gegen die Annahme eines unabänderlichen Zusammenhanges aller Geschehnisse, der es einem allwissenden Geist ermöglichen würde, jede Willkürhandlung bis in die feinsten Details vorauszusagen, oder gegen die Behauptung, daß Bücher geschrieben werden könnten, auch wenn ihr Verfasser nicht zu lesen imstande wäre. Was den durchgehenden Kausalzusammenhang anlangt, so muß er von jedem wissenschaftlich denkenden Menschen anerkannt werden, ganz gleichgültig, ob er Vertreter der „Automatentheorie“ ist oder nicht. Wer psychische Bedingungen in den Verlauf des Geschehens eingeschaltet denkt, kann sie auch nur als notwendige Durchgangsglieder auffassen, die für freie (im Sinne ursachloser) Handlungen nicht den geringsten Spielraum lassen. Die wissenschaftliche Unhaltbarkeit des Indeterminismus, worunter wir die Lehre von der Möglichkeit ursachlosen Geschehens verstehen, ist bereits so oft und so einwandsfrei nachgewiesen worden, daß wir uns dabei nicht länger aufzuhalten brauchen. Bemerkt sei nur noch, daß nicht nur die Vertreter der Wissenschaft, sondern auch die Begründer einer den richtig verstandenen Glaubensbedürfnissen wahrhaft Rechnung tragenden Metaphysik, die genialen religiösen Naturen, mit dem Indeterminismus nichts anzufangen wissen.

Sieht man ein, daß die Notwendigkeit für die Entstehung eines Buches wie Kants Kritik der reinen Vernunft nicht nur nach der „Automatentheorie“, sondern nach jeder wissenschaftlich haltbaren Auffassung als in den Elementen des Weltgeschehens und in seinem ganzen vorausgegangenen Verlauf begründet gedacht werden muß, so bleibt von der Argumentation gegen die „Automatentheorie“ nur noch der Hinweis übrig auf die angebliche Unsinnigkeit der Behauptung, Bücher könnten auch von bewußtlosen Verfassern geschrieben werden.

Demgegenüber muß man zunächst den Begriff „Können" analysieren. Kein Mensch behauptet, daß von physischen und psychischen Prozessen, die im Sinne des psychophysischen Parallelismus zusammengehören, die physischen auch ohne die psychischen auftreten „können", daß es also wirklich jemals vorkommen „könne", daß ein bewußtloser Verfasser ein Buch schreibt. Das Können, von dem die Rede ist, wenn der Gegner der „Automatentheorie" den Satz persifliert, Bücher „könnten" auch von bewußtlosen Verfassern geschrieben werden, ist also nur eine Denkmöglichkeit. Es läßt sich denken, behaupten wir allerdings, daß ein Kant, dem man alles Bewußtseinsgeschehen in Gedanken wegnimmt, die Kritik der reinen Vernunft so geschrieben hätte, wie sie uns vorliegt. Wer diese Denkbarkeit bestreitet, der weiß nicht, was Denkbarkeit heißt, oder er denkt sich den bewußtlosen als hirnlosen Kant oder zum mindesten als einen Kant mit geschlossenen Augen. Wenn man sich die Assoziationen zwischen Teilen der Großhirnrinde und zwischen sonstigen Teilen der nervösen Zentralorgane bestehend denkt, wenn man als Reproduktionsmotiv nicht einen Bewußtseinsvorgang, sondern den zugehörigen physischen Prozeß ins Auge faßt, kurz wenn man konsequent alle psychologischen Gesetzmäßigkeiten auf die nervösen Vorgänge überträgt, dann kann man sich sehr gut vorstellen, wie das ausgebreitete und komplizierte nervöse Geschehen, das nach der Ansicht des psychophysischen Parallelismus den Entschluß zur Abfassung eines wissenschaftlichen Werkes fundiert, die fein koordinierten Schreibinnervationen herbeiführt, mit denen die Niederschrift beginnt, wie dann jedes geschriebene Wort nicht nur durch Sehnervenreizung eine kleine Erregung im optischen Zentrum des Gehirns, sondern ausgebreitete Reproduktionen mit abermaligen motorischen Koordinationen bedingt und wie dieser ungeheuer komplizierte Mechanismus fortarbeitet genau nach den Gesetzen, die der Psychologe als psychophysische Gesetze, also auch als Gesetze der physischen Komponenten des psychophysischen Geschehens zu erforschen sich bemüht und zum Teil schon erforscht hat. Die groteske Unzweckmäßigkeit eines Bücher schreibenden bewußtlosen Organismus wird natürlich nicht verfehlen, auf jeden Eindruck zu machen, der mit solchen Gedanken spielt. Aber diese Unzweckmäßigkeit ist nicht in der Wirklichkeit zu finden, so wie sie der psychophysische Parallelismus glaubt erschließen zu müssen, sondern nur in den Produkten müßiger Spekulationen, wie sie die Gegner der „Automatentheorie" der vom psychophysischen Parallelismus angenommenen Wirklichkeit substituieren möchten.

Was die Gemütsbedürfnisse anlangt, die angeblich durch unsere Auffassung unbefriedigt bleiben, so sind sie wieder höchst zweifelhafter Natur. Man hat einen unklaren Wertbegriff, und weil Werte nur durch das psychische Leben entstehen, meint man, nur das Psychische sei wertvoll. Man glaubt also eine Degradation darin sehen zu müssen, daß Güter wie Kunst und Wissenschaft nicht direkt aus dem allein wertvollen Psychischen heraus geboren werden, und fürchtet die Konsequenzen des sogenannten praktischen Materialismus. In alledem steckt eine heillose Verwirrung. Werte verlieren ihren Wertcharakter nicht dadurch, daß uns ihre Ursachen weniger wertvoll erscheinen, sonst dürften wir uns an keiner Blume freuen, die aus schmutziger Erde erblüht. Wenn wir ferner nur das Psychische als etwas Wertvolles betrachten wollten, dann wären unsere Werte sämtlich von recht vergänglicher Art. Es gibt wohl einen sogenannten Idealismus, der da glaubt, daß das Heil der Welt in flüchtigen Vorstellungen und Gedanken oder in Stimmungen und Gefühlsregungen zu finden sei. Der psychophysische Parallelist bestreitet dem gegenüber durchaus nicht, daß — zwar nicht alle psychischen Regungen, wohl aber — gute Gedanken und Vorstellungen, beglückende Stimmungen und edle Gefühle etwas Wertvolles sind. Aber wenn er den Wert dieser einen Komponente des psychophysischen Geschehens zu schätzen weiß, so hat er keinen Grund, das aus beiden Komponenten bestehende Ganze geringer zu achten, und wenn er Interesse hat an den vergänglichen Regungen bedeutsamen geistigen Lebens, so liegen ihm die dauerhafteren Bedingungen für eine befriedigende Gestaltung dieses Lebens erst recht am Herzen. Nur von diesem Standpunkt aus ergibt sich daher eine richtige Würdigung der Arbeit an der substantiellen Wirklichkeit. Die Schätzung solcher Arbeit praktischen Materialismus zu nennen und dem gegenüber mit viel Selbstgefühl den praktischen Idealismus zu proklamieren ist ganz verkehrt; denn was dem Begriff des praktischen Materialismus seine tadelnde Nebenbedeutung gibt, ist der Gedanke an die einseitige Schätzung sinnlichen Genießens oder der Gedanke an die Unterschätzung der Persönlichkeitswerte gegenüber dem materiellen Besitz, die man dem praktischen Materialisten zuschreibt. Die richtige Würdigung aber der Arbeit an den substantiellen Bedingungen wertvollen geistigen Lebens schließt eine Überschätzung sinnlichen Genießens geradezu aus und bedingt mehr als irgendeine andere Auffassung eine Hochstellung der Persönlichkeitswerte. Wenn der psychophysische Parallelist die unmittelbaren Bedingungen psychischen Lebens ebenso wie die „unbewußt verlaufenden" Naturgeschehnisse Physisches nennt, so folgt ja daraus ebensowenig, daß beide Arten von Vorgängen gleich eingeschätzt werden müssen, wie aus der Subsumption der schlechten und der guten Gedanken unter den Begriff des Psychischen eine gleichmäßige Bewertung beider sich ergibt. Es kann also gar keine Rede davon sein, daß der Monismus die höchsten Werte entwertet oder Wertunterschiede verwischt. Er verhilft höchstens einigen lange Zeit grundlos verachteten Gegenständen wie dem menschlichen Leib oder der „Materie" zu der Anerkennung, die sie verdienen, sofern sie Bedingungen wertvollen geistigen Lebens sind. Daß dadurch das gläubige Gemüt in seinen heiligsten Interessen verletzt würde, kann nur der behaupten, der die Mißhandlung des menschlichen Leibes und namentlich des menschlichen Gehirns, wie sie das Mittelalter mit soviel Virtuosität geübt hat, zur Gewinnung des Seelenheils für notwendig hält. Damit wollen wir diese Betrachtungen über den Monismus und Parallelismus endlich abschließen, die den auf Gefühlsgründe gestützten Einwänden gegenüber wesentlich kürzer hätten gefaßt werden können, wenn wir nur der überzeugenden, nicht auch der überredenden Kraft dieser Einwände hätten gerecht werden wollen.

8. Die Klassifikation und der Rangstreit der Wissenschaften.

Nach diesen Betrachtungen über die absoluten Gegenstände des Erkennens kehren wir nun wieder zurück zu der Frage, von der wir ausgegangen sind, zur Frage nach dem Rangstreit der Wissenschaften. Bevor wir aber zu entscheiden versuchen, welche Wissenschaft oder welche Gruppe von Wissenschaften wohl dem Ideal der Erkenntnis, wie wir es auf Grund der vorausgehenden Überlegungen nun wohl formulieren können, am nächsten kommen möge, müssen wir auf die Einteilung der Wissenschaften einen Blick werfen.

Man hat eine solche Einteilung nach drei verschiedenen Prinzipien durchzuführen versucht, nach den Erkenntnismitteln,

nach den Erkenntniszielen und nach den Gegenständen des Erkennens.

Zu der Einteilung nach den Erkenntnismitteln rechnen wir
außer dem ganz verunglückten Versuch einer Klassifikation
nach den Geistesvermögen, wie er beispielsweise von Bacon[1])
unternommen worden ist, hauptsächlich diejenige, die als wichtigste Unterschiede zwischen den einzelnen Wissenschaften
die Differenzen der Methode betrachtet. Danach stellt man
einander gegenüber rationale und empirische Wissenschaften,
Wissenschaften der äußeren und der inneren Erfahrung, exakte
und nicht exakte Wissenschaften usw. Aber so einleuchtend
derartige Distinktionen auf den ersten Blick erscheinen mögen,
so sind sie doch bei dem gegenwärtigen Stand der meisten
Wissenschaften durchaus nicht mehr aufrecht zu erhalten.
Nicht als ob es keine Verschiedenheiten in den Methoden
der einzelnen Wissenschaften gäbe: Im Gegenteil! Man kann
sagen, daß nicht nur jede Spezialwissenschaft ihre eigene
Methode hat, daß vielmehr oft die Lösung eines einzelnen
Problems ihre besondere Methode verlangt. Aber eine Klassen-
einteilung der Wissenschaften nach methodologischen Gesichtspunkten erweist sich deshalb als unmöglich, weil die
Gemeinsamkeit der methodischen Grundanschauungen eine zu
weitgehende ist, als daß man der einen Gruppe diese und
der andern jene allgemeinsten methodischen Regeln zuschreiben
dürfte.

Suchen wir uns dies an den wichtigsten in dieser Richtung
auch heute noch vielfach versuchten Gegenüberstellungen
deutlich zu machen. Die rationalen und die empirischen Wissenschaften, von denen jene auch als deduktive, diese auch
als induktive bezeichnet werden, ließen sich dann ohne Schwierigkeit unterscheiden, wenn das deduktive und das induktive
Verfahren die Verschiedenheit aufweisen würden, die man
ihnen vielfach zuschreibt, und wenn wirklich die eine Hälfte
der Wissenschaften sich nur des deduktiven, die andere nur
des induktiven Verfahrens bedienen würde. Solange man
nun die Deduktion als die Schlußfolgerung vom Allgemeinen
auf das Besondere und die Induktion als die Schlußfolgerung
vom Besonderen auf das Allgemeine oder jene als den Weg
von oben nach unten, diese als den Weg von unten nach oben
bezeichnet, solange scheint wenigstens die Gegenüberstellung
dieser Methoden an logischer Schärfe nichts zu wünschen
übrig zu lassen.

Aber wir haben bereits früher gesehen, daß man dem Wesen des deduktiven Verfahrens keineswegs vollkommen gerecht wird durch die Formel vom Allgemeinen und vom Besonderen, und was die Induktion anlangt, so paßt die Behauptung, es handle sich dabei um ein generalisierendes Verfahren, auch nur ganz oberflächlich. Wenn man nicht das Enumerationsverfahren, wie es Bacon für die induktive Methode der Naturwissenschaft angesehen hat, mit der richtigen naturwissenschaftlichen Induktion verwechselt, die durch Variation der Teilbedingungen eines Effekts, durch Analyse und Abstraktion zu den Gesetzen vordringt, dann wird man nicht mehr glauben, mit einer solchen Phrase einen so verwickelten Tatbestand abtun zu können. Man kann über die Versuche, die unvollständige Induktion als Deduktion mit verschwiegenem Obersatz darzustellen, verschiedener Meinung sein. Darüber, daß es bisher nicht gelungen ist, in der Psychologie der Schlußfolgerung eine doppelte Gesetzmäßigkeit, eine solche des induktiven und eine solche des deduktiven Schließens klar herauszuarbeiten, darüber darf man sich keinem Zweifel hingeben. Es ist deshalb wenigstens so viel sicher, daß der Gegensatz von Deduktion und Induktion, wenn ein solcher überhaupt besteht, kein so einfach greifbarer ist, wie man vielfach glaubt.

Trotzdem könnte man hoffen, daß statt eines handgreiflichen Gegensatzes wenigstens ein irgendwie zu formulierender Unterschied zur Trennung deduktiver und induktiver Wissenschaften Veranlassung geben könnte, wenn es nur überhaupt Wissenschaften gäbe, die sich heute noch einseitig der Deduktion oder einseitig der Induktion bedienen wollten. Das ist aber nicht der Fall. Die Deduktion ist das ideale Verfahren der Darstellung in allen Wissenschaften und das Verfahren des Erfindens und Entdeckens ist allenthalten eine Kombination von Induktion und Deduktion. Wenn der Naturforscher Hypothesen aufstellt und aus ihnen Schlüsse zieht, die er dann an der Erfahrung prüft, so verfährt er nach der landläufigen Ansicht in der Aufstellung der Hypothesen induktiv, in den Folgerungen daraus deduktiv. Die Mathematik ist vielleicht die Wissenschaft, der man am meisten einen rein rationalen Charakter zuschreiben könnte. Daß aber auch in der höheren Mathematik Induktionen eine wichtige Rolle spielen, wird nicht bestritten. Induktion und Deduktion oder — wie das andere Schlagwort heißt — Erfahrung und Denken müssen sich

beim Betrieb jeder echten Wissenschaft die Hand reichen.
Diejenigen Disziplinen, die eine Zeitlang mit besonderem Pathos
als rationale den empirischen gegenübergestellt wurden, wie die
rationale Psychologie und Theologie, die Ästhetik und Ethik,
die Lehre vom Naturrecht, die Metaphysik usw., haben längst
erkannt, daß sie ihre vermeintliche Ausnahmestellung nur
durch hochgradige Unfruchtbarkeit zu erkaufen imstande
seien, und haben sich beeilt, der „Erfahrung" ihr Recht einzuräumen.

Ebenso unhaltbar, wie die Behauptung, es gebe gegenwärtig noch zwei annähernd gleichwertige Wissenschaftsgruppen, die man als die rationale und die empirische einander
gegenüberstellen könne, ist aber auch die Einteilung der Wissenschaften in solche der äußeren und solche der inneren Erfahrung. Zunächst könnte es wohl scheinen, als ob durch
diese Gegenüberstellung wenigstens zwischen Naturwissenschaft
und Psychologie ein tatsächlich bestehender Unterschied zur
Geltung gebracht würde. Aber wenn man bedenkt, daß beispielsweise die Gehirnphysiologie vielfach auf psychologische
Beobachtungen und Schlüsse aus solchen angewiesen ist oder
daß Tierpsychologie und Kinderpsychologie kaum ohne die
Hilfsmittel äußerer Wahrnehmung betrieben werden könnten,
so wird man an der Durchführbarkeit dieser Unterscheidung
schon einigermaßen irre werden. Wir haben jedoch noch
einen viel prinzipielleren Einwand zu erheben gegen den Versuch, Wissenschaften der äußeren und solche der inneren
Wahrnehmung in dem Sinne einander gegenüberzustellen, als
ob die einen sich nur der äußeren, die andern sich nur der
inneren Wahrnehmung bei ihren Forschungen bedienten. Es
heißt nämlich das Wesen der Psychologie verkennen, wenn
man auch nur die Lehre, die ein Individuum von seinem
eigenen Seelenleben aufstellen könnte, als eine reine Wissenschaft der inneren Wahrnehmung bezeichnet. Da wir gesehen haben, daß die wirklichen psychischen Vorgänge zwar
in den idealen Gegenständen der Selbstwahrnehmung erscheinen, aber nicht nur aus diesen Erscheinungen erkannt,
sondern hauptsächlich als Bedingungen für das Auftreten der
idealen Gegenstände überhaupt, also besonders auch der idealen
Gegenstände der äußeren Erfahrung erschlossen werden, so
müssen wir betonen, daß es eine reine Wissenschaft der inneren
Erfahrung überhaupt nicht gibt. Will man sich dies noch
etwas verdeutlichen, so denke man nur an einzelne Probleme,

z. B. an die Frage des Ansteigens der Farbenempfindungen, und überlege, ob eine solche Frage auf Grund der inneren oder auf Grund der äußeren Erfahrung gelöst wird.

Daß endlich auch der Unterschied der exakten und der nichtexakten Wissenschaften höchstens ein Mehr und ein Weniger der Anwendung von Maß und Zahl in den einen und den andern Disziplinen bedeutet, daß die Gegenüberstellung der experimentellen und der nichtexperimentellen Wissenschaften den Umfang der Anwendbarkeit des Experimentes bedeutend verkennen würde und daß man durch solche äußerlichen Charakteristiken zu einem befriedigenden System der Wissenschaften kaum vordringen kann, wollen wir nur erwähnen, ohne es weiter auszuführen.

Der zweite Weg, den man eingeschlagen hat, um zu einer Klassifikation der Wissenschaften zu gelangen, bestand darin, daß man die Erkenntnisziele zweier großer Wissenschaftsgruppen einander gegenüberzustellen versucht hat. Windelband[2]) und Rickert[3]) haben in dieser Richtung eine eigenartige Lehre ausgebildet. Sie stellen die idiographischen den nomothetischen Disziplinen gegenüber, wobei jene auf die Erkenntnis einzelner Tatsachen, diese auf die Feststellung allgemeiner Gesetze ausgehen sollen. Der Gegensatz wird auch formuliert als solcher der Geschichtswissenschaften und der Naturwissenschaften. Dabei ergibt sich nun freilich eine äußerst künstliche Abgrenzung, wenn beispielsweise die Entwicklungsgeschichte der Organismen oder die historische Geologie von den Naturwissenschaften getrennt und den Geschichtswissenschaften zugezählt werden, wie es in der Konsequenz dieser Auffassung liegt. Es protestieren aber auch zahlreiche Vertreter der historischen Wissenschaften gegen die Behauptung, wonach sie nichts weiter zu tun hätten, als einzelne Tatsachen zu registrieren, ohne zu der Bildung allgemeiner Begriffe und Gesetze weiterzugehen. Wenn man der Meinung ist, daß jede Wissenschaft über das Stadium der bloßen Beschreibung und Erzählung hinaus einer Erklärung der festgestellten Tatsachen zustrebt, so kann man einer Auffassung nicht zustimmen, die im Grunde genommen die Wissenschaften einteilt in Wissenschaften und Nicht-Wissenschaften. Da die verschiedensten Wissenschaften ebenso wie in den Grundzügen der Forschungsmethode auch in den allgemeinsten Umrissen des Forschungsziels übereinstimmen, so dürfte überhaupt der zweite Weg, zu einer Klassifikation der Wissenschaften zu gelangen, nicht aussichtsvoller sein als der erste.

Es bleibt also nur der dritte Weg übrig, die Einteilung nach den Gegenständen[4]). Dabei müssen wir uns aber von vornherein klar machen, daß es sich nicht um eine Einteilung nach den idealen Gegenständen handeln kann; denn eine solche würde zusammenfallen mit der Unterscheidung von Wissenschaften der äußeren und der inneren Erfahrung, die wir bereits abgelehnt haben. Es bleibt also nur möglich eine Einteilung nach dem vom Erkennen Unabhängigen, das jede Wissenschaft zu erfassen und zu bestimmen versucht. Da aber nicht nur absolute, sondern auch ideale Gegenstände, wie wir gesehen haben, wenn sie vor dem Erfassen des Wissenschaftlers gegeben sind, ein von seinem Erfassen Unabhängiges darstellen, so brauchen wir keineswegs nur die Unterschiede zwischen den absoluten Gegenständen, sondern wir können auch den Unterschied zwischen diesen und den idealen Objekten zum Grund unserer Einteilung machen. So gelangen wir zur Gegenüberstellung von Wirklichkeitswissenschaften und Idealwissenschaften und teilen die Wirklichkeitswissenschaften wieder ein in die Wissenschaften vom Physischen, vom Psychischen und von den Substanzen (von der Realität). Eine besondere Wissenschaft müssen wir dann annehmen, die sich mit dem Zusammenhang der verschiedenen Gegenstandsarten beschäftigt. Soweit es möglich und notwendig ist, kann man dann in den einzelnen Wissenschaftsgruppen noch erklärende und beschreibende Disziplinen einander gegenüberstellen.

Auf diese Weise scheint sich ein System der Wissenschaften aufstellen zu lassen, das an logischer Gliederung nichts zu wünschen übrig läßt. Aber wenn man genauer zusieht, so verliert auch diese Einteilung viel von ihrem Wert und zwar deshalb, weil die einzelnen Wissenschaften, besonders die Idealwissenschaften sich mit dem ihnen zugewiesenen Gebiet meist durchaus nicht zufrieden geben wollen. Suchen wir uns das an einem Beispiel klar zu machen, am Beispiel etwa der Sprachwissenschaft. Diese hat man früher in der Regel zu den Geisteswissenschaften gerechnet, was ganz verkehrt ist; denn es ist gar nicht einzusehen, was die Wörter als solche, die durch körperliche Organe hervorgebracht werden und in der Außenwelt wahrgenommen werden, mit dem Geist zu tun haben sollen. Wir rechnen die Sprachwissenschaft zu den Idealwissenschaften; denn die Wörter werden von ihr als akustische Gebilde behandelt, so wie sie als ideale Gegenstände der Wahrnehmung gegeben sind, nicht etwa als Luftschwingungen, wie sie der Physiker betrachten würde, der die absoluten Gegenstände zu bestimmen sucht, die in den idealen erscheinen. Nun wäre die Sprachwissenschaft als Idealwissenschaft sehr schön charakterisiert, wenn der moderne Sprachforscher nicht soviel anspruchsvoller wäre, als er nach dieser Klassifizierung sein dürfte. Er hat z. B. den Ehrgeiz, die psychologischen und physiologischen Gesetze zu ergründen, nach denen die Wörter entstehen und sich verändern, er sucht also nach den Bedingungen für das Auftreten und die Veränderungen der ihm zunächst gegebenen idealen Objekte und greift damit über ins Gebiet der absoluten Gegenstände. Dasselbe Eroberungsbedürfnis beherrscht den Logiker, der sich nicht mit den idealen Gegenständen der Begriffe, Urteile und Schlüsse begnügt und bloß nach den Beziehungen sucht, die zwischen diesen idealen Gegenständen bestehen, der vielmehr ihr Auftreten und ihre Veränderung psychologisch begreifen möchte. Das Gleiche finden wir beim Ethiker und Ästhetiker, der sich mit psychologischen Erklärungen beschäftigt, beim Mathematiker, der in das Gebiet naturphilosophischer Erwägungen übergreift, beim Physiker, der zum Substanzforscher wird, statt sich mit der Behandlung der physischen Geschehnisse zu begnügen, beim Botaniker und Zoologen, der nicht mehr bloß ein künstliches System der Naturerscheinungen aufstellt sondern Erklärungen des natürlichen Zusammenhangs sucht.

Wie steht es nun angesichts dieser Tatsache mit der Entscheidung des Rangstreits der Wissenschaften? Wir sehen deutlich: Alle Wissenschaften suchen von der Beschäftigung mit bloß idealen Gegenständen zu den absoluten Objekten und schließlich zur Bestimmung des Realen (im Sinne der Substanz) vorzudringen und suchen statt der Beschränkung auf einzelne Gebiete der Gegenstandswelt den Zusammenhang dieser Gebiete zu erfassen. Wir nennen die Wissenschaft vom Realen und die Wissenschaft vom Zusammenhang der Gegenstandsgebiete Philosophie (Metaphysik und Erkenntnistheorie). So dürfen wir denn behaupten, daß eine Tendenz in allen Wissenschaften sich regt, zur Philosophie sich zu erheben, und daß die Philosophie gerade dadurch sich als das erweist, wofür sie von jeher gegolten hat, als die Königin der Wissenschaften.

Anm.   Seite

1   3 Diese Theorie des Hörens findet sich nach Siebeck bei einem der ältesten Vertreter der Sinnespsychologie, dem krotoniatischen Arzt Alkmäon. Vgl. Siebeck, Geschichte der Psychologie, Gotha 1880, erster Teil, erste Abteilung, S. 103 f.

2   3 Die Lehre, daß vom Auge ein Sehstrahl ausgehe, vertreten zunächst die Pythagoreer. Vgl. Siebeck a. a. O., S. 105 f.

3   3 Daß das Sehen vor allem auf dem Hellwerden des Auges beruht, lehrt Aristoteles. Vgl. Siebeck, Geschichte der Psychologie I, 2, S. 27.

4   4 Der cartesianische Satz von der Unbeseeltheit der Tiere, der in manchem Lehrbuch der Geschichte der Philosophie als Ausdruck einer Grundüberzeugung behandelt wird, läßt sich in den Schriften Descartes' freilich nur als eine vorsichtig angedeutete Hypothese nachweisen. Vgl. Descartes: Principia philosophiae IV, 187 f. Dazu: Jungmann: Die Weltentstehungslehre des Descartes. Diss. Bern 1907, S. 29 u. F. A. Lange, Geschichte des Materialismus (Reklamausgabe) I, S. 271 f.

5   5 Diese Auffassung findet man schon bei Descartes. Vgl. die Meditationes de prima philosophia. In der Fischerschen Übersetzung (bei Reklam) S. 42 ff. Besonders entwickelt tritt sie dann bei Leibniz und seinen Nachfolgern hervor. Vgl. Nouveaux Essais (publ. p. Lachelier) (2. Ed. 1898) p. 105 f. Auch in der Gegenwart fehlt es nicht an Vertretern dieser Lehre, der z. B. Cohen und seine Anhänger zum mindesten sehr nahe stehen.

6   5 Als Vertreter dieser Lehre vom Erfassen der Gegenstände als der Ursachen zu gegebenen Wirkungen sei Schopenhauer genannt. Vgl. „Die Welt als Wille und Vorstellung", 1. Bd. (Reklamausgabe) S. 45.

7   5 Diese Modifikation der rationalistischen Theorie findet man beispielsweise bei Meinong. Vgl. „Über die Erfahrungsgrundlagen unseres Wissens (Abhandlungen zur Didaktik und Philosophie der Naturwissenschaft, Heft 6). (Berlin 1906) S. 16 ff.

8   6 Hume, A Treatise of Human Nature (ed. by Green and Grose, impr. 1898), Vol. I, p. 311 ff. Hume sucht die Impressionen zu den Ideen der Substanz und der Kausalität und findet sie in Erfahrungen des Assoziationszwanges — das ist die Formulierung, die dieser Ansicht gewöhnlich gegeben wird.

9   6 Condillac, Traité des sensations, Übersetzung von Johnson in der philosophischen Bibliothek (Ausg. 1870) S. 19. Bezüglich der Identifizierung des Vergleichens mit dem Haben verschiedener Bewußtseinsinhalte s. S. 26.

10   7 Berkeley zeigt in der Schrift „Essay towards a new theory of vision", daß die Tiefenauffassung nicht aus dem Bewußtsein der Richtung und Länge der das Auge treffenden Lichtstrahlen sich konstituiert, wie damals (1709) (und übrigens auch heute noch zu-

weilen) von Mathematikern und Physikern gelehrt wurde. Er weist darauf hin, daß Akkommodation und Konvergenz bei verschiedener Entfernung des lichtaussendenden Gegenstandes von den Augen des Beobachters verschiedene sind und betrachtet die Empfindungen verschiedener Akkommodation und Konvergenz als Reproduktionsmotive für das Bewußtsein der verschiedenen Muskelarbeit, die jeweils geleistet werden müßte, wenn man sich dem gesehenen Gegenstand bis zur Berührung nähern wollte. Das Tiefenbewußtsein entsteht hiernach durch Assoziation der Akkommodations- und Konvergenz- mit Muskelempfindungen.

11   7 Herbarts Reihentheorie findet man am klarsten entwickelt im dritten Kapitel des ersten Abschnitts vom zweiten Teil seiner psychologischen Hauptschrift „Psychologie als Wissenschaft, neu gegründet auf Erfahrung, Metaphysik und Mathematik". Werke, herausg. von Hartenstein, Bd. VI, S. 114 ff., bes. S. 118 ff.

12   7 Wundt entwickelt seine Verschmelzungstheorie des Raumbewußtseins besonders im zweiten Band der physiologischen Psychologie (in der vierten Aufl. S. 32 ff. und S. 217 ff., in der fünften Aufl. S. 653 ff., bes. S. 668 ff.).

13   7 Th. Lipps, „Grundtatsachen des Seelenlebens" (1883) S. 587 ff. Vgl. auch Herbarts Ausführungen über die Vorstellung des Zeitlichen in Band VI der Hartensteinschen Ausgabe seiner Werke S. 141 ff.

14   9 Eine ausführliche Psychologie der „Introjektion" versucht R. Avenarius in seiner Schrift „Der menschliche Weltbegriff" (Leipzig 1891) zu geben.

15   9 Die wichtigsten erkenntnispsychologischen Schriften von Mach sind „Beiträge zur Analyse der Empfindungen" (5. Auflage 1906) und „Erkenntnis und Irrtum" (Leipzig 1905).

16   9 Außer der in Anm. 14 erwähnten Schrift von Avenarius sei hier genannt das Hauptwerk „Kritik der reinen Erfahrung" (1. Bd. 2. Aufl. 1907, 2. Bd. 2. Aufl. 1908, Leipzig, Reisland).

17   9 Schuppes philosophisches Hauptwerk ist die „Erkenntnistheoretische Logik" (Berlin 1878). Als spätere Schrift sei noch genannt der Grundriß der Erkenntnistheorie und Logik" (Berlin 1894).

18   10 Dies wird sogar von Vertretern der positivistischen Auffassung zugegeben. Vgl. Petzoldt, „Einführung in die Philosophie der reinen Erfahrung", 1. Bd. (Leipzig 1900), S. 57 ff.

19   11 Vgl. St. Witasek, „Grundlinien der Psychologie" (Leipzig 1908), S. 171 ff., bes. S. 176 u. S. 201 ff. (Über „Zeitempfindungen" a. a. O., S. 215 ff.).

20   11 Die Ansicht, wonach das Raumerfassen, das Zeiterfassen usw. eine besondere Seite der Empfindungen oder bestimmter Empfindungen ist, läßt sich oft nicht leicht unterscheiden von der Auffassung, wonach es räumliche und zeitliche Eigenschaften der Empfindungen gibt. Vgl. Ziehen, „Leitfaden der physiologischen Psychologie" S. 112 ff. (in der siebenten Aufl. v. Jahr 1906) und Ebbinghaus, „Grundzüge der Psychologie" 1. Bd., 2. Aufl. (1905), S. 432 ff.

21   13 Vgl. Kant, „Kritik der reinen Vernunft" (Ausgabe v. Kehrbach, b. Reklam) S. 89.

22   14 Vgl. Schopenhauers „Kritik der Kantischen Philosophie". Sämtliche Werke, herausg. v. Grisebach (bei Reklam) 1. Bd., S. 550 ff.

23   14 Kant, „Kritik der reinen Vernunft" S. 51 ff., S. 58 f., S. 94 ff.

24   16 W. James, „Psychology, briefer course", Übersetzung v. M. Dürr (Leipzig 1909) S. 195 ff.

25   19 Vgl. E. Dürr, „Die Lehre von der Aufmerksamkeit" (Leipzig 1907), S. 95 ff.

Anm. Seite

26 20 Unter Apperzeption soll hier nichts anderes verstanden werden als
       Änderungen des Bewußtseinsgrades, wie sie beim Prozeß der Ab-
       straktion, beim Aufmerken usw. stattfinden.

27 20 Eine eingehende Psychologie der äußeren Wahrnehmung, wie sie
       Ebbinghaus in der ersten Lieferung des zweiten Bandes seiner
       „Grundzüge der Psychologie" begonnen hat und wie sie demnächst
       weitergeführt werden soll, hat eine Fülle von Problemen zu be-
       handeln, die hier nicht einmal angedeutet werden konnten.

Anmerkungen zu I b.

1   23 Die Darstellung, die wir unserer Beurteilung der Theorie von Cor-
       nelius zugrunde legen, findet sich in der Abhandlung „Psychologische
       Prinzipienfragen" in der Zeitschrift für Psychologie Bd. 43, S. 25 ff.

2   23 A. a. O., S. 25.

3   23 A. a. O., S. 34 f.

4   24 A. a. O., S. 29.

5   28 Über die Ansicht Bergmanns von der realen Einheit und nur be-
       grifflichen Scheidbarkeit des Erlebnisses und seiner Wahrnehmung
       vgl. S. 11 ff. der Schrift „Untersuchungen zum Problem der Evi-
       denz der inneren Wahrnehmung" (Halle 1908). Daselbst wird auch
       auf weitere Vertreter dieser Auffassung hingewiesen.

6   29 Bergmann a. a. O., S. 13.

7   33 Die Auffassung von der unmittelbaren Sukzession der psychischen
       Vorgänge und der sie erfassenden Wahrnehmungsakte vertritt u. a.
       Meinong. Vgl. „Über die Erfahrungsgrundlagen unseres Wissens",
       S. 68 f.

8   34 Vgl. Dürr, „Die Lehre von der Aufmerksamkeit" S. 118 f.

9   35 Das Problem des Zeitstreckenerfassens in der inneren Wahrnehmung
       behandeln Meinong (Über die Erfahrungsgrundlagen unseres Wissens
       S. 66 ff.) und Bergmann (Evidenz der inneren Wahrnehmung S. 73 ff.).

Anmerkungen zu I c.

1   37 Viele Psychologen unterscheiden nicht zwischen der Erinnerung
       und der (getreuen) Reproduktion von Bewußtseinsinhalten. Das
       erkennt man teilweise schon bei der Durchsicht der Sachregister
       bekannter Lehrbücher (z. B. von Ziehen [S. 268 der 7. Aufl.] oder
       von Wundt [S. 34 des Registerbandes zur 5 Aufl. der physiol. Psycho-
       logie]), wo gar nicht von Erinnerungen sondern nur von Erinnerungs-
       bildern oder Erinnerungsvorstellungen die Rede ist. Bei einzelnen
       tritt die Gleichsetzung von Erinnerung und Reproduktion auch
       deutlicher im Gebrauch des Wortes Erinnerung zutage. Vgl.
       Ebbinghaus, „Abriß der Psychologie" 2. Aufl., S. 112, oder Jodl,
       „Lehrbuch der Psychologie, 3. Aufl., 2. Bd., S. 160. Eine Unter-
       scheidung zwischen der Erinnerung und der Erinnerungsvorstellung
       analog derjenigen, welche moderne Rationalisten wie Meinong
       zwischen der Wahrnehmung und der Wahrnehmungsvorstellung
       durchführen (durch Annahme eines zur Vorstellung hinzutretenden
       Urteils), findet man in der „Psychologie" von A. Höfler (Wien und
       Prag 1897) S. 252. Eine der unsrigen sehr nahe kommende Unter-
       scheidung endlich findet man bei James (Psychologie S. 287 ff.).

2   39 Es ist dies im Grunde die Auffassung von James (vgl. a. a. O., S. 289),
       obwohl dessen Darstellung auch in unserem Sinne, wonach zur Er-
       innerung stets ein Akt inneren Erfassens gehört, interpretiert werden
       kann.

Anm.   Seite

3   41 A. Lehmann: Über Wiedererkennen. Philosophische Studien 5. Bd.
          (1888), S. 96 ff. Kritische und experimentelle Studien über das
          Wiedererkennen. Phil. Stud. 7. Bd. (1892), S. 169 ff.

4   42 Vgl. H. Höffding, „Über Wiedererkennen, Assoziation und psychische
          Aktivität", Vierteljahrsschrift für wissensch. Philosophie XIII,
          S. 420 ff., XIV, S. 27 ff., S. 167 ff., S. 293 ff. Höffding vertritt außer
          der Reproduktionstheorie des Wiedererkennens auch die Lehre von
          der Bekanntheitsqualität. Seine Behauptung vom Vorkommen der
          Ähnlichkeitsassoziation sucht Lehmann experimentell zu wider-
          legen. Er berichtet über die in dieser Richtung von ihm angestellten
          Versuche in der Abhandlung „Kritische und experimentelle Studien
          über das Wiedererkennen".

5   42 W. Wundt, „Grundzüge der physiologischen Psychologie", 5. Aufl.,
          3. Bd., S. 353 f.

6   42 F. Schumann, „Über das Gedächtnis für Komplexe regelmäßig auf-
          einander folgender, gleicher Schalleindrücke". Zeitschrift für
          Psychologie 1. Bd. (1890), S. 77 f.

7   42 Aus Wundts Ausführungen geht übrigens nicht klar hervor, ob er
          ein Nebeneinanderstellen zweier Erlebnisse wirklich annimmt. Er
          spricht zwar ausdrücklich von einem Vergleichen des einen Total-
          eindrucks mit dem andern und sagt, der Totaleindruck äußere sich
          in einem Gefühl. Da er aber dies Gefühl „Wiedererkennungsgefühl"
          nennt, so kann man doch zweifeln, ob er sich dies Gefühl nicht doch
          nur e i n m a l nach dem Ablauf der beiden Totaleindrücke auftretend
          denkt, so daß von einer eigentlichen Vergleichung auch nach seiner
          Auffassung nicht die Rede wäre. Wenn man Wundt nicht als Ver-
          treter der Reproduktionstheorie des Wiedererkennens betrachtet,
          dann besteht die Differenz zwischen ihm und Schumann nur in der
          verschiedenen Beantwortung der Frage, was beim Aufhören einer
          längeren Reihe sukzessiv dargebotener Schalleindrücke im Be-
          wußtsein ist. Diese Frage ist es auch, die Schumann durch seine
          Nachprüfung der Wundtschen (bzw. der Dietzeschen) Versuche
          zur Entscheidung bringen will. Die Beziehung zur Reproduktions-
          theorie des Wiedererkennens ergibt sich erst aus unserer Auffassung
          der Wundtschen und der Schumannschen Ansicht.

8   43 Das „Zu-Mute-sein", von dem hier die Rede ist, darf freilich genau
          genommen nicht als Bewußtsein des Aufhörens des Erwartungs-
          zustandes bezeichnet werden; denn ein solches Bewußtsein findet
          auch statt, wenn die zweite Reihe von Schalleindrücken länger ist
          als die erste. Man müßte es wohl charakterisieren als Bewußtsein
          der Koinzidenz des Endes der Reihe mit dem Aufhören des Er-
          wartungszustandes. Wir wollen übrigens die Frage ausdrücklich
          offen lassen, ob dieses Erlebnis erst dadurch, daß es eine bestimmte
          Färbung, eine „Bekanntheitsqualität" gewinnt, das Bewußtsein
          der Gleichheit der ersten und zweiten Reihe bedingt, oder ob es
          nur überhaupt aufzutreten braucht, um das Urteil: dies ist eine
          Reihe von der Länge, wie ich sie erwartet habe, zu begründen.
          Vielleicht handelt es sich bei der Vergleichung zweier unmittelbar
          hintereinander dargebotener Reihen von Schalleindrücken gar nicht
          um ein eigentliches Wiedererkennen. Wenn man das Wiederer-
          kennen als einen Spezialfall von Erinnerung betrachtet und an-
          nimmt, daß von Erinnerung an ein Erlebnis nur dann die Rede
          sein kann, wenn dieses Erlebnis zuvor vergessen worden ist, so
          kann man sogar mit Bestimmtheit behaupten, daß es sich bei der
          Erkenntnis der Gleichheit einer Reihe sukzessiv dargebotener
          Schalleindrücke mit einer kurz zuvor dargebotenen analogen Reihe
          nicht um ein Wiedererkennen handelt.

Anm.   Seite

9   43   Daß man die Theorie der Bekanntheitsqualität mit der Reproduktionstheorie des Wiedererkennens verbinden kann, zeigt das Beispiel Höffdings. Höffding führt nämlich das Wiedererkennen in jedem Fall auf einen Reproduktionsprozeß zurück, nimmt aber an, daß der reproduzierte Bewußtseinsinhalt zuweilen mit dem durch das wiedererkannte Objekt angeregten ununterscheidbar verschmilzt, so daß nur das Auftreten des letzteren durch die entgegenkommende Reproduktion erleichtert wird (Bekanntheitsqualität), zuweilen neben den neu angeregten Bewußtseinsinhalt tritt, so daß eine direkte Vergleichung möglich wird (Vierteljahrsschrift für wissensch. Philos. XIII. Bd., S. 430 ff.).

10   43   G. Heymans : Eine Enquête über Depersonalisation und „fausse Reconnaissance". Zeitschrift für Psychologie 36. Bd. (1904), S. 321. Weitere Daten über Depersonalisation und „fausse Reconnaissance" Zeitschr. f. Psych. 43. Bd. (1906), S. 1 ff. Heymans erklärt das Wiedererkennen statt durch eine Erleichterung des psychischen Ablaufs durch eine Verlaufshemmung, indem er dasselbe mehr zu dem „Bekanntsein" als zu dem „Unbekanntsein" in Gegensatz bringt. Die „fausse reconnaissance" findet er in Fällen, „wo infolge einer momentanen Herabsetzung der psychischen Energie die gewohnte Umgebung eine bedeutend abgeschwächte assoziative Wirksamkeit entfaltet", so daß wir „von dieser gewohnten Umgebung den Eindruck haben, daß sich in ihr Erlebnisse und Situationen aus einer grauen Vorzeit identisch wiederholen". (Zeitschr. f. Psych. 36. Bd., S. 341). Man kann nun offenbar Heymans zugeben, daß es sich bei dem falschen Wiedererkennen um eine Hemmung des assoziativen Abflusses handelt, und annehmen, das gerade durch diese Stauung des Abflusses an dem Erlebnis, das Träger des Wiedererkennens ist, die Erhöhung des Bewußtseinsgrades herbeigeführt wird, die sonst nur den wiederholt in gleicher Weise stattfindenden Erlebnissen zukommt.

11   48   Von Beiträgen zur Psychologie der Erinnerung seien noch erwähnt: J. Volkelt: Beiträge zur Analyse des Bewußtseins. 2. Die Erinnerungsgewißheit. Zeitschr. für Philosophie und philos. Kritik, 118. Bd., S. 1 ff. (1901).

F. Kuhlmann: Problems in the Analysis of the Memory Consciousness. Journ. of Philos., Psychol. and Scient. Methods 4, p. 5 ff. (1907).

L. Dugas: Sur la reconnaissance des souvenirs. Journ. de psychol. norm. et pathol. 1, S. 513 ff. (1904).

M. Washburn: The process of Recognition. Philos. Review 6, p. 265 ff. (1897).

V. et C. Henri: Enquête sur les premiers souvenirs de l'enfance. Année psychol. 3, S. 184 ff. (1897).

H. Bergson: Mémoire et reconnaissance. Revue philos. 41, S. 225 ff., S. 380 ff. (1896).

B. Bourdon: La reconnaissance de phénomènes nouveaux. Revue philos. 36, S. 629 ff. (1893).

L. Dugas: Observations sur la fausse mémoire. Revue philos. 37, S. 34 ff. (1894).

J. Grasset: La sensation du „déjà vu". Journal de psychol. norm. et pathol. 1, S. 17 ff. (1904).

A. Pick: Das pathologische Plagiat, eine Form von Störung der Erinnerung. Zeitschr. für Psychol. 50. Bd. (1909), S. 401 ff.

A. Fischer: Über Reproduzieren und Wiedererkennen bei Gedächtnisversuchen. Zeitschr. für Psychol. 50. Bd. (1909), S. 62 ff.

     Auf die Psychologie der Reproduktion, welche die Grundlage der Erinnerung bildet, ist in unserer erkenntnispsychologischen

Betrachtung der Erinnerung ebensowenig eingegangen worden wie
in unserer Betrachtung der Wahrnehmung der Mechanismus des
Aufbaues der Wahrnehmungen im Detail behandelt worden ist.
Wer sich genauer mit dem gegenwärtigen Stand der Gedächtnispsychologie bekannt machen will, sei verwiesen auf das Buch von
M. Offner, „Das Gedächtnis" (Berlin 1909), wo man auch Angaben
über die wichtigsten Erscheinungen aus der sehr umfangreichen
gedächtnispsychologischen Literatur findet.

Anmerkungen zu Id.

1   49 Über die Entwicklung der Lehre vom „unformulierten", ohne Anlehnung an die Vorstellung eines Zeichens verlaufenden, besonders
        also auch wortlosen Denken vgl. A. Messer: Empfindung und Denken
        (Quelle u. Meyer-Leipzig, 1908, S. 102 ff.)

2   51 Das, was wir Gegenstand, genauer idealen Gegenstand eines Denkaktes nennen, wird von vielen Forschern auf dem Gebiet der Erkenntnispsychologie als „Bedeutung" bezeichnet und vom Gegenstand unterschieden. Vgl. z. B. Husserl: Logische Untersuchungen
        1. Teil (Halle, Niemeyer, 1900), S. 47 ff. Wenn daher wir sagen:
        Ein Begriff, der immer denselben idealen Gegenstand hat, erfaßt
        einmal nur diesen, ein andermal durch ihn symbolisierend etwas
        anderes, müssen sie konstatieren: Ein Ausdruck kann bei derselben
        Bedeutung verschiedene gegenständliche Beziehung haben. Diese
        Wendung ist möglich, so lange man die Betrachtung auf ausgedrückte, „formulierte" Gedanken beschränkt. Wenn man nicht
        die Ausdrücke, die Bedeutungen h a b e n, sondern die Begriffe,
        die Bedeutungen s i n d, ins Auge faßt, scheint unsere Formulierung den Vorzug zu verdienen. Wenn man der Ansicht ist, daß
        die Akte des Gegenstandsbewußtseins durch ihr bloßes Dasein
        Gegenstände „meinen", Gegenstände zu „gegebenen" machen, so
        kann man nicht gut behaupten, die gleichen Akte des Gegenstandsbewußtseins meinten von vornherein verschiedene Gegenstände.
        Es würde zu weit führen, wollten wir uns bei der Formulierung
        all unserer Begriffe von idealen Gegenständen, von absoluten Gegenständen, von Intentionen usw. mit dem scharfsinnigen Verfasser
        der „logischen Untersuchungen" auseinandersetzen. Es sei deshalb
        ein für allemal darauf hingewiesen, daß unsere Terminologie vielfach durchaus nicht mit der seinigen identisch ist, auch wo wir uns
        der gleichen Wörter bedienen. Eine Übereinstimmung des Sprachgebrauchs bei den Bearbeitern desselben Erkenntnisgebietes ist
        freilich sehr wünschenswert, aber unerreichbar da, wo nicht gleichmäßig Erkanntes oder wenigstens vom gleichen Standpunkt aus
        Betrachtetes gleich zu benennen ist, wo es vielmehr gilt, mit einem
        beschränkten Maß sprachlicher Mittel die Ergebnisse verschiedenartiger Betrachtung desselben Tatsachengebiets zur Darstellung
        zu bringen.

3   52 Vgl. die Diskussion der Abstraktionstheorien bei Husserl: Logische
        Untersuchungen, 2. Teil (Halle 1901), S. 106 ff.

4   52 Vgl. Berkeleys Abhandlung über die Prinzipien der menschlichen
        Erkenntnis. Übers. v. Ueberweg. 3. Aufl. (Leipzig, Dürr, 1900),
        S. 6 ff.

5   52 Berkeley a. a. O., S. 9.

6   52 Um Mißverständnisse auszuschließen, sei erwähnt, daß Wundt die
        Begriffe „abstrakt" und „konkret" in ganz anderem Sinn gebraucht
        wie wir (vgl. Wundts Logik, 1. Bd., S. 111 ff. [der mir vorliegenden
        z w e i t e n Aufl., Stuttgart 1893]). Was wir Wundts Theorie der
        Abstraktion nennen, ist nicht seine Theorie der Entstehung der

„abstrakten Begriffe", sondern seine Lehre von der Entstehung der Begriffe überhaupt. Wundt selbst nennt seine Theorie auch nicht eine Assoziationstheorie, sondern eine „Apperzeptionstheorie". Der Unterschied zwischen der Vorstellung, „die einen einzelnen Gegenstand bedeutet", und der Vorstellung, die „Stellvertreterin des Begriffs" ist, besteht nach Wundt nur in ihren „Verbindungen". Dabei soll aber die als Begriff fungierende Vorstellung nicht etwa mehr (ähnliche Vorstellungen) reproduzieren wie die einen einzelnen Gegenstand bedeutende Vorstellung, sondern es soll nur für das Subjekt eine größere Leichtigkeit bestehen, beim Vorhandensein jener zu ähnlichen Vorstellungen überzugehen als beim Vorhandensein dieser. Es ist also gewissermaßen im einen Fall eine potentielle Reproduktionsfülle vorhanden, die im anderen Fall fehlt. Statt „potentielle Reproduktionsfülle" können wir auch sagen „in Bereitschaft gesetzte Reproduktionsgrundlagen". Da diese nach unserer Terminologie „in Bereitschaft gesetzten Reproduktionsgrundlagen" nach Wundt den Charakter der bewußten Vorstellung beeinflussen, wenn auch nicht im Sinn einer dunkel bewußten Vorstellungsmasse sondern im Sinn des „Begriffsgefühls", so ist nach Wundt der spezifische Charakter des Begriffserlebnisses eben doch wesentlich reproduktiv bedingt. Daß er das ganze Verhalten des begrifflich Denkenden mit einem Wahlvorgang vergleicht und einen Apperzeptionsakt nennt, ist eine Bezeichnung, keine Erklärung. Wir glauben deshalb wohl berechtigt zu sein, ihn zu den Vertretern der Assoziationstheorie zu rechnen. Vgl. Wundts Logik 1. Bd., S. 46 ff.

7   52 James: Psychologie (deutsch v. M. Dürr) S. 239 u. S. 161 ff.

8   53 Vgl. H. Cornelius: Über „Gestaltqualitäten". Zeitschr. für Psychol. 22. Bd. (1900), S. 101 ff., besonders S. 108, S. 110.

9   53 Vgl. O. Külpe: Versuche über Abstraktion. Bericht über den I. Kongreß für experimentelle Psychologie (Leipzig, Barth, 1904) S. 56 ff. Ferner: A. A. Grünbaum, Über die Abstraktion der Gleichheit. Archiv f. d. ges. Psychologie XII. Bd. (1908), S. 340 ff., besonders S. 446 ff.

10   55 Was wir die Unterscheidungstheorie der Abstraktion nennen, fällt nicht vollständig zusammen mit der Lehre von der „distinctio rationis". Bezüglich dieser Lehre, die der Unterscheidungstheorie immerhin sehr nahe steht, vergleiche man die Diktate aus G. E. Müllers erkenntnistheoretischen Seminarübungen bei Schumann: Zur Psychologie der Zeitanschauung. Zeitschr. für Psych. 17. Bd. (1898), S. 107 ff., den bereits zitierten Aufsatz von H. Cornelius über „Gestaltqualitäten" und Husserls „Logische Untersuchungen" 2. Bd., S. 191 ff.

11   55 James a. a. O., S. 249 ff. Abgesehen von der Charakteristik der Abstraktion als eines Unterscheidungsaktes schildert James übrigens den Prozeß des Abstrahierens ganz im Sinn der Aufmerksamkeitstheorie.

12   56 James a. a. O., S. 248. Die Aufmerksamkeitstheorie der Abstraktion vertritt, wenn man unter Aufmerksamkeit den Prozeß der Steigerung des Bewußtheitsgrades versteht, auch B. Erdmann (Logische Elementarlehre, 2. Aufl. [1907], S. 65 ff.). Da Erdmann selbst einen anderen Aufmerksamkeitsbegriff hat, so hält er die Aufmerksamkeit für entbehrlich bei der Abstraktion (S. 73).

13   56 Vgl. hierzu auch Meinongs Aufsatz „Abstrahieren und Vergleichen". Zeitschr. f. Psychol. 24. Bd., 1900, S. 34 ff., bes. S. 37.

14   57 Daß es Psychologen gibt, die auch vor der Konsequenz nicht zurückschrecken, Qualitäten und Intensitäten der Empfindungen als Bewußtseinselemente zu bezeichnen, zeigt M. W. Calkins, „Der doppelte

Anm. Seite

Standpunkt in der Psychologie" (Leipzig, Veit & Co., 1905) S. 10 ff., bes. S. 16.

15   58 Diese Definition wählt Marbe in seinen „experimentell psychologischen Untersuchungen über das Urteil" (Leipzig, Engelmann, 1901) S. 9 f.

16   58 E. Schrader, „Zur Grundlegung der Psychologie des Urteils" (Leipzig, Barth, 1903), S. 9.

17   58 G. Störring: Einführung in die Erkenntnistheorie (Leipzig, Engelmann, 1909), S. 61.

18   60 Geschichtliche und kritische Bemerkungen zur Subsumptions- und Identitätstheorie des Urteils sowie über einige weitere Urteilstheorien bei B. Erdmann: Logik 1. Bd. (Logische Elementarlehre) (2. Aufl. Halle, 1907), S. 343 ff.

19   60 Auf den Standpunkt einer solchen Relationstheorie des Urteils stellt sich z. B. J. Cohn in seiner Schrift „Voraussetzungen und Ziele des Erkennens" (Leipzig, Engelmann, 1908), S. 89. Im übrigen vertritt Cohn bezüglich der Bedeutung von Bejahung und Verneinung im Urteil eine mit der unsrigen nicht übereinstimmende Ansicht.

20   62 Über die Hauptvertreter der verschiedenen Auffassungen vom Mechanismus des Urteilens s. Marbes „Experimentell psychologische Untersuchungen über das Urteil" S. 13.

21   64 Dies ist besonders entschieden betont worden vor allem von K. Bühler: Tatsachen und Probleme zu einer Psychologie der Denkvorgänge I (Leipzig, Engelmann, 1907), S. 5.

22   68 Solche Schlüsse behandelt ausführlich vom Standpunkt der deskriptiven Psychologie aus G. Störring in seiner Abhandlung: Experimentelle Untersuchungen über einfache Schlußprozesse (Archiv f. d. gesamte Psych. XI. Bd., 1. Heft, 1908) S. 5 ff.

23   71 W. James: Psychologie S. 352 ff.

24   71 Das ist, in anderer Terminologie ausgedrückt, offenbar die Ansicht Störrings, wenn er sagt: „Ich bezeichne dasjenige Schließen mit räumlichen Beziehungen als ein Schließen mit einfachem Beziehungsetzen, bei welchem auf Grund des Lokalisierens der in den Prämissen in Beziehung zueinander gesetzten Größen oder der Zuordnung dieser Größen zu einer bestimmten Richtung ein anschaulicher Gesamttatbestand geschaffen wird, aus dem man den Schlußsatz durch „Ablesen" entwickelt." A. a. O. S. 5.

25   74 Die Psychologie des Urteilens und Schließens wird vielfach beeinträchtigt dadurch, daß zwischen Logik und Psychologie unklare Kompetenzstreitigkeiten bestehen. An Beiträgen zur Lösung dieser Grenzbestimmungsfragen seien erwähnt: E. Husserl: Logische Untersuchungen 1. Teil, S. 50 ff. (vgl. hierzu auch: E. Dürr: Über die Frage des Abhängigkeitsverhältnisses der Logik von der Psychologie, Archiv für die gesamte Psychologie 1. Bd. [1903], S. 527 ff.); B. Erdmann: Logische Elementarlehre (2. Aufl.) S. 27 ff.; M. Palágyi: Der Streit der Psychologisten und Formalisten in der modernen Logik (Leipzig, Engelmann, 1902); Th. Elsenhans: Psychologie und Logik (4. Aufl. 1903); Th. Lipps: Inhalt und Gegenstand; Psychologie und Logik, aus den Sitzungsberichten der philos.-philol. und der histor. Klasse der Kgl. Bayer. Akademie der Wissenschaften, München 1905; sowie besonders auch D. Michaltschew: Philosophische Studien, Leipzig 1909.

Besonders divergent gestaltet sich je nach dem Vorwiegen logischer oder psychologischer Interessen die Lehre vom Schließen, vor allem die Stellungnahme zur Frage der prinzipiellen Verschiedenheit von Induktion und Deduktion sowie von Induktion und Abstraktion. Vgl. hierzu noch: B. Erdmann: Logische Elementar-

Anm. Seite

lehre (2. Aufl.) S. 740 ff., bes. S. 740, S. 755, S. 769; R. Herbertz: Studien zum Methodenproblem, Köln 1910, S. 25 ff.; sowie andererseits C. Siegel: Zur Psychologie und Theorie der Erkenntnis, Leipzig 1903, S. 88 ff. u. R. Hönigswald: Beiträge zur Erkenntnistheorie und Methodenlehre, Leipzig 1906, S. 10 ff.

An wertvollen Beiträgen zur Psychologie des Denkens seien endlich außer den bereits zitierten Schriften noch erwähnt:

H. Maier: Psychologie des emotionalen Denkens (Tübingen, Mohr, 1908).

H. J. Watt: Experimentelle Beiträge zu einer Theorie des Denkens. Würzburger Dissertation, Leipzig, Engelmann, 1904.

A. Messer: Experimentell-psychologische Untersuchungen über das Denken. Archiv f. d. ges. Psych. VIII. Bd. (1906), S. 1—224.

C. O. Taylor: Über das Verstehen von Worten und Sätzen. Zeitschrift für Psychol. 40. Bd. (1906), S. 225 ff.

K. Bühler: Tatsachen und Probleme zu einer Psychologie der Denkvorgänge. II. Über Gedankenzusammenhänge. III. Über Gedankenerinnerungen. Arch. f. die ges. Psychol. XII. Bd. (1908), S. 1—123. Vgl. hierzu auch die Polemik zwischen W. Wundt und K. Bühler in Wundts Psychologischen Studien III. Bd., 4. Heft, S. 361 ff. Archiv f. d. ges. Psychol. XII. Bd., S. 93 ff., Archiv f. d. ges. Psychol. XI. Bd., S. 445 ff. (später erschienen als der Artikel in Band XII), sowie E. Dürr: Über die experimentelle Untersuchung der Denkvorgänge. Zeitschr. für Psych. 49. Bd. (1908), S. 313 ff. u. K. Bühler: Zur Kritik der Denkexperimente. Zeitschr. für Psychol. 51. Bd. (1908), S. 108 ff.

P. Bovet: L'étude expérimentale du Jugement et de la Pensée. Archives de Psychologie, VIII. Bd. (1908), S. 9 ff.

E. v. Aster: Die psychologische Beobachtung und experimentelle Untersuchung von Denkvorgängen. Zeitschr. für Psychol. 49. Bd. (1908), S. 55 ff.

A. Pick: Zur Lehre vom Einfluß des Sprechens auf das Denken. Zeitschr. für Psychol. 44. Bd. (1907), S. 241—245. (Bezieht sich nicht direkt auf das Denken in unserem Sinne, ist aber von Bedeutung für das Problem des Zusammenhangs zwischen Zeichen und Bezeichnetem, Ausdruck und Ausgedrücktem).

B. Erdmann: Umrisse zur Psychologie des Denkens. Philosophische Abhandlungen, Christoph Sigwart gewidmet, S. 3—40, 1900.

A. Meinong: Über Annahmen. Zeitschr. für Psychol. Ergänzungsband 2, 1902.

A. Marty: Über Annahmen. Zeitschrift für Psychologie 40. Bd. (1906), S. 1—54. Auf diese Kritik seiner mit der Evidenztheorie des Urteils in Zusammenhang stehenden Lehre von den Annahmen antwortet Meinong mit dem Aufsatz: In Sachen der Annahmen. Zeitschr. für Psychol. 41. Bd. (1906), S. 1—14.

Anmerkungen zu I e.

1   75 Meinong: Über die Erfahrungsgrundlagen unseres Wissens. Abhandlungen zur Didaktik und Philosophie der Naturwissenschaft. Heft 6 (Berlin, Springer, 1906), S. 10.

2   80 Ähnliche Überlegungen wie diese (unabhängig davon zustande gekommenen) findet man bei Ph. Frank: Kausalgesetz und Erfahrung. Annalen d. Naturphilosophie 6 (1908), S. 443 ff.

3   81 Kant: Kritik der reinen Vernunft. Ausg. v. Kehrbach (b. Reklam) S. 39.

Anm.   Seite

4   81 Meinong unterscheidet zwischen Gewißheit und Evidenz (a. a. O.,
             S. 10). Er begründet dies damit, daß man auch von Evidenz „für
             Ungewißheit, genauer für Wahrscheinlichkeit" reden können. Aber
             diese Argumentation ist nicht überzeugend. Gewißheit, Ungewiß-
             heit, Möglichkeit, Wahrscheinlichkeit, Unmöglichkeit und Not-
             wendigkeit können natürlich als Gegenstände des Erkennens in
             gewisser oder in ungewisser, in evidenter oder in nichtevidenter
             Erkenntnis erfaßt werden. Wenn wir beim Anblick einer Gewitter-
             wolke urteilen, daß es wahrscheinlich regnen wird, so ist der Er-
             kenntnisakt, der das Eintreten des Regnens zum Gegenstand hat,
             ungewiß (wahrscheinlich), derjenige dagegen, der die Wahrschein-
             lichkeit der Voraussage erfaßt, gewiß. Will man den letzteren
             evident nennen, so ist nichts dagegen einzuwenden. Man muß aber
             dann den ersteren als nichtevident bezeichnen. Wie Evidenz als
             Eigenschaft eines Erkenntnisaktes mit Ungewißheit als Eigenschaft
             desselben Erkenntnisaktes sich soll verbinden können, ist schlechter-
             dings nicht einzusehen. Daß Evidenz als Eigenschaft eines Erkennt-
             nisaktes mit Ungewißheit als Gegenstand dieses Aktes nicht unver-
             einbar ist, das ist eine zweifellos richtige Behauptung. Aber diese
             Behauptung wird nicht unrichtiger, wenn man an Stelle des Wortes
             Evidenz das Wort Gewißheit setzt. Eine Verschiedenheit zwischen
             Evidenz und Gewißheit ergibt sich also keineswegs. Natürlich kann
             man einfach durch Definition eine solche Verschiedenheit schaffen,
             wenn man Evidenz etwa definiert als „Selbstgewißheit", wobei
             man die Gewißheit der (in unserem Sinn) analytischen Urteile als
             in ihnen selbst gegebene Gewißheit immerhin gegenüberstellen mag
             der Gewißheit, die für ein anderes Urteil in einer außer ihm liegen-
             den Begründung liegt. Wir ziehen es vor, Evidenz und Gewißheit
             gleichzusetzen, weil der Unterschied der mittelbaren und der un-
             mittelbaren Gewißheit nicht das Wesen des Gewißheitserlebnisses
             selbst betrifft. Man könnte auch daran denken, Evidenz und Gewiß-
             heit im Sinn des Bewußtseins der Gültigkeit und der Bedingungen
             dieses Bewußtseins einander gegenüberzustellen. Da aber der
             Begriff des Evidenz b e w u ß t s e i n s mindestens ebenso gebräuch-
             lich ist wie der des Gewißheitsbewußtseins, hat auch diese Gegen-
             überstellung keinen rechten Zweck.

5   83 Vgl. hierzu C. Twardowski: Über sogenannte relative Wahr-
             heiten. Archiv für system. Philolsophie VIII. Bd., 1902.

Anmerkungen zu I f.

1   86 Vgl. Dürr, Einführung in die Pädagogik (Leipzig, Quelle & Meyer,
             1908) S. 88 ff., S. 243, sowie Dürr, Grundzüge der Ethik (Heidel-
             berg, Winter, 1909) S. 13 ff.

2   86 Diese Auffassung kann freilich einstweilen noch nicht als eine all-
             gemein verbreitete bezeichnet werden. Wenn z. B. Volkelt in
             seiner Schrift „Die Quellen der menschlichen Gewißheit" (München,
             Beck, 1906) von der Selbstgewißheit des Bewußtseins (S. 6 ff.)
             spricht, so versteht er unter Bewußtsein den Erkenntnisgegenstand.
             Vgl. hierzu Dürr, Erkenntnispsychologisches in der erkenntnis-
             theoretischen Literatur der letzten Jahre, Archiv für die gesamte
             Psychologie XIII. Bd. Literaturbericht, S. 33.

3   95 Die Behandlung der Erlebnisse des Glaubens und Wissens in der
             bisherigen erkenntnispsychologischen Literatur läßt viel zu wünschen
             übrig. Vor allem scheint die Einseitigkeit der Auffassungen viel
             Unheil angerichtet zu haben. So betrachtet ein Teil der Glaubens-
             psychologen, die namentlich den religiösen Glauben im Auge haben,
             den Glauben lediglich als Gegensatz des Zweifels. Dabei wird der

Glaube zu einem „Für-Wahr-Halten". Sofern dieses Fürwahrhalten kein erzwungenes, sondern ein freiwilliges sein soll, erscheint der Glaube psychologisch als eine Willensleistung, wie bei den christlichen Dogmatikern. Man vergleiche hierzu auch Descartes' „Betrachtungen über die Grundlagen der Philosophie" (Deutsche Übersetzung v. Fischer b. Reklam) S. 72 ff. Betrachtet man den religiösen Glauben nicht hinsichtlich seiner Bedingungen, sondern hinsichtlich seiner Wirkungen, so liegt es nahe, ihn für ein Gefühl zu erklären. Damit soll freilich nicht gesagt sein, daß die Gleichsetzung des Glaubens mit einem Gefühl stets nichts anderes sei als eine Verwechslung desselben mit seinen Wirkungen. Vielfach ergibt sich diese Auffassung einfach daraus, daß alle Bewußtseinsinhalte, die nicht klar und deutlich als Vorstellungen und Begriffe sich darstellen, Gefühle genannt werden. Vgl. Schleiermacher: Über die Religion (Meyers Volksbücher, Leipzig u. Wien) S. 125 ff. Schopenhauer: Die Welt als Wille und Vorstellung 1. Bd. (Ausg. v. Grisebach b. Reklam), S. 92. Eine mehr intellektualistische Auffassung, die aber ebenfalls den Glauben einseitig als Gegensatz des Zweifels betrachtet und zur Wahrheit in Beziehung bringt, geht dahin, daß der Glaube ein Erlebnis sei, in welchem Gedankenbildungen als mit der sinnlichen Wirklichkeit übereinstimmend vorgestellt werden (vgl. Ebbinghaus, Abriß der Psychologie 2. Aufl., 1909, S. 138) oder daß der Glaube ein Urteil sei über ein Urteil (vgl. Jodl: Lehrbuch der Psychologie 2. Bd. [3. Aufl. 1908], S. 342) oder daß der Glaube gleichbedeutend sei mit der Behauptung der Wirklichkeit des logisch bloß Möglichen (vgl. Dürr: Über die Grenzen der Gewißheit, Leipzig 1903, S. 93) oder daß man unter dem Glauben zu verstehen habe „eine lebhafte Idee in Relations- oder Assoziationsbeziehung zu einer gegenwärtigen Impression" (vgl. Hume: A Treatise of Human Nature, ed. Green and Grose, 1898, S. 396).

Ähnliche Einseitigkeiten wie in der Lehre vom Glauben findet man in der Psychologie der Gewißheit. Diese wird meistens gleichgesetzt mit Erkenntnissen, an denen sie besonders auffallend hervortritt. Das zeigt sich deutlich schon bei Hume, der das Wesen des Glaubens sorgfältig zu bestimmen sucht, über die Psychologie des Gewißheitserlebnisses aber hinweggeht und seine Aufmerksamkeit lediglich der Frage zuwendet, inwieweit unsere Erkentnisse den Charakter der Gewißheit besitzen (vgl. a. a. O., S. 372 ff.). Auch bei modernen Autoren wird anscheinend meistens gar kein Versuch gemacht, das Wesen der Gewißheit psychologisch zu bestimmen. Selbst Psychologen, die wie Meinong zwischen Gewißheit und Evidenz unterscheiden, vermeiden es sorgfältig, das Gewißheits- oder das Evidenzerlebnis oder beide psychologisch zu rubrizieren. (Vgl. Meinong: Über die Erfahrungsgrundlagen unseres Wissens S. 10, S. 69 ff.; Bergmann: Untersuchungen zum Problem der Evidenz der inneren Wahrnehmung S. 11 ff.; Volkelt: Die Quellen der menschlichen Gewißheit S. 3 ff.). Wo eine Bestimmung des Gewißheitserlebnisses vorgenommen wird, da pflegt man es als ein Gefühl zu betrachten. Das gilt auch für die Auffassung von Avenarius, der das Gewißheitserlebnis (das Sekural) zu den „Charakteren" rechnet, die er den „Elementen" gegenüberstellt; denn der Gegensatz der Elemente und der Charaktere entspricht der sonst üblichen Gegenüberstellung der Empfindungen und Gefühle. Im übrigen kommt die Ansicht, die Avenarius vom Wesen der Gewißheit und diejenige, die Hume vom Glauben hat, unserer Auffassung am nächsten.

Merkwürdig muß es jedoch erscheinen, daß trotz der einseitigen Betrachtung des Glaubens als Gegensatz des Zweifels und trotz der

Neigung, den Glauben zur Wahrheit in Beziehung zu bringen, der Zusammenhang zwischen Glaube und Gewißheit gar nirgends Beachtung
gefunden hat. Es erklärt sich dies offenbar daraus, daß der psychologische Tatbestand bei der logischen und unmittelbaren Gewißheit neben den Bedingungen dieser Gewißheit nicht berücksichtigt
wurde, so daß die Gleichartigkeit dieses Tatbestandes mit dem
der Glaubensgewißheit angesichts der Verschiedenheit der Bedingungen unbemerkt blieb.

Indem wir die Wissensgewißheit und die Glaubensgewißheit
mit der Stabilität der Bewußtseinsinhalte identifizieren und das
Glauben als Gegensatz der Gewißheit für ein Schwanken in des
Wortes eigentlichster Bedeutung erklären, tritt die Unselbständigkeit der Gewißheit und Ungewißheit deutlich hervor. Dabei gewinnen wir auch ein Verständnis für die Abstufung der Gewißheitsgrade, begreifen, daß Gewißheit nicht nur den wahren Erkenntnissen zukommt, nicht identifiziert werden kann mit dem Wirklichkeitsbewußtsein (sondern auch beispielsweise dem Erfassen
einer Beziehung zwischen idealen Gegenständen und anderen nicht
auf Wirkliches gerichteten Erkenntnissen zukommt) und daß Gewißheit besonders als Glaubensgewißheit in Wahrnehmungsvorstellungen (Impressionen) ebenso vorhanden sein kann wie in Gedanken
(Ideen) und überhaupt in jeder Art von Erkenntnissen, sehen aber
auch ein, inwiefern die vielgerühmte Evidenz des Selbstbewußtseins
oder mathematischer Erkenntnisse nur ein Spezialfall ist des Tatbestandes, der in allen Fällen von Gewißheit sich nachweisen läßt,
und inwiefern die Gewißheit, die man die logisch bedingte und diejenige, die man die psychologisch bedingte zu nennen geneigt ist,
trotz der Verschiedenheit der zunächst ins Auge fallenden Bedingungen für die psychologische Erklärung das gleiche Entstehungsgesetz aufweisen.

Anmerkungen zu II bis IIa.

1　95　Über das Wertproblem vergleiche man: Meinong: Psychologischethische Untersuchungen zur Werttheorie (Graz 1894), v. Ehrenfels: System der Werttheorie (Leipzig 1897). Die Auffassung des
Verf. ist ausführlicher entwickelt im Archiv für die gesammte Psychologie VI. Bd. (1905), S. 271 ff. in einem Aufsatz „Zur Frage der
Wertbestimmung“.

2　96　Ausführlicher geht Verf. ein auf die Frage der Klassifikation der
Gefühle in d. Schrift „Grundzüge der Ethik“ (Heidelberg 1909),
S. 21 ff.

Anmerkungen zu IIa.

1　98　Ausführlicher wird der naive Realismus behandelt bei A. Messer:
Einführung in die Erkenntnistheorie (Leipzig, Dürr, 1909), S. 43 ff.

2　102　Es gibt auch Psychologen, die überhaupt keinen Bewußtseinsvorgang anerkennen, der sich selbst gibt. Vgl. H. Bergmann: Untersuchungen zum Problem der Evidenz der inneren Wahrnehmung
S. 10, S. 43.

Anmerkungen zu IIb.

1　105　Plat. Soph. 237 A. (In der Sammlung von Ritter und Preller [8. Aufl.
1898] S. 90/116.) Diels, Die Fragmente der Vorsokratiker (1. Aufl.
1903) S. 121 (6/1).

2　105　Parmenid. ap. Simplic. Phys. 146, 15 D (Ritter u. Preller S. 93/120).
Parmenid. ap. Simplic. Phys. 38, 30 D (Ritter u. Preller S. 94/121).
Diels a. a. O., S. 125 (6/50 f.).

3   106 Plat. Theaet. 183 E (Ritter u. Preller S. 87).
4   106 Belegstellen bei Ritter u. Preller S. 86.
5   106 Parmenid. ap. Simplic. Phys. 146, 7 D (Ritter u. Preller S. 92
          119). Diels a. a. O., S. 121 (5/1).
6   107 Parmenid. ap. Simplic. Phys. 146, 7 D (Ritter u. Preller S. 93).
7   109 Die Definitionen der Logik sind bei verschiedenen Denkern recht
          verschieden. Vgl. John Stuart Mill: System der deduktiven und
          induktiven Logik (Deutsch v. Gomperz, Leipzig 1872) S. XII ff.,
          S. XXV. Unsere Bestimmung entspricht der Auffassung Hamil-
          tons, die Mill bekämpft. Vgl. auch B. Erdmann: Logische Elementar-
          lehre, 2. Aufl., Halle 1907, S. 22 ff. Erdmanns Definition der Logik
          als der „allgemeinen Wissenschaft von den Arten und der Geltung
          der Urteilsoperationen“ soll zwar die Logik als formale Disziplin
          der auf die materialen Voraussetzungen des Erkennens gerichteten
          Erkenntnistheorie gegenüberstellen, formuliert aber diesen Gegen-
          satz viel weniger schroff als die Bestimmung der Logik als der
          Lehre von der immanenten Richtigkeit des Denkens. Eine von
          andern Voraussetzungen, nämlich von einer besonderen Theorie
          der Beziehungen ausgehende, aber in den Konsequenzen wohl
          nicht sehr abweichende Auffassung entwickelt K. Marbe (Beiträge
          zur Logik und ihren Grenzwissenschaften IV., V.; Vierteljahrs-
          schrift für wissenschaftl. Philosophie XXXIV, 1910, S. 7 ff.) Wenn
          man Logik und Erkenntnistheorie als zwei koordinierte Wissenschaften
          betrachten will, so scheint ein Übereinandergreifen derselben nur
          durch die entschiedenste Betonung des Immanenzcharakters der
          Logik verhütet werden zu können. Im übrigen läßt sich gegen
          die Trennung von Logik und Erkenntnistheorie vieles einwenden
          und unsere Bestimmung der Logik im Sinne der uns am meisten
          verbreitet erscheinenden Auffassung dieser Wissenschaft soll keine
          endgültige Festlegung unseres Standpunktes bedeuten.
8   109 Vgl. Erdmann a. a. O., S. 24.

Anmerkungen zu II c.

1   110 Diog. IX, 51. Sext. adv. math. VII/60; Plat. Theaet. 151 E, 152 A
          (Ritter u. Preller S. 182/227) (Diels S. 518).
2   111 Die Schrift von Sextus Empirikus „Πιρρώνειοι ὑποτυπώσεις“,
          Pyrrhonäische Grundzüge, ist von Pappenheim übersetzt. Eine
          Übersicht über die verschiedenen Argumente der Skepsis gibt
          G. Störring: Einführung in die Erkenntnistheorie (Leipzig 1909)
          S. 17 ff. Zur Geschichte des Skeptizismus: A. Goedeckemeyer:
          Die Geschichte des griechischen Skeptizismus (1905), sowie R.
          Richter: Der Skeptizismus in der Philosophie (1. Bd. 1904; 2. Bd.
          1908). Vgl. auch R. Hönigswald: Zum Problem der philosophischen
          Skepsis, Vierteljahrsschrift f. wissensch. Phil. 32. Bd., S. 62 ff.
3   111 Vgl. G. Störring, Einführung in die Erkenntnistheorie, S. 30.
4   114 B. Erdmann bezeichnet es als „üble Gewohnheit“, „den Umfang
          (eines Begriffs) auch als Inbegriff, oder gar als Summe der E x e m -
          p l a r e zu bezeichnen“ (Logische Elementarlehre S. 202). Aber
          so gewiß es richtig ist, daß das, was man gewöhnlich unter dem Um-
          fang eines Begriffs versteht, durch Vermehrung oder Verminderung
          der Zahl der Individuen nicht beeinflußt wird, so gewiß ist es auch
          richtig, daß zuweilen die Summe der Individuen das ist, was durch
          den Begriff „gemeint“ wird. Man muß also sagen, daß der Begriff
          mehr bedeutet als bei Bestimmung seines Inhalts und seines Um-
          fangs angegeben wird. Aber schon dies, daß der Begriff bald auf
          das sich bezieht, was man seinen Inhalt, bald auf das, was man
          seinen Umfang nennt, beweist die Doppeldeutigkeit des Begriffs

„Allgemeinbegriff“. Vgl. auch die Darlegungen K. Marbes über
„usuelle und okkasionelle Bedeutung“ in „Beiträge zur Logik und
ihren Grenzwissenschaften I—III, Vierteljahrsschrift für wissenschaftliche Philosophie Bd. 30 (1906), S. 465 ff., S. 493 ff.

Anmerkungen zu IId.

1 115 Eingehend behandelt das Problem der sokratischen „Induktion“
R. Herbertz in seinen „Studien zum Methodenproblem“ (Köln 1910)
S. 7 ff. Er entwickelt die Auffassung, wonach das Interesse des
Sokrates nicht auf die Gewinnung des begrifflich Allgemeinen gerichtet gewesen sein soll, da ihm dieses vielmehr von Anfang an
festgestanden habe. Beabsichtigt sei in den sokratischen Gesprächen
vielmehr die Zurückführung eines besonderen Falles auf das feststehende Allgemeine. Aber eben dies Zurückführen des Besonderen
auf das Allgemeine ist kein Entwickeln des Besonderen aus dem
Allgemeinen. Die Ausführungen von Herbertz zeigen, daß das Verfahren von Sokrates nicht als Induktion, daß es aber im Grunde
auch nicht als Deduktion bezeichnet werden kann, daß überhaupt
die herkömmliche Gegenüberstellung von Deduktion und Induktion
eine recht unzureichende ist. Vgl. S. 73 des Textes und Anm. 25
zu I d.

2 116 Diese Auffassung darf wohl trotz der abweichenden Interpretation
Cohens als die herrschende bezeichnet werden. Vgl. Zeller: Die
Philosophie der Griechen II, 1. S. 355 ff. (der dritten Aufl., 1875),
W. Windelband, Geschichte der alten Philosophie, München 1894,
S. 117, Gomperz, Griechische Denker II, Leipzig 1902, S. 320 ff.,
Eisler: Wörterbuch der philosophischen Begriffe 3. Aufl. (1910),
1. Bd., S. 524 f.

3 117 Aristoteles: Metaphysik (Deutsch v. Kirchmann als 2. Bd. der
philosophischen Bibliothek, Leipzig 1871), 1. Bd., S. 67 ff., 2. Bd.,
S. 246 ff.

4 118 Vgl. H. Siebeck: Geschichte der Psychologie 1. Teil, 2. Abteilung
(Gotha 1884), S. 59.

5 118 Aristoteles: Metaphysik 1. Bd., S. 39 ff.

6 119 So nach Windelband: Geschichte der alten Philosophie S. 150.
Über die Wahrheit des Verbindens und Trennens, sowie (beim
Einfachen) des Aussagens vgl. auch Aristoteles: Metaphysik 2. Bd.,
S. 71 ff. Vgl. ferner: Eisler: Wörterbuch der philosophischen Be-
griffe 3. Bd., S. 1704. Die Begriffe der Wahrheit und Falschheit
bei Aristoteles behandelt besonders ausführlich auch H. Maier:
Die Syllogistik des Aristoteles I (Tübingen 1896), S. 7 ff.

7 119 Vgl. Zeller: Die Philosophie der Griechen II, 2, S. 235.

8 119 Vgl. Windelband, Die Geschichte der alten Philosophie S. 152;
Zeller, Die Philosophie der Griechen II, 2, S. 196.

9 119 Unter dem Begriff Syllogismus ist an dieser Stelle die deduktive
Schlußform zu verstehen, auf die Aristoteles den Begriff Syllogismus im übrigen nicht eingeschränkt wissen will.

Anmerkungen zu IIe.

1 120 Nach Überweg-Heinze: Geschichte der Philosophie 2. Bd. (8. Aufl.,
1898), S. 291 ff.

2 120 Nach Überweg-Heinze: Geschichte der Philosophie 2. Bd. (8. Aufl.,
1898), S. 301 ff.

3 120 Nach Überweg-Heinze: Geschichte der Philosophie 2. Bd., S. 305,
S. 307 ff.

4   121 A. a. O., S. 307.
5   121 A. a. O., S. 161.
6   121 Anders W. Freytag: Die Erkenntnis der Außenwelt (Halle 1904)
S. 38 ff.
7   123 Über die Bedeutung des Begriffs „Allgemein" gehen die Ansichten
merkwürdig auseinander. So sagt Erdmann (Logische Elementarlehre 2. Aufl., S. 145): „Schief, aber überliefert ist es, die Vorstellungen selbst . . . . Einzel- und Allgemeinvorstellungen zu nennen".
Wir verstehen unter dem Allgemeinen nicht das, was eine Vielheit
ist, sondern was von einer solchen gilt, was in einer Mehrheit von
Individuen übereinstimmt, und halten es deshalb gerade umgekehrt
für nicht richtig, von allgemeinen Gegenständen zu sprechen.

Anmerkungen zu II f.

1   127 Zum Begriff des Rationalismus, wie er sonst gebräuchlich ist, vgl.
J. Cohn: Die Hauptformen des Rationalismus, Philosophische Studien
XIX. Bd. (1902), S. 69 ff.
2   127 Außerdem wird bei vielen Rationalisten die Nominaldefinition der
Wahrheit als der Übereinstimmung mit dem Gegenstand beibehalten.
Vgl. Spinoza, Ethica, p. I Ax. VI (Werke, Ausg. v. Vloten und Land,
1. Bd., 2. Aufl. 1895, S. 38). Dazu die Unterscheidung von Namenerklärung und Kriterienlehre der Wahrheit bei Kant: Kritik der
reinen Vernunft (Ausg. v. Kehrbach, 2. Aufl.) S. 81.
3   128 Betrachtungen über die Grundlagen der Philosophie (Deutsch v.
L. Fischer, Reclam) S. 25 ff.
4   130 A. a. O., S. 33.
5   130 A. a. O., S. 40.
6   131 A. a. O., S. 42.
7   131 A. a. O., S. 45.
8   134 B. d. Spinoza: Ethica ordine geometrica demonstrata (Werke,
Ausg. v. Vloten und Land, 2. Aufl., 1. Buch, 1895) S. 35 ff.
9   134 Leibniz: Nouveaux essais sur l'entendement humain (2. Ausg.
v. Lachelier, Paris 1898) S. 111, S. 155, S. 225. Vgl. auch L.: Meditationes de cognitione, veritate et ideis. Deutsch in den „Kleineren
philosophischen Schriften" v. Leibniz (Reclam) S. 245 ff.
10   134 J. G. Fichte: Darstellung d. Wissenschaftslehre: Aus dem Jahre
1801 u. 1804. Ausg. v. Medicus (1908).
11   135 Damit soll freilich nicht gesagt sein, daß dem „müßigen und unfrucht-
baren Einfall", „daß möglicherweise ein böser Geist unser Denken
im Kreis herumführe" (Erdmann, Logische Elementarlehre S. 12)
eine ernsthafte Bedeutung zuerkannt werden müsse. Es handelt
sich nur um immanente Kritik.

Anmerkungen zu II g.

1   141 Vgl. A. H. Abbott: Psychologische und erkenntnistheoretische
Probleme bei Hobbes (Würzburger Dissertation 1904).
2   141 J. Locke: Versuch über den menschlichen Verstand (in der deutschen
Übersetzung Bd. 75 und 76 der philosophischen Bibliothek 1. Bd.,
2. Aufl. 1894; 2. Bd., 2. Aufl. 1901), Buch IV, Kap. 5, § 2 (2. Bd.,
S. 192).
3   142 Ebenda.
4   142 Buch II, Kap. 32, § 4 (1. Bd., S. 429).
5   142 Buch II, Kap. 32, § 5 (1. Bd., S. 429).
6   143 Buch II, Kap. 23, § 1 (1. Bd., S. 324).
7   144 F. Mauthner: Beiträge zu einer Kritik der Sprache 1. Bd., 2. Aufl.
(1906), S. 695.

Anm. Seite

8   146 E. Mach: Erkenntnis und Irrtum. Vgl. auch Ziehens Lehre von den Reduktionsbestandteilen und den Restbestandteilen der Empfindungen in der „Psychophysiologischen Erkenntnistheorie" (2. Aufl. 1907) und dazu K. Marbes Besprechung (zur ersten Auflage) in der Vierteljahrsschrift für wissenschaftl. Philosophie Bd. XXIII, S. 243 ff.

9   146 E. Mach: Erkenntnis und Irrtum. Vgl. auch H. Kleinpeter: Die Erkenntnistheorie der Naturforschung der Gegenwart (Leipzig 1905), S. 22, S. 41, S. 44 ff.

10   148 Vgl. B. Erdmann: Logische Elementarlehre 2. Aufl., S. 179 f.

Anmerkungen zu II h.

Vorb.   Über den Kritizismus in einer weiteren Fassung des Begriffs handelt in einem ausführlichen zweibändigen Werk A. Riehl: Der philosophische Kritizismus (1. Bd., 2. Aufl. 1908, 2. Bd., 1. Aufl. 1887).

1   149 Kritik der reinen Vernunft (Ausg. v. Kehrbach, 2. Aufl., Reclam), S. 77.

2   150 A. a. O., S. 81.

3   150 A. a. O., S. 82.

4   151 A. a. O., S. 82.

5   151 A. a. O.. S. 84.

6   152 A. a. O., S. 159.

7   152 A. a. O., S. 162.

8   152 A. a. O., S. 180.

9   154 A. a. O., S. 48, S. 84. Vgl. Riehl: Der philosophische Kritizismus 1. Bd., S. 421 ff.

10   154 A. a. O., S. 259.

11   154 A. a. O., S. 259 f.

12   155 Es scheint sehr viel einfacher zu sein, wenn man sagt: Gegenstände sind nach Kant die Erscheinungen und Erkenntnis nennt er die Begriffe und Urteile, in denen die Erscheinungen denkend erfaßt werden. Aber dabei bleibt gänzlich unberücksichtigt, daß das Dasein, nicht erst das Erkanntwerden der Gegenstände (als Erscheinungen) einen Bewußtseinsakt voraussetzt und daß jedem Akt des begrifflichen Erfassens ein (idealer) Gegenstand entspricht. Übersieht man hinsichtlich der Erscheinungen den Bewußtseinsakt, auf Grund dessen sie da sind, in dem sie also doch primär erfaßt (somit nach unserer Terminologie erkannt) werden und vergißt man, daß jeder Begriff einen idealen Gegenstand hat, der ihn wie sein Schatten begleitet, so ist man leicht geneigt, das Erkennen zu einem „Begreifen der Erscheinungen" zu machen. Versteht man unter dem Begriff nichts anderes als das, was wir den idealen Gegenstand des Begriffs nennen, so kann man als „Bezeichnen der Erscheinungen durch Begriffe" einen Teil der Erkenntnis charakterisieren. Aber der Teil des Erkennens, der im Bewußtsein der Erscheinungen, d. h. im Erfassen (nicht im begrifflichen Denken) der Wahrnehmungsobjekte besteht, bleibt dabei unberücksichtigt.

Anmerkungen zu II i.

1   158 A. Comte: Cours de philosophie positive. Nouv. éd. (Paris 1907).

2   158 E. Mach: Die Analyse der Empfindungen und das Verhältnis des Physischen zum Psychischen (5. Aufl., Jena 1904); Erkenntnis und Irrtum (Leipzig 1905).

3   158 R. Avenarius: Philosophie als Denken der Welt gemäß dem Prinzip des kleinsten Kraftmaßes (Leipzig 1876); Der menschliche Weltbegriff (Leipzig 1891); Kritik der reinen Erfahrung (2. Aufl., Leipzig 1907/08).

Anm. Seite

4   158 W. Schuppe: Erkenntnistheoretische Logik (Bonn 1878); Grundriß der Erkenntnistheorie und Logik (Berlin 1894).

5   158 R. v. Schubert - Soldern: Über die Transzendenz des Objekts und des Subjekts (Leipzig 1882); Grundlagen einer Erkenntnistheorie (Leipzig 1884).

6   159 Über den Positivismus in weitestem Sinn vgl. E. Laas: Idealismus und Positivismus (Berlin 1879—1884).

7   159 E. Mach: Erkenntnis und Irrtum S. 174 ff. Vgl. auch H. Kleinpeter: Die Erkenntnistheorie der Naturforschung der Gegenwart (Leipzig 1905) S. 10 ff. und die Kritik bei J. Volkelt: Die Quellen der menschlichen Gewißheit S. 82 ff.

8   162 Kritik der reinen Erfahrung 1. Bd., S. 41 ff.

9   163 J. Petzoldt: Einführung in die Philosophie der reinen Erfahrung 2. Bd. (Leipzig 1904), S. 285.

10   164 Ebenda.

11   166 Vgl. W. Jerusalem: Der kritische Idealismus und die reine Logik (Wien und Leipzig 1905) S. 162 ff.

Anmerkungen zu IIk.

1   167 Vgl. d. Bericht über den III. internationalen Kongreß für Philosophie (Heidelberg 1909) S. 711 ff.

2   167 Vgl. das Vorwort Jerusalems zu der von ihm übersetzten Schrift von James „Der Pragmatismus" S. VI; R. Herbertz: Studien zum Methodenproblem S. 215.

3   167 F. C. S. Schiller: Humanism (London 1903); Studies in humanism (London 1907).

4   167 J. Dewey: Studies in Logical Theory (Chicago 1903).

5   167 W. James: Der Pragmatismus (Deutsch Leipzig 1908) S. 48 f.

6   168 W. James: Der Pragmatismus S. 50.

7   173 E. Dürr: Über die Grenzen der Gewißheit (Leipzig 1903).

8   173 W. James: Der Wille zum Glauben (Deutsch v. Lorenz, Stuttgart 1899).

Anmerkungen zu III.

1   177 W. Windelband: Präludien (3. Aufl., Freiburg 1907); Der Wille zur Wahrheit (1909), Zum Begriff des Gesetzes (Bericht über den 3. internationalen Kongreß für Philosophie S. 159 ff.).

2   177 H. Rickert: Der Gegenstand der Erkenntnis (2. Aufl., Tübingen 1904); Zwei Wege der Erkenntnistheorie (Kantstudien XIV. Bd., 1909, Heft 2).

3   178 H. Rickert: Der Gegenstand der Erkenntnis S. 1.

4   179 H. Rickert a. a. O., S. 2.

5   180 H. Rickert a. a. O., S. 11 ff.

6   181 Ein Subjekt verschieden von allem, was als Objekt erfaßt, d. h. was überhaupt erfaßt werden kann, wäre ein nicht zu denkendes Gedachtes, ein nichtgegenständlicher Gegenstand, etwas ganz Unmögliches. Vgl. hierzu J. Cohn: Voraussetzungen und Ziele des Erkennens S. 36 f.

7   182 Der Name „intentionales Objekt" scheint zuerst von Brentano gebraucht worden zu sein. Vgl. Eisler: Wörterbuch der philosophischen Begriffe S. 593, S. 896 f.

8   182 Über einen ähnlichen Sprachgebrauch bei E. v. Hartmann und Teichmüller vgl. Eisler, Wörterbuch S. 895 u. S. 514.

9   182 H. Rickert a. a. O., S. 29.

10   183 H. Rickert a. a. O., S. 29, S. 67. Ein Abstraktum bleibt das erkenntnistheoretische Subjekt auch, wenn man es für ein „I d e a l"

            erklärt, wie die Rickert nahestehenden Autoren Br. Christiansen
(Erkenntnistheorie und Psychologie des Erkennens, Hanau 1902,
S. 29) und J. Cohn (Voraussetzungen und Ziele des Erkennens,
Leipzig 1908, S. 38, S. 48).

11   183   H. Rickert a. a. O., S. 23.

12   185   Bezeichnet man alles, was Gegenstand denkenden Erfassens werden
kann, als Gegebenes, so kann man wohl behaupten: Es gibt nur
Gegebenes oder „Nichtgegebenes gibt es nicht" (J. Rehmke, Philosophie als Grundwissenschaft, Leipzig u. Frankfurt 1910, S. 18).
Versteht man aber unter dem Gegebenen nicht alles, was „Bewußtseinsbesitz" werden kann, sondern das, was Bewußtseinsbesitz ist,
so dürfte die Behauptung: „Nichtgegebenes gibt es nicht", wenn
damit gemeint ist: Nichtgegebenes existiert nicht, zu weit gehen.
Höchstens könnte man sagen, daß im Begriff der ganzen Welt oder
in dem der Gesamtheit aller Gegenstände alles Wirkliche bzw. sogar
jeder Gegenstand überhaupt schon, wenn auch unbestimmt, erfaßt
werde. Aber da der Begriff der ganzen Welt oder aller Gegenstände
nicht in jedem Augenblick gedacht wird, so kann man auch in
diesem Sinn nicht sagen, daß alles beständig Bewußtseinsbesitz sei.

13   185   Vgl. W. Freytag: Der Realismus und das Transszendenzproblem
(Halle 1902), S. 95 ff., bes. S. 103 ff. Daß im Gegebensein, d. h. im
„Bewußtseinsgegenstand-Sein" oder „Bewußtseinsbesitz-Sein" keine
Abhängigkeit des Gegenstandes vom Bewußtsein begründet ist,
das zeigt in eindringlicher Weise auch Rehmke (Philosophie als Grundwissenschaft S. 614 ff.). Die weitergehende Behauptung Rehmkes,
daß überhaupt nichts am Gegebenen, z. B. auch nicht die „subjektiven Sinnesqualitäten", abhängig sei von dem besitzenden Bewußtsein, daß die Dingeigenschaften wohl vom menschlichen Leib,
aber nicht vom Bewußtsein abhängig seien, möchten wir freilich
nicht annehmen. Sie läßt sich verstehen auf Grund der Identifizierung von „Dingvorstellung" und „Ding" (vgl. a. a. O., S. 634)
und auf Grund des eigenartigen Begriffs vom Bewußtsein als einem
„nicht dinglichen Einzelwesen" (vgl. a. a. O., S. 391). Wir verstehen
unter der Abhängigkeit der idealen Gegenstände vom Bewußtsein
die Gebundenheit der betreffenden Gegenstände an psychische
Prozesse, die sich darin zeigt, daß sie auftreten und verschwinden,
wenn die sie erfassenden Bewußtseinsvorgänge anfangen und aufhören, daß sie sich verändern mit jeder Veränderung dieser Bewußtseinsvorgänge und daß sie nicht bestehen können ohne erfassende
Akte des Gegenstandsbewußtseins. Ideale Gegenstände sind also
für uns diejenigen, die dann, wenn sie gedacht werden, als von
einem Erkenntnisakt (Anschauen, Erinnern, Denken) erfaßte gedacht werden müssen. Absolute Gegenstände nennen wir diejenigen,
die als bestehend gedacht werden können, ohne als erfaßte gedacht
werden zu müssen. Der Gegensatz der idealen und der absoluten
Gegenstände fällt bei enger Fassung des Wirklichkeitsbegriffes nicht
mit demjenigen des Nichtwirklichen und des Wirklichen zusammen,
da auch Eigenschaften oder Vorgänge als nichterfaßte am Wirklichen
bestehend oder sich vollziehend gedacht werden können. Bei einer
weiteren Fassung des Wirklichkeitsbegriffs deckt sich allerdings
das Wirkliche mit den absoluten Gegenständen. Man vergleiche
hierzu S. 278 ff. des Textes. Eine besondere Schwierigkeit besteht
darin, daß wir zuweilen an Unselbständiges denken, das vielleicht
an Wirklichem unabhängig von unserem Erfassen besteht, das wir
aber nicht als so Bestehendes denken, nicht, wie man gewöhnlich
sagt, „auf ein Wirkliches beziehen". Es würde sich vielleicht empfehlen, ganz allgemein das, was in jedem Akt des Gegenstandsbewußtseins als mit ihm entstehender, vergehender und sich ver-

ändernder Gegenstand gegeben ist, von dem, worauf es bezogen wird, was als Wirkliches oder auch als Bloßgedachtes, Bloßvorgestelltes, jedenfalls aber nicht als von dem betreffenden Akt des Gegenstandsbewußtseins Abhängiges, nicht als mit ihm Entstehendes, Vergehendes und sich Veränderndes gedacht wird, zu unterscheiden. Man könnte jenes den Momentangegenstand, dieses den Dauergegenstand nennen. Dann ließe sich der Satz aufstellen: Alle Momentangegenstände sind ideale Gegenstände, wogegen die Dauergegenstände teilweise, sofern sie nämlich als bloß vorgestellte, bloß gedachte, nicht auf Reales bezogene erfaßt werden, i d e a l e , teilweise, sofern sie nämlich als unabhängig vom Gedacht- oder Vorgestelltwerden bestehende gedacht oder sofern sie auf Reales bezogen worden, a b s o l u t e Gegenstände sind. Das Verhältnis der Momentangegenstände zu den Dauergegenständen ist sehr schwer zu bestimmen. Wenn Husserl zwischen Akt, Inhalt und Gegenstand unterscheidet, so scheint die Trennung von Inhalt und Gegenstand dieser Gegenüberstellung von Momentangegenständen und Dauergegenständen zu entsprechen. (Vgl. Logische Untersuchungen II, S. 51). Wir vermeiden den Begriff Inhalt wegen der Doppeldeutigkeit desselben. Auch die Unterscheidung der Momentangegenstände und der Dauergegenstände stößt sicherlich auf Bedenken. Aber man prüfe an einem Beispiel, ob sie sich vermeiden läßt! Ich will mir die Würzburger Festung vorstellen. Ich habe als Gegenstand meiner Vorstellung ein kümmerliches Raumgebilde, das beständig schwankt und zu entschwinden droht. Dieses Gebilde ist räumlich, ist also nicht identisch mit der unräumlichen Vorstellung desselben. Aber es ist gewiß auch nicht identisch mit dem soliden Bau, der stehen bleibt, wenn mir der ideale Gegenstand, der von meiner Vorstellung abhängig ist, zehnmal entschwindet. Man sagt vielleicht: die wirkliche Festung ist Gegenstand des Denkens, das mit dem Vorstellen sich verbindet und dadurch den Tatbestand schafft, daß zwei Erkenntnisakte mit zwei Gegenständen, nicht aber e i n Erkenntnisakt und zwei Gegenstände zu konstatieren sind.

Es fragt sich nur: Entschwindet der Gegenstand des Denkens nicht ebenso mit der Flucht des Gedankens wie der Gegenstand der Vorstellung mit dieser? Wenn ich an Dauerndes denke, ist dann direkt das Dauernde, das gewiß nicht abhängig ist von meinem flüchtigen Gedanken, Gegenstand meines Denkens oder wird das Dauernde nur inadäquat erfaßt, indem das Gegebene des Denkaktes ein flüchtiger idealer Gegenstand ist? Da die reinen Objektivitätsfunktionen ihren Gegenständen nichts von ihrer eigenen Beschaffenheit geben, sondern sozusagen nur demonstrative Bedeutung besitzen, so braucht die Eigenschaft der Flüchtigkeit dem flüchtig Bezeichneten offenbar durchaus nicht zuzukommen. Aber ist das flüchtige Zeichen nicht bereits idealer Gegenstand? Der ideale Gegenstand des Allgemeinbegriffs Mensch ist das allen Menschen Gemeinsame. Aber wenn wir sagen: „Der Mensch lebt seiner Jahre Zahl", so meinen wir doch nicht, daß das allen Menschen Gemeinsame eine beschränkte Lebensdauer hat, sondern wir erfassen in dem idealen Gegenstand des Allgemeinbegriffs Mensch etwas anderes. Das beweist doch, daß man im Denken sozusagen eine doppelte Transszendenz ausführen kann, und wenn vielfach einseitig nur von der Transszendenz des Denkens und nicht von der Transszendenz alles Gegenstandsbewußtseins gesprochen wird, so scheint gerade dies gemeint zu sein, daß der ideale Gegenstand des Begriffs nicht mit dem dadurch Bezeichneten identisch ist, während man übersieht, daß auch der ideale Gegenstand, daß also in unserem Beispiel das allen Menschen Gemeinsame nicht mit dem Akt des Erfassens desselben zusammenfällt. Im übrigen ist in diesen schwierigen Fragen wohl noch nicht das letzte Wort gesprochen.

14　185　H. Rickert a. a. O., S. 19.
15　185　H. Rickert a. a. O., S. 40.
16　186　H. Rickert a. a. O., S. 68.
17　186　H. Rickert a. a. O., S. 69 f.
18　186　H. Rickert a. a. O., S. 48 f.
19　187　H. Rickert a. a. O., S. 75.
20　189　H. Rickert a. a. O., S. 105 f.
21　190　Genaueres hierüber: E. Dürr, Grundzüge der Ethik S. 107 ff.
22　190　Häßliche Formen nimmt die bei gewissen Philosophen (n i c h t bei Rickert) beliebte abschätzige Beurteilung der Psychologie an, wenn sie unsachlich wird, wie bei W. Windelband: Die Philosophie im deutschen Geistesleben des 19. Jahrhunderts (Tübingen 1909), S. 92 oder bei O. Weidenbach: Der idealistische Begriff, des Subjekts (Festschrift der Kantstudien zum 70. Geburtstag Otto Liebmanns, S. 153).
23　191　H. Rickert a. a. O., S. 86 f. Man vgl. den Lösungsversuch zu der hier entstehenden Schwierigkeit bei F. L. Hörth: Zur Problematik der Wirklichkeit (Privatdruck 1906), S. 32.
24　191　Die Entwicklung dieser Lehre schildert Rickert a. a. O., S. 91, wo er auch die hierher gehörigen Ausführungen von Sigwart, Brentano, Lotze und Windelband zitiert.
25　191　H. Rickert a. a. O., S. 96.
26　194　H. Rickert a. .a O.. S. 110 ff.
27　196　H. Rickert a. a. O., S. 126 ff.
28　199　Bericht über den 3. internationalen Kongreß für Philosophie S. 163.
29　200　Wie weit die von O. v. d. Pfordten begründete erkenntnistheoretische Richtung des Konformismus, die auch mit dem Begriff des „Normativen", des „intellektuellen Imperativs", des Wertes arbeitet, der Richtung des Imperativismus nahesteht, läßt sich nach den bisher vorliegenden Publikationen nicht entscheiden. (Vgl. den Vortrag: Konformismus als Erkenntnisart des Normativen im Bericht über den 3. internationalen Kongreß für Philosophie S. 816ff.). Das Erscheinen einer ausführlicheren Schrift desselben Autors (Der Konformismus, I. Teil, bei C. Winter, Heidelberg) wird eben angezeigt, ohne daß diese Schrift hier noch benützt werden kann. Gedankengänge, die manchen Ansatz der Rickertschen Erkenntnistheorie noch deutlicher hervortreten lassen, findet man in der schon erwähnten Schrift von F. L. Hörth. „Zur Problematik der Wirklichkeit" und bei O. Weidenbach, „Mensch und Wirklichkeit" (Gießen 1907), 2. Teil. Eine kritische Auseinandersetzung mit Rickert ist das Thema von F. Lowtzkys „Studien zur Erkenntnistheorie" (Berner Dissertation, 1910).

Anmerkungen zum Abschluß der Wertlehre des Erkennens.

1　203　Von neueren Bearbeitungen der Frage nach dem Ursprung des Kausalurteiles vergleiche man: B. Erdmann: Logische Elementarlehre, 2. Aufl., S. 745 ff., L. Dilles: Weg zur Metaphysik als exakter Wissenschaft I (Stuttgart 1903), S. 261 ff., W. Wundt: Grundzüge der physiologischen Psychologie (5. Aufl., Leipzig 1903), III. Bd., S. 682 ff., C. Siegel: Zur Psychologie und Theorie der Erkenntnis S. 116 ff., W. Heuer, Kausalität und Notwendigkeit (Berlin 1908), S. 21 ff. Viel Klärendes über die Kausalauffassung nicht hinsichtlich ihrer Genesis, aber hinsichtlich der Bestimmtheit ihres Gegenstandes bei J. Rehmke, Philosophie als Grundwissenschaft, S. 249 ff.

2   204 Die Behauptung, das Kausalprinzip der Wissenschaft sei eine Hypothese, muß freilich auf Widerspruch stoßen bei allen denen, die unter einer Hypothese etwas Ungewisses verstehen, während sie den Kausalsatz für eine evidente Erkenntnis halten. Im übrigen wird man vielleicht besser tun, eine Hypothese, die zwar verifizierbar, aber ihrer Natur nach nicht widerlegbar ist, wie der Kausalsatz, da man zu jedem Geschehen eine Ursache, die man in bekannten Vorgängen nicht findet, in noch unbekannten annehmen kann, ein Postulat zu nennen. Über den Begriff der Hypothese vgl. W. St. Jevons: Leitfaden der Logik (Deutsch von Kleinpeter, Leipzig 1906), S. 282 ff., F. Dreyer: Studien zu Methodenlehre und Erkenntniskritik (Leipzig 1895) I, S. 50 ff., B. Erdmann, Logische Elementarlehre S. 742.

Anmerkungen zu III, Einführung.

1   206 Dieser Satz bedarf der Erläuterung. Man wird wohl zugeben, daß die Wissenschaft es ursprünglich mit lauter Dingen zu tun hat, die als Träger der subjektiven Sinnesqualitäten abhängig sind von den psychischen Funktionen der erkennenden Subjekte, die infolgedessen das Merkmal der idealen Gegenstände aufzuweisen haben. Aber diese Dinge, die von der vorwissenschaftlichen Denkarbeit der Wissenschaft zu weiterer Bearbeitung übergeben werden, sind doch nicht die idealen Momentangegenstände, die das ursprünglich Gegebene alles Erkennens bilden. Indem das vorwissenschaftliche Erkennen nicht einfach die regellose Aufeinanderfolge der jeweils auftauchenden und verschwindenden Wahrnehmungsobjekte (als idealer Momentangegenstände) konstatiert, sondern beharrende Dinge in mehr oder weniger bestimmten Zusammenhängen erfaßt, verrichtet es bereits einen Teil der wissenschaftlichen Denkarbeit. Aber die Erkenntnistheorie muß sich zurückversetzen auf den Ausgangspunkt des vorwissenschaftlichen Erkennens und muß von da aus die Berechtigung der Annahme wirklich absoluter Gegenstände unter klarer Formulierung des Forschungsprinzips nachweisen, während der tatsächliche Gang der Erkenntnis, nicht geführt von klar bewußten Grundsätzen, sondern getrieben von psychischem Zwang, zunächst zur Annahme vermeintlich absoluter Gegenstände kommt, die aber bei weiterer Untersuchung in der mannigfachsten Hinsicht die Abhängigkeit vom erkennenden Subjekt hervortreten lassen und Schritt für Schritt umgedacht werden müssen, wenn sie als absolute Gegenstände denkbar sein sollen.

Man vergleiche damit W. Wundts Lehre vom „Vorstellungsobjekt“, die das, was wir die idealen Momentangegenstände nennen, mit den Vorstellungen identifiziert (W. Wundt, Logik, 1. Bd., S. 424 ff. [der zweiten Auflage]; sowie „Über naiven und kritischen Realismus“, Philosophische Studien XII, XIII).

2   208 Daß solche Rangunterschiede gemacht werden, steht außer Zweifel, wenn auch die Berechtigung derselben verschieden beurteilt wird. So spricht Meinong von einem „Vorurteil zugunsten des Wirklichen“ (Untersuchungen zur Gegenstandstheorie und Psychologie, Leipzig 1904, S. 3 ff.), während ein die praktische Bedeutung des Erkennens in den Vordergrund stellender Autor wie Jerusalem meint, „die neue ‚Gegenstandstheorie‘, die es sich zum Ruhme anrechnet, eine ‚daseins-freie‘ Wissenschaft zu sein“, müsse „vom Standpunkte des Pragmatismus eben deshalb als etwas vollkommen

Überflüssiges bezeichnet werden“ (Der Pragmatismus, Vorwort
S. VI).

3 208 Etwas vom Erkennen Unabhängiges ist uns etwas, was selbständig
oder an Selbständigem bestehend gedacht werden muß in der Bestimmtheit, in der es erfaßt wird, bestehend nicht bloß als Gedachtes (d. h. solange es gedacht wird), sondern auch, wenn niemand
es denkt. Das vom Erkennen Unabhängige ist also nicht bloß das
Wirkliche im Sinne des Wirkenden oder das Reale im Sinne der
Dauerbedingung absoluten Geschehens, sondern ist auch das Bestehende und Geschehende, von dessen Bestehen und Geschehen
kein anderes absolutes Bestehendes und Geschehendes abhängig ist.
So wichtig uns die Frage ist nach Gegenständen, die gedacht werden
müssen als bestehend auch dann, wenn sie nicht gedacht werden,
als bestehend über die Dauer ihres Gedachtwerdens hinaus, und
zwar nicht als nur deshalb dauernd bestehend, weil auch der erfassende psychische Akt verlängert gedacht wird, sondern eben
als bestehend unabhängig von allem Erkennen, so wichtig uns diese
Frage nach den absoluten Gegenständen ist, so gleichgültig ist uns
der Hinweis darauf, daß jeder Gegenstand, solange er gedacht wird,
Objekt eines Subjekts ist, oder zu einem Bewußtsein gehört. Es
ist dankenswert, wenn Rehmke die irreführende Nebenbedeutung,
die im Begriff des Zugehörens steckt, klar legt und statt der Verbindung „einem Bewußtsein zugehören“, die Verbindung „einem
Bewußtsein gehören“ gebraucht wissen will (Philosophie als Grundwissenschaft, S. 11 ff.). Aber wenn Rehmke den Unterschied zwischen
der Art, wie die von uns sogenannten absoluten Objekte und derjenigen, wie unsere idealen Gegenstände dem Bewußtsein „gehören“,
untergehen läßt in der allgemeinen Bestimmung, daß alles dem Bewußtsein gehört, so gelingt es ihm doch nur scheinbar, den Idealismus der „immanenten Philosophie“ zu überwinden. Wenn er sagt,
aller Bewußtseinsbesitz sei unabhängig vom Bewußtsein und damit
einem Ding, das wir im Traum vor uns zu haben glauben, nicht
mehr Abhängigkeit vom Bewußtsein zuerkennt als einem von der
Wissenschaft aus guten Gründen erschlossenen absoluten Gegenstand, dann werden absolute und ideale Gegenstände dem Bewußtsein gegenüber eben doch auf eine Stufe gestellt. Daß diese Stufe
nicht etwa auch für den Traumgegenstand die der absoluten Objekte, sondern auch für die absoluten Objekte die der Traumgegenstände ist, folgt für den unbefangenen Beurteiler der Rehmkeschen
Gedankengänge daraus, daß im Grunde doch nur an Stelle der
„Abhängigkeit vom erkennenden Bewußtsein“ die „Abhängigkeit
vom menschlichen Leib“ gesetzt wird (a. a. O., S. 647). Wenn man
zwischen der Vorstellung und ihrem idealen Gegenstand unterscheidet, ist der ideale Gegenstand abhängig von der Vorstellung,
wenn man beide identifiziert, so ist das „Vorstellungsobjekt“ natürlich nicht von sich selbst oder von einem ihm gegenüberstehenden
Bewußtsein, sondern vom lebenden Organismus abhängig, wenn man
den lebenden Organismus nicht als bloß idealen Gegenstand betrachtet. Recht und Unrecht dieser Betrachtungsweise ist zu untersuchen, während Rehmke das Recht der realistischen Auffassung
voraussetzt, weil er ihre Abweichung von der idealistischen für
geringer hält als sie ist, so daß er mit seinem vermeintlichen Realismus über den Idealismus der immanenten Philosophie — prinzipiell
wenigstens — nicht hinauskommt.

4 209 Dies gilt nur von den idealen Momentangegenständen (vgl. Anm. 13
zu II, 1).

5 211 Dies gilt wiederum nur von den idealen Momentangegenständen.

Anmerkungen zu III, 1.

Anm.   Seite

1   212 Die Richtung des subjektiven Idealismus ist erst verhältnismäßig
spät in der Geschichte der Philosophie hervorgetreten. Die zu
diesem Standpunkt führenden Gedankengänge finden wir ziemlich
entwickelt zunächst bei Descartes, der im übrigen den „methodischen“ Zweifel an der Berechtigung der Annahme irgendwelcher
von den psychischen Prozessen des einsamen Zweiflers unabhängigen
Gegenstände sehr leicht und mit recht ungenügenden Gründen
(vgl. S. 135 ff.) überwindet. Als das grundlegende Werk des subjektiven Idealismus darf D. Humes „Treatise on human nature“
bezeichnet werden. Weiter vertritt den subjektiven Idealismus J. G.
Fichte in der ersten Phase seiner über Kant hinausgehenden philosophischen Entwicklung, besonders in der Schrift „Grundlage der
gesamten Wissenschaftslehre“ vom Jahr 1794.

In der zweiten Hälfte des 19. Jahrhunderts gewinnen die Grundgedanken Humes neue Lebenskraft bei den immanenten Philosophen, sowie in der Schule von Mach und Avenarius. Als Hauptvertreter der immanenten Philosophie sind zu nennen: R. v. Schubert-
Soldern (Grundlagen einer Erkenntnistheorie, Leipzig 1884),
M. Kauffmann (Immanente Philosophie I, Leipzig 1893), W. Schuppe
(Erkenntnistheoretische Logik, Bonn 1878; Grundriß der Erkenntnistheorie und Logik, Berlin 1894; Red. der „Zeitschrift für
immanente Philosophie“ [nach Kauffmann]). Zu den Vertretern
der immanenten Philosophie pflegte man früher auch Rehmke zu
rechnen (Die Welt als Wahrnehmung und Begriff, Berlin 1880;
Unsere Gewißheit von der Außenwelt, Heilbronn 1894). Rehmke
selbst protestiert gegen diese Zuordnung. Über seinen gegenwärtigen
Standpunkt belehrt: Philosophie als Grundwissenschaft, sowie die
Schrift seines Schülers Michaltschew, „Philosophische Studien“
(Leipzig 1909). Vgl. auch Anmerkung 3 zum vorigen Abschnitt.

Die hierher gehörigen Hauptschriften von Mach sind: Beiträge
zur Analyse der Empfindungen (5. Aufl. 1906), Erkenntnis und
Irrtum (2. Aufl. 1906).

Von Avenarius sind zu nennen: Philosophie als Denken der
Welt gemäß dem Prinzip des kleinsten Kraftmaßes (Leipzig 1876);
Der menschliche Weltbegriff (Leipzig 1891); Kritik der reinen
Erfahrung (2. Aufl., Leipzig 1907/08). Vgl. dazu: J. Petzoldt: Ein-
führung in die Philosophie der reinen Erfahrung (Leipzig 1900/04).

Außerdem sind hier zu erwähnen:

H. Cornelius: Einleitung in die Philosophie (Leipzig 1903); Th.
Ziehen: Psychophysiologische Erkenntnistheorie (2. Aufl., Jena 1907).
Zu bemerken ist, daß alle hier erwähnten Denker nicht unterscheiden
zwischen den psychischen Vorgängen und ihren Gegenständen, so
daß die Bezeichnung derselben als Vertreter des subjektiven Idealismus, der außer den psychischen Vorgängen nichts als ideale Gegenstände gelten läßt, vielleicht nicht ganz korrekt ist. Am besten
charakterisiert man das Gemeinsame aller hierher gehörigen Richtungen als die Auffassung, wonach außer den Bewußtseinsinhalten
e i n e s Subjekts (mag dies nun das individuelle oder das „erkenntnistheoretische“ sein) nichts als bestehend angenommen werden
darf. Vgl. auch Anm. 10 dieses Abschnitts. Erwähnt sei hier endlich noch die temperamentvolle Kritik der Identifizierung von
„Gegenstand und Wahrnehmung“ bei J. Schultz (Die drei Welten
der Erkenntnistheorie, Göttingen 1907, S. 4 ff.) und bei F. Bon
(Die Dogmen der Erkenntnistheorie, Leipzig 1902, S. 24 f.). Geht
man dieser Kritik genauer nach, so findet man allerdings, daß sie

nicht die Verschiedenheit des Aktes der Wahrnehmung und ihres idealen Momentangegenstandes, sondern die Verschiedenheit des letzteren von dem (für absolut gehaltenen und tatsächlich doch auch) idealen Dauergegenstand hervorhebt.

2　212 Schopenhauer, Werke (Ausg. v. Grisebach) I, S. 156.

3　212 Der Begriff des Gegebenen wird allerdings in recht verschiedenem Sinn gebraucht. Vgl. P. Stern: Das Problem der Gegebenheit (Berlin 1903), K. Groos: Beiträge zum Problem des „Gegebenen" (erster Beitrag vorliegend ohne nähere Angaben), J. Rehmke: Philosophie als Grundwissenschaft S. 15. Wir verstehen unter dem Gegebenen die idealen Gegenstände, unter dem unmittelbar Gegebenen die idealen Momentangegenstände.

4　213 Solange man allerdings die von uns sogenannte Identitäts- und Gleichzeitigkeitstheorie der inneren Wahrnehmung vertritt, liegt wenigstens die eine Hälfte dieses Vorurteils sehr nahe. Vgl. S. 22 ff.

5　213 Vgl. W. Freytag: Der Realismus und das Transszendenzproblem S. 123 ff.

6　213 Vielleicht erklärt sich daraus die Unfruchtbarkeit einer Psychologie, die nichts sein will als „Phänomenologie".

7　213 Vgl. hierzu: James, Psychologie S. 246, Ebbinghaus, Grundzüge der Psychologie 2. Bd., 1. Lieferung (1908), S. 11 f.

8　214 Diese Auffassung findet man bereits bei Kant (vgl. Kritik der reinen Vernunft [Ausg. Kehrbach] S. 72). Dann wird sie ausdrücklich bekämpft von Schopenhauer (vgl. Werke, herausg. v. Grisebach, I, S. 163, III, S. 161). Und vor kurzem hat sich nun ein Anhänger Schopenhauers wieder gegen die These gewandt, daß dem Selbstbewußtsein nicht Erscheinungen, sondern Dinge an sich gegeben seien (H. Deneke: Das menschliche Erkennen, Leipzig 1906, S. 36 ff.). Im übrigen sei ausdrücklich bemerkt, daß wir die idealen Gegenstände der Selbstwahrnehmung nicht als Erscheinungen eines D i n g e s an sich, sondern als solche eines V o r g a n g e s an sich betrachten und daß daher unsere Übereinstimmung mit Kant und mit Deneke mehr eine sprachliche als eine sachliche ist.

9　214 Dabei liegt natürlich auch die Gefahr nahe, daß man, statt wirklich einen Rückschluß zu vollziehen, die psychischen Vorgänge einfach als die diese oder jene Gegenstände erfassenden bezeichnet. (Vgl. E. Dürr, Zeitschrift für Psychol. 49, S. 315, K. Bühler, Zeitschr. für Psych. 51, S. 115, E. v. Aster, Zeitschr. für Psych. 49, S. 73 ff.).

10　215 Siehe Anmerkungen zu III, 1, 1. Genau genommen müßte man unterscheiden zwischen denjenigen Idealisten, die Empfindungen (mit dem Charakter psychischer Prozesse) annehmen und sie mit ihren Gegenständen zusammenfallen lassen, und denjenigen, die Qualitäten usw. als Gegenstände (mit dem Charakter von „Elementen") annehmen und das Vorkommen von Empfindungen (mit dem Charakter psychischer Prozesse) leugnen, die Annahme solcher Empfindungen als falsche „Introjektion" interpretieren. Doch drücken sich die meisten hierher gehörigen Denker nicht bestimmt genug aus, um diese Unterscheidung zu ermöglichen.

11　215 Avenarius: Der menschliche Weltbegriff S. 90.

12　215 Da die immanenten Philosophen und die Empiriokritizisten ebenso wie die dem Standpunkt Machs nahestehenden Positivisten sich meist nicht mit der Annahme der idealen Momentangegenstände begnügen, wie sie bei konsequenter Durchführung ihrer Forschungsprinzipien tun müßten, sondern das, was wir ideale Dauergegenstände nennen, für den Aufbau ihres Weltbildes verwenden, so wollen sie nicht einsehen, daß es bei Beschränkung auf das unmittelbar Gegebene keine Wissenschaft gibt. Dadurch wird die Gegenargumentation sehr erschwert. Man muß entweder nachweisen, daß

die idealen Dauergegenstände, die von den flüchtigen Vorstellungen
sicherlich verschieden sind, nicht als Ursachen dieser Vorstellungen
in Betracht kommen können (vgl. J. Schultz: Die drei Welten der
Erkenntnistheorie S. 41 ff.), daß also, da diese Vorstellungen teilweise (als Wahrnehmungsvorstellungen) nur durch sie, wenn es außer
ihnen und den psychischen Prozessen des erkennenden Subjekts nichts
gäbe, erklärbar wären, ein großer Teil der Welt sich nach den be-
kämpften Voraussetzungen der wissenschaftlichen Erklärung entzieht — oder man muß zeigen, daß die Annahme des Dauernden
nach den Prinzipien der Immanenzphilosophie unberechtigt ist
(vgl. O. Külpe: Die Philosophie der Gegenwart in Deutschland
S. 22 ff., E. Dürr: Über die Grenzen der Gewißheit S. 99 ff.).

13   215 Diejenigen Denker, die diesen Gedanken hauptsächlich in den
Vordergrund gestellt haben, sprechen meist nur von der Gesetzlosigkeit des Psychischen, was aber auf dasselbe hinauskommt
(vgl. J. Volkelt, Erfahrung und Denken [Hamburg u. Leipzig 1886]
S. 68 ff., Die Quellen der menschlichen Gewißheit S. 21 ff. W. Freytag, Die Erkenntnis der Außenwelt [Halle 1904] S. 71 ff.,
J. Schultz, Die drei Welten der Erkentnnistheorie S. 93].

14   216 Genaueres hierüber bei E. Dürr, Die Lehre von der Aufmerksamkeit.

15   217 Vgl. zu dieser Argumentation G. Heymans: Einführung in die
Metaphysik (Leipzig 1905), S. 225 ff.

16   218 Über funktionale und kausale Zusammenhänge vgl. auch Rehmke,
Philosophie als Grundwissenschaft S. 270 ff.

17   221 Ausführliche Kritik dieses Begriffes der Wahrnehmungsmöglich-
keit und Angabe seiner Begründer bei J. Volkelt: Die Quellen der
menschlichen Gewißheit S. 56.

18   221 Als Hauptvertreter des objektiven Idealismus (wenn man von den
Spiritualisten, die auch objektive Idealisten sind, wie Berkeley,
Leibniz, Herbart, Lotze u. a. absieht) sind zu nennen:
1. Die Voluntaristen: Schopenhauer („Die Welt als Wille und
Vorstellung", 1. Aufl., Leipzig 1819); E. v. Hartmann („Philosophie
des Unbewußten", 1. Aufl., Berlin 1869; 11. Aufl. 1904; Gesamt-
darstellung s. Phil.: System der Philosophie im Grundriß: I, Grundriß der Erkenntnislehre); W. Wundt (System der Philosophie,
1. Aufl., Leipzig 1889; 3. Aufl. 1907).
2. Die Intellektualisten: Fechner (Zendavesta, 1. Aufl. Leipzig
1851, 2. Aufl. 1901), Paulsen (Einleitung in die Philosophie 1. Aufl.
Berlin 1892, 21. Aufl. 1909), K. Laßwitz (Wirklichkeiten, 3. Aufl.
1908), G. Heymans (Einführung in die Metaphysik, Leipzig 1905).
Einen objektiven Idealismus im Sinn der Auffassung Berkeleys, aber ohne die Annahme von Substanzen, also ohne den Berke-
leyschen Spiritualismus, vertritt J. Bergmann (System des objektiven Idealismus, Marburg 1903). Dieser objektive Idealismus
verhält sich zu der Lehre von Fechner oder Heymans wie der Uni-
versalismus zum Individualismus, gewinnt aber eben dadurch enge
Beziehungen zu der Lehre, wie sie etwa Schuppe vertritt, indem
auch nach Bergmann e i n Subjekt, das universale Bewußtsein
(ähnlich dem erkenntnistheoretischen Subjekt) alle Wirklichkeit
in sich beschließt. Nach der Definition am Schluß von Anm. 1
dieses Abschnitts müßten wir also Bergmann zu den Vertretern
des subjektiven Idealismus zählen, wenn nicht eben doch das Bewußtsein einer Vielheit von Individuen von ihm als etwas Wirkliches, nicht bloß als etwas dem universalen Bewußtsein Gegebenes
betrachtet würde.

19   223 Vgl. die Lehre von der Motivation im 7. Kapitel der Schrift über
die vierfache Wurzel des Satzes vom zureichenden Grunde (Werke,
herausg. v. Grisebach, III, S. 161 ff.).

Anm. Seite

20 224 In ähnliche Schwierigkeiten gerät W. Wundt durch den Widerspruch seiner Behauptung vom Willen als dem Grundelement des Wirklichen mit seiner psychologischen Definition des Wollens als eines Komplexes von Empfindungen und Gefühlen (vgl. Grundzüge der physiologischen Psychologie III. Bd. (5. Aufl.), S. 298, S. 308, S. 310).

21 224 Die ganze Forschungsarbeit der Fechnerschen Psychophysik soll der Begründung seiner idealistischen Überzeugung dienen. Die Ausführungen in der Schrift Zendavesta geben allerdings an phantasievoller Konstruktion den Schopenhauerschen Spekulationen vielfach nichts nach. Am klarsten Bd. II, S. 129 ff.

22 224 Heymans: Einführung in die Metaphysik S. 218 ff.

23 224 Der Begriff des Intellektualismus hat sich als Gegensatz zu dem, was man Voluntarismus nennt, eingebürgert, ohne daß man diese Gegenüberstellung eine glückliche nennen könnte. Während der „Voluntarismus" ein nicht elementares Geschehen für das Element des Seelenlebens hält, betrachtet der „Intellektualismus" da, wo er nicht alle psychischen Vorgänge auf Empfindungen zurückführen will, wie bei Herbart, die verschiedenen, aufeinander nicht zurückführbaren Elemente des Seelenlebens als koordiniert.

24 225 Fechner, Zendavesta II, S. 149.

25 227 Daß Berkeley selbst nicht diese naive Wendung gebraucht, sei zur Fernhaltung von Mißverständnissen ausdrücklich erwähnt.

26 228 Vgl. S. 250 ff., wo das Recht, von Erscheinungen zu sprechen, ausdrücklich begründet wird.

27 232 Vgl. H. Ebbinghaus: Abriß der Psychologie, 2. Aufl. (letzte vom Autor selbst besorgte), 1909, S. 47.

Anmerkungen zu III, 2.

1 233 Einige der bedeutendsten Vertreter des Spiritualismus sind: Leibniz (Monadologie, zuerst veröffentlicht 1720, aufgenommen in die Sammlung „Kleinere philosophische Schriften von G. W. Leibniz" bei Reclam); Berkeley (Treatise on the principles of human knowledge, 1710, übersetzt in der philosophischen Bibliothek als 20. Bd.); Herbart (Lehrbuch zur Einleitung in die Philosophie, Königsberg 1813, 4. Bd. der Werke in der Ausgabe von Kehrbach, 1891, Allgemeine Metaphysik, Königsberg 1828/29, 3. u. 4. Bd. der Werke in der Ausgabe von Hartenstein); Lotze (Mikrokosmus, Leipzig 1856 bis 1864, 5. Aufl. 1896; System der Philosophie II, Metaphysik, 1879, 2. Aufl. 1884).

2 233 Über die Wundtschen Einwände gegen den Substanzbegriff vgl. „System der Philosophie" S. 299 ff. (der vorletzten, zweiten Auflage); vgl. auch W. Wundt: Über psychische Kausalität, Philosophische Studien X, und: Grundzüge der physiologischen Psychologie 3. Bd. (5. Aufl.), S. 758 ff.

3 234 Der Begriff des Realismus ist bei verschiedenen Denkern ein so verschiedener, daß man behaupten kann, es werde geradezu entgegengesetztes darunter verstanden. Vgl. den Artikel „Realismus" in Eislers Wörterbuch der philosophischen Begriffe (III, S. 1150 ff.).

4 235 Gemeint sind vor allem die idealen Dauergegenstände, die vom naiven Menschen für absolute Gegenstände gehalten werden.

Anmerkungen zu III, 3.

1 237 Dadurch, daß die Philosophie, die das „Gegebene" für den einzigen Gegenstand der Erkenntnis hält, das Gegebene der Außenwelt, d. h. die Körper mit ihren sinnlichen Qualitäten, in Wechselwirkung

mit dem menschlichen Leib treten und so zu Bedingungen des psychischen Geschehens werden läßt, gewinnt sie eine merkwürdige Verwandtschaft mit dem naiven Realismus. Vgl. J. Schultz: Die drei Welten der Erkenntnistheorie, S. 41 ff., wo die Theorien von Schwarz, Bergson, Avenarius u. a. als naiv realistische dargestellt und bekämpft werden.

2 239 Vgl. A. Dippe: Naturphilosophie (München 1907) S. 51 ff., S. 76.

Anmerkungen zu III, 4.

1 240 Die beste Darstellung der mannigfachen Gestaltungen und Beurteilungen des Materialismus gibt F. A. Lange: Geschichte des Materialismus und Kritik seiner Bedeutung in der Gegenwart (1. Aufl. 1866, seither vielfach neu aufgelegt, auch bei Reclam).

240 Diese Art des Materialismus ist besonders charakterisiert durch die These: Denken ist Bewegung. Das Système de la nature, Büchners „Kraft und Stoff", aber auch viele Schriften, die heute noch unter dem Stichwort „Monismus" (nicht zu verwechseln mit dem philosophischen Begriff des Monismus) gehen, vertreten diesen ganz unmöglichen Standpunkt.

3 240 Im Prinzip geschieht dies auch in Häckels „Welträtseln", obwohl die Neigung zum Rückfall in Gedankengänge des mechanischen Materialismus hier noch sehr stark ausgeprägt ist. Der psychophysische Materialismus in philosophischer Durcharbeitung findet sich bei manchen namhaften Psychologen der Gegenwart.

4 243 Kritik der reinen Vernunft (Ausg. v. Kehrbach) S. 64 f.

5 244 Kritik der reinen Vernunft S. 71 f.

6 245 Vgl. S. 184.

7 247 Mit dieser Anerkennung des Grundgedankens der Energetik soll natürlich nicht gesagt sein, daß alles, was heute unter dem Namen der energetischen Weltanschauung verstanden wird, durchaus einwandsfrei sei. So ist beispielsweise vieles, was ein Kritiker der Energetik wie W. v. Schnehen gegen die energetischen Anschauungen Ostwalds einwendet (Energetische Weltanschauung? Leipzig 1908, bes. S. 22 ff. und S. 53 ff.), durchaus berechtigt. Aber der „dynamische Atomismus" oder „atomistische Dynamismus" (S. 67), den v. Schnehen selbst vertritt, hat keinen anderen Grundgedanken als denjenigen, den wir als Prinzip der energetischen Auffassung bezeichnet haben. Wenn man den Begriff der Kraft zweckmäßig definiert, dann mag die Bezeichnung „dynamische Weltanschauung" den Vorzug verdienen, da Energie und Disposition sich auszuschließen scheinen, wenn man bei Energie nur an Arbeit denkt. Aber vorläufig scheint der Begriff der potentiellen Energie besser bestimmt zu sein als der alte Begriff der Kraft, dessen herkömmliche Definition als der „Bewegungsursache" sicherlich ungenügend ist. Vgl. auch A. Höfler: Zur gegenwärtigen Naturphilosophie (Abhandl. zur Didaktik und Philosophie der Naturwissenschaft, 2. Heft), Berlin 1904.

8 249 Lotze: Metaphysik S. 225.

9 249 Descartes: Die Prinzipien der Philosophie (Deutsche Übersetzung als 28. Bd. der philosophischen Bibliothek) S. 44 ff.

10 250 Vgl. die andersartige Auffassung Riehls: Der philosophische Kritizismus 1. Bd. (2. Aufl.) S. 396, S. 398.

11 251 Vgl. Meinong: Über die Erfahrungsgrundlagen unseres Wissens S. 107.

12 257 Daß die Verbindung von Phänomenalismus und Materialismus in unserem Sinn etwas anderes bedeutet als was B. Erdmann (Wissenschaftliche Hypothesen über Leib und Seele S. 158) als „phäno-

menologischen Materialismus" bekämpft, sei ausdrücklich hervorgehoben.

Anmerkungen zu III, 5.

1   259   Vgl. Descartes' „Prinzipien der Philosophie" (Phil. Bibl.) S. 26 f.

2   259   Von einem Dualismus der Attribute geht Spinoza also eigentlich
weiter zu einem Pluralismus der Attribute (Ethica I Prop. XI,
II Prop. I, Prop. II).

      259   Von modernen Psychologen z. B. Ebbinghaus (Abriß der Psychologie
S. 4).

4   259   Da der Dualismus der Funktionen zugleich Monismus der Substanz
zu sein pflegt, so werden die Vertreter des Funktionendualismus
mit Recht Monisten genannt (vgl. III, 7).

5   259   Külpe: Einleitung in die Philosophie (4. Aufl., Leipzig 1907) S. 196.

6   259   Külpe a. a. O., S. 197.

7   260   Külpe a. a. O., S. 198.

8   260   Rubner: Die Quelle der tierischen Wärme (Zeitschrift f. Biologie
Bd. 30 [1894], S. 73 ff.).

9   260   Atwater: Neue Versuche über Stoff- und Kraftwechsel im menschlichen Körper (Ergebnisse der Physiologie Bd. III [1904], S. 1 ff.).

10   260   Vgl. Ebbinghaus: Abriß der Psychologie S. 45 f. u. E. Becher: Das
Gesetz von der Erhaltung der Energie und die Annahme einer
Wechselwirkung zwischen Leib und Seele (Zeitschr. f. Psychol.
Bd. 46, S. 81 ff.).

11   260   E. Becher: Energieerhaltung und psychologische Wechselwirkung
(Zeitschrift für Psychol. Bd. 48, S. 406 ff.).

12   260   Külpe: Einleitung in die Philosophie S. 202.

13   261   Külpe a. a. O., S. 202 f.

14   261   Eine ausführliche Behandlung des Problems der Beziehungen
zwischen Leib und Seele vom Standpunkt der Wechselwirkungs-
lehre aus findet man bei L. Busse: Geist und Körper, Seele und
Leib (Leipzig 1903). Den entgegengesetzten Standpunkt vertritt
u. a. R. Eisler: Leib und Seele (Leipzig 1906) u. B. Erdmann: Wissenschaftliche Hypothesen über Leib und Seele (Köln 1907). Unentschieden läßt die Streitfrage A. Klein: Die modernen Theorien
über das allgemeine Verhältnis von Leib und Seele (Breslau 1906).

15   261   Von Vertretern eines modernen Vitalismus seien erwähnt: H. Driesch
(Naturbegriffe und Natururteile, Leipzig 1904; Der Vitalismus als
Geschichte und als Lehre, Leipzig 1905; Philosophie des Organischen
1909), G. Wolff (Mechanismus und Vitalismus, Leipzig 1902),
J. Reinke (Die Welt als Tat, Berlin 1899, Einleitung in die theoretische Biologie, Berlin 1901). Eine erkenntnistheoretische Recht-
fertigung vitalistischer Gedankengänge findet man besonders bei
F. Dreyer (Studien zu Methodenlehre und Erkenntniskritik, Leipzig
1895, S. 45 ff.). Von Philosophen, die dem Vitalismus nahestehen,
seien besonders auch erwähnt E. v. Hartmann (Mechanismus und
Vitalismus in der modernen Biologie, Archiv für systematische
Philosophie Bd. 9, 1903; Das Problem des Lebens, Bad Sachsa
1906) und F. Ehrhardt (Mechanismus und Teleologie 1890). Zur
Kritik des Vitalismus vgl. man den Artikel von Lotze „Leben und
Lebenskraft" in Wagners Handwörterbuch der Physiologie (Braun-
schweig 1842) 1. Bd. Der gefährlichste Gegner ersteht denjenigen
Vitalisten, die zur Erklärung der Lebenserscheinungen nicht bisher
unbekannte Gesetzmäßigkeiten p h y s i s c h e n Geschehens, sondern p s y c h i s c h e Agentien annehmen, in der antiteleologischen
Psychologie, für welche die Zweckmäßigkeit menschlicher Willenshandlungen deshalb nicht mehr als Erklärungsprinzip in Betracht
kommt, weil sie selbst erklärungsbedürftig und erklärbar ist.

Anm. Seite

16   261 Vgl. Kappers: Über die Bildung von Faserverbindungen auf Grund
         von simultanen und sukzessiven Reizen (Bericht über den III. Kon-
         greß für experim. Psychologie, Leipzig 1909, S. 195 ff.).

17   261 Es zeigt sich dies besonders in der darwinistischen Literatur, während
         der Lamarckismus, der die Mannigfaltigkeit der Funktionen bei
         der Erklärung der Entwicklung der Organe berücksichtigt, der Be-
         deutung des Nervensystems, meist allerdings nicht direkt, sondern
         in der Absicht, psychische Faktoren zur Erklärung einzuführen,
         Rechnung trägt. Vgl. A. Pauly: Darwinismus und Lamarckismus,
         Entwurf einer psychologischen Teleologie, München 1905.

18   264 Vgl. Ebbinghaus: Grundzüge der Psychologie, 1. Bd., 2. Aufl.,
         S. 22 ff.

19   264 Diese Auffassung wird sogar von einem dogmatisch beeinflußten
         Vertreter des Dualismus wie C. Gutberlet geteilt (Psychophysik,
         Mainz 1905, S. 35 f.).

20   269 Wenn ein Dualist wie Gutberlet die Verschiedenheit von Körper
         und Seele darin findet, daß der Körper „ausgedehnt ist, träge ist,
         nur nach außen wirkt", während die Seele „nicht wie der Stoff
         ausgedehnt, sondern einfach sein muß, nicht träge, sondern mit
         Selbstbewegung und Selbstbestimmung begabt" (Psychophysik
         S. 31), so zeigt das, wie wenig noch gegenwärtig manche, und zwar
         selbst wissenschaftlich orientierte Dualisten die eigentliche Schwierig-
         keit in der Begründung des Dualismus erfassen.

Anmerkungen zu III, 6.

1   275 Statt des Ausdrucks „Idealismus der Beziehungen" sollte man
         vielleicht besser die Bezeichnung „Realismus der Beziehungen"
         gebrauchen. Aber der Umstand, daß sich die Vertreter dieser Auf-
         fassung in der Regel selbst Idealisten nennen, bestimmt uns, dies
         nicht zu tun. Wenn man unter dem Idealismus die Lehre versteht,
         die das, was gewöhnlich für nicht wirklich oder doch für nicht real
         (im Sinn der nichtsubstantiellen Wirklichkeit) gehalten wird, für
         das allein Wirkliche oder für den eigentlichen Grund der Wirklich-
         keit erklärt, so hat die Bezeichnung „Idealismus der Beziehungen"
         ja auch ihren guten Sinn. Der psychologische Idealismus, d. h. der
         Idealismus der Ideen (als psychischer Akte), die Gegebenheits-
         philosophie oder der Idealismus der idealen (Wahrnehmungs-)
         Gegenstände und der Idealismus der Beziehungen (oder der Ideen
         als abstrakter Gedankengegenstände) sowie der Begriffsrealismus,
         der Idealismus im Sinn der platonischen Ideenlehre, lassen sich
         kaum scharf gegeneinander abgrenzen.

2   275 Das Wort Idealrealismus wird vielfach in einer Bedeutung ge-
         braucht, die sich mit der unsrigen nicht deckt. Vgl. Überweg-
         Heinze: Grundriß der Geschichte der Philosophie des 19. Jahrhunderts
         (9. Aufl., 1902), S. 71, S. 206. Wir verstehen darunter, wie ausdrück-
         lich bemerkt sei, nicht eine Mischung von Idealismus und Realismus,
         sondern einen ausgesprochenen Idealismus, den Idealismus der
         Ideale, den wir aus sprachlichen und sachlichen Gründen Ideal-
         realismus nennen in demselben Sinn, in dem wir die platonische
         Ideenlehre als Begriffsrealismus bezeichnen (vgl. S. 115 ff.).

3   275 Räumliche und zeitliche Bestimmtheiten sind zwar keine Verhält-
         nisse, können aber begrifflich auch nur in Relationen erfaßt werden.

4   276 Dies erkennt man besonders, wenn man Standpunkte ins Auge
         faßt, wie den in W. Pollacks Schrift „Über die philosophischen
         Grundlagen der wissenschaftlichen Forschung" vertretenen. Danach
         ist die Wissenschaft „Kombination von Gesichtspunkten" (S. 19,
         S. 36 ff.). Charakteristisch ist auch die Bezeichnung derselben als

　　　„Spiel" mit bestimmten „Spielregeln" (S. 17, S. 24). Vgl. zur Kritik
die Besprechung in den Göttinger Gelehrten Anzeigen (1909) S. 186ff.

5　277 A. Meinong: Untersuchungen zur Gegenstandstheorie und Psychologie (Leipzig 1904); Über die Stellung der Gegenstandstheorie im
System der Wissenschaften (Leipzig 1907).

6　277 Die Auffassung, daß uns durch das reine Denken nur Beziehungen
erkennbar seien, findet man auch bei Kant. (Vgl. Kritik der reinen
Vernunft, Ausg. v. Kehrbach, S. 256.)

7　281 Genau genommen müßten wir verschiedene Grade von Selbständigkeit unterscheiden. Selbständig im strengsten Sinn ist offenbar nur
das, was nicht nur nicht individuell bestimmt ist durch das gedankliche Gegebensein von anderem, was vielmehr seiner ganzen Art
nach als fehlend gedacht werden kann, wenn dasjenige, mit dem
es bei seinem Auftreten verbunden ist, als gegeben angenommen
wird. So kann man sich eine Substanz denken ohne jegliches Geschehen. Nicht in diesem Sinn selbständig sind räumliche und
zeitliche Bestimmtheiten; denn man kann sich wohl ein Geschehen
ohne diese oder jene raum-zeitliche Bestimmtheit, aber nicht ohne
alle derartige Bestimmtheit denken. Ganz unselbständig aber sind
die Beziehungen, denn man kann sie nicht nur nicht als fehlend,
sondern auch nicht als variierend denken, wenn bestimmte Beziehungsglieder gegeben sind.

8　285 Über die Vertreter dieser Auffassung vgl. II, 1 (S. 177 ff.) und die
zugehörigen Anmerkungen.

9　285 Gemeint sind die idealen Dauergegenstände. Über die Bedeutung
der Erscheinungswelt (d. h. eben des Inbegriffs der idealen Dauergegenstände) für unser Wertbewußtsein vgl. J. Schultz: Die drei
Welten der Erkenntnistheorie S. 37 ff.

10　286 Vgl. Anm. zu II, b, 5. Dazu H. Cohen: Logik der reinen Erkenntnis
(Berlin 1902) S. 67.

11　286 Vgl. Zeller: Die Philosophie der Griechen I, S. 314 ff. (der IV. Aufl.,
1876).

12　286 Schelling: Vorlesungen über die Methode des akademischen Stu-
diums (1. Aufl. 1803). Aufgenommen in den zweiten Band der
Werke (Ausgabe v. O. Weiß) S. 537 ff. (Vgl. a. a. O. S. 581 ff.)
Darstellung meines Systems der Philosophie (1801), Werke II,
S. 309 ff.

13　286 Hegel gibt die ausführlichste Zusammenfassung seiner hierher gehörigen Anschauungen in der „Wissenschaft der Logik" (Nürnberg
1812—16). Vgl. auch „Phänomenologie des Geistes" (1. Aufl. 1806).
Ausg. von O. Weiß (1909).

14　286 Vgl. Cohen: Logik der reinen Erkenntnis S. 10, S. 17 f., S. 229.

15　286 Vgl. R. Eucken: Der Kampf um einen geistigen Lebensinhalt (Leipzig
1896), S. 25 ff.; Geistige Strömungen der Gegenwart (Leipzig 1904)
S. 31 ff.; Einführung in die Philosophie des Geisteslebens (Leipzig
1908) S. 157 ff.; Der Sinn und Wert des Lebens (Leipzig 1908)
S. 99 ff.

16　286 Über den Begriff des „reinen Erkennens" vgl. Cohen: Logik der
reinen Erkenntnis S. 4 ff. Über die schöpferische Kraft des
Denkens a. a. O., S. 18, S. 28 und anderwärts. Vgl. auch über
„schaffende Kulturpotenzen", „Macht der Ideen" usw. H. Leser:
Das Wahrheitsproblem unter kulturphilosophischem Gesichtspunkt
(Leipzig 1901) S. 32 ff., S. 61 ff.

17　286 Man betrachte z. B. die Gedankengänge, in denen sich Leser bemüht, das Wesen des selbständigen Geisteslebens zu bestimmen
(Das Wahrheitsproblem . . . S. 88 ff.).

18　286 Cohen: Logik der reinen Erkenntnis S. 512 ff.

19　286 Cohen a. a. O., S. 12.

Anm.	Seite	
20	286	Cohen a. a. O., S. 1.
21	286	Cohen a. a. O., S. 2.
22	287	Cohen a. a. O., S. 2 f.
23	287	Cohen a. a. O., S. 4.
24	287	Cohen a. a. O., S. 33.

25 287 Cohen a. a. O., S. 33, S. 7. Die Logik als Prinzipienlehre entspricht freilich schon deshalb nicht der Auffassung Cohens, weil er gegen den Plural „Prinzipien" protestieren würde. Das folgt aus dem Satz: „Die Idee, nicht ihre Mehrheit, charakterisiert den Idealismus" (a. a. O., S. 6). Über das Verhältnis von Idee, Hypothesis und Prinzip S. 5 ff.

26	287	Cohen a. a. O., S. 102 ff.
27	287	Cohen a. a. O., S. 179 ff.
28	287	Cohen a. a. O., S. 224 ff.
29	287	Cohen a. a. O., S. 222 f.
30	287	Cohen a. a. O., S. 63 f.
31	287	Cohen a. a. O., S. 62.
32	287	Cohen a. a. O., S. 186.

33 288 Ausdrücklich zu schützen versucht sich gegen diesen Einwand die den Cohenschen Gedankenkreisen nahestehende Schrift von F. Kuntze, „Die kritische Lehre von der Objektivität" (Heidelberg 1906) S. 46, wo die „realen Neuschaffungen" aus dem Gebiet der wissenschaftlichen Bearbeitung in das des „vorwissenschaftlichen Erlebens" verwiesen werden. Im übrigen geht die Tendenz dieser Schrift zwar dahin, die Objektivität zu konstruieren. Aber zwischen dem Objektivitätsproblem und dem Existenzproblem wird schroff geschieden (S. 16). Während Cohen bestreitet, daß dem Denken etwas „gegeben" sein könne, „was nicht aus ihm selbst gewachsen ist" (L. d. r. E. S. 67), spielt das „Gegebene" bei Kuntze eine wichtigere Rolle. Es wird ausdrücklich die Kantsche Bezeichnung „Empfindung" für das „Gegebene" verworfen und der „naturwissenschaftliche Begriff der Materie" dafür eingeführt (S. 139). Besonders hingewiesen sei auch auf die Bekämpfung der „Platonismen". Unter dem Titel „Platonismen des Ichbegriffs" und „Platonismen des Normgedankens" bekämpft Kuntze die wichtigsten Formen des Idealismus (S. 21 ff., S. 47 ff.). Aus alledem scheint zu folgen, daß die Objektivität, die da konstruiert werden soll, mit Wirklichkeit oder auch nur mit dem, was wir absolute Gegenstände nennen, nichts zu tun hat. Aber was bedeutet sie denn? Darauf erhalten wir die Antwort: „Ein logisches Phänomen, das nur unter ganz besonderen erkenntnistheoretischen Bedingungen eintritt" (S. 72), etwas, das „erwächst aus verschiedenen Wurzeln oder Elementen des Geistes" (S. 74) und etwas, was „nur unter der Bedingung eines letzten Systems als ihrer definitiven Form möglich" ist (S. 75). Objektivität scheint danach nicht viel anderes zu bedeuten als Wissenschaft. Dazu sagt uns das Vorwort noch ausdrücklich, objektive Sätze seien solche wie die der allgemeinen Arithmetik, die unabhängig davon gelten, ob sie je als wirkliche Denkakte realisiert worden sind oder nicht (S. X). Eine konstitutive Logik, die nichts anderes bezweckt als die Konstruktion einer solchen abstrakten Objektivität, hat mit dem Idealismus, so wie wir ihn hier verstehen, kaum etwas zu tun. Ebensowenig berührt sie sich freilich mit dem Realismus oder mit irgendeiner anderen der von uns erwähnten erkenntnistheoretischen Richtungen. Sie ist in der Wertlehre des Erkennens ebenso schwer unterzubringen wie in der Gegenstandslehre. Aber eine Veranlassung, unsere Klassifikation zu ändern oder zu erweitern, liegt deswegen nicht vor, weil wir den Unterschied zwischen „objek-

tiven" und „anthropologischen" Sätzen dann überhaupt nicht
anerkennen, wenn er einerseits nicht aus dem Wesen der Gewißheit und Richtigkeit oder der Wahrheit, andererseits nicht aus
einer gegenstandstheoretischen Betrachtung des Erkennens (die am
Existenzialproblem oder allgemeiner am Problem der absoluten
Gegenstände nicht vorbeigehen darf) sich rechtfertigen läßt.

34 288 Wie leicht das Denken hinter seinen Gegenständen selbst bei darauf
gerichteter Reflexion verschwindet, zeigen manche psychologischen
Theorien, z. B. auch die Behauptung des unbewußten Denkens
bei Freytag (Die Erkenntnis der Außenwelt S. 123 ff.). Man vergleiche auch die Polemik gegen die psychologische Interpretation
der „Kategorien" z. B. bei Kuntze (Kritische Lehre von der Objektivität S. 43 ff.).

35 288 Vgl. S. 115 ff.

36 288 Die unversiegliche Kraftquelle für die hier besprochenen idealistischen
Denkweisen scheint in der Beschäftigung mit der Mathematik zu
entspringen. Es ist als ob die Versenkung in mathematische Gedankengänge eine Problemverschiebung zur Folge hätte. Das Abstrakte gewinnt dem Mathematiker Realität, und am Konkreten
sieht er schließlich bloß noch das begrifflich nicht vollkommen
Durchdrungene. Seit den Spekulationen der Pythagoreer bis auf
die Gegenwart wiederholt sich dieser Prozeß in immer neuen Formen.
Typisch sind in dieser Hinsicht auch die Gedankengänge von G. F.
Lipps in seiner erkenntnistheoretischen Schrift „Mythenbildung
und Erkenntnis" (Leipzig und Berlin 1907), besonders S. 154 ff.
Von der Bedeutung der idealistischen Gedankengänge in der
Philosophie durchdrungen ist auch der Historiker der Erkenntnistheorie, E. Cassirer, der in dem umfangreichen Werk „Das Erkennt-
nisproblem in der Philosophie und Wissenschaft der neueren Zeit"
(1. Bd. 1906, 2. Bd. 1907, Berlin) die Entwicklung der Erkenntnistheorie als eine Entwicklung des Idealismus charakterisiert.

Anmerkungen zu III, 7.

1 289 Der universale Parallelismus ist bei Spinoza (auch abgesehen von
dem Unterschied zwischen Attribut und Funktion) ein anderer
als bei Fechner. Er gestaltet sich ferner verschieden, je nachdem
das Psychische jenseits der mit Nervensystem begabten Organismen
wirklich durch Hinweis auf ein bestimmtes Element unseres Bewußtseinslebens bestimmt oder im Sinne eines bloß „psychoiden" Zustandes unbestimmt gelassen wird. Eine der letzten Grundlegungen
des universalen Parallelismus bei B. Erdmann: Wissenschaftliche
Hypothesen über Leib und Seele S. 217 ff., S. 232 ff. Vgl. auch
J. Schultz: Die drei Welten der Erkenntnistheorie S. 78 f. Zur
Unterscheidung verschiedener Arten des Parallelismus sei auch
hingewiesen auf A. Klein: Die modernen Theorien über das allgemeine Verhältnis von Leib und Seele S. 36.

2 290 Die Behauptung, der partielle Parallelismus müsse zum universalen
erweitert werden, stützt sich gewöhnlich entweder auf eine Auffassung des Parallelismus, wonach Physisches und Psychisches
unabhängig nebeneinander herlaufen, Psychisches also nur durch
Psychisches erklärt werden kann (vgl. R. Eisler, Leib und Seele
S. 142, S. 148), oder auf den Satz, daß etwas nicht aus nichts entstehen könne, daß also bei der Notwendigkeit der Annahme einer
Entstehung der Organismen aus der anorganischen Natur das
psychische Leben der Organismen in psychischen Regungen des
Anorganischen seine Grundlage finden müsse (vgl. A. Klein, Die
modernen Theorien über das allgemeine Verhältnis von Leib und

Seele S. 35). Was die erstere Auffassung anlangt, so entspricht sie durchaus nicht dem, was wir unter dem Parallelismus verstehen. Bezüglich der Entstehung der Organismen läßt sich etwas Abschließendes überhaupt nicht sagen. Man vergleiche die Gegenüberstellung der „Panspermiehypothese" und der Hypothese der generatio aequivoca bei B. Erdmann, Wissensch. Hypoth. über Leib und Seele S. 275 ff. Aber bei der Annahme, daß das Auftreten des Psychischen an die Vereinigung von Teilbedingungen gebunden ist, ist selbst für denjenigen, der sich zur Lehre von der einstigen Entstehung des Lebens aus leblosem Material bekennt, der partielle Parallelismus durchaus haltbar.

3 290 Kurze Hinweise auf die pflanzenphysiologische und die pflanzenpsychologische Literatur bei B. Erdmann, Wiss. Hyp. üb. Leib und Seele S. 234 ff. Vgl. auch W. Polowzow: Untersuchungen über Reizerscheinungen bei den Pflanzen, Jena 1909.

4 290 Dieser Einwand, auf den wir am wenigsten Gewicht legen möchten, wird natürlich hinfällig bei der Annahme bloß psychoider Zustände, deren Einführung allerdings auch nicht viel mehr als die eines Wortes bedeutet.

5 291 Man vergleiche die abweichende Ansicht von W. Wundt: Grundzüge der physiologischen Psychologie, 6. Aufl., 1. Bd., S. 49 ff.

Anmerkungen zu III 8.

1 301 Bacon: De dignitate et augmentis scientiarum (London 1623). The two books of Francis Bacon on the proficience and advancement of learning divine and human (London 1605). Novum organum scientiarum (London 1620). In der letzteren Schrift, dem methodologischen Hauptwerk (übersetzt v. Kirchmann, Bd. 19 der philos. Bibliothek), ist auf die Einteilung der Wissenschaften nur hingewiesen (S. 50 ff. der deutschen Übersetzung; S. 52, Anm. des Übersetzers betr. die Übernahme des baconischen Einteilungsprinzips durch die „Encyklopädisten" Diderot und d'Alembert).

2 304 Windelband: Geschichte und Naturwissenschaft (2. Auflage, Straßburg 1900).

3 304 Rickert: Die Grenzen der naturwissenschaftlichen Begriffsbildung (Freiburg 1896—1902); Kulturwissenschaft und Naturwissenschaft (2. Aufl., Freiburg 1910). Eine ähnliche Einteilung wie bei Windelband und Rickert in ausdrücklichem Anschluß an diese auch bei R. Hönigswald: Vom allgemeinen System der Wissenschaften (Charlottenburg 1907).

4 305 Vgl. hierzu: W. Wundt: System der Philosophie (S. 19 ff. der zweiten Auflage) und Philosophische Studien V, S. 1 ff., A. Messer: Einführung in die Erkenntnistheorie (S. 116 ff.). Was Messer unter Idealwissenschaften versteht, deckt sich übrigens nicht mit dem, was wir darunter verstanden wissen wollen.

Namen- und Sachregister.

Dem nachstehenden Namen- und Sachregister möchte ich eine Bemerkung vorausschicken, die mir zur Vermeidung von Mißverständnissen notwendig erscheint. Ich habe in dieser Schrift eine Übersicht über die wichtigsten erkenntnistheoretischen Problemstellungen und über die in der Beantwortung der verschiedenen Grundfragen auseinandergehenden Richtungen zu geben versucht. Demgemäß habe ich eine gewisse systematische Vollständigkeit angestrebt, und ich hoffe, daß das auf Wunsch des Herrn Verlegers dem Buch beigegebene Register den Bedürfnissen der Orientierung in systematischer Hinsicht dienlich ist. Nicht zu erreichen war innerhalb der dieser Schrift gesteckten Grenzen die historische Vollständigkeit, und wenn ich auch glaube, die erkenntnistheoretische Literatur in weitem Umfange berücksichtigt zu haben, so möchte ich doch ausdrücklich darauf hinweisen, daß nicht jeder Autor in diesem Verzeichnis genannt ist, der seiner Bedeutung auf erkenntnistheoretischem Gebiet nach von einem Historiker der Erkenntnistheorie gewiß nicht übergangen werden dürfte. Dabei hat es sich getroffen, daß gerade der Philosoph, dem ich hinsichtlich erkenntnistheoretischer und psychologischer Grundanschauungen besonders nahe zu stehen glaube, obwohl ich die mir hauptsächlich wichtigen Schriften desselben größtenteils erst gelesen habe, nachdem ich bereits auf einem dem seinigen verwandten Standpunkt angekommen war, daß C. S t u m p f weder im Text meiner Schrift noch in den Anmerkungen und infolgedessen auch nicht im Register die ihm gebührende Erwähnung findet. Weder sein Buch über den psychologischen Ursprung der Raumvorstellung noch seine Schriften über „Erscheinungen und psychische Funktionen", über die „Einteilung der Wissenschaften" und über „Leib und Seele" habe ich an irgendeiner Stelle zitiert. Der tiefere Grund für diese Nichterwähnung ist vielleicht darin zu finden, daß ich außer dem von mir eingenommenen Standpunkt vor allem die davon abweichenden Standpunkte zu berücksichtigen bemüht war, während eine Diskussion der feineren Unterschiede, die zwischen der Stumpfschen und meiner eigenen Auffassung da und dort bestehen, im Zusammenhang dieser Schrift zu weit geführt hätte. Ich hoffe dazu anderweitig noch Gelegenheit zu finden. Einstweilen mag dieser Hinweis genügen, zu zeigen, daß ich nicht die Absicht habe, an der Philosophie eines so ausgezeichneten Forschers wie C. Stumpf stillschweigend vorüberzugehen.

Abbildungslehre des naiven Realismus 98.

Abbott, A. H. 321.

Abgebildetes und Bezeichnetes 278.

Abgeleitete Erkenntnisse 202, 204.

Abhängigkeit des erkennenden Subjekts von einem transzendenten Sollen, nach der Auffassung des Imperativismus 194, 195, 196.

Abhängigkeitsbeziehungen zwischen den (Teil) Bedingungen für das Auftreten idealer Gegenstände 239, 262.

Abhängigkeitsbeziehungen zwischen Gliedern der Bedingungsreihen verschiedener Wahrnehmungen 254.

— zwischen idealen Gegenständen 210, 211.

Abhängigkeit und Unabhängigkeit der Gegenstände vom Erkennen 208, 209, 210, 211.

— — des Ojekts vom Subjekt bei Rickert, 182, 183, 184, 187, 188.

Abhängig Variable 163, 182, 208, 274, 284.

Abhängig vom Erkennen Gegebenes, siehe Gegebenes.

Abhebung (als Erfaßtwerden und Erfassen der Bewußtseinsinhalte), 23.

Abklingen (der Empfindungen) 33.

Ablenkung (der Aufmerksamkeit) 34.

Abnorme Beschaffenheit des Sinnesorgans 91.

Absolute Außenweltsobjekte (a. Naturobjekte) 214, 215, 216.

— Gewißheit 89.

— Normen (des Imperativismus) 200, 201.

Absoluter Gegenstand 156, 157, 160, 161, 178, 182, 183, 184, 185, 186, 188, 199, 200, 205, 207, 208, 210, 211, 212, 213, 214, 215, 222, 224, 225, 226, 229, 231, 234, 236, 237, 238, 239, 240, 241, 242, 244, 245, 246, 248, 249, 250, 251, 257, 269, 274, 276, 277, 278, 279, 282, 283, 285, 305, 306.

— Wert bei Rickert 195, 198.

Absolut Widerspruchsloses 204.

Abstrakt 48, 49, 50, 54, 87, 278, 285, 288.

Abstraktion 49, 50, 51, 52, 53, 55, 56, 57, 58, 70, 73, 122, 199, 202, 243, 245, 277, 285, 302.

— psychologische 16, 19, 27, 31, 48.

Abstraktionsexperimente 53.

Abstraktionsprodukt, 14, 15, 17, 19, 27, 51, 203, 211.

Abstraktionstheorie bei Husserl 312.

— bei Wundt 312.

Abstraktum 49, 50, 51, 106, 114, 115, 116, 122, 124, 125, 126, 180, 182, 184, 187, 199, 233, 275, 277, 278.

Adäquates Erfassen des Psychischen 30.

Ähnlichkeit 18, 160.

Ähnlichkeitsassoziation 41, 42, 310.

Ähnlichkeitsreproduktion 52.

Änderung des Außereinanderseins von Realelementen als Bedingung von Geschehnissen 247, 280.

Äquivalenz, quantitative, bei d. Kausalbeziehung 18.

Ästhetik 303, 306.

Ästhetische Gefühle 96.

Äußere Wahrnehmung 2, 2ff., 27, 29, 38, 48, 98, 100, 101, 104, 111, 118, 125, 128, 136, 141, 142, 144, 148, 200, 202, 212, 213, 214, 215, 225, 226, 228, 232, 235, 238, 239, 246, 251, 252, 253, 254, 255, 256, 267, 268, 270, 303, 309.

Äußere Wahrnehmung als Erkenntnismittel der Psychologie 303.

Äußerungen psychischen Lebens (Ausdrucksbewegungen), 290, 291, 292.

Affekte 40.

Agnostizismus 250, 257.

Ahnung 86.

Akkomodation u. Konvergenz, ihre Rolle bei der Tiefenauffassung nach Berkeley 308.

Akt und Gegenstand 181, 182, 188, 209, 212, 213, 214, 215, 226, 228.

Aktualitätstheorie 233.

Aktuelles u. dispositionelles Angeborensein 138.

Akzidenz 132, 137.

d'Alembert 339.

Alkmäon 307.

Allbeseelung, siehe Hypothese der.

Allgemeinbegriffe 16, 50, 51, 111, 112, 114, 115, 116, 117, 120, 121, 124, 127, 199, 277, 278.

Allgemeines 121, 122, 123, 124, 199.

Allgemeingültige u. notwendige Erkenntnis bei Kant 151, 153.

Allgemeingültigkeit 83.

Allheit (als Kategorie) 13.

Analogien der Erfahrung 174, 176.

Analogieschlüsse, 88, 291, 292.

Analyse, angebliche beim Urteilen 62.

— der absoluten Objekte 250, 302.

— der Teilbedingungen einer Wahrnehmung, Voraussetzung dafür 254, 267.

— phänomenologische 267, 268, 276.

— psychologische 27, 267.

Analytische Schlüsse ((sogenannt nach der herkömmlichen Bestimmung der analytischen Urteile) 70, 72.

— Urteile 81, 82, 83, 88, 94, 140, 149.

— Urteile nach Kant 69, 70, 81.

Anerkennen eines Sollens im Urteil bei Rickert 195, 196, 197, 198.

— u. Verwerfen 189, 190, 192, 193, 195.

Anfang geistigen Lebens 295.

Angeborene Funktionen 84, 155, 164,

Angeborene Ideen (Erkenntnisse) 127, 132, 133, 134, 137, 138, 141.

Anschauen (Vorstellen) 48.

Anschaulich 48, 52, 53, 105.

Anschaulichkeit 117, 278.

Anschauungen a priori 13, 244.

Anschauung nach Kant 244.

Anschauungsformen der Sinnlichkeit 13, 152, 153, 154, 241, 242.

Anschauung u. Begriff 48, 244, 278.

Ansteigen der Empfindungen 304.

Anziehende und abstoßende Kräfte als Wesen der Körper 124.

Apodiktische Gewißheit nach Kant
243.
Aposteriorische Erkenntnis 2, **74** ff.,
153.
Aposteriorisches u. reproduktiv be-
dingtes Erfassen 84.
Aposteriorische Urteile (als synthe-
tische) 81, 82.
Apperzeption 20, 309.
Apperzeptionstheorie bei Wundt 313.
Apriorische Erkenntnis 2, **74** ff., 94,
138, 149, 154.
Apriorisches u. produktiv bedingtes
Erfassen 84.
Apriorische Urteile (als analytische)
81, 82.
A priori und a posteriori bei Kant 153,
243.
Arbeit, wissenschaftliche 162, 165,
166, 205, 206.
Aristoteles 3, 4, 108, 117, 118, 119,
120, 140, 307, 320.
Artbegriff 66.
Assoziation 6, 20, 44, 45, 53, 84, 89,
90, 92, 121, 216, 220, 261, 298.
Assoziationstheorie der Abstraktion
52 ff., 55.
Assoziierbarkeit der Objektivitäts-
funktionen 12.
v. Aster, E., 315, 330.
Astronomie 161.
Atom 122, 240, 247.
Atombewegungswahrnehmungen 136.
Atomismus, psychologischer 16.
Atomistische Auffassung (Atomtheo-
rie, Atomismus) 247, 249, 250, 271.
Atomseelen 295, 296.
Atomtheorie (Atomismus), siehe ato-
mistische Auffassung.
Atwater 260, 334.
Aufgabe der Logik 109.
Aufmerksamkeit 34, 44, 45, 56, 70,
71, 73, 91, 217, 237, 262.
Aufmerksamkeitstheorie der Abstrak-
tion 56 ff.
Aufmerksamkeitswanderung 62, 216.
Ausdehnung 247, 249, 264.
Ausdrucksbewegungen, siehe Äuße-
rungen psychischen Lebens.
Ausdruck u. Begriff 312.
Ausgedehnte u. denkende Substanz
bei Descartes 259.
Aussagesatz (u. Urteil) 58.
Außen- u. Innenansicht der Wirklich-
keit nach Fechner 225, 227.
Außenwelt 10, 179, 180, 183, 189.
Außenweltsubstanz u. Ichsubstanz
238.

Außereinandersein der Seelen u. der
physischen Substanzen 264, 271.
Außerlogischer Wert 171, 173, 174,
175, 201.
Außerpsychisches wirkliches Geschehen 234, 235, 236.
Außersubjektive (objektive) psychische Prozesse 222, 223, 224,
225, 226, 227, 228, 229, 232.
Außersubjektives als Bedingung der
äußeren Wahrnehmung 218, 219,
221.
Außertheoretischer Wert 201.
Automatentheorie 296, 297, 298, 299.
Autosuggestion 170.
Avenarius 9, 158, 159, 162, 163, 166,
215, 308, 317, 322, 329, 330, 333.
Axiom (Unbezweifelbare Sätze) 70,
140, 200.

Bacon (Francis) 140, 301, 302, 339.
Beachtung 56, 146, 190, 216, 217.
Beachtungsmotiv 216, 217, 262.
Becher 260, 334.
Bedeutung 49.
— und Gegenstand nach Husserl
312.
Bedingungen der Wahrnehmung 98,
101, 103, 123, 148, 202, 217, 221,
227, 229, 230, 231, 232, 238, 251,
252, 253, 254, 255, 262, 276, 293.
— der psychischen Vorgänge (siehe
auch beharrende B. d. ps. V.) 264,
265, 293, 294, 295.
— und Gegenstände psychischer Prozesse 226.
Bedingungskomplexe für die Wahrnehmung verschiedener Sinnesgebiete 254.
Begriff (als Gegenstand begrifflichen
Erfassens) 49, 66, 95, 109, 116,
121, 180.
— (als psychischer Akt) 49, 51, 53,
59, 67, 70, 91, 98, 111, 115, 116,
119, 121, 122, 124, 147, 149, 180,
245, 277, 278, 279, 285, 288.
Begriffe (nach Kant) 14.
— Wahrheitswert derselben 138, 139.
Begriffliches Erfassen **48** ff., 59, 105,
112.
Begriffliche Wahrheitserkenntnis von
Naturobjekten (nach Aristoteles)
118.
Begriffsbildung 116, 118, 147, 278.
Begriffsdichtung 117.
Begriffsgefühl nach Wundt 313.
Begriffsrealismus 98, 107, **115** ff., 120,
122, 124, 125, 126, 288.

Begründete richtige Erkenntnisse als gewisse (begründetes Wissen) 93, 205.

Begründeter u. unbegründeter Zweifel 89, 203.

Begründete und unbegründete Hypothesen 173, 174, 204, 205.

Begründetsein einer Erkenntnis in der Natur der Gegenstände 75, 82.

Begründung 78, 202, 204.

— der Objektivität nach Rickert 195.

Behalten, unmittelbares 33, 38.

Beharrende Teilbedingungen außerpsychischer Geschehnisse (physische Substanzen) 235, 236, 240, 247, 248, 258, 262, 268, 270, 289.

— — psychischer Geschehnisse (siehe auch Disposition) 234, 236, 248, 258, 262, 264, 265, 267, 268, 269, 270, 272, 273, 289.

Beharren im Gegensatz zur Veränderung 125, 126, 233.

Bejahung und Verneinung als Stellungnahme zu Werten 178, 189, 191, 192, 194, 195.

Bekämpfung der Lehre von der Wirklichkeit (absoluten Realität) des Raumes u. der Zeit bei Kant 242, 243.

Bekanntheitsbewußtsein bei Avenarius 163.

Bekanntheitsqualität 43, 44, 310, 311.

Bemerken von Bewußtseinsinhalten 23, 28.

Benennungsurteile 63, 64.

Beobachten, psychologisches 30, 31, 34, 36, 46.

Beobachtung 144, 146, 173, 174, 190, 193, 204.

Beobachtungsfehler 144.

Beobachtungsmethoden 144, 145, 201.

Beobachtungstechnik 202, 205.

Bereitschaft (einer Reproduktionsgrundlage) 90.

Bergmann, H. 27, 28, 29, 30, 309, 317, 318, 331.

Bergson, H. 311, 333.

Berkeley 7, 52, 53, 111, 112, 143, 156, 227, 233, 307, 312, 331, 332.

Beschreibende u. erklärende Ideal- u. Wirklichkeitswissenschaften 305.

Beschreibung als Aufgabe d. Wissenschaft 9, 144, 147, 159, 245, 276, 304.

Besinnen 190.

Bestimmtheiten 281, 282, 283.

Beurteilung u. Urteil 190, 191.

Bewegungsursache 117, 118.

Bewegungsvorgänge 100, 104, 123, 124, 240, 251.

Bewegungszustände siehe Bewegungsvorgänge.

Beweisen 108, 112, 119, 138.

Beweiskunst 108.

Bewußtlosigkeit 236.

Bewußtsein 102, 114, 130, 164, 179, 180, 181, 183, 184, 185, 187, 188, 227, 232.

Bewußt-Sein als angebliche Eigenschaft alles Seienden 184.

Bewußtsein im Unterschied von Selbstbewußtsein 4, 22, 28.

Bewußtseinsbegriff 3.

Bewußtseinsgegenstände 183, 184, 185, 186, 188.

Bewußtseinsgrad 34, 57, 91, 146, 216.

Bewußtseinsinhalt (siehe auch psychische Vorgänge) 158, 159, 183, 185, 186, 188, 195, 220, 221.

Bewußtseinsproblem 4.

Bewußtseinsprozesse (siehe psychische Vorgänge).

Bewußtseinsumfang 42.

Bewußtseinswelt 187, 188.

Bewußtseinszentren 172.

Bewußtseinzugehöriges u. einem Bewußtsein Gehöriges nach Rehmke 328.

Bezeichnen als Erkenntnistätigkeit 146, 185, 188, 189.

Bezeichnung der absoluten Objekte durch die idealen Gegenstände von Wahrnehmungen 251.

Beziehung der Ähnlichkeit 18, 160, 161.

Beziehung der Gleichheit 18, 60, 61, 145, 248, 280.

Beziehung der Identität 18, 60, 61, 248, 280.

— der Verschiedenheit 18, 60, 61, 145, 181, 248, 280.

Beziehungen 2, 18, 59, 60, 61, 62, 63, 71, 81, 82, 105, 112, 113, 118, 140, 234, 245, 275, 277, 278, 279, 280, 281.

— als Gegenstände 2, 18, 59, 60, 61.

— beharrender Teilbedingungen des Geschehens (Bez. von Substanzen) (Bez. von Dingen) 234, 236.

— u. Wirkliches 285.

— von Vorstellungen bei Locke 142.

— zwischen den absoluten Gegenständen und Wirkliches 279, 280.

— zwischen den absoluten u. idealen Gegenständen u. dem Bewußtsein derselben 277.

Beziehungen zwischen Subjekt und Prädikat eines Urteilsatzes 59 ff.
Beziehungsbegriffe, siehe Verhältnisbegriffe.
Beziehungsbewußtsein 59, 60, 61, 62, 63, 65, 71, 277.
Beziehungsglieder 59.
— beim Urteilen 62, 63, 82.
Beziehung zwischen dem Subjekt (dem Gegenstandsbewußtsein) u. seinen Gegenständen 105, 151, 181, 184.
Bilder und Denkgebilde 278.
Billigung in ihrem Verhältnis zur Wahrheit 192, 193.
Biologie 260.
Biologische Beurteilung der Erkenntnis 159.
Biologische Entwicklung des Erkennens (des Gehirns) 164.
Bon, F. 329.
Botanik 306.
Bourdon, B. 311.
Bovet, P. 315.
Brentano 25, 323, 326.
Büchner 333.
Bühler, K. 314, 315, 330.
Busse 334.

Calkins, M. W. 313.
Cassirer, E. 338.
Christiansen, Br. 324.
Cohen 307, 320, 336, 337.
Cohn, J. 314, 321, 323, 324.
Comte 158, 322.
Conclusio 112, 140.
Condillac 6, 307.
Cornelius 22, 23, 24, 25, 26, 27, 28, 309, 313, 329.
Cortisches Organ 251.

Darstellung idealer Gegenstände in der Kunst 276.
Darwinismus 335.
Dasein (als Kategorie) 13.
Dauer 18, 35, 36, 91.
Dauerbestand, logischer 163, 164, 165, 166.
Deduktion 73, 115, 119, 127, 301, 302, 314.
Deduktive Methode, siehe Deduktion.
Deduktive u. induktive Wissenschaften, siehe rationale u. empirische W.
Definition (Willkürlichkeit derselben) 27, 190.
— d. äußeren Wahrnehmung 2.
— der apriorischen Erkenntnis 80.
— der Aufmerksamkeit 57.

Definition der Erinnerung 37 ff., abschließend Seite 40.
— der Gewißheit 88, 89.
— der inneren Wahrnehmung 20 f.
— der logischen Notwendigkeit 77, 78.
— der Realität 234.
— der Selbständigkeit 280, 281.
— der Substanz 233 f.
— der Wahrheit (Realdefinition) 202, 208.
— der Wahrheit (Verbaldefinition) 97.
— des absoluten Gegenstandes 324.
— des Anschaulichen 48.
— des Erkennens 2.
— des idealen Gegenstandes 324.
— von Prinzip 288.
— des Realismus 234.
— des Schließens 65.
— des Urteils 58 f., 63, 64.
— des Wirklichen 234, 280, 281, 282, 283, 284, 285.
Definitionen bei Spinoza 134.
Definition, Verhältnis derselben zur Wahrheit 138.
Demokrit 118.
Deneke, H. 330.
Denkbares und Empfindbares 233.
Denkbarkeit als Abbildbarkeit 273.
— als Unterscheidbarkeit im symbolisierenden Erfassen 279.
— als Widerspruchslosigkeit u. als Möglichkeit des Erfaßtwerdens 185.
— des Gegenteils von Erkenntnissen 78.
Denken 2, 48 ff., 83, 86, 96, 98, 101, 108, 111, 141, 182, 184, 185, 200, 201, 207, 212, 219, 245, 285.
— an etwas, siehe Begriff als psychischer Akt.
— (und Sein) bei Descartes 129, 130.
Denkformen (bei Kant), siehe Kategorien.
Denkgegenstände 98, 101, 172, 176, 210, 276, 278.
Denkgewohnheiten 280, 289.
Denkmethoden 202.
Denkmögliches (Denkbares), 172, 174, 298.
Denknotwendigkeit (siehe auch Urteilsnotwendigkeit) 198.
Denkökonomie, siehe Prinzip der D.
Denkunmöglichkeit 169, 170.
Denkverlauf 172.
Descartes 4, 127, 128, 129, 130, 131, 134, 135, 136, 137, 138, 178, 249, 259, 263, 264, 307, 317, 321, 329, 333, 334.

Determinante 117.
Dewey 167, 323.
Dialektik 108. 288.
Dichtung u. Wissenschaft 173, 206, 207, 276.
Diderot 339.
Diels 318.
Dietze 310.
Differentia specifica 67.
Dilles, L. 326.
Ding als Gegenstand 2, 18.
— als Substrat von Vorgängen 123, 236.
— an sich 101, 104, 153, 155, 156, 158, 160, 179, 195, 196, 201, 213, 241, 242, 245, 246, 250, 252, 275.
Dingbegriff 2.
Dingbewußtsein 6, 159.
Diogenes, L. 319.
Dippe, A. 333.
Diskontinuität 271.
Disposition 21, 104, 231, 233, 235. 236, 242, 261, 263, 264, 272, 273.
Distinctio rationis 313.
Dogmatismus 99.
Doppeldeutige Begriffe 114, 181, 183, 185, 199.
Doppeldeutigkeit des Wortes Bewußtseinsinhalt 183, 185.
Dreyer, F. 327, 334.
Driesch 334.
Dualismus der Attribute 259.
— der Funktionen 259, 288 ff.
— der Substanzen 235, 257, 258, 258 ff., 294.
Dualität der idealen Gegenstände 225.
Dürr 308, 309, 314, 315, 316, 317, 318, 323, 326, 330, 331.
Dugas, L. 311.
Dunkle Erkenntnisse 5, 86, 93, 95, 136.
Duns Scotus 120.
Dynamische Auffassung 249, 250.

Ebbinghaus 308, 309, 317, 330, 332, 334, 335.
v. Ehrenfels 318.
Ehrhardt, F. 334.
Eigenschaften als Gegenstände 2, 18.
— u. Beziehungen 279.
Eigenwert 95, 162, 163.
Einfache u. zusammengesetzte Vorstellungen bei Locke 142.
Einfachheit der Erkenntnis 159, 160, 161, 175.
Einfachheit der idealen Empfindungsgegenstände 238, 239.
Einfälle beim Schließen 74.

Einfluß der Zwischenbedingungen auf die Erscheinung der entfernteren Bedingungen einer Wahrnehmung 252.
Eingliedrige Urteile 64.
Einheit 18, 28, 29, 56, 111, 114, 145, 159.
— (als Kategorie) 13.
— des Bewußtseins 268, 292.
Einheitsbedürfnis 259, 260.
Einheit und Vielheit 111.
— von Sein u. Geschehen 126.
Einseitige Abhängigkeit des psychischen von physischem Geschehen 266, 296, 297, 298, 299.
Einteilung d. Erkenntnistheorie 1.
— der Gegenstände 2, 18.
— der Wissenschaften 300 ff.
— der Wissenschaften nach den Erkenntnismitteln 301, 302, 303, 304.
— der Wissenschaften nach den Erkenntniszielen 304 f.
— der Wissenschaften nach den Gegenständen 305 f.
— der Wissenschaften nach den Geistesvermögen 301.
Einübung 43.
Einzelwissenschaften (Spezialwissenschaften) 239, 285, 301.
Eisler 320, 323, 332, 334, 338.
Eleaten 100, 105, 106, 125.
Elementarseelen 294, 295.
Elemente und Charaktere bei Avenarius 317.
Eliminierbarkeit der psychischen Bedingungen 266, 284.
Elsenhans, Th. 314.
Empfänglichkeit 91.
Empfindungen 5, 6, 7, 9, 10, 11, 12, 19, 20, 23, 24, 25, 33, 48, 50, 85, 89, 90, 102, 111, 123, 145, 146, 147, 149, 151, 157, 159, 160, 209, 243, 244, 278, 290, 291.
Empfindungsbegriff 11.
Empirie, siehe Erfahrung.
— u. Empirismus 144.
Empiriokritizismus 9, 158, 162, 163, 215, 330.
Empirisch, siehe aposteriorisch.
Empirismus 98, 140 ff., 149, 152, 158, 159, 201.
Empiristische Philosophie 120, 126.
— Theorie d. äußeren Wahrnehmung 5 ff.
Endliches u. Unendliches bei Descartes 133, 137.
Endlichkeit des organischen Lebens 296.

Energetik 118.
Energetischer Materialismus 247, 249, 250, 257, 258, 333.
Enge der Aufmerksamkeit 70.
Entdeckung und Verarbeitung von Tatsachen 163.
Entelechie 117.
Entfernteste Wahrnehmungsbedingungen 253.
Entfernungsbewußtsein (Tiefenbewußtsein) 83, 84.
Entfernung von Realelementen 247, 248, 249.
Entstehungsbedingungen d. Empfindungen 10.
Entwicklung der Lebewesen 260.
— der Weltbilder nach Leibniz 134.
Entwicklungsmöglichkeiten 296.
Enumerationsverfahren 302.
Epikureer 118.
Erdmann 313, 314, 315, 319, 320, 322, 326, 327, 333, 334, 338, 339.
Erfahrbares u. Unerfahrbares 176, 177, 201.
Erfahrbar zu Denkendes nach Analogie der Erfahrung 174.
Erfahrung 13, 75, 76, 77, 78, 83, 126, 141, 145, 147, 148, 149, 151, 152, 158, 159, 172, 173, 177, 243, 244, 302, 303.
— äußere u. innere, siehe äußere Wahrnehmung u. innere Wahrnehmung.
Erfahrungserkenntnis 2, **74** ff., 127, 152, 201.
Erfahrungsphilosophie 5.
Erfahrungswelt 105, 174.
Erfassen von Beziehungen, siehe Beziehungsbewußtsein.
Erinnern 2.
Erinnerung 23, 34, 37, **37** ff., 87, 88, 91, 92, 96, 98, 101, 102, 103, 116, 172, 202, 207,
Erinnerungsobjekt 98, 101, 176.
Erinnerungsvorstellung 255.
— und Erinnerung 309.
Erkennbar 179, 181.
Erkennbarkeit der Dinge an sich 245.
Erkenntnisbedeutung der Gefühle, 85.
Erkenntnisbestimmendes 187, 188.
Erkenntnistheoretisches Subjekt 180, 181, 182, 183, 186, 187, 195.
Erkennungsurteile 64.
Erklären 35, 36.
Erklärende Idealwissenschaften 277.
Erklärungsprinzipien (Sparsamkeit in ihrer Annahme) 120, 122, 264, 266.

Erklärungswert 175.
Erraten 86.
Erscheinendes in dem idealen Gegenstand einer Gesichtswahrnehmung 252, 253, 254, 256.
— in dem idealen Gegenstand einer Klangwahrnehmung 251, 254, 255.
— in dem idealen Gegenstand einer Wahrnehmung identisch mit der beim Vorhandensein der notwendigen Zwischenbedingungen zureichenden Teilbedingung 255.
Erscheinen u. existieren 269.
Erscheinen von Substanzen? 267, 268, 270.
Erscheinung 99, 114, 152, 153, 154, 155, 156, 157, 179, 213, 214, 227, 228, 229, 232, 241, 245, 250, 251, 252, 253, 255, 256, 257, 267, 268, 271, 275.
Erscheinungen als natürliche Zeichen der absoluten Gegenstände 257.
— nach Kant in ihrem Verhältnis zu idealen u. absoluten Gegenständen 241, 244.
Erscheinungsmöglichkeit der Bestandteile der Welt der absoluten Gegenstände 251.
Erscheinungswelt 242, 247, 276.
Erwartung 86, 91, 94.
— Rolle derselben bei Vergleichung sukzessiver Eindrücke 42.
Erworbene Funktionen 84.
Ethik 303, 306.
Ethisch-metaphysischer Glaube 173.
Etwas (Gegenstand), (Gegenstand des allgemeinen Begriffes) 117, 124, 154, 155, 245, 246.
Eucken 336.
Evidentes Existentialurteil, angebliches, der Wahrnehmung 5.
Evidenz (siehe auch Gewißheit) 29, 31, 32, 35, 37, 64, 75, 81, 127, 134, 135, 139.
Exakte u. nichtexakte Wissenschaften 301, 304.
Existentialurteil, angebliches d. Wahrnehmung 5.
Existenz 76, 77, 106, 111, 116, 120, 122, 123, 124, 125, 126, 133, 134, 135, 137, 140, 172, 179, 183, 184, 186, 199, 236, 280.
— u. Essenz 142, 143.
Existieren, siehe Existenz.
Experimentelle u. nichtexperimentelle Wissenschaften 304.

Extensive und intensive Größen 152.
Extremer Pragmatismus 168, 169, 170, 171.

Fähigkeit zur Fundierung psychischen Lebens 294, 295.
Fausse reconnaissance 311.
Fechner 224, 225, 227, 331, 332, 338.
Fehlerquellen 148.
Fichte, J. G. 134, 156, 198, 321.
Fiktionen 206, 207.
Fiktionsbewußtsein 207.
Fischer, A. 311.
Formale Falschheit bei Descartes 133.
Formale Logik 109, 110, 112, 114, 140, 151, 287.
Formen (des Aristoteles) 117, 120.
— der Sinnlichkeit, siehe Anschauungsformen.
Frank, Ph. 315.
„Fransen“ der Bewußtseinsinhalte 52.
Fremdsuggestion 170.
Freytag 321, 324, 330, 331, 338.
Für-sich-sein und Für-einander-sein 244, 245.
Fundamentalfähigkeit des Geistes 5.
Fundiert siehe begründet.
Funktionelles Abhängigkeitsverhältnis (Funktionszusammenhang) 147, 164, 190, 208, 209, 218, 223, 228, 229, 230, 240, 247, 262, 263, 271, 275, 294.
Funktionen, seelische, siehe psychische Vorgänge.
Funktionspsychologische Theorie d. äußeren Wahrnehmung 17 ff.
Funktionszusammenhang innerhalb der Erscheinungswelt eines universalen Geistes 276, 277.

Galilei 136, 141.
Ganzes u. Teil 18.
Gattungsbegriff 66, 72, 114, 122, 125, 126, 159.
Gedächtnisbild 23, 24.
Gedächtnisleistung 36, 37.
Gedanken 40, 96, 172, 184, 186, 187, 202, 210.
Gedächtnisbild 23, 24
Gedächtnisleistung 36, 37.
Gedanken 40, 96, 172, 184, 186, 187, 202, 210.
Gedankending 100.
Gefühle (Wertschätzungen) 40, 41, 85, 86, 95, 96, 102, 168, 169, 184, 190, 193, 224, 226, 285, 290, 299.
Gefühlserinnerungen 34, 40, 41.
Gefühlsmäßiges Erfassen 2, 75, **85** ff.

Gefühlsoffenbarungen 193, 195.
Gefühlsursachen 95.
Gegebenes (vom Erkennen Abhängiges) 9, 158, 159, 176, 178, 182, 188, 209, 212, 215, 216, 239, 240, 244, 249.
Gegebenheitsgefühle 96, 97, 176.
Gegenstände, abstrakte 50, 105, 106, 115, 116, 120, 121, 125, 126, 199.
Gegenstände der inneren Wahrnehmung 101, 102.
Gegenstände von Allgemeinbegriffen 50.
Gegenständliches Begründetsein als angebliches Charakteristikum der apriorischen Erkenntnis, siehe Begründetsein.
Gegenstand, siehe Etwas.
Gegenstand der Erkenntnis 98, 102, 154, 155, 156, 157, 178, 179, 181, 182, 188, 198, 201, 206.
Gegenstandsbegriff 2.
Gegenstandsbewußtsein 2, 40, 41, 52, 85, 102, 122, 178, 181, 183, 205, 207.
Gegenstandslehre bei Kant 154, 155.
— des Erkennens 1, 124, 158, 180, 206 ff.
Gegenstandstheorie 277.
Gegenüberstehen von Objekt und Subjekt 181.
Gehirnbiologie 162.
Gehirnpathologie 263.
Gehirnprozesse (siehe auch Parallelprozesse, physiologische, der Bewußtseinsvorgänge) 220, 223, 224, 226, 251, 264, 265, 290, 293.
Gehirnprozesse und psychische Vorgänge in ihrem Verhältnis nach der Auffassung des wissenschaftlich aufgeklärten Dualismus und Monismus 264, 265.
Gehirnstabilität, siehe Prinzip der G.
Geisteswelt, selbständige, nach idealistischen Philosophen 286.
Geisteswissenschaften 305.
Geltung von Gesetzen 198.
Gemäßigter Pragmatismus 171 ff.
Gemeinschaft (als Kategorie) 13.
Gemütsbedürfnisse 174, 193, 271, 272, 273, 295, 296, 299, 300.
Generalisierendes Verfahren, angebliches, bei der Induktion 302.
Generatio aequivoca 339.
Geniale Veranlagung für intellektuelle Tätigkeiten 74.
Genus proximum 67.
Geometrische Methode 134.

Geschehen im Verhältnis zum Sein, 125, 126, 172, 233, 267, 268, 281, 294.
Geschehnisse (Zustände) als Gegenstände 2, 18.
Geschichtswissenschaften 304.
Geschlossenheit der Naturkausalität 259 f.
Gesetz 36, 159, 171, 172, 198, 199, 200, 302, 304, 306.
— der Erhaltung der Energie 260.
Gesetze als Willensäußerungen u. als Allgemeinbegriffe von Veränderungen 199.
Gesetzlosigkeit (Regellosigkeit) im Kommen u. Gehen der idealen Objekte 215, 231, 274.
Gesetzmäßiger Zusammenhang alles Wirklichen 231, 234, 248, 249.
— — der Erscheinungswelt 241.
Gesetzmäßigkeit der idealen Objekte 274, 275.
— der psychophysischen Prozesse parallel der Gesetzmäßigkeit des psychischen Lebens 261, 298.
— des außersubjektiven (objektiven) absoluten Geschehens 225, 231.
Gesichtsbild als ideales Objekt 182, 251, 279.
Gewißheit (siehe auch Evidenz) 20, 29, 35, 37, 75, 86, 87, 88, 91, 92, 93, 94, 129, 139, 153, 185, 205, 243.
— der apriorischen Erkenntnis (der analytischen Urteile) 75, 81, 94, 134, 135, 140.
— der Selbstwahrnehmung 29, 31, 94.
Gewißheitsgefühl bei Rickert 193, 194.
Gewißheitsgrad 91.
Gewißheitsgrade als Beziehungsglieder 62.
Gewißheit u. Evidenz bei Meinong 316.
Gewöhnung 92.
Gewohnheit 92, 163.
Gewußte Objekte 213.
Gläubigkeit 89.
Glauben 2, 20, 65, 75, 82, **85 ff.**, 124, 170, 171, 173, 177, 179, 193.
Glaubensbedürfnisse 97, 296, 297.
Glaubensbeeinflussung 170, 205.
Glaubensgewißheit 92, 139.
Glaubensgewöhnung 92, 170, 271.
Gleichartigkeit der beharrenden Teilbedingungen physischen u. psychischen Geschehens 258, 263, 266, 269, 289.

Gleichartigkeit, prinzipielle, des Seins u. Geschehens in verschiedenen Weltzeiten u. Welträumen 174.
Gleichförmigkeitshypothese 174.
Gleichheitsbewußtsein 15, 17.
Gleichheit u. Gleichheitsbewußtsein 145.
Gleichzeitigkeitstheorie d. inneren Wahrnehmung 21, 27 ff.
Goedeckemeyer, A. 319.
Gomperz 320.
Gott (in der kartesianischen Philosophie) 128, 129, 131, 132, 133, 136, 137.
Gott nach der Auffassung Berkeleys 227.
Gottesbeweis 137.
Gottheit (bei Aristoteles) 117.
Grasset, J., 311.
Gravitation 174.
Größe, absolute und relative 238, 245.
Groos, K. 330.
Großhirnrinde als Erscheinung der Seelensubstanz (der psychischen Dispositionen) 269, 271, 289.
Großhirn u. Großhirnrinde 164, 272, 289, 290, 291, 292, 293, 294, 298.
Grünbaum, A. A. 313.
Grund u. Folge 18.
Grundsätze des reinen Verstandes (bei Kant) 151.
Gültige Urteile 59.
Gültigkeitsbewußtsein als angebliches Kriterium von Urteilen 58, 64.
Gutberlet, C. 335.
Gutes u. Wertvolles 167.

Häckel 333.
Hamilton 319.
Harmonie als Beziehung 62.
v. Hartmann, E. 323, 331, 334.
Hegel 106, 286, 288, 336.
Henri, V. u. C. 311.
Herbart, 7, 308, 331, 332.
Herbertz, R. 315, 320, 323.
Hertz 144.
Heuer, W. 326.
Heymans 43, 224, 311, 331, 332.
Hobbes 141, 321.
Höffding 41, 310, 311.
Höfler 309, 333.
Hönigswald, R. 315, 319, 339.
Hörbares, Sichtbares u. Erscheinendes 256.
Hörth, F. L. 326.
Hume 5, 6, 143, 146, 158, 233, 307, 317, 329.
Husserl 25, 26, 312, 313, 314, 325.

Hylozoistische Betrachtungen 99.
Hypersensualistische Theorie der
äußeren Wahrnehmung 13.
Hypostasierung der Abstrakta 117,
120, 125.
Hypothese 58, 67, 88, 104, 120, 138,
145, 157, 159, 160, 161, 173, 174,
175, 179, 202, 204, 205, 206, 224,
239, 249, 273, 291, 302.
— der Allbeseelung 236, 290, 296.
— u. Postulat 327.
Hypothetische Physik 105.

Ich als Erscheinung einer besonderen
Seelensubstanz 268.
— (bei Descartes) 129, 130, 132.
— (bei Fichte) 156.
— (bei Rickert) 187.
Ichbewußtsein siehe Selbstbewußtsein.
Idea im Gegensatz zu impression 146.
Ideal (vollkommen) 174, 191.
— d. Wissenschaft 1, 206, 208, 275,
300.
Ideale Außenweltsobjekte 215.
— Gegenstände aller äußeren Wahrnehmungen als vermittelte Erscheinungen 252 f.
— Gegenstände als Bedingungen 282,
283.
— Gegenstände der Selbstwahrnehmung als Erscheinungen der wirklichen psychischen Prozesse 267,
303.
— Innenweltsobjekte 215.
Idealer Dauergegenstand 325, 330,
332, 336.
— Gegenstand 182, 183, 184, 188,
199, 200, 202, 206, 209, 210, 211,
212, 213, 214, 215, 216, 217, 219,
220, 221, 222, 225, 226, 227, 228,
229, 235, 236, 237, 238, 239, 240,
241, 242, 244, 246, 249, 250, 251,
252, 253, 256, 257, 262, 266, 267,
269, 270, 274, 275, 276, 277, 278,
279, 282, 283, 284, 285, 288, 305,
306.
— Momentangegenstand 325, 327,
328, 330.
Ideale Zeit 219.
Idealismus siehe auch psychologischer
I., objektiver I., u. subjektiver I.,
intellektualistischer I. u. voluntaristischer I., sowie I. der Beziehungen
156, 172, 179, 180, 185, 186, 198,
234, 258, 299, 330.
— der Beziehungen 274 ff., 335.
Idealität des äußeren u. inneren
Sinnes nach Kant 244.

Idealrealismus (Realismus der abstrakten Gegenstände) 274 ff., 335.
Idealwissenschaften (siehe auch erklärende I. u. beschreibende I.),
277, 305, 306, 339.
Idee als Bewußtseinsinhalt 24, 52, 141.
— als Wesenheit 116, 117.
Ideenlehre (Platons) 116, 117, 120.
Identifizierung von Erkenntnisobjekt
u. Erkenntnisinhalt 158.
Identisch Bleibendes als Erkenntnisobjekt 136.
Identisches u. Identität, Verschiedenes u. Verschiedenheit, Gleiches
u. Gleichheit 278.
Identität 18, 28, 126.
— der beharrenden Teilbedingungen
physischen u. psychischen Geschehens (zwischen physischenSub-
stanzen u. psychischen Dispositionen) 235, 262, 263, 264.
— des Ich 134.
Identitätsbewußtsein 15, 17, 233.
Identitätsphilosophie 286.
Identitätstheorie der inneren Wahrnehmung 23 ff.
— des Urteils 59, 314.
Identität von Denken u. Sein, bei
verschiedenen Philosophen 286.
— von Denken u. Sein nach Parmenides 106, 286.
— von Erkennen u. Sein nach der
Auffassung des Empirismus 146,
149.
— von idealem Erkenntnisgegenstand
u. absolutem Gegenstand (von
Erkennen u. Sein als Konsequenz
des Kritizismus) 156.
Illusion 89.
Immanente Objekte bei Rickert 182,
184, 186.
— Philosophie 9, 158, 215, 328, 329,
330.
— Richtigkeit des Denkens 200.
Imperative als Erkenntnisgegenstände
187.
Imperativismus 98, 177 ff., 201.
Imperzeption 32.
Impression 6, 24, 146, 307.
Impressions of sensation 5.
Inadäquates Erfassen des Psychischen
30.
Indeterminismus 297.
Indirektes Sehen 87.
Individualbegriff 72.
Individualentwicklung, siehe auch
Ontogenese 164.
Induktion, siehe Induktionsschluß.

Induktionsschluß (Induktion) 66, 67,
73, 115, 119, 144, 147, 203, 301,
302, 314.
Induktion, sokratische 320.
— vollständige 67.
Induktive Methode siehe Induktion.
Inhärenz (als Kategorie) 13.
Inhärenzbeziehung 19, 60, 61, 242,
243.
Inhalt des Begriffs 16, 50, 66.
Innere Wahrnehmung 2, **20 ff.**, 50,
87, 88, 101, 102, 141, 142, 144,
202, 210, 212, 213, 214, 215, 224,
225, 226, 228, 246, 267, 268, 270,
303.
Innere Wahrnehmung von Gefühlen
34, 47, 48, 102, 103.
Innere Willenshandlung 190.
Innervationsprozesse 293.
Intellektualismus 332.
Intellektualistischer Idealismus 224,
331.
Intellektuelle Zweckmäßigkeit 175,
176.
Intendieren 41.
Intensität 18, 27, 28, 29, 49, 53, 55, 57.
Intention 26, 51, 114.
Intentional 11, 23, 24, 25, 26, 27, 182.
Intentionaler Akt (intentionales Er-
lebnis), (intentionales Erfassen)
23, 24, 25, 26, 27.
Intentionales Objekt (intentionaler
Gegenstand) 23, 182.
Intentionalität 26.
Interesse 166.
Introjektion 9, 215.
Intuition 72, 73, 116.
Irrational 4.
Irrationalität 200.
Irrtum 20, 86, 96, 99, 100, 108, 110,
112, 128, 129, 131, 134, 142, 146,
148, 152, 156, 157, 160, 161, 179,
201.
— u. Sünde 133, 134, 178.

James, W. 16, 52, 55, 56, 71, 167, 168,
169, 173, 175, 308, 309, 313, 314,
323, 330.
Jerusalem, W. 223, 327.
Jevons, W. St. 327.
Jodl, 309, 317.
Jungmann 307.

Kant 13, 80, 81, 138, 149, 150, 151,
152, 153, 154, 155, 156, 158, 178,
179, 198, 241, 242, 243, 244, 245,
246, 248, 250, 287, 297, 308, 315,
321, 322, 330, 333, 336, 337.

Kappers 335.
Kartesianisch, siehe Descartes.
Kategorien 13, 151, 152, 153, 154, 241,
250, 338.
Kategorientafel 14, 151, 287.
Kauffmann, M. 329.
Kausalauffassung 14, 15, 16, 151.
Kausalbeziehung 18, 33, 36, 51, 60,
85, 151, 158, 218, 259.
Kausale Notwendigkeit 77.
Kausale u. funktionale Bedingtheit
der Wahrnehmung 221.
— u. funktionelle Abhängigkeit u.
Unabhängigkeit 208, 209.
Kausalgesetz (Kausalprinzip) 10, 203,
204, 262.
Kausalität (als Kategorie) 13, 158,
287.
Kausalität bei Schopenhauer 14.
— der Erkenntnisbildung 89.
— psychische 165.
— psychophysische 259, 261.
Kausalitätsbegriff (Kausalbegriff) 5,
209, 259.
Kausalreihen, psychische 21.
Kausalschluß, angeblicher d. äußeren
Wahrnehmung 5.
Kindliche Weltanschauung 98, 161,
279.
Kirchhoff 144.
Klangfarbe d. Gehörsempfindungen
12.
Klare u. deutliche Erkenntnisse 56,
86, 91, 127, 130, 131, 132, 133, 134,
135, 136, 138, 177, 178.
Klarheit u. Deutlichkeit der Gegen-
stände 91.
Klassifikation der Urteile i. d. tradi-
tionellen Logik 14.
Klein, A. 334, 338.
Kleinpeter, H. 322, 323.
Körper 235, 236, 237, 240.
Körperlich-Sehen (Stereoskopie) 83,
84.
Körperwelt 237, 240, 267.
Komplikation (des geistigen Lebens)
58.
Kompliziertheit von Bewußtseinsvor-
gängen 17.
Komponenten des Objektivitätsbe-
wußtseins 17, 19,
Konformismus 326.
Konkret 48, 49, 50, 51, 52, 114, 278,
285.
Konstante räumliche Größe physi-
scher Substanzen unvereinbar mit
Ergebnissen der Physik 247, 250.
Konstanz der physischen Energie 260.

Konstruktionen, wissenschaftliche u. Wirklichkeitserzeugung 287, 288.

Kontinuitätshypothese 249.

Konzeptualismus 121, 122.

Koordination als Beziehung 62.

Kopernikanische Weltanschauung 160.

Kopula 59, 106.

— (als Ausdruck der im Urteil erfaßten Beziehungen) 59.

Kosmogonien 99.

Kraft 18, 117, 124, 158, 159.

Kriterien der apriorischen Erkenntnis 75, 76.

Kriterium der Wahrheit 97, 104, 110, 150, 175, 198.

Kritik der Assoziationstheorie der Abstraktion 53 f.

— der begriffsrealistischen Wahrheitslehre 119, 125 f.

— der empiristischen Wahrheitslehre 147 ff.

— der empiristischen Wahrnehmungstheorie 8.

— der Gleichzeitigkeitstheorie d. inneren Wahrnehmung 30 ff.

— der herkömmlichen Unterscheidung apriorischer u. aposteriorischer Erkenntnis 76 ff.

— d. Identitätstheorie d. inneren Wahrnehmung 24 ff.

— der imperativistischen Wahrheitslehre 189 ff.

— der kritizistischen Wahrheitslehre 153.

— d. kritizistischen Wahrnehmungstheorie 14 ff.

— der naiv-realistischen Wahrheitslehre 100 ff.

— der positivistischen Wahrheitslehre 164 ff.

— der positivistischen Wahrnehmungstheorie 10.

— der rationalistischen Wahrheitslehre 134 ff.

— der rationalistischen Wahrnehmungstheorie 5.

— der reinen Erfahrung 162.

— der reinen Vernunft 149, 153, 242, 244, 297, 298.

— der sensualistischen Wahrnehmungstheorie 9.

— der Unterscheidungstheorie der Abstraktion 55 f.

— des Agnostizismus 244 ff.

— des Dualismus der Substanzen 266 ff.

— des extremen Pragmatismus 169 ff.

Kritik des gemäßigten Pragmatismus 173 ff.

— des Idealismus der Beziehungen 277 ff.

— — der reinen Erkenntnis (Realismus des Abstrakten) 286 ff.

— des mechanischen Materialismus 240.

— des naiven Logismus 109 f.

— des objektiven Idealismus 225 ff.

— des Realismus der Ideale (Normen, Werte) 285 f.

— des Skeptizismus 112 ff.

— des subjektiven Idealismus 216 ff.

— herkömmlicher Einteilungen der Wissenschaften 301 ff.

Kritizismus 98, 138, **149** ff., 201.

Kritizistische Theorie der äußeren Wahrnehmung 13 ff.

Külpe 259, 260, 313, 331, 334.

Kuhlmann, F. 311.

Kunst u. Wissenschaft 276.

Kuntze, F. 337, 338.

Laas, E. 323.

Lamarckismus 335.

Lange, F. A. 307, 333.

Laßwitz 331.

Leben 260.

Leere Begriffe ((inhaltlose Denkfunktionen) 149, 152.

Lehmann, A. 41, 310.

Leibniz 134, 138, 140, 233, 250, 307, 321, 331, 332.

Leib u. Seele 258, 259, 261, 271, 273.

Leser, H. 336.

Lessing 163.

Leukipp 118.

Limitation (als Kategorie) 13.

Lipps, G. F. 338.

— Th. 7, 308, 314.

Locke 52, 53, 111, 141, 142, 143, 144, 146, 147, 321.

Logik 108, 109, 119, 150, 286, 287, 306.

— des Ursprungs (bei Cohen) 287.

— u. Psychologie 314.

Logische Bedürfnisse 169.

— Erkenntnisse als Urteile mit vollendeten Begriffen 80, 105.

— Gefühle (logische Wertschätzungen) 96, 97, 168, 169, 171, 176, 194, 204.

— Gesetze, siehe logische Normen.

Logisch einwandfrei aus Wahrnehmungsergebnissen Abzuleitendes 202, 205.

Logische Normen (L. Gesetze) 200, 276.
— Notwendigkeit 77.
Logischer Wert, siehe logisch Wert-
volles.
Logische Wertschätzungen, siehe lo-
gische Gefühle.
Logisch Mögliches, siehe auch Denk-
mögliches 109, 174, 175.
— Richtiges und Wahres 200.
— Wertvolles (Logischer Wert) 168,
169, 176, 201.
Logismus, siehe naiver Logismus.
Lokalisation der Seele 264.
Lokalisationsakte 83, 90.
Lokalzeichen 7, 90, 209.
Lotze 248, 249, 326, 331, 332, 333,
334.
Lowtzky, F. 326.
Lüge 99.

Mach 9, 146, 158, 159, 160, 162, 165,
308, 322, 323, 329.
Maier, H. 315, 320.
Marbe 314, 319, 320, 322.
Marty, A. 315.
Maßbestimmungen, wissenschaftliche
238, 245.
Maß u. Zahl in der Wissenschaft 304.
Materiale Falschheit bei Descartes
132, 133.
Materiales u. formales Wahrheitskriterium nach Kant 150, 151.
Materialismus, siehe auch naiver,
mechanischer, energetischer, psychophysischer M., 164, **239** ff., 260,
261, 263.
Materialistische Theorie d. äußeren
Wahrnehmung 3 f., 13.
— — des Hörens 3.
— — des Sehens 3.
Materie 122, 124, 164, 241, 247, 249,
250, 258, 259, 266, 268, 270, 271,
272, 289, 300.
Materielle Geschehnisse, siehe wirkliche physische Vorgänge.
Mathematik 147, 151, 161, 210, 211,
243, 287, 302, 306.
Mathematische Erkenntnisse (als Urteile mit vollendeten Begriffen)
80, 105, 107, 134, 243.
— Gesetze, siehe mathematische Beziehungen.
— u. sonstige Beziehungen (Gesetze)
als etwas vom Erkennen Unabhängiges 274, 275, 276, 277, 283.
Mathematisch-naturwissenschaftliche
Weltauffassung 136.
Mauthner, F. 144, 321.

Mechanischer Materialismus 240.
Mechanistische Auffassung 118, 238,
260, 261.
— u. vitalistische Biologen 261.
Mehrheit 61.
Meinen (Begreifen, Bedeuten) 49.
Meinong 277, 307, 309, 313, 315, 316,
317, 318, 327, 333, 336.
Melodieauffassung 213.
Merkmale von Begriffen 67, 80.
Messer 312, 315, 318, 339.
Metaphysik (Metaphysisch) 118, 157,
159, 177, 201, 249, 287, 295, 296,
297, 303.
— u. Erkenntnistheorie als Philo-
sophie 306.
Methoden der einzelnen Wissenschaf-
ten 301.
Methodenlehre Bacons 140.
— des Empirismus 144.
Methodischer Wert (von Annahmen)
174.
— Zweifel 128.
Methodisches Denken beim Schließen
74.
Michaltschew, D. 314, 329.
Mikrokosmus 248, 249.
Mikroskopwahrnehmung u. Erschei-
nungen absoluter Gegenstände
251, 252.
Mill, J. St. 319.
Mittelalterliche Philosophie 110, 119,
120.
— Weltanschauung 161.
Mittelbarer Wert 95.
Mittelbare und unmittelbare Bedin-
gungen 231.
Möglichkeit als Beziehung 62.
— (als Kategorie) 13.
Monismus 258, 259, 261, 262, 264,
265, 266, 274, **288** ff.
Motive (siehe auch Beachtungsm.,
Produktionsm., Reproduktionsm.)
262.
Müller, G. E. 313.

Nachbilder 33.
Nachdenken 190.
Naiver Logismus 98, **104** ff., 115, 126,
140, 172.
Naiver Materialismus 3, 10, 237.
— Realismus 97, **98** ff., 107, 108,
118, 200, **236** ff., 240, 266, 279.
Natürliche Zeichen (Symbole) 241.
Naturerscheinungen (Naturobjekte)
156, 157, 199, 214, 215, 225.
Naturgeschehen als Willensleben bei
Schopenhauer 223.

Naturgesetze 198, 199, 200, 247.
Naturnotwendigkeit u. Denknotwendigkeit (Müssen u. Sollen), (siehe auch kausale u. logische N.) 198, 199.
Naturphilosophie 99, 115, 118, 306.
Naturwahrheit 207.
Naturwissenschaft 4, 80, 100, 104, 118, 123, 136, 144, 151, 160, 161, 198, 210, 211, 214, 222, 238, 239, 241, 257, 260, 261, 302, 303, 304.
Negation (als Kategorie) 13.
— (Verneinung), Wesen derselben 60, 61, 191.
Negative Beziehung zwischen Vorstellungen u. Begriffen 19.
Nervenleitung 226, 251.
Nervenphysiologie 291.
Nervensystem und Seelenleben 289, 290, 291, 292.
Nervöse Prozesse u. Dispositionen bei der Erklärung der Lebenserscheinungen 261, 291, 292, 293, 298.
Neuplatoniker 4.
Neuschöpfungen, psychische 7.
Nichtseiendes 105, 106, 107, 115, 117, 154.
Niedere Empfindungen 11, 25.
Nominalismus 98, 119, **120** ff.
Normale Zwischenbedingungen 252.
Normen (siehe auch Imperative) 187, 275, 286.
Notwendige Bedingung 151, 255.
— u. zureichende Wahrnehmungsbedingungen 255.
Notwendigkeit (als Kategorie) 13.
— (der apriorischen Erkenntnis) 75, 76, 77.
— verschiedene Arten derselben 77.
Novum organum 140.

Obersatz 73, 112, 119.
Objekterzeugung (bei Kant) 154.
Objektiv 6, 181, 187.
— bedingte Erkenntnisse 90, 92.
Objektive Bedingungen der Erkenntnis 91, 92, 94, 95, 102, 155, 183.
— Bedingungen des Wahrheitswertes 97.
Objektiver Idealismus 211, **221** ff., 233, 234, 236, 293, 331.
Objektivität 337.
— des Erkennens 178, 191.
Objektivitätsbewußtsein 6, 9, 11, 12, 19, 20, 25.
Objektivitätsfunktionen 12, 19, 25, 33, 35, 48, 83, 85, 89, 90, 102, 145, 152, 154, 155, 157, 233, 237, 278.

Offner, M. 312.
Ontogenese 99.
Organismen, beseelte 271, 289, 290, 295.
Organum des Aristoteles 140.
Originalerlebnis als objektive Bedingung der Erinnerung 91, 92, 93.
Ostwald 333.

Palágyi, M. 314.
Panspermiehypothese 339.
Paradoxien 114.
Parallelprozesse, physiologische der Bewußtseinsvorgänge 165, 264, 289, 292, 293, 294.
Parmenides 105, 106, 107, 286, 318, 319.
Partieller psychophysischer Parallelismus 289, 290, 293, 294, 295, 296.
Partielle Variation (partielles Gleichbleiben als Bedingung der Abstraktion) 56, 57.
Paulsen 331.
Pauly, A. 335.
Periphere Sinneserregung 3, 237.
Perseveration 33, 37, 38.
Persönlichkeitswerte 299, 300.
Perzeption (gegenübergestellt der Imperzeption) 32.
Petitio principii 112.
Petzoldt 163, 165, 166, 308, 323, 329.
Pflanzenpsychologie 339.
Pflanzen u. Tiere 290, 291.
v. d. Pfordten, O. 326.
Phänomenalismus 250, 257, 333.
Phänomenalismus u. Agnostizismus 250, 257.
Phänomenologisch 207, 276.
Phänomenologische Gesetzeswissenschaften 277.
Phantasie 2, 45, 173, 207.
Phantasiegebilde, siehe Phantasieobjekte.
Phantasieobjekte (Ph.-Gebilde) 38, 95, 122, 174, 276.
Phantasievorstellungen 38, 40, 255.
Philosophie u. Einzelwissenschaften 306.
Phylogenese 99.
Physik 306.
Physiologische Psychologie 220, 226, 285.
— Vorgänge in den Lücken der psychischen Kausalreihen 21.
Physische absolute Gegenstände (siehe auch außerpsychische ... sowie beharrende Teilbedingungen und wirkliche physische Vorgänge), 240, 241.

Physischer Funktionszusammenhang
und psychophysische Zusammengehörigkeiten ausreichend zur Erklärung des Weltgeschehens 266,
284.
Physisches als Bedingung physischen
und psychischen Geschehens 262.
— und Psychisches (Geschehen) 40,
146, 148, 164, 180, 185, 186, 235,
236, 240, 258, 259, 261, 262, 263,
270, 275, 289, 293, 298.
— — (als Wirkliches) keine Erscheinung von Substanzen 270.
Pick, A. 311, 315.
Platon 3, 106, 107, 116, 117, 118, 120,
288, 318, 319.
Pluralismus der Attribute 334.
Pollack, W. 335.
Polowzow, W. 339.
Popularphilosophie 123.
Popularpsychologie 11, 86, 266, 272.
Positivismus 9, 98, 147, **158**ff., 201, 330.
Positivistische Theorie d. äußeren
Wahrnehmung 9 f., 13.
Präexistenz 116.
Prämissen 65, 69, 71, 72, 73, 74, 95,
112, 140.
Pragmatismus (siehe auch extremer
u. gemäßigter P.) 98, 147, 162,
166, **167** ff., 201.
— als Methodenlehre u. als Wahr-
heitstheorie 167.
Pragmatistische Auffassung vom Ab-
soluten 168, 169, 175.
Praktische Bedeutung der Wissen-
schaft 95, 96, 162, 166.
Praktischer Materialismus 299.
— Wert von Annahmen 168, 169,
170, 175, 176, 177, 201.
Primat der Werte 198.
Prinzip als Allgemeines, als letzte
Ursache u. als Element 288.
— der Denkökonomie 159, 160, 161,
162, 165, 201.
— der Gehirnstabilität 163, 165, 166.
Prinzipien der Erklärung 120.
Prinzipienlehre 287, 288.
Problem d. äußeren Wahrnehmung,
erkenntnistheoretisches 3.
— der Erkenntnistheorie 1.
— der inneren Wahrnehmung, erkenntnistheoretisches 22.
— des Irrtums bei Descartes 133.
Produktion der Akte innerer Wahrnehmung 33, 35.
Produktionserlebnisse (Produktionen)
33, 34, 35, 45, 59, 71, 83, 84, 89,
90, 94, 262.

Produktionsmotiv 83, 91, 94, 224, 262.
Projektion, zeitliche, der Erinnerungs-
gegenstände 39.
Proportionalität als Beziehung 62.
Protagoras 110.
Pseudokausalität 89, 90.
Psychische Bedingungen 262, 264,
265, 266, 284, 293, 297.
Psychische Chemie 8.
— Disposition 104.
— Erscheinungen 225.
— Prozesse als unmittelbare Begleitvorgänge (alles oder einiges) außer-
psychischen Geschehens 289, 290,
291, 292, 293, 294, 295.
Psychisches als Bedingung psychischen und physischen Geschehens
262, 264, 265.
— (u. Anschauliches) 48.
Psychische Vorgänge (Bewußtseinsvorgänge), (Seelische Funktionen)
21, 23, 26, 34, 35, 57, 85, 95, 134,
145, 182, 183, 185, 186, 188, 189,
190, 194, 209, 210, 211, 212, 213,
214, 216, 220, 221, 222, 223, 226,
227, 228, 231, 232, 234, 235, 236,
237, 240, 258, 261, 262, 265, 267,
273, 290, 291, 292, 293, 294, 295.
— Wirklichkeit, siehe wirkliche psychische Vorgänge.
Psychismus 211.
Psychoid 338, 339.
Psychologie als Phänomenologie 144,
214.
— als Wissenschaft von absoluten
Gegenständen 211, 214, 260, 261,
262, 264, 265, 303.
— d. Erkennens 1, 2—95, 189, 206.
— u. Erkenntnistheorie nach Rickert
186, 188, 191.
Psychologische Notwendigkeit 205.
Psychologischer Idealismus **211** ff.,
259, 277.
Psychologisches Erkennen (siehe auch
Beobachtung, psychologische, Reflexion, ps., u. innere Wahrnehmung 188, 213, 215.
— Subjekt 180, 181, 182, 186, 189,
195, 196, 197.
Psychophysischer Materialismus 240,
249, 257, 258.
Psychophysischer Parallelismus (siehe
auch partieller, ps., P., u. universaler ps. P.) 223, 252, 264, 284,
289, 290, 291, 292, 293, 294, 295,
296, 297, 298, 299, 300.
Psychophysisches Subjekt 180, 181,
189.

Psychophysische Vorgänge 22, 95, 189, 261, 289, 291, 292, 293, 298, 299.
— Wechselwirkung 260, 261, 263, 294.
— Wesen 199.
Ptolemäische Weltanschauung 160.
Pythagoreer 106, 107, 286, 307, 338.

Qualität 9, 18, 27, 28, 29, 49, 53, 55, 57, 85, 101, 102, 104, 113, 123, 124, 136, 213, 238, 239, 240, 241, 245, 246, 281.
— Intensität u. Sättigung der Farbenempfindungen u. der Farben 214.
Qualitätslose Welt der mechanistischen Physik 238, 239, 240.
Qualitative Beziehungen 281.
Qualitatives u. Quantitatives 118, 136, 238, 239, 240, 241.
Quaternio terminorum 113, 114.

Räumliche Beziehungen 18, 60, 248, 249, 275, 280.
— Empfindungen 10.
— Ordnung des Realen im Gegensatz zur Realität der räumlichen Ordnung 243, 247, 275, 278.
— und zeitliche Ordnung der Bedingungen physischen u. psychischen Geschehens 241, 242, 247, 248, 249, 278, 281.
Räumlichkeit der Substanzen 235, 238, 240, 242, 244, 246, 264.
Rangstreit der Wissenschaften 300, 306.
Rationale Theologie 303.
— u. empirische Wissenschaften (deduktive u. induktive W.) 301, 302, 303.
Rationalismus 98, **127** ff., 149, 152, 153, 200, 201.
Rationalisten, moderne 5.
Rationalistische Theorie d. äußeren Wahrnehmung 4 f., 13.
Raum 18, 35, 49, 145, 172, 209, 214, 218, 219, 242, 243, 244, 248, 264, 281.
Raumbegriffe 14, 15, 243.
Raumbewußtsein 7, 8, 11, 12, 14, 17, 25, 49, 68, 103, 154, 209, 214, 242, 244.
Raumempfindungen 11, 12.
Raum u. Zeit (bei Kant) 13, 152, 154, 241, 242, 243, 250.
Reaktionäre Tendenz des Pragmatismus 169.

Reale Abhängigkeit des Besonderen vom Allgemeinen nach Windelband 199.
Realelemente 247, 248, 249, 270, 271, 278.
Reales, siehe Seiendes.
Realismus, siehe auch naiver R., 107, 116, 158, 172, 173, 179, 181, 234, 236.
— der Ideale (siehe auch Idealrealismus) 286.
— des Abstrakten 288.
Realität 50, 99, 111, 116, 122, 124, 137, 154, 200, 233, 234, 275.
— (als Kategorie) 13, 287.
— bei Descartes (Grade derselben) 132, 133, 137.
— des Raumes nach der Kontinuitätshypothese 250.
Realitätsgedanke 172.
Reflexbewegungen 290.
Reflexion 98, 100.
— psychologische 22, 45, 47, 57.
Reflexmechanismen 290, 291.
Rehmke 324, 327, 328, 329, 330, 331.
Reich der Werte u. Welt des Seins 275, 276, 285.
Reihentheorie Herbarts 308.
Reine Erkenntnis (bei Cohen) 287.
— Form 117.
Reines Denken 84, 149, 286.
— — und psychisches Geschehen 288.
Reinke, J. 334.
Reizbarkeitserscheinungen bei Pflanzen 290.
Reize siehe Sinnesreize.
Reizschwelle 91.
Relation siehe Beziehung.
Relationstheorie des Urteils 314.
Relative Gewißheit 89.
Relatives u. Absolutes 245.
Relative Wahrheiten 83.
Relativität 112.
Religiöse Bedürfnisse 168, 169, 175.
Repräsentative Funktion 52.
Reproduktion 20, 35, 38, 41, 42, 44, 46, 47, 59, 62, 74, 84, 89, 90, 121, 146, 216, 223, 237, 262, 263, 298, 311.
Reproduktionsbestandteile der Wahrnehmung 20, 157.
Reproduktionsgesetze 217.
Reproduktionsgrundlage (Reproduktionsdisposition) 43, 44, 45, 90, 92, 263, 264.
Reproduktionsmotiv 45, 61, 63, 64, 83, 84, 90, 216, 217, 221, 223, 224, 263, 298.

Reproduktionstheorie des Wiederer-
kennens 41 f., 310.
Retrospektiver Charakter der inneren
Wahrnehmung 32 ff.
Richter, R. 319.
Richtige Erinnerungen 93, 101.
— Schlüsse 93.
Richtiges Denken 108.
Richtige Urteile 59, 78, 93.
— Wahrnehmungen 20, 31, 32, 93,
101, 108, 118, 119, 146.
Richtigkeit 29, 35, 37, 63, 87, 93,
109, 161, 191.
Richtigkeitsbewußtsein 191, 193.
Richtigkeit u. Falschheit in ihrer Be-
ziehung zu Urteilen 58, 109, 178,
191.
Rickert 177, 178, 179, 180, 181, 182,
183, 184, 185, 186, 187, 188, 189,
190, 191, 193, 194, 195, 197, 198,
304, 323, 324, 326, 339.
Riehl 333.
Ritter u. Preller 318, 319.
Roger Bacon 120.
Rubner 260, 334.

Sättigung der Gesichtsempfindungen
12.
Sätze bei Locke 141, 142.
Satz der Identität 109.
— — Immanenz bei Rickert 185,
196.
— des Widerspruchs 109, 140.
Schauen, siehe Intuition.
Schein der Dinge 213, 236, 237, 240.
Schelling 286, 336.
Schiller, F. C. S. 167, 323.
Schleiermacher 317.
Schließen 48, 65 ff., 88, 95, 109, 112,
115, 119, 202, 302.
Schluß, siehe Schließen.
Schlußfolgerung, siehe Schließen.
Schlußfolgerungen auf Grund von Be-
obachtungen 74.
Schluß, logisch vollständiger 65.
— von den idealen Außenweltsob-
jekten auf die Beschaffenheit der
erfassenden Bewußtseinsprozesse
214.
— von der Wirkung auf die Ursache
202, 203, 204.
v. Schnehen 333.
Schönheit u. Wahrheit, Analogie ihrer
Definition 97.
Schöpferisches Denken 286, 287, 288.
Scholastik 120, 136, 141.
Schopenhauer 14, 223, 224, 307, 308,
317, 330, 331.

Schrader, E. 314.
v. Schubert-Soldern 158, 323, 329.
Schultz, J. 329, 331, 333, 336, 338.
Schumann 42, 310, 313.
Schuppe 9, 158, 308, 323, 329, 331.
Schwanken der Erkenntnis 88, 89,
92, 125, 205.
Schwankungsbedingungen der Er-
kenntnis 92, 93.
Schwankungsrichtungen der Er-
kenntnis 92, 93.
Schwarz 333.
Schwierigkeit des Schließens 74.
— des Urteilens 65.
Seele als vermeintlich unausgedehnte
u. einfache Substanz 263, 264.
— im Sinn des Dualismus als notwendige u. zureichende Bedingung
psychischen Geschehens 273.
Seelenleben in anderen Menschen u.
Tieren 232.
Seelen u. physische Substanzen 235,
236, 237, 258, 259, 266, 270, 271,
272, 289.
Sehfeld (Gesichtsfeld) 84.
Seiendes (Reales, Existierendes) 105,
106, 107, 117, 120, 122, 123, 124,
125, 126, 132, 140, 148, 154, 155,
172, 176, 179, 183, 189, 199, 200,
236, 306.
Sein, Geschehen u. Beziehungen 277,
278, 279.
Selbständig existieren 125, 233.
Selbständigkeit der Objektivitätsfunktionen 12.
— psychischer Teilprozesse 57, 58.
— und Wirklichkeit des Psychischen
284, 285.
— verschiedene Grade derselben 279,
280, 336.
Selbstbeobachtung (experimentell be-
einflußte) 34.
Selbstbewußtsein 4, 10, 22, 23, 24,
28, 31, 33, 34, 40, 44, 45, 46, 47,
85, 127, 130, 134, 135, 139, 268.
Selbsterhaltung, geistige 159.
Selbsterlebtes 38, 39.
Sensualismus 7, 20, 233.
Sensualistische Theorie der äußeren
Wahrnehmung 6, 13.
Sextus Empiricus 110, 319.
Sicherheit, siehe Gewißheit.
Sicherheitsbewußtsein bei Avenarius
163.
Siebeck 308, 320.
Siegel, C. 315, 326.
Sigwart 326.
Sinneseindruck als Siegelabdruck 3.

Sinnesempfindungen als irrationale Elemente 4.
Sinneserregung 226, 229, 251.
Sinnesreiz 91, 226, 238, 244, 251, 291.
Sinneswahrnehmung, siehe äußere Wahrnehmung.
Sinnlichkeit, 14, 151, 154, 155, 158, 201.
Sittlich berechtigte Gemütsbedürfnisse 273.
Sittliche Gefühle 170, 171.
Skepsis 89, 110, 128.
Skeptizismus 98, 110, **110**ff., 140.
Sokrates 107, 108, 115, 117, 320.
Solipsismus 211, 212.
Sollen als Gegenstand (siehe auch Imperative) 195, 196.
Sophisten 107, 108, 110, 115, 125.
Spektralanalyse 174.
Spiel u. Arbeit 166.
Spinoza 134, 259, 321, 334, 338.
Spinozisten 259.
Spiritualismus **233**ff., 257, 258, 260, 261.
Spontaneität 286.
Sprachgebrauch als Wahrheitsnorm 142, 144.
Sprachlich ungenügend ausgedrückte Urteile 68, 79.
Sprachwissenschaft 305, 306.
Steigerung des Bewußtseinsgrades, siehe Aufmerksamkeit.
Stern, P. 330.
Stimmungen 40.
Störring 314, 319.
Stoff (Materie) der Erkenntnis bei Kant 150, 151, 152, 153, 155, 241.
Stoff u. Form (bei Aristoteles) 117, 118.
Stoiker 178.
Stringente Schlußfolgerungen 68, 69, 72, 94.
Struktur u. Funktion der nervösen Organe 292, 293.
Subjekt als Erkenntnisgegenstand 268.
Subjektbegriff bei Rickert 180, 181.
Subjekt des objektiven psychischen Geschehens 227.
Subjekt, erkennendes (siehe auch erkenntnistheoretisches S.) 88, 89, 105, 110, 112, 114, 132, 153, 176, 178, 179, 180, 181, 187, 188, 196, 197, 212, 220, 226, 232, 242.
Subjektiv 6.
Subjektiv bedingte Erkenntnisse 90.
Subjektiver Idealismus 211, **212**ff., 222, 329.

Subjektives Entgegenkommen bei objektiver Erkenntnisanregung 94.
Subjektives u. Objektives bei Külpe 260.
Subjektivität der Empfindung 6, 9, 13.
— des Erkennens 195.
— der Sinnesqualitäten 103, 118, 122, 237, 238, 239, 241, 246.
Subjektloses Sollen 196.
Subjekts- u. Prädikatsbegriff, in verschiedener Weise beim Urteilen herbeigeführt 62, 63.
Subjektzugehörigkeit der psychischen Vorgänge 233.
Subkortikale Zentren 291, 292, 293.
Substantialität bei Schopenhauer 14.
Substantielle Formen, siehe Formen des Aristoteles.
Substanz 103, 122, 124, 132, 133, 135, 136, 137, 154, 155, 233, 234, 235, 236, 237, 238, 239, 246, 258, 259, 261, 262, 263, 265, 267, 268, 270, 271, 275, 281, 287, 288, 289, 306.
— (Substantialität) als Kategorie 14, 287.
Substanzauffassung 14, 15, 16, 103, 151, 154, 158, 159, 160.
Substanzbegriff 5, 233.
Substanzlehre Lockes 142, 143.
Substitution eines Weniger für ein Mehr beim Schließen 67, 68, 69, 72.
Substrat 117, 123, 124, 125, 126, 155, 233, 235, 236, 259, 267, 269.
Substratloses psychisches Geschehen 172.
Subsumption als Beziehung 62.
Subsumptionstheorie des Urteils 60, 314.
Syllogismus 67, 112, 115, 119, 202.
Syllogistisches Verfahren, siehe Syllogismus.
Symbol, siehe Zeichen.
Symbole, natürliche der absoluten Objekte 241.
Symbolisierendes Begreifen 51.
Symmetrie als Beziehung 62.
Synthese, angebliche beim Urteilen 62.
— schöpferische 8.
Synthetische Schlüsse (sogenannt nach der herkömmlichen Bestimmung d. synthetischen Urteile) 70, 71, 72.
— Urteile 81, 82, 83.
— — nach Kant 69, 70, 81, 151, 152, 153.
Synthetisches Schließen als Erfassen von Beziehungen zwischen Beziehungen 72, 73.

System 109, 117, 127, 206.
— C (Centralnervensystem) 162, 163.
— der Wissenschaften 305.
Système de la nature 333.

Tatsache als Besonderes gegenüber dem
　　Allgemeinen 126, 144, 145, 206, 304.
Tatsachenerklärung 160.
Tatsachenwissenschaften 191.
Taylor, C. O. 315.
Teichmüller 323.
Teilbedingungen physischer Vorgänge
　　248.
— psychischer Vorgänge 230, 231,
　　234, 254, 255, 262, 263.
Teilbedingungen, Voraussetzungen für
　　die Annahme derselben 281, 282.
Teilinhalte (Seiten d. Empfindungen)
　　11, 12, 28, 55, 57.
Teleologische Auffassung 118.
Terministen 121.
Terminologie, besondere, Husserls 312.
Theoretische Bedürfnisse 177.
Theoretischer Wert (th. Zweckmäßig-
　　keit) 175, 176, 177, 201.
Theorie (Bedeutung derselben in der
　　Wissenschaft) 159, 206, 296.
Theorie der Abstraktion 56 ff.
— der äußern Wahrnehmung 16 ff.
— der Erinnerung 44 ff.
— der Gewißheit 89 ff.
— der inneren Wahrnehmung 32 ff.
— des Apriorischen 79 ff.
— des Schließens 73 f.
— des Urteils 62 ff.
Thomas von Aquino 120.
Tiefenauffassung bei Berkeley 307.
Tier- und Kinderpsychologie 303.
Träumen 2, 39, 96, 128, 207.
Transzendent 26, 116, 145, 182, 183,
　　187, 189, 193, 196.
Transzendentale Analytik 151.
— Logik 151.
Transzendente Objekte bei Rickert
　　182, 195.
Transzendenter Gegenstand (trans-
　　zendentes Objekt) 26, 183, 186.
Transzendentes Sollen (transzendenter
　　Wert) 193, 196, 197, 198.
Transzendenz des Denkens 325.
— des Erkennens 11, 103, 154, 158,
　　181.
Transzendenzproblem 184.
Traum, siehe Träumen.
Traumgegenstände 77.
Trug der Sinne 108.
Trugschlüsse 113.
Twardowski, C. 316.

Übereinstimmung der Erkenntnis mit
　　ihrem Gegenstand 99, 101, 102,
　　103, 110, 112, 145, 148, 149, 150,
　　153, 154, 155, 160, 179, 200, 213.
— der (idealen) Erkenntnisgegen-
　　stände mit absoluten Gegenständen
　　156, 184, 200.
— eines bezeichneten (beschriebenen)
　　mit einem beobachteten Tatbe-
　　stand 193.
Überindividuelle Macht bei Rickert
　　194.
Überordnung als Beziehung 62.
Übersichtlichkeit (als Bedingung der
　　Gewißheit) 91, 95.
Überweg-Heinze 320, 335.
Überzeugungen, unverträgliche 170,
　　171.
Umfang des Begriffs 16, 50, 62, 66,
　　181.
Umgebungsbestandteile 162, 163.
Unabhängige Werte bei Rickert, 194,
　　196, 197.
Unabhängigkeit der idealen Objekte
　　von anderen als den sie erfassenden
　　Erkenntnisakten 276.
Unabhängig Variable 163, 182, 208,
　　264, 266.
— vom geistigen Erfassen (vom Er-
　　fassenden) Bestehendes 2, 140,
　　148, 155, 160, 172, 176, 179, 180,
　　182, 183, 185, 187, 199, 207, 208,
　　210, 212, 219, 241, 245, 274, 275,
　　276, 280, 305.
Unanschaulich 48, 49, 88.
Unanschaulichkeit 278.
Unbegründete Erkenntnisse 86, 88,
　　89, 93, 94, 174.
Unbeweisbare Sätze 119.
Unbewußte Empfindungen 146, 147.
Unbewußtes 21.
— Schließen 5, 236, 237.
Unbewußt verlaufende Vorgänge 290
　　291, 292, 293, 300.
Unbewußtwerden durch Gewöhnung
　　8.
Undenkbarkeit 78, 113.
— des Gegenteils von apriorischen
　　Erkenntnissen 78.
Undeutliche Erkenntnisse, siehe
　　dunkle Erk. und verworrene Erk.
Undinge nach Kant 243, 247, 248.
Undurchdringlichkeit 124.
Unendlichkeit des Weltalls 161.
Unerkennbarkeit der Dinge an sich
　　nach Kant 244, 245, 250.
Unerschütterliche Wahrnehmungser-
　　gebnisse 202.

Ungewisse Erkenntnisse 87, 88, 94, 95.
Ungewißheit 64, 86, 87, 88, 95.
Unglaubhaftes 173.
Universaler Geist (allwissender Geist) 276, 297.
Universaler psychophysischer Parallelismus 289, 290, 291, 292, 293, 294, 295, 296.
Universalien 50.
Universalwissenschaft 201.
Unklare Erkenntnis, siehe dunkle Erkenntnis u. verworrene Erkenntnis
Unmittelbar erkennbare und beweisbare Wahrheit bei Aristoteles 119.
Unmittelbarer Wert 95.
Unmittelbares Wahrnehmen 20, 21.
Unmittelbargegebensein, angebliches, der Bewußtseinsvorgänge 212, 216, 222, 246.
Unräumlichkeit der Empfindungen 10.
Unsichere Schlußfolgerungen 68.
Unsicherheit, siehe Ungewißheit.
Unsichtbarkeit der Seelensubstanzen als Argument gegen ihre Annahme 266, 267, 268, 269.
Unsterblichkeitsglaube 272, 273.
Unterscheiden 55, 88.
Unterscheidung, Wesen der 12.
Unterscheidungstheorie der Abstraktion 55 f.
Unterschied, ebenmerklicher 87.
Unterschiedsschwelle 87.
Unterschied, übermerklicher 91.
— von Abstraktion u. Abstraktum 49, 50.
— von Dispositionen u. Prozessen 21.
— von Empfindungen u. Bewegungen 10.
— von Empfindung u. Raumbewußtsein 11.
— von empiristischen und nativistischen Lehren 7.
— von Existenz u. Wirklichkeit 76.
— von Glauben als Gegensatz des Wissens u. Glauben als Gegensatz des Zweifels 86.
— von Intensivem u. Extensivem 14.
— von nachgesagten u. selbstgedachten Urteilen 94.
— v. Natur u. Geist 3.
— von Objektivem u. Subjektivem 3.
— von objektiver Übertragung der Naturvorgänge u. Bewußtsein derselben 3.
— von Objektivitätsfunktionen und ihren Gegenständen 49, 50.
— von Phantasieprodukt u. Erinnerungsbild 45.

Unterschied von Psychischem u. Physischem 10, 22.
— von Sein u. Geschehen 21.
— von Sinnlichkeit u. Verstand bei Kant 13, 14.
— von Unterscheidbarkeit u. Unterschiedenheit 19.
— von Unterscheiden als Auflösen einer Einheit u. Unterscheiden als Negieren einer Gleichheit 56.
Unveränderliche Gegenstände 115, 116, 125, 126.
Unveränderlichkeit einer Erkenntnis 88, 89, 94, 125.
— u. Unbeweglichkeit der ersten Bewegungsursache bei Aristoteles 117.
Unvollendete Begriffe 80.
Unvollständige Induktion (als Deduktion mit verschwiegenem Obersatz) 302.
Unwahrheit 99.
Unwahrscheinlichkeit 173.
Unzeitlichkeit u. Unräumlichkeit des Realen bei Lotze 249.
Urbild u. Abbild 98, 100, 116, 137, 187.
Ursache, siehe objektive Bedingung, subjektive Bedingung u. Bedingung.
— u. Wirkung 18, 202, 203, 204.
— — bei Descartes 132.
Urteil, siehe Urteilen.
— angebliches in der äußeren Wahrnehmung 5.
— angebliches in der inneren Wahrnehmung 29.
Urteile auf Grund von Beobachtungen 67.
— der Methodik (bei Cohen) 287.
— die den Grund für ihre Richtigkeit in sich selbst enthalten 78, 79, 80.
— mit vollendeten Begriffen 80.
Urteilen, 48, 58ff., 65, 67, 74, 84, 105, 106, 109, 112, 115, 119, 191, 192.
— u. Vorstellen bei Rickert 189, 190, 191, 193, 194, 195, 196, 197.
Urteilsnotwendigkeit 195, 196, 198.
Urteilsverlauf, verschiedene Arten desselben 62.

Variation der Teilbedingungen als naturwissenschaftliche Methode 302.
Veränderung der Erkenntnisgegenstände verträglich mit unveränderlicher (nicht schwankender) Erkenntnis 125, 126.
— im Gegensatz zum Beharren 125, 126, 268.

Veränderungsbewußtsein 15.
Veränderungsglauben 100.
Veränderungswahrnehmungen und Wahrnehmungen 268. ·
Verallgemeinerung 88.
Verbindung und Trennung von Zeichen als Erkennen 141.
Verdoppelung der Erkenntnisgegenstände durch den naiven Realismus 98.
Vergänglichkeit der psychischen Dispositionen 263, 272.
Vergangenheit der psychischen Erlebnisse bei der inneren Wahrnehmung 21, 30, 33.
Vergleichung 64, 87, 88, 100, 102.
Vergleichungstheorie der Erinnerung 42 f.
Vergleichung von Reihen sukzessiver Eindrücke 42.
Verhältnisbegriffe (Beziehungsbegriffe) 275.
Verhältnis der Philosophie zu den Einzelwissenschaften 239.
Verhältnisse u. Dinge an sich nach Kant 244.
Verhältnis vom Allgemeinen zum Besonderen beim Schließen 66, 301, 302.
— zwischen dem zu ändernden Glied der ersten Prämisse u. dem an dessen Stelle tretenden Gegenstand bei der Schlußfolgerung 66.
Verlaufsgefühle 96, 97, 176.
Vermittelte Erkenntnisse 95.
— Erscheinungen 253, 257.
Vernunft 83.
Vernunfterkenntnis 2, **74** ff., 127.
Verschiedenheit der Dinge an sich 158.
— der Erscheinungen als Grund für die Annahme einer Verschiedenheit der absoluten Gegenstände 266, 269, 270.
Verschiedenheiten zwischen den Substanzen trotz der Gleichartigkeit derselben 266, 289.
Verschiedenheitsbewußtsein 15, 17, 34, 35, 60, 91, 103.
Verschiedenheit u. Verschiedenheitsbewußtsein 145.
Verschmelzungstheorie des Raumbewußtseins 7, 8, 9.
Verstandesformen 13, 201.
Verstandesmäßiges Erfassen 2, 75, **85** ff.
Verstehen von Wörtern 121, 122.
Verworrene Erkenntnisse 5, 86, 95, 136.

Vielheit (als Kategorie) 13, 158.
— der Dinge an sich 158.
— und Identität (siehe auch Einheit) 159.
Vitalismus (vitalistisch) 261, 334.
Vitalreihe, unabhängige u. abhängige 163.
Volkelt 311, 316, 317, 323, 331.
Vollendung der Wissenschaft nach Petzoldt 164.
Voluntarismus 332.
Voluntaristischer Idealismus 224, 227, 331.
Vorausberechnungen, wissenschaftliche, der Zukunft 219.
Voraussetzungen 172.
Voraussetzungslose Forschung 97, 188.
Voraussetzungslosigkeit bei Descartes 128.
Vordersätze siehe Prämissen.
Vorgefundenes 158, 159.
Vorstellung (Anschauung) 48, 49, 51, 52, 53, 54, 59, 60, 64, 70, 82, 83, 86, 90, 91, 96, 98, 114, 121, 132, 137, 146, 149, 172, 182, 184, 185, 186, 187, 188, 189, 201, 202, 210, 212, 219, 224, 226, 278.
Vorstellungsmöglichkeit 221.
Vorstellungsobjekt 52, 76, 114, 142, 145, 172, 202, 210, 212, 245, 276, 278.
— bei Wundt 327.
Vorstellungsverlauf 172.
Vorurteile 172.
Vulgärpsychologie siehe Popularpsychologie.

Wachbewußtsein 207.
Wahrheit (Wahrheitswert) 1, 20, 95, 96, 99, 101, 102, 105, 106, 107, 108, 109, 110, 111, 112, 113, 116, 119, 124, 125, 128, 129, 130, 138, 139, 142, 144, 147, 148, 151, 152, 153, 156, 157, 160, 161, 163, 167, 172, 175, 179, 192, 200, 201, 202, 204, 205, 206, 207.
— analytischer Urteile 140.
Wahrheiten und Wahrheit 108, 169, 170, 171.
Wahrheit logisch korrekter Schlüsse 140.
Wahrheitsgeltung, willkürlich beeinflußte 169, 170, 173.
Wahrheitsideal der Kunst 207.
Wahrheitsprinzip des Begriffsrealismus 116.
— des Empirismus 141 ff.
— des extremen Pragmatismus 168 f.

Wahrheitsprinzip des gemäßigten Pragmatismus 171 ff.
— des Imperativismus 178.
— des Kritizismus 149.
— des naiven Logismus 104 f.
— des naiven Realismus 98, 103.
— des Nominalismus 126.
— des Positivismus 159 ff.
Wahrheitsprinzipien des Rationalismus 127.
Wahrheitswert, siehe Wahrheit. •
Wahrheit u. Sein 201.
Wahrnehmbarkeit 104.
Wahrnehmung, siehe auch äußere u. innere 145, 146, 148, 149, 157, 172, 182, 190, 201, 203, 204, 205, 207, 208, 209, 217, 218, 219, 220, 221, 222, 223, 226, 227, 229, 230, 231, 232, 237, 251, 252, 253, 254, 255, 256.
Wahrnehmungsbild 98, 100, 101.
Wahrnehmungsergebnisse 202, 205.
Wahrnehmungsgewißheit 20.
Wahrnehmungsobjekt 98, 103, 118, 176, 251, 252, 275.
Wahrnehmungsrealismus 119, 120, 126, 144.
Wahrscheinliche Annahmen 174, 175.
— Schlußfolgerungen 68.
Wahrscheinlichkeit als Beziehung 62.
Washburn, M. 311.
Watt, H. J. 315.
Wechselwirkung 125, 153, 180, 259.
— (als Kategorie) 13.
— zwischen Substanzen n i c h t zwischen Geschehnissen 294.
Weidenbach, O. 326.
Weltanschauung (Weltbild) 98, 118, 159, 170, 172, 173, 239, 249, 266.
— des naiven Menschen 237.
Weltbild, siehe Weltanschauung.
Weltlauf 296, 297.
Weltseele 295.
Werden (Veränderung, Bewegung, nach der Auffassung der Eleaten) 105, 106, 113.
Wert als Gefühlsbedingung 85, 95, 193, 194, 285.
— als Gefühlsbeziehung 85.
Wertbegriffe 117.
Wertberechnung 169.
Wertbeurteilung u. Erkenntnis 190.
Wertcharakter idealer u. ' absoluter Gegenstände 285.
Wert des Psychischen 299.
Werte als Erkenntnisgegenstände 85.
Wertgegenstände 85, 95.

Wertlehre des Erkennens 1, 20, 95 bis 206, 153, 167, 190, **200** ff., 206.
Wertlehre Rickerts 193, 194.
Wertschätzungen, siehe Gefühle.
Wertunterschiede innerhalb des Wahren 208.
Werturteil über die Erkenntnis des Allgemeinen und des Besonderen 126.
Wertvolles Erkennen 1, 96, 147, 159, 163, 168, 175, 200.
Widerspruch 60, 61, 78, 94, 105, 106, 109, 113, 119, 161, 162, 169, 171, 172, 204, 205.
— mit der Erfahrung 172, 173.
Widerspruchsloses 172, 173, 202, 204, 205.
Widerspruchslosigkeit als Wahrheitskriterium 105, 106, 107, 110, 112, 113, 127.
— als Wert 176.
— angebliche der Negation richtiger empirischer Erkenntnisse 77, 78.
— der negativen Urteile über Nichtseiendes 107.
— u. Gewißheit in ihrem Verhältnis zur Wahrheit 204, 205.
Widerspruchsvolle Begriffe 107, 111, 170.
Widerspruchsvolles u. in sich selbst Widerspruchsvolles 169, 170.
Widerspruch u. logische Notwendigkeit 77.
Widerspruch, Wesen desselben 61.
Widerstandswahrnehmungen u. absolute Gegenstände 253.
Wiedererkennen 41, 42, 43, 94, 310, 311.
Wiedererkennungsgefühl nach Wundt 310.
Wiederholung als Bedingung erhöhter Wirksamkeit von Reizen u. Erlebnissen 91, 92.
Wilhelm von Occam 120, 121.
Willensentschlüsse als Wirkungen 203.
Willensleistungen 190, 224.
Wille zum Glauben 173.
Windelband 177, 198, 199, 304, 320, 323, 326, 339.
Wirken 36, 126.
Wirkliche Geschehnisse 189, 213, 214.
Wirkliche physische Vorgänge (materielle Geschehnisse) 240, 246, 258, 270.
Wirkliche psychische Vorgänge (ps. Wirklichkeit), 213, 215, 221, 222, 236, 240, 249, 257, 262, 267, 268, 270, 271, 284, 295.

Wirkliches als selbständige Teilbedingung für das Auftreten u. die Veränderung der idealen Gegenstände 281.

Wirklichkeit (Wirkliches) 76, 117, 134, 135, 147, 149, 159, 160, 201, 206, 207, 214, 215, 222, 225, 234, 240, 243, 247, 248, 249, 280, 282, 283, 284, 285, 286, 299.

— des leeren Raumes 243, 248, 249.

Wirklichkeitsbewußtsein bei Avenarius 163.

Wirklichkeitswissenschaften u. Idealwissenschaften 305.

Wirklichkeit u. Nichtwirklichkeit von Beziehungen 248.

Wirksames 126.

Wirkungen als Selbständiges u. Wirkliches 283, 284.

Wirkungswert 95, 163.

Wissen 2, 65, 75, 82, **85** ff., 159.

Wissenschaften der äußeren u. der inneren Erfahrung 301, 303, 305.

— vom Physischen 305.

— vom Psychischen 305.

— von den Substanzen 305.

Wissenschaftlicher Glaube 173.

Wissenschaftslehre 1.

Wissenschaft, Standpunkt derselben 206, 215, 236, 239.

— subjektiv u. objektiv betrachtet 206.

Wissensgewißheit, siehe auch Wissen 89, 92, 93.

Witasek 308.

Wolff, G. 334.

Wollen, Rolle desselben beim Erkennen 165, 166, 190.

Wortbedeutungen 49, 59, 103, 121.

Wortloses Denken 121.

Wort- u. Sachvorstellungen 141, 147.

Wundt 7, 42, 52, 233, 308, 309, 310, 312, 313, 315, 326, 331, 332, 339.

Zahl (bei den Pythagoreern) 106, 107, 286.

Zeichen (Symbol) 49, 147, 206, 254, 257, 278.

— bei Locke 141.

Zeit 18, 35, 49, 145, 172, 200, 218, 219, 243, 277, 281.

Zeitbewußtsein 7, 8, 14, 17, 36, 47, 49, 103, 154, 219.

Zeitlich ausgedehntes Erleben als Gegenstand inneren Erfassens 213.

Zeitliche Beziehungen 18, 60, 199, 211, 230, 248, 249, 281.

— Ordnung des Realen im Gegensatz zur Realität der zeitlichen Ordnung 200, 242, 278.

Zeitlose Gefühle u. unabhängigeWerte bei Rickert 194.

— Gegenstände 116.

— Gültigkeit von Urteilen 194.

Zeitschätzung 87.

Zeitstreckenauffassung (in einem Moment) 35.

Zeller 336.

Zenon 107.

Zenonische Beweise 108.

Zentralorgane, nervöse 291.

Ziehen 308, 309, 322, 329.

Zirkelschluß 136, 137.

Zoologie 306.

Zugehörigkeit von Denkgegenständen 79.

Zukunftsprophezeiungen 87.

Zureichende Bedingung 151, 152, 255, 262, 263.

— Begründung 78.

Zusammenhänge der Erkenntnisursachen 90, 92.

Zustände (Geschehnisse) als Gegenstände 2, 18.

Zustände von Dingen 125.

Zuständlicher Charakter d. Empfindungen 11.

Zustandsänderung des Subjekts 3.

Zustandsbewußtsein 40, 41, 85, 102.

Zustimmung, siehe Billigung u. Anerkennen.

Zweckursache 117.

Zweifel 86, 87, 88, 89, 128, 129, 131, 135, 170, 204, 205.

Zwischenbedingungen der Bedingungsreihe einer Erscheinung, Bedeutung derselben für die Erscheinung 252, 254.

Druckfehler:

Seite 29 lies Einheit statt Hinsicht.

  ,, 160 ,, kopernikanische statt kopernikalische.

Psychologie
Von William James, Prof. an der Harvard-Univ. Übersetzt v. Dr. M. Dürr. Mit Anmerkungen v. Prof. Dr. E. Dürr.

Gr. 8°. VI u. 478 S. mit zahlr. Abb. Brosch. M. 7.— In Originallbd. M. 8.—

W. James, den Prof. W. Stern in der Deutschen Literaturzeitung als den bedeutendsten Psychologen Amerikas bezeichnete, der glänzende Vertreter des Pragmatismus, der geistreiche Religionsphilosoph und anregende Pädagoge bietet in diesem kurzen, klar geschriebenen Lehrbuche die Grundlagen der modernen wissenschaftlichen Psychologie. Der Verfasser versteht es wie wenige andere, wissenschaftliche Gründlichkeit mit feinem Geschick in der Auswahl des Wichtigen und Interessanten zu vereinen und so das Interesse für diese junge Wissenschaft nicht nur zu befriedigen, sondern auch anzuregen. Die Übersetzer waren bemüht, Kraft und Lebendigkeit der Darstellung des Originals auch im Deutschen zur Geltung zu bringen. Anmerkungen des Herausgebers nehmen besonders auf die deutsche Literatur Rücksicht und orientieren die Leser an den wichtigsten Punkten über die herrschenden verschiedenen Ansichten in der wissenschaftlichen Forschung. Durch besondere Berücksichtigung pädagogischer Probleme wird das Lehrbuch insbesondere Pädagogen der beste und geeignetste Führer durch das weite Gebiet der Psychologie sein.

Einführung in die Psychologie
Von Professor Dr. H. Dyroff. 139 Seiten. Geheftet Mark 1.— In Originalleinenband Mark 1.25

„Dyroff versteht es mit großem Geschick, aus den Forschungsgebieten der Psychologie diejenigen engeren Bezirke herauszuschälen, bei denen sich ohne innere Schwierigkeiten die bisher gewonnenen Grundbegriffe bewähren und alle theoretischen Fragezeichen an die Grenze abschieben lassen." Max Ettlinger. Deutsche Literaturzeitung. Nr. 20. 1909.

Unsere Sinnesorgane
und ihre Funktionen. Von Privatdozent Dr. med. et phil. Ernst Mangold. 8°. 155 S. mit zahlreichen Abbildungen. Geheftet Mark 1.— In Originalleinenband Mark 1.25

Die Sinnesorgane sind die Pforten, durch welche die Außenwelt in unser Bewußtsein einzieht. Sie sind die Werkzeuge unserer Seele. Dies erhellt die Bedeutung des vorliegenden, die Ergebnisse der modernen Forschung verratenden, durchaus gemeinverständlichen Buches.

Die Lehre von der Aufmerksamkeit
Von Prof. Dr. E. Dürr in Bern. Gr. 8°. 203 S. Brosch. M. 3.80 In Originaleinband M. 4.40

„Dies Buch, die beste vorhandene pädagogische Monographie über diesen Gegenstand, geht in der Richtung der durch Lay und Meumann vertretenen wissenschaftlichen experimentellen Didaktik. Das Studium einer einzigen derartigen Schrift wie der vorliegenden kann den Lehrer tief hineinführen in die Einzelfragen seiner Tagesarbeit und ihm das hinter allem Einzeltun liegende Warum? klar aufhellen." Pädagog. Reform. Nr. 20. 1909.

Empfinden und Denken
Von Dr. August Messer, Prof. der Philosophie und Pädagogik an der Universität Gießen. Gr. 8°. 206 Seiten. Geheftet Mark 3.80 In Originaleinband Mark 4.40

„Wer sich für die Probleme des Denkens interessiert, der greife zu diesem Buche; wir kennen keine bessere Einführung in diese äußerst schwierige Materie." Dr. W. K. Schweizerische Lehrerzeitung. Nr. 38. 53. Jahrgang.

„Wir können die klaren, alle wissenschaftlichen Fachausdrücke vermeidenden oder sie aufklärenden Ausführungen unseren Lesern nur auf das wärmste empfehlen. Allen Lehrern werden sie eine Bereicherung ihrer psychologischen Kenntnisse bringen." Frankfurter Schulzeitung. Nr. 21. 1908.

Intelligenz und Wille

Eine Begabungs- und Charakterlehre auf psychologischer Grundlage
Von Prof. Dr. E. Meumann. Gr. 8°. 300 S. Geh. M. 3.80 In Origllbd. M. 4.40

„Meumann versucht hier die psychologischen Forschungsergebnisse über die geistigen Mächte der Intelligenz und des Willens in ihrem Wesen und ihrer Bedeutung für die menschliche Persönlichkeit in gut faßlicher Form dem Leben näherzubringen. Die Begriffe Intelligenz und Wille bilden letzten Endes die Grundbegriffe bestimmter Lebens- und Weltanschauungen. Darum hat diese Schrift nicht bloß für Psychologen und Pädagogen, sondern für jeden tiefergehenden Menschen Bedeutung ... Meumann gibt hier in der Tat Beiträge zu einer zukünftigen Wissenschaft vom persönlichen Leben."

Der Volkserzieher. Nr. 12. 13. Jahrgang.

„So ist sein Buch besonders wertvoll nicht bloß durch die Klarheit der Darstellung und die logische Schärfe, mit welcher die häufig ineinanderfließenden psychologischen Begriffe bestimmt und voneinander geschieden werden, sondern auch durch den umfassenden Überblick, das es über die neueste experimentell-psychologische Bearbeitung der früher sogenannten Seelenvermögen gewährt."

Prof. Dr. Elsenhans, Heidelberg. Theolog. Literaturzeitung. Nr. 6. 1909.

„So bietet das Werk weit mehr, als man zunächst aus seinem Titel schließen könnte. In keiner Lehrerbibliothek sollte das Buch fehlen." Der deutsche Schulmann. Heft 9. 1908.

Willensakt und Temperament Von Prof. Dr. N. Ach.

ca. 200 Seiten. Geheftet ca. Mark 3.80 In Originalband Mark 4.40

Indem Verfasser mit Hilfe geeigneter Methoden eine quantitative Bestimmung der Willenskraft bezw. Willensenergie durchführt, gibt er zum erstenmal einen Einblick in das innere Getriebe unseres psychologischen Dynamismus. Die hierbei festgestellten Tatbestände sind von besonderer Bedeutung für die innere Beziehung zwischen Determination, Gefühlsleben und Temperament. Neben dieser allgemeinen psychologischen Bedeutung hat der Inhalt des Buches durch die Ausführung über Willens- und Charakterbildung, über Selbsterziehung und dgl. besonders ethisch-pädagogisches Interne.

Charakterbildung Von Privatdozent Dr. Th. Elsenhans. 8°.

143 Seiten. Geheftet Mark 1.— In Originalleinenband Mark 1.25

„Das Buch vereinigt in so eigenartiger Weise Reichhaltigkeit des Stoffes mit klarer und verständlicher Darstellung, daß jeder Gebildete, vor allem jeder Pädagoge, viel Genuß und Förderung aus der Lektüre gewinnen wird."

Fr. Berlage. Pädagog.-psycholog. Studien. Nr. 1. X. Jahrgang.

Praktische Erziehung Von Direktor Dr. A. Pabst. 123 Seiten

mit zahlr. Abbildungen. Geheftet Mark 1.— In Originalleinenband Mark 1.25

„Vergnügt klappte ich das Buch zu — die Sonne hatte mir geschienen. Ich rate den Lehrern und Erziehern, die Schrift eingehend zu studieren. Die Reformbewegung auf dem Gebiete der Volksschule wird hier allseitig beleuchtet und klar dargetan, daß die Handarbeit ein notwendiges Glied aller gesunden Reformbestrebungen ausmachen muß. Ich wünsche dem Buche gute Aufnahme." Schweiz. Blätter für Knabenhandarbeit. Nr. 11. 1908.

Ausführliche Prospekte unentgeltlich und postfrei